PORTUGUÊS EM PROSA, VERSO... E QUESTÕES!

Catalogação na Fonte
Elaborado por: Dayanne Leal Souza
Bibliotecária CRB 9/2162

B813p
2024

Braga, Adriana Girão Campiti
Português em prosa, verso... e questões! / Adriana Girão Campiti Braga, Maximiliano Oliveira Braga e Larissa de França Vicente. – 1. ed. – Curitiba: Appris, 2024.
537 p. : il. ; 23 cm.

Inclui referências.
ISBN 978-65-250-6835-0

1. Português. 2. Estudo. 3. Concurso público. 4. Língua Portuguesa. 5. Gramática. I. Braga, Adriana Girão Campiti. II. Braga, Maximiliano Oliveira. III. Vicente, Larissa de França. IV. Título.

CDD – 469.07

Livro de acordo com a normalização técnica da ABNT

Appris editora

Editora e Livraria Appris Ltda.
Av. Manoel Ribas, 2265 – Mercês
Curitiba/PR – CEP: 80810-002
Tel. (41) 3156 - 4731
www.editoraappris.com.br

Printed in Brazil
Impresso no Brasil

Adriana Girão Campiti Braga
Maximiliano Oliveira Braga
Larissa de França Vicente

PORTUGUÊS EM PROSA, VERSO... E QUESTÕES!

Appris
editora

Curitiba, PR
2024

FICHA TÉCNICA

EDITORIAL Augusto Coelho
Sara C. de Andrade Coelho

SUPERVISORA EDITORIAL Renata C. Lopes

PRODUÇÃO EDITORIAL Adrielli de Almeida

DIAGRAMAÇÃO Andrezza Libel

CAPA Mateus Porfírio

REVISÃO DE PROVA Bruna Santos

AGRADECIMENTO

Ao amigo e Professor Doutor T. Ruas, por todo o apoio e incentivo.

PREFÁCIO

Pedir uma apresentação a um professor de história tem desvantagens. A principal delas é "*Senta, que lá vem a história...*"

Conheci o professor Maximiliano Braga na reunião inaugural de professores de um famoso colégio para ricos no Rio de Janeiro, em fevereiro de 1999. Isso mesmo! No milênio passado! Ele estava sentado ao meu lado e descobrimos, nesse dia, que não apenas éramos quase vizinhos no bairro do Méier como ele compartilharia comigo, ao longo do ano, as mesmas turmas da antiga quinta série. Muitos dos nossos horários batiam certinho, e eu passei a dar carona para o Max no meu velho Fiat Uno branco. De Botafogo para o Méier, da Barra para o Méier e da Tijuca para o Méier nunca nos faltou assunto. Os temas favoritos do Max eram o Fluminense, passarinhos, literatura, além dos alunos e, naturalmente, a Adriana.

Fiquei honrado e surpreso quando fui convidado para ser o padrinho de casamento deles. A noiva, até então desconhecida por mim, era descrita como uma mulher brilhante. Jovem, mas com um conhecimento absoluto da gramática da língua portuguesa. Eles haviam-se conhecido no curso de Letras, e ela dava aulas no Colégio de Aplicação da Uerj (CAp-Uerj). Só conheci a Adriana no dia do casamento e, ao longo dos anos, pude comprovar a veracidade de cada uma das declarações apaixonadas do Max. A Adriana também era tricolor, embora gostasse um pouco menos de passarinhos (exceto os de Mário Quintana).

Se, a esta altura do campeonato, este texto personalíssimo ainda não tiver sido censurado pelos autores – de censura já sofri bastante –, vou acelerar a história contando que, alguns anos depois, voltaríamos a trabalhar juntos no projeto incipiente e meio experimental do Curso Clio. Com a Adriana desde o início e com o Max um pouco depois, formamos uma parceria que contribuiu para a aprovação da maior parte dos diplomatas brasileiros entre os anos de 2003 e 2016. Meu trabalho de dar aulas de História do Brasil só tinha alguma serventia prática se os alunos fossem aprovados, antes, na prova de redação. E eles o eram. E sempre graças à Adriana e ao Max. E, depois, também à Larissa, que começou a trabalhar conosco em 2010.

Observei centenas de vezes a operação de milagres de conhecimento. Alunos semiágrafos que, pouco depois de receberem o "tratamento" do trio de autores deste livro, se tornavam plenamente habilitados a ser aprovados na segunda fase do concurso público mais difícil do país. Muitos outros, algo menos crus, eu vi sendo lapidados – tarefa a tarefa, parágrafo a parágrafo, redação a redação – rumo ao passaporte vermelho. Milagres em série.

A personalidade complementar da Adriana e do Max também contribui para o sucesso recorrente até hoje. A pedagogia do amor da Adriana precisava ser conquistada pela resiliência dos alunos aos puxões de orelha da professora que os adolescentes de outrora chegaram a chamar de "Campitibull". Em pouco tempo, porém, os alunos entendiam a necessidade de correções rigorosas, e ficava claro para todos que a personagem durona encobria, na verdade, uma contagiante paixão pela língua portuguesa e pela docência. Até hoje acho incompreensível que a professora troque – com alegria – horas e horas de sono pela correção de redações de caligrafias que fariam Champollion tremer.

Já o Max carrega em seu corpanzil a personalidade gentil e suave de um passarinho. Seu conhecimento é proporcional à sua altura, mas ambos são menores que sua sensibilidade acolhedora para com os alunos. O "tratamento" combinado do trio é quase infalível. Se você teve a sorte de ser aluno deles, sabe do que estou falando.

Se você não foi tão afortunado, tem agora este livro em sua tela, resultado de um esforço hercúleo. Max, Adriana e Larissa criaram juntos aquilo que os CDs de vinte anos atrás chamavam de *Greatest Hits*: uma coletânea de questões e de simulados inéditos de língua portuguesa que servem não somente para estudar para o Itamaraty, mas também para vários outros concursos difíceis. Saiba que tem, em mãos, a seleção mais criteriosa dos textos dos mais variados estilos, além da experiência inestimável sobre aquilo que cai e aquilo que não cai nas provas. Questões fáceis e difíceis maturadas por um tempero de mais de vinte anos de tarimba.

Sou um entusiasta de estudos baseados na resolução de questões. Em um quarto de século de docência, nunca vi ninguém ser bem-sucedido em concurso algum sem a exaustiva rotina de resolução de exercícios. Quem lê esquece. Quem pratica aprende.

Eu, que nunca fui aluno deles, aprendi muito no convívio com esses mestres, embora não ainda a escrever de modo acadêmico. Não se deixe enganar por esta apresentação – informal, embora cheia de admiração e carinho – dos autores, mais que do livro. Estou convicto de que este livro contribuirá para levar você a outro patamar de domínio da língua portuguesa e, provavelmente, vai deixá-lo muito mais próximo da vaga que almeja.

Professor João Daniel de Almeida

APRESENTAÇÃO

Este trabalho propõe-se a oferecer ao candidato à Carreira Diplomática, em específico, e a qualquer outro estudante, em geral, a oportunidade de praticar, por meio de simulados, o domínio mais amplo possível de tópicos relativos à língua portuguesa.

Os trinta simulados selecionados são inteiramente autorais, criados pelo corpo docente do Curso Campiti Braga, um dos mais reconhecidos no mercado que visa ao ingresso no Itamaraty. As questões em modelo certo ou errado contextualizadas em textos dos melhores autores lusófonos vêm com gabaritos e com comentários, o que facilita o estudo dos alunos em qualquer ambiente.

São 300 questões com abordagem em morfologia, semântica, sintaxe, figuras e funções da linguagem organizadas e tematizadas.

Oportunidade única de tornar efetivos seus estudos e de aprofundar o conhecimento de língua portuguesa em um padrão diferenciado.

ADVERTÊNCIA AOS LEITORES

Caros leitores,

Todos sabemos que a língua é dinâmica e que, por esse motivo, sofre constantes modificações, inclusive para atender às diversas demandas de situações de comunicação. Essas demandas são decorrentes das transformações pelas quais a sociedade vai passando ao longo do tempo. No caso do Brasil, país de dimensões continentais, multiperspectivado culturalmente, essas mudanças são potencializadas e acontecem nas diferentes regiões geográficas que o compõem.

Novas palavras são assimiladas, enriquecendo ainda mais o nosso léxico, outros modos de expressar opiniões, sentimentos e emoções vão substituindo os anteriores, considerados menos adequados aos novos contextos. Até mesmo as estruturas sintáticas, que, por seguirem padrão descrito na gramática normativa, são consideradas mais rígidas, acabam sofrendo flexibilizações, conforme é o caso de regência do verbo "chegar", que, outrora deveria ser associado apenas à preposição "a", a fim de indicar deslocamento no tempo e no espaço, mas que, recentemente, passou a admitir a preposição "em", na mesma acepção.

Por essa característica da língua, considerada mecanismo vivo por meio do qual nos comunicamos, devemos, sempre, consultar dicionários atualizados, especialmente nas versões eletrônicas, as quais contam com uma equipe que procura acompanhar e registrar essas atualizações constantes e necessárias.

Em nosso livro, utilizamos a versão do Dicionário Houaiss Eletrônico 2024. Em leituras futuras, tornam-se indispensáveis novas consultas, para que se adote sempre uma perspectiva sincrônica da língua.

Os autores

SUMÁRIO

SIMULADOS

GABARITOS DOS SIMULADOS

SIMULADOS

SIMULADO 1

Texto I: Ainda algumas palavras

Luiz Ruffato

1. A entrega ao público deste *Mais 30 mulheres que estão fazendo a nova literatura brasileira* encerra um projeto que, embora despretensioso, deixa a sensação de ter cumprido a tarefa a que se propôs.

2. Quando pensei em organizar uma antologia de contos de mulheres que estrearam a partir de 1990, não fazia ideia do mundo que se abriria à minha frente. O que me motivou inicialmente foi um incômodo, ou antes, uma intuição: as páginas dos jornais dedicavam-se a exaltar a explosão de uma nova geração de talentosos escritores, mas os nomes subscritos, em geral, eram masculinos. Acompanhando de perto esse fenômeno – pois parece tratar-se de um –, sabia haver várias mulheres que por direito pertencem a essa "nova geração" e não eram citadas, talvez por um inconsciente machismo, esse mal que nos persegue a todos, homens e mulheres.

3. Instado a colocar à prova minhas impressões, organizei o volume *25 mulheres que estão fazendo a nova literatura brasileira,* lançado em julho de 2004. No final do prefácio, após tentar traçar um panorama da história da participação da mulher na literatura nacional, nomeava outras escritoras que, por razões as mais diversas, não puderam ser incluídas naquela antologia, abrindo assim espaço para um possível segundo volume, que se concretizou e ora é este que apresento. Ao longo das minhas pesquisas, o número de autoras encontradas foi se multiplicando de tal forma, que

acabei selecionando, para este segundo tomo, não mais 25, mas outras 30 mulheres (número que poderia ser de 35, 40, 50...).

4. Desde o início, a ideia era enfeixar não os nomes das minhas preferências estéticas (na medida do possível não o fiz), mas os que, por um motivo ou outro, podem ser considerados representativos de tendências, ou porque inovam ou porque mantêm a tradição. Além disso, tentei não me deixar prender ao chamado eixo Rio-São Paulo (a região Sudeste compreende quase 60% do PIB nacional e concentra 42% da população brasileira, sendo, portanto, natural que nela também se concentre o maior número de editoras e de autoras...). Busquei, pessoalmente e com o auxílio de colegas, contatar escritoras em todas as regiões (somente o Norte não conta com representantes).

5. Agora, para quem não gosta de números, sugerimos pular os próximos três parágrafos.

6. Das 25 autoras do primeiro volume, nove nasceram no Rio de Janeiro, quatro no Rio Grande do Sul, três em São Paulo, uma em cada estado a seguir - Bahia, Goiás, Santa Catarina, Paraná, Minas Gerais, Espírito Santo e Ceará - e duas no exterior (Portugal e Argentina). Delas, uma gaúcha radicou-se em São Paulo; a catarinense, a capixaba e as duas nascidas no exterior, no Rio; e as restantes permanecem em seus estados de origem.

7. Das 30 autoras deste segundo volume, 12 nasceram no Rio de Janeiro, oito em São Paulo, quatro em Minas Gerais, duas no Rio Grande do Sul e uma em cada estado a seguir - Bahia, Goiás, Paraíba e Paraná. Delas, uma carioca radicou-se em Minas Gerais; uma paulista no Rio, outra na Paraíba e outra ainda nos Estados Unidos; uma mineira em Brasília; uma gaúcha e a goiana em São Paulo; e as restantes permanecem em seus estados de origem.

8. Então, temos, no total, 21 autoras nascidas no Rio de Janeiro; 11 em São Paulo; seis no Rio Grande do Sul; cinco em Minas Gerais; duas em cada estado a seguir - Bahia, Goiás e Paraná; uma em cada estado a seguir - Santa Catarina, Espírito Santo, Ceará e Paraíba - e duas no exterior. Ou seja, a maioria esmagadora das escritoras nasceu ou está radicada no Sudeste (41 autoras de um total de 55, ou 74,5%). Do restante, seis autoras estão no Sul (11%), cinco no Nordeste (9%), duas no Centro-Oeste (3,5%) e uma no exterior.

9. A que conclusões nos leva essa estatística mambembe? Acredito que inúmeras inferências podem surgir daí - insinuo uma, talvez a mais óbvia. O processo de emancipação da mulher ocorre com mais nitidez onde há

mais facilidade no acesso à educação. A educação formal fornece às pessoas a possibilidade de se posicionar como indivíduo na sociedade, participando efetivamente de mudanças de hábitos culturais arraiados, como o preconceito ou a opressão pela violência ou pela ignorância. A literatura torna-se, assim, um termômetro - quanto maior o espaço conquistado, maior a exuberância da escrita.

10. Um dado interessante - que talvez corrobore a inferência do parágrafo anterior: a narrativa escrita por mulheres no Brasil, ao longo da História, sempre tendeu a ser urbana. Carmen Dolores (1852-1911) e Júlia Lopes de Almeida (1862-1934), as mais importantes escritoras brasileiras anteriores ao Modernismo, situaram na cidade os seus principais livros (*A luta*, de 1911; *A falência*, 1901 e *A Silveirinha*, 1914, respectivamente). E, após 1922, a tendência de explorar o imaginário urbano se acentua cada vez mais. Basta lembrar os nomes de Rachel de Queiroz (1910-2003), Clarice Lispector (1920-1977), Lygia Fagundes Telles (1923), Hilda Hilst (1930-2004), Zulmira Tavares Ribeiro (1930), Adélia Prado (1935), Ana Cristina César (1952-1983), entre tantas outras.

11. Hoje, quando 75% da população brasileira mora nos limites das cidades, é possível observar com maior precisão o processo de inserção da mulher na sociedade. O número de escritoras aumentou consideravelmente – ampliando a qualidade da produção, que já não se restringe ao Rio de Janeiro e a São Paulo, mas surge em vários lugares do país, proporcionando uma das mais ricas e variadas experiências da ficção no mundo de hoje.

12. Enfim, 30 escritoras, 30 maneiras de ver o mundo, 30 contos. O que se oferece é a possibilidade de, conhecendo a amostra, mergulhar no universo de cada uma delas (que é, por ser arte, o universo de cada um de nós).

RUFFATO, Luiz. *Mais de 30 mulheres que estão fazendo a nova literatura brasileira.* Rio de Janeiro: Record, 2005.

1. **Quanto aos aspectos linguísticos e ao sentido do texto I, julgue os itens a seguir:**

I. De acordo com o texto, o grupo de escritoras que são talentosas e que contribuem, de alguma forma, para a composição de contos, de crônicas e de romances da literatura contemporânea, apesar de ser deveras extenso, tem seu espaço negado nos meios de comunicação, em razão de ser preterido em benefício dos escritores.

II. O emprego da palavra "**mambembe**", em "**A que conclusões nos leva essa estatística mambembe?**" (9º parágrafo), constitui uma contradição do texto, tendo em vista que a referida pesquisa suscita o desenvolvimento de reflexões relevantes.

III. Em "**um projeto que, embora despretensioso, deixa a sensação de ter cumprido a tarefa a que se propôs**" (1º parágrafo), há metonímia.

IV. Está correto afirmar que o primeiro parágrafo exemplifica tanto o emprego da função metalinguística quanto o da coesão catafórica.

2. **Com base nos aspectos linguísticos e gramaticais do texto I, julgue as assertivas seguintes:**

I. Considerando-se que a oração intercalada "**pois parece tratar-se de um**" (2º parágrafo), a qual constitui comentário de natureza particular, já se encontra isolada por travessões, torna-se desnecessário, e mesmo errado, o uso da vírgula posterior ao segundo travessão.

II. O sintagma que figura como objeto direto da forma verbal "**organizei**", presente em "**Instado a colocar à prova minhas impressões, organizei o volume *25 mulheres que estão fazendo a nova literatura brasileira*"** (3º parágrafo), apresenta, além do núcleo substantivo, dois adjuntos adnominais a ele relacionados.

III. Em "**Agora, para quem não gosta de números, sugerimos pular os próximos três parágrafos**" (5º parágrafo), apesar de parecer facultativa, por isolar o advérbio "**Agora**", considerado de curta extensão, a vírgula que lhe é subsequente é obrigatória, porque separa termos coordenados entre si de mesma função sintática, no caso, adjuntos adverbiais.

IV. A oração subordinada adverbial "**conhecendo a amostra**" (12º parágrafo) poderia, sem prejuízo gramatical ou semântico, ser desenvolvida como ***se se conhece a amostra***.

3. Considerando-se o emprego das palavras "que", "se" e "como" no texto I, julgue os itens subsequentes:

I. O pronome reflexivo "se" exerce, em "**Delas, uma carioca radicou-se em Minas Gerais**" (7º parágrafo) e em "**A educação formal fornece às pessoas a possibilidade de se posicionar como indivíduo na sociedade**" (9º parágrafo), função de objeto direto.

II. As palavras grifadas em "**A que conclusões nos leva essa estatística mambembe? Acredito que inúmeras inferências podem surgir daí**" (9º parágrafo) apresentam as classificações gramaticais seguintes: pronome substantivo interrogativo e conjunção integrante, respectivamente.

III. Nos trechos "**a possibilidade de se posicionar como indivíduo na sociedade**" e "**como o preconceito ou a opressão pela violência ou pela ignorância**", ambos contidos no nono parágrafo, as palavras em destaque apresentam classificação gramatical distinta, visto que a primeira é advérbio de modo, mas a segunda é partícula denotativa de exemplificação.

IV. Em "**O que se oferece é a possibilidade**" (12º parágrafo), a palavra em destaque é pronome apassivador, e a que a antecede é pronome relativo, com função de predicativo do sujeito.

4. Com base nos aspectos linguísticos e gramaticais, julgue as assertivas seguintes:

I. Em "**Das 30 autoras deste segundo volume, 12 nasceram no Rio de Janeiro**" (7º parágrafo), o pronome contido na palavra grifada deveria ser substituído por ***esse***, visto que a coesão por ele estabelecida é anafórica.

II. Verifica-se desvio da norma-padrão quanto à concordância verbal na frase "**Hoje, quando 75% da população brasileira mora nos limites das cidades,**" (11º parágrafo), visto que a forma verbal "**mora**" deveria ter sido flexionada no plural.

III. Em "**não fazia ideia do mundo que se abriria à minha frente.**" (2º parágrafo), o sinal indicativo de crase antes do pronome possessivo é facultativo e, portanto, poderia ser retirado, sem que se promovesse desvio gramatical ou alteração do sentido original do trecho.

IV. Mantendo o sentido original, o trecho "**acabei selecionando, para este segundo tomo, não mais 25, mas outras 30 mulheres (número que poderia ser de 35, 40, 50...).**" (13º parágrafo) poderia ser corretamente reescrito da seguinte forma: ***acabei selecionando, para este segundo volume, não mais 25, mas outras 30 mulheres (número que poderia ser de 35, 40, 50...).***

Texto II: Natal na Barca

Lygia Fagundes Telles

1. Não quero nem devo lembrar aqui por que me encontrava naquela barca. Só sei que em redor tudo era silêncio e treva. E que me sentia bem naquela solidão. Na embarcação desconfortável, tosca, apenas quatro passageiros. Uma lanterna nos iluminava com sua luz vacilante: um velho, uma mulher com uma criança e eu. [...]

2. Debrucei-me na grade de madeira carcomida. Acendi um cigarro. Ali estávamos os quatro, silenciosos como mortos num antigo barco de mortos deslizando na escuridão. Contudo, estávamos vivos. E era Natal.

3. A caixa de fósforos escapou-me das mãos e quase resvalou para o rio. Agachei-me para apanhá-la. Sentindo então alguns respingos no rosto, inclinei-me mais até mergulhar as pontas dos dedos na água.

4. — Tão gelada — estranhei, enxugando a mão.

5. — Mas de manhã é quente.

6. Voltei-me para a mulher que embalava a criança e me observava com um meio sorriso. Sentei-me no banco ao seu lado. Tinha belos olhos claros, extraordinariamente brilhantes. Reparei que suas roupas (pobres roupas puídas) tinham muito caráter, revestidas de uma certa dignidade.

7. — De manhã esse rio é quente — insistiu ela, me encarando.

8. — Quente?

9. — Quente e verde, tão verde que a primeira vez que lavei nele uma peça de roupa pensei que a roupa fosse sair esverdeada. É a primeira vez que vem por estas bandas?

10. Desviei o olhar para o chão de largas tábuas gastas. E respondi com uma outra pergunta:

11. — Mas a senhora mora aqui perto?

12. — Em Lucena. Já tomei esta barca não sei quantas vezes, mas não esperava que justamente hoje...

13. A criança agitou-se, choramingando. A mulher apertou-a mais contra o peito. Cobriu-lhe a cabeça com o xale e pôs-se a niná-la com um brando movimento de cadeira de balanço. Suas mãos destacavam-se exaltadas sobre o xale preto, mas o rosto era sereno.

14. — Seu filho?

15. — É. Está doente, vou ao especialista, o farmacêutico de Lucena achou que eu devia ver um médico hoje mesmo. Ainda ontem ele estava bem mas piorou de repente. Uma febre, só febre... Mas Deus não vai me abandonar.

16. — É o caçula?

17. Levantou a cabeça com energia. O queixo agudo era altivo, mas o olhar tinha a expressão doce.

18. — É o único. O meu primeiro morreu o ano passado. Subiu no muro, estava brincando de mágico quando de repente avisou, vou voar! E atirou-se. A queda não foi grande, o muro não era alto, mas caiu de tal jeito... Tinha pouco mais de quatro anos.

19. Joguei o cigarro na direção do rio e o toco bateu na grade, voltou e veio rolando aceso pelo chão. Alcancei-o com a ponta do sapato e fiquei a esfregá-lo devagar. Era preciso desviar o assunto para aquele filho que estava ali, doente, embora. Mas vivo.

20. — E esse? Que idade tem?

21. — Vai completar um ano. — E, noutro tom, inclinando a cabeça para o ombro: — Era um menino tão alegre. Tinha verdadeira mania com mágicas. Claro que não saía nada, mas era muito engraçado... A última mágica que fez foi perfeita, vou voar! disse abrindo os braços. E voou. [...]

22. — Seu marido está à sua espera?

23. — Meu marido me abandonou. [...]

24. Olhei as nuvens tumultuadas que corriam na mesma direção do rio. Incrível. Ia contando as sucessivas desgraças com tamanha calma, num tom de quem relata fatos sem ter realmente participado deles. Como se não bastasse a pobreza que espiava pelos remendos da sua roupa, perdera o filhinho, o marido, via pairar uma sombra sobre o segundo filho que ninava nos braços. E ali estava sem a menor revolta, confiante. Apatia? Não, não podiam ser de uma apática aqueles olhos vivíssimos, aquelas mãos enérgicas. Inconsciência? Uma certa irritação me fez andar.

25. — A senhora é conformada.

26. — Tenho fé, dona. Deus nunca me abandonou.

27. — Deus — repeti vagamente.

28. — A senhora não acredita em Deus?

29. — Acredito — murmurei. E ao ouvir o som débil da minha afirmativa, sem saber por quê, perturbei-me. Agora entendia. Aí estava o segredo daquela segurança, daquela calma. Era a tal fé que removia montanhas...

30. Ela mudou a posição da criança, passando-a do ombro direito para o esquerdo. E começou com voz quente de paixão:

31. — Foi logo depois da morte do meu menino. Acordei uma noite tão desesperada que saí pela rua afora, enfiei um casaco e saí descalça e chorando feito louca, chamando por ele! Sentei num banco do jardim onde toda tarde ele ia brincar. E fiquei pedindo, pedindo com tamanha força, que ele, que gostava tanto de mágica, fizesse essa mágica de me aparecer só mais uma vez, não precisava ficar, se mostrasse só um instante, ao menos mais uma vez, só mais uma! Quando fiquei sem lágrimas, encostei a cabeça no

banco e não sei como dormi. Então sonhei e no sonho Deus me apareceu, quer dizer, senti que ele pegava na minha mão com sua mão de luz. E vi o meu menino brincando com o Menino Jesus no jardim do Paraíso. Assim que ele me viu, parou de brincar e veio rindo ao meu encontro e me beijou tanto, tanto... Era tamanha sua alegria que acordei rindo também, com o sol batendo em mim.

32. Fiquei sem saber o que dizer. Esbocei um gesto e em seguida, apenas para fazer alguma coisa, levantei a ponta do xale que cobria a cabeça da criança. Deixei cair o xale novamente e voltei-me para o rio. O menino estava morto. Entrelacei as mãos para dominar o tremor que me sacudiu. Estava morto. A mãe continuava a niná-lo, apertando-o contra o peito. Mas ele estava morto.

33. Debrucei-me na grade da barca e respirei penosamente: era como se estivesse mergulhada até o pescoço naquela água. Senti que a mulher se agitou atrás de mim.

34. — Estamos chegando — anunciou. [...]

35. — Acordou o dorminhoco! E olha aí, deve estar agora sem nenhuma febre.

36. — Acordou?!

37. Ela sorriu:

38. — Veja...

39. Inclinei-me. A criança abrira os olhos — aqueles olhos que eu vira cerrados tão definitivamente. E bocejava, esfregando a mãozinha na face corada. Fiquei olhando sem conseguir falar.

40. — Então, bom Natal! — disse ela, enfiando a sacola no braço.

41. Sob o manto preto, de pontas cruzadas e atiradas para trás, seu rosto resplandecia. Apertei-lhe a mão vigorosa e acompanhei-a com o olhar até que ela desapareceu na noite.

42. Conduzido pelo bilheteiro, o velho passou por mim retomando seu afetuoso diálogo com o vizinho invisível. Saí por último da barca. Duas

vezes voltei-me ainda para ver o rio. E pude imaginá-lo como seria de manhã cedo: verde e quente. Verde e quente.

TELLES, Lygia Fagundes. *Antes do baile verde*. São Paulo: Companhia das Letras, 2009.

5. **Julgue as assertivas subsequentes, com base no sentido do texto II:**

I. No excerto "**Ali estávamos os quatro, silenciosos como mortos num antigo barco de mortos deslizando na escuridão.**" (2º parágrafo), a alusão a um barco que transporta mortos permite identificar recurso textual denominado **intertextualidade**.

II. Por meio da ideia contida no 29º parágrafo, a narradora ressalta a importância da fé e da religiosidade para a superação das adversidades e para a resignação em relação aos imbróglios da vida.

III. Pode-se afirmar que as palavras que compõem o campo semântico lúgubre no início do texto, como "**silêncio**", "**treva**", "**solidão**" e "**luz vacilante**", contrastam com a ideia expressa pelos vocábulos "**manhã cedo**" e "**quente**", presentes no final do texto, o que evidencia a transformação da narradora-personagem após a constatação do milagre e a consequente restauração de sua fé.

IV. É plausível supor que a ênfase dada pela narradora à morte do menino no colo da sua mãe, o que é constatado pela repetição do fato no parágrafo 32, caracteriza não só sua exasperação com o fato, mas também sua incompreensão com a impassibilidade da mãe.

6. **Considerando os aspectos estilísticos e linguísticos do texto II, julgue as assertivas a seguir:**

I. Em "**E começou com voz quente de paixão**" (30º parágrafo), a expressão "**voz quente**" caracteriza sinestesia.

II. Em "**Uma febre, só febre... Mas Deus não vai me abandonar.**" (15º parágrafo) e em "**A queda não foi grande, o muro não era alto, mas caiu de tal jeito... Tinha pouco mais de quatro anos.**" (18º parágrafo), o emprego das reticências assinala uma inflexão de natureza emocional, do que se pode depreender, respectivamente, a inquietação e a resignação na fala da personagem.

III. Em "**Reparei que suas roupas (pobres roupas puídas) tinham muito caráter, revestidas de uma certa dignidade.**" (6º parágrafo), empregou-se a hipálage como figura de linguagem.

IV. Em "**o farmacêutico de Lucena achou que eu devia ver um médico hoje mesmo.**" (15º parágrafo) e em "**Deixei cair o xale novamente e voltei-me para o rio.**" (32º parágrafo), as locuções verbais em destaque apresentam a mesma transitividade.

7. **Julgue as assertivas seguintes, com base nos aspectos gramaticais e linguísticos do texto II:**

I. No trecho "**Sentei-me no banco ao seu lado.**" (6º parágrafo), foi suprimida uma vírgula obrigatória, a qual deveria isolar os adjuntos adverbiais "**no banco**" e "**ao seu lado**", que se encontram coordenados entre si.

II. No período "**— Quente e verde, tão verde que a primeira vez que lavei nele uma peça de roupa pensei que a roupa fosse sair esverdeada.**" (9º parágrafo), as palavras em destaque devem ser classificadas, respectivamente, como conjunção subordinativa consecutiva, pronome relativo e conjunção subordinativa integrante.

III. Em "**Sob o manto preto, de pontas cruzadas e atiradas para trás, seu rosto resplandecia.**" (41º parágrafo), os termos em destaque, embora tenham referentes distintos, exercem a mesma função sintática.

IV. O período "**E ao ouvir o som débil da minha afirmativa, sem saber por quê, perturbei-me.**" (29º parágrafo) é composto por subordinação e por coordenação e apresenta três orações, entre elas uma coordenada sindética adversativa.

Texto III: Lua Adversa

Cecília Meireles

1. Tenho fases, como a lua.

2. Fases de andar escondida,
3. fases de vir para a rua...
4. Perdição da minha vida!
5. Perdição da vida minha!
6. Tenho fases de ser tua,
7. tenho outras de ser sozinha.

8. Fases que vão e vêm,
9. no secreto calendário
10. que um astrólogo arbitrário
11. inventou para meu uso.

12. E roda a melancolia
13. seu interminável fuso!

14. Não me encontro com ninguém
15. (tenho fases como a lua...)
16. No dia de alguém ser meu
17. não é dia de eu ser sua...
18. E, quando chega esse dia,
19. o outro desapareceu...

MEIRELES, Cecília. *Obra poética*. Rio de Janeiro: Nova Aguilar, 1977.

8. Com base nos aspectos estilísticos e no sentido do texto III, julgue os itens seguintes:

I. A alteração da ordem dos termos, nos versos 4 e 5, não promove alteração gramatical ou semântica, mas tem justificativa de ordem estilística.

II. O título do poema pode ser justificado pelo fato de o eu lírico considerar ruim ter fases como a lua, pois, em razão disso, está sempre em desencontro com a pessoa amada.

III. Pode-se afirmar que a repetição do quarto verso, logo em seguida, tem o objetivo de intensificar a insatisfação do eu lírico com esse estado de descompasso em que se encontra em relação ao outro.

IV. Segundo o eu lírico, apesar de ela ter fases, há um sentimento que é identificado como constante: a melancolia.

9. **Julgue as assertivas seguintes, com base nos aspectos sintáticos do texto III:**

I. Nos versos "**E roda a melancolia / seu interminável fuso!**" (12º e 13º versos), foram empregadas as figuras de linguagem conhecidas como prosopopeia e hipérbato.

II. Pode-se afirmar que os termos em destaque no verso "**Fases de andar escondida,**" (2º verso) se classificam como núcleos do predicado da oração que compõem.

III. As formas verbais "**chega**" (18º verso) e "**desapareceu**" (19º verso) apresentam a mesma transitividade.

IV. A preposição "**para**", tanto em "**fases de vir para a rua...**" (3º verso) quanto em "**inventou para meu uso.**" (11º verso), deve ser classificada como relacional e introduz termos de mesma função sintática.

10. **Considerando os aspectos linguísticos do texto III, julgue os itens subsequentes:**

I. Os versos "**(tenho fases como a lua...)**" (15º verso) e "**o outro desapareceu...**" (19º verso) exemplificam o uso do mesmo mecanismo de coesão.

II. Não se pode afirmar que o pronome relativo contido no verso "**Fases que vão e vêm**" (8º verso) exerce função sintática diferente da que seu antecedente desempenha.

III. Também estaria correta, quanto à sintaxe de regência, a reescritura do verso "**Não me encontro com ninguém**" (14º verso) como ***Não encontro com ninguém***, o que manteria o sentido original.

IV. Os versos da segunda estrofe compõem um período composto por subordinação, em que, além da oração principal, há duas orações subordinadas adjetivas restritivas.

SIMULADO 2

Texto I: O Bruxo e a montanha

Cícero Sandroni

1. Machado de Assis morreu no Cosme Velho em 29 de setembro de 1908 cercado pelos amigos, depois de receber a última homenagem daquele menino que Lúcia Miguel-Pereira revelou ter sido Astrojildo Pereira, desde então um dos mais atilados estudiosos da obra machadiana, e que, em 1922, participou do grupo que fundou o Partido Comunista do Brasil. Preso e perseguido pela polícia política após o golpe de 1964, veio a falecer em 22 de novembro de 1965.

2. Machado de Assis morreu muito antes do assentamento da estátua do Cristo no topo do Corcovado. Ao observar a montanha de granito, em vez da imagem do Redentor, ele imaginou estar lá sentado o próprio Diabo para, num sermão ao povo, divulgar seu evangelho e anunciar a moral das sociedades modernas: "Ouvistes o que foi dito: Amai-vos uns aos outros; melhor é comer que ser comido, o lombo alheio é muito mais nutritivo que o próprio."

3. Mas antes de Machado imaginar o Diabo sentado naquele cume, os primeiros portugueses que aqui aportaram também viram lá algo de terrível e deram-lhe o nome de Pináculo da Tentação. Ainda bem que o nome não pegou. Em pouco tempo as formas da rocha sugeriram denominação mais apropriada: se o morro lembrava uma corcova, Corcovado ficou. E suas

matas e águas atraíram os que queriam fugir do bulício da cidade, entre os quais os jovens imperadores Pedro I e D. Leopoldina, os primeiros a cavalgarem pelas faldas do morro.

4. Em 1882, os engenheiros Pereira Passos e João Teixeira Soares receberam do governo imperial concessão para construir uma estrada de ferro que levasse passageiros até o alto do Corcovado. Quatro anos depois, o trenzinho saía da estação na Rua Cosme Velho até as Paineiras. A inauguração deste trecho conta com a presença de toda a Família Imperial, em 9 de outubro de 1884. A subida é de 40 minutos e inaugura-se o Hotel Paineiras. O trecho Paineiras-Corcovado é aberto ao público em 1º de julho de 1885.

5. Em 1910 a estrada para o Corcovado torna-se a primeira eletrificada do Brasil. E em 1921, quando se resolveu construir uma estátua do Cristo no alto do morro, a ideia foi combatida por um jornalista mais tarde morador do Cosme Velho, Austregésilo de Athayde. Na época jovem polemista, o futuro presidente da Academia Brasileira de Letras afirmou: Por que obrigar a Cristo a ser o grande guarda-noturno desta Sodoma incorrigível? Não compreendo que se gastem mil e duzentos contos com uma estátua a um Deus que deve viver no coração de todos, em espírito.

SANDRONI, Cícero. O bruxo e a montanha. *In:* SOUZA, Roberto Acízelo de (org.). *Cantos do Rio*. Rio de Janeiro: Ponteio, 2016.

1. Com relação ao sentido do texto I, julgue os itens a seguir:

I. Por meio do título do texto I, percebe-se a intenção do autor de relacionar a imagem do Cristo e de Machado de Assis ao Cosme Velho, para retratá-las como símbolos do bairro.

II. A montanha do Corcovado, antes de ser a morada do Cristo, também atraiu o olhar da realeza, fato que corrobora sua propensão natural à fama bem como seu magnetismo.

III. Sem prejuízo gramatical e sem alteração do sentido original, o trecho **"E suas matas e águas atraíram os que queriam fugir do bulício da cidade"** (3º parágrafo) poderia ser reescrito como ***E suas matas e águas atraíram os que queriam fugir da assuada da cidade.***

IV. Pode-se afirmar, com base no texto, que o Corcovado, por estar diretamente associado ao Cristo, se tornou um monumento mundial e passou a ser mais representativo do que as figuras eminentes do bairro do Cosme Velho.

2. Com base no sentido do texto I e na construção dos períodos, julgue os itens subsequentes:

I. O emprego da forma verbal "**torna**", em "**Em 1910 a estrada para o Corcovado torna-se a primeira eletrificada do Brasil.**" (5º parágrafo), no pretérito perfeito tornaria o trecho mais claro e coerente, em razão de se tratar de trecho narrativo de fato passado.

II. O trecho "**entre os quais os jovens imperadores Pedro I e D. Leopoldina, os primeiros a cavalgarem pelas faldas do morro.**" (3º parágrafo) poderia ser reescrito, sem alteração do sentido original, como ***entre os quais os jovens imperadores Pedro I e D. Leopoldina, os primeiros a cavalgarem pelos arredores do morro.***

III. Os termos "**jovem polemista**" e "**futuro presidente da Academia Brasileira de Letras**", presentes em "**Na época jovem polemista, o futuro presidente da Academia Brasileira de Letras afirmou**" (5º parágrafo), fazem referência a Austregésilo de Athayde e, no período em que se inserem, exercem função de predicativo.

IV. O sufixo de diminutivo contido no vocábulo "**trenzinho**", em "**Quatro anos depois, o trenzinho saía da estação na Rua Cosme Velho até as Paineiras.**" (4º parágrafo), foi empregado com sentido de afetividade.

3. Julgue as assertivas seguintes, com base nos aspectos sintáticos do texto I:

I. No trecho "**Machado de Assis morreu no Cosme Velho em 29 de setembro de 1908 cercado pelos amigos,**" (1º parágrafo), os termos "**no Cosme Velho**", "**em 29 de setembro de 1908**" e "**cercado pelos amigos**", por exercerem mesma função sintática, deveriam vir separados por vírgula no excerto em destaque.

II. Para que o trecho "**Por que obrigar a Cristo a ser o grande guarda-noturno desta Sodoma incorrigível?**" (6º parágrafo) estivesse de acordo com a norma-padrão no que se refere à regência, a preposição destacada deveria ser retirada, em razão de a forma verbal "**obrigar**" ser transitiva direta, no trecho, e de o emprego da preposição "**a**", antes da palavra "**Cristo**", ser estilístico.

III. A palavra "**se**", presente em "**A subida é de 40 minutos e inaugura-se o Hotel Paineiras.**" (3º parágrafo), deve ser classificada como índice de indeterminação do sujeito.

IV. Pode-se identificar um desvio quanto à sintaxe de regência no trecho "**Quatro anos depois, o trenzinho saía da estação na Rua Cosme Velho até as Paineiras.**" (4º parágrafo), visto que é obrigatório o emprego de crase em "**as Paineiras**".

4. **Com base nos aspectos linguísticos e gramaticais do texto I, julgue os itens a seguir:**

I. É possível afirmar que, em "**Em 1910 a estrada para o Corcovado torna-se a primeira eletrificada do Brasil.**" (5º parágrafo), foi empregado mecanismo de coesão conhecido como elipse.

II. O sinal de dois-pontos, nas quatro ocorrências, ao longo do texto, foi empregado com a mesma justificativa, a de anunciar uma explicação.

III. No trecho "**Não compreendo que se gastem mil e duzentos contos com uma estátua a um Deus que deve viver no coração de todos, em espírito.**" (5º parágrafo), a preposição em destaque foi empregada em desacordo com a norma, devendo ser substituída por "**em**".

IV. Em "**Por que obrigar a Cristo a ser o grande guarda-noturno desta Sodoma incorrigível?**" (5º parágrafo), o pronome contido na contração "**desta**" deveria ser substituído por ***(d)essa***, já que estabelece coesão anafórica com a cidade do Rio de janeiro.

Texto II: Entre santos

Machado de Assis

1. Quando eu era capelão de S. Francisco de Paula (contava um padre velho), aconteceu-me uma aventura extraordinária.

2. Morava ao pé da igreja, e recolhi-me tarde, uma noite. Nunca me recolhi tarde que não fosse ver primeiro se as portas do templo estavam bem fechadas. Achei-as bem fechadas, mas lobriguei luz por baixo delas. Corri assustado à procura da ronda; não a achei, tornei atrás e fiquei no adro, sem saber que fizesse. A luz, sem ser muito intensa, era-o demais para ladrões; além disso notei que era fixa e igual, não andava de um lado para outro, como seria a das velas ou lanternas de pessoas que estivessem roubando. O mistério arrastou-me; fui a casa buscar as chaves da sacristia (o sacristão tinha ido passar a noite em Niterói), benzi-me primeiro, abri a porta e entrei.

3. O corredor estava escuro. Levava comigo uma lanterna e caminhava devagarinho, calando o mais que podia o rumor dos sapatos. A primeira e a segunda porta que comunicam com a igreja estavam fechadas; mas via-se a mesma luz e, porventura, mais intensa que do lado da rua. Fui andando, até que dei com a terceira porta aberta. Pus a um canto a lanterna, com o meu lenço por cima, para que me não vissem de dentro, e aproximei-me a espiar o que era.

4. Detive-me logo. Com efeito, só então adverti que viera inteiramente desarmado e que ia correr grande risco aparecendo na igreja sem mais defesa que as duas mãos. Correram ainda alguns minutos. Na igreja a luz era a mesma, igual e geral, e de uma cor de leite que não tinha a luz das velas. Ouvi também vozes, que ainda mais me atrapalharam, não cochichadas nem confusas, mas regulares, claras e tranquilas, à maneira de conversação. Não pude entender logo o que diziam. No meio disto, assaltou-me uma ideia que me fez recuar. Como naquele tempo os cadáveres eram sepultados nas igrejas, imaginei que a conversação podia ser de defuntos. Recuei espavorido, e só passado algum tempo, é que pude reagir e chegar outra vez à porta, dizendo a mim mesmo que semelhante ideia era um disparate. A realidade ia dar-me coisa mais assombrosa que um diálogo de mortos. Encomendei-me a Deus, benzi-me outra vez e fui andando, sorrateiramente, encostadinho à parede, até entrar. Vi então uma coisa extraordinária.

5. Dois dos três santos do outro lado, S. José e S. Miguel (à direita de quem entra na igreja pela porta da frente), tinham descido dos nichos e estavam

sentados nos seus altares. As dimensões não eram as das próprias imagens, mas de homens. Falavam para o lado de cá, onde estão os altares de S. João Batista e S. Francisco de Sales. Não posso descrever o que senti. Durante algum tempo, que não chego a calcular, fiquei sem ir para diante nem para trás, arrepiado e trêmulo. Com certeza, andei beirando o abismo da loucura, e não caí nele por misericórdia divina. Que perdi a consciência de mim mesmo e de toda outra realidade que não fosse aquela, tão nova e tão única, posso afirmá-lo; só assim se explica a temeridade com que, dali a algum tempo, entrei mais pela igreja, a fim de olhar também para o lado oposto. Vi aí a mesma coisa: S. Francisco de Sales e S. João, descidos dos nichos, sentados nos altares e falando com os outros santos.

6. Tinha sido tal a minha estupefação que eles continuaram a falar, creio eu, sem que eu sequer ouvisse o rumor das vozes. Pouco a pouco, adquiri a percepção delas e pude compreender que não tinham interrompido a conversação; distingui-as, ouvi claramente as palavras, mas não pude colher desde logo o sentido. Um dos santos, falando para o lado do altar-mor, fez-me voltar a cabeça e vi então que S. Francisco de Paula, o orago da igreja, fizera a mesma coisa que os outros e falava para eles, como eles falavam entre si. As vozes não subiam do tom médio e, contudo, ouviam-se bem, como se as ondas sonoras tivessem recebido um poder maior de transmissão. Mas, se tudo isso era espantoso, não menos o era a luz, que não vinha de parte nenhuma, porque os lustres e castiçais estavam todos apagados; era como um luar, que ali penetrasse, sem que os olhos pudessem ver a lua; comparação tanto mais exata quanto que, se fosse realmente luar, teria deixado alguns lugares escuros, como ali acontecia, e foi num desses recantos que me refugiei. Já então procedia automaticamente. A vida que vivi durante esse tempo todo não se pareceu com a outra vida anterior e posterior. Basta considerar que, diante de tão estranho espetáculo, fiquei absolutamente sem medo; perdi a reflexão, apenas sabia ouvir e contemplar.

ASSIS, Machado de. *Obra Completa*, vol. II, Rio de Janeiro: Nova Aguilar, 1994.

5. Com relação às ideias do texto II, julgue os itens a seguir:

I. A utilização pelo autor de um personagem que descreve o ambiente em que está inserido, bem como as próprias sensações de perturbação ao longo dos quatro primeiros parágrafos, é estratégia para provocar tensão e para suscitar o interesse do leitor quanto ao desenrolar da trama.

II. O encontro com o sobrenatural proporciona desconforto no sacerdote, que não consegue controlar seu medo.

III. O padre, ao dar-se conta de que se tratava de uma palestra entre santos, percebe que está diante do maravilhoso e inicia um processo metafísico.

IV. No trecho "**Morava ao pé da igreja**" (2º parágrafo), empregou-se figura de linguagem denominada catacrese.

6. **No que se refere aos sentidos e às propriedades linguísticas do texto II, julgue os itens a seguir:**

I. Em "**não menos o era a luz, que não vinha de parte nenhuma**" (6º parágrafo), o pronome átono "**o**" tem como referente o vocábulo "**espantoso**" e retoma-o por meio de coesão anafórica por substituição pronominal.

II. No período "**Com certeza, andei beirando o abismo da loucura, e não caí nele por misericórdia divina.**" (5º parágrafo), a vírgula posposta ao vocábulo "**loucura**" deveria ser retirada, por isolar orações coordenadas aditivas ligadas pela conjunção "**e**" de mesmo sujeito.

III. Em "**só então adverti que viera inteiramente desarmado e que ia correr grande risco aparecendo na igreja sem mais defesa que as duas mãos.**" (4º parágrafo), a oração reduzida de gerúndio em destaque tem base adverbial, e pode ser atribuído a ela sentido de condição.

IV. Sem promover alteração do sentido original, o trecho "**Achei-as bem fechadas, mas lobriguei luz por baixo delas.**" (2º parágrafo) poderia ser reescrito como ***Achei-as bem fechadas, mas entrevi luz por baixo delas.***

7. **Considerando os aspectos linguísticos e gramaticais do texto II, julgue os itens subsequentes:**

I. No trecho "**Mas, se tudo isso era espantoso, não menos o era a luz, que não vinha de parte nenhuma, porque os lustres e castiçais**

estavam todos apagados" (6º parágrafo), o termo "**todos**" classifica-se como advérbio de modo.

II. No que se refere à colocação pronominal, o trecho "**A realidade ia dar--me coisa mais assombrosa que um diálogo de mortos.**" (4º parágrafo) também poderia ser reescrito, de acordo com a norma-padrão, como ***A realidade ia-me dar coisa mais assombrosa que um diálogo de mortos.***

III. Em "**Basta considerar que, diante de tão estranho espetáculo, fiquei absolutamente sem medo**" (6º parágrafo), a locução verbal "**Basta considerar**" deve ser classificada como transitiva direta.

IV. Em "**Com certeza, andei beirando o abismo da loucura, e não caí nele <u>por</u> misericórdia divina.**" (5º parágrafo), a preposição destacada classifica-se como relacional e introduz termo que exerce função sintática de agente da passiva.

8. Com base nos aspectos sintáticos do texto II, julgue os itens a seguir:

I. Em "**aconteceu-<u>me</u> uma aventura extraordinária.**" (1º parágrafo) e em "**Morava ao pé da igreja, e recolhi-<u>me</u> tarde, uma noite.**" (2º parágrafo), os vocábulos destacados classificam-se como pronomes reflexivos, mas exercem funções sintáticas distintas.

II. No período "**No meio disto, assaltou-me uma ideia <u>que</u> me fez recuar.**" (4º parágrafo), o pronome relativo em destaque exerce a mesma função sintática que o termo a que se refere.

III. **É possível afirmar que, em "Nunca me recolhi tarde que não fosse ver primeiro <u>se</u> as portas do templo estavam bem fechadas.**" (2º parágrafo), a conjunção em destaque apresenta sentido de condição.

IV. Em "**fui a casa buscar as chaves da sacristia**" (2º parágrafo), deveria ser empregado acento indicativo de crase, a fim de que o excerto ficasse de acordo com a norma culta da língua.

Texto III: As ideias sãs: guerra, neutralidade, relações internacionais e política externa brasileira no pensamento de Rui Barbosa

Flávio Beicker Barbosa de Oliveira

1. A despeito da neutralidade declarada pelo Brasil e por outros países sul-americanos quase imediatamente após a eclosão da Primeira Guerra Mundial, a evolução do conflito europeu suscitou inevitável debate político no país, envolvendo tanto a opinião pública, fustigada pela imprensa, quanto o meio intelectual. Francisco Vinhosa e Eugênio Vargas Garcia observam que, entre os intelectuais, havia uma corrente germanófila – como Monteiro Lobato e Lima Barreto –, outra pela manutenção do neutralismo – a exemplo de Oliveira Lima e Alberto Torres – e uma a favor da Entente – como Olavo Bilac, Graça Aranha e Manuel Bonfim.

2. Rui Barbosa declarou-se, desde o início, favorável aos Aliados (Entente), conforme discurso no Senado, em 9 de outubro de 1914.

3. Conquanto fosse declaradamente a favor da entrada do Brasil na guerra, evidentemente ao lado da Entente, tendo recorrido inclusive à militância, Rui tomou o cuidado de defender a pacificação internacional por meio da redefinição da neutralidade, a que tanto se apegavam os Estados que se julgavam distantes dos principais teatros de operações.

4. De acordo com a interpretação de Vargas Garcia, Rui vislumbrava para o Brasil o papel de grande democracia ocidental, filiada aos valores do liberalismo político. Por essa leitura, Rui acreditaria que a entrada na guerra "não vinha a reboque de nenhuma grande potência, mas era, sim, a consequência natural de uma convergência de interesses nacionais, ou melhor, de uma comunhão de valores".

5. Em discurso no Senado Federal, em 25 de outubro de 1917, Rui diz que "a política hoje adotada (decretação do estado de beligerância) é a de que eu tive neste país, e dizem que neste continente, a primeira iniciativa. Custou-me então as mais rudes amarguras e as agressões mais indignas, que jamais curtiu a minha experiência de cegueira e das maldades humanas".

OLIVEIRA, Flávio B. As ideias sãs: guerra, neutralidade, relações internacionais e política externa brasileira no pensamento de Rui Barbosa. *In: Caderno de Ensaios* / Instituto Rio Branco. Brasília: Instituto Rio Branco, 2015.

9. **Considerando o sentido e os aspectos linguísticos do texto III, julgue os itens seguintes:**

I. No trecho "**a entrada na guerra não vinha a reboque de nenhuma grande potência**" (4º parágrafo), a expressão "**a reboque**" é informal e poderia ser substituída, com as devidas alterações, pela palavra ***relacionada***.

II. A forma verbal "**acreditaria**", em "**Por essa leitura, Rui acreditaria que a entrada na guerra 'não vinha a reboque de nenhuma grande potência**" (4º parágrafo), apresenta os seguintes elementos mórficos: radical "**acredit-**", vogal temática "**-a-**", desinência modo-temporal "**-ri-**" e desinência número-pessoal "**-a**".

III. Em "**A despeito da neutralidade declarada pelo Brasil e por outros países sul-americanos quase imediatamente após a eclosão da Primeira Guerra Mundial**" (1º parágrafo), a locução conjuntiva "**A despeito de**" tem sentido de oposição e poderia ser substituída, sem prejuízo gramatical ou de sentido, por ***apesar de***.

IV. Estaria de acordo com a norma-padrão da língua e promoveria maior clareza ao trecho a inserção do artigo indefinido "**um**", após o vocábulo "**inevitável**", em "**a evolução do conflito europeu suscitou inevitável debate político no país**" (1º parágrafo).

10. Julgue os itens a seguir, com base nos aspectos linguísticos e gramaticais do texto III:

I. Em "**mas era, sim, a consequência natural <u>de uma convergência de interesses nacionais</u>, ou melhor, <u>de uma comunhão de valores</u>.**" (4º parágrafo), os termos em destaque desempenham a mesma função sintática.

II. Para que o trecho "**Custou-me então as mais rudes amarguras e as agressões mais indignas**" (5º parágrafo) estivesse de acordo com a norma no que se refere à pontuação, o vocábulo "**então**" deveria ter sido isolado por vírgulas. Isso também se pode afirmar em relação ao trecho "**tendo recorrido inclusive à militância**" (3º parágrafo), em que o vocábulo que deveria ter sido isolado é "**inclusive**".

III. É possível afirmar que a forma verbal "**apegavam**", contida em "**a que tanto se apegavam os Estados que se julgavam distantes dos principais teatros de operações.**" (3º parágrafo), está empregada na voz reflexiva, assim como "**julgavam**".

IV. A vírgula empregada após o vocábulo "**Senado**", em "**Rui Barbosa declarou-se, desde o início, favorável aos Aliados (Entente), conforme discurso no Senado, em 9 de outubro de 1914.**" (2º parágrafo), poderia ser retirada, tendo em vista que isola termo adverbial situado no final da oração.

SIMULADO 3

Texto I: Pulsação parisiense

Moacyr Andrade

1. Joaquim Manuel de Macedo descreveu a Lapa como um retiro de "sossegados habitantes". O bairro formara-se em torno de um misto de capela e seminário ou convento erguido em meados do Setecentos, em homenagem a Nossa Senhora da Lapa ou do Desterro da Lapa, os nomes variam como tudo em relação ao local. Estaria aí a origem remota de um dos seus mais famosos templos boêmios de quase 200 anos depois, o Bar Capela (outra versão liga o nome do botequim ao vinho Capela Alvarelhão, exportado de Portugal pelo mesmo comerciante luso que abriu a casa em 1906).

2. A atmosfera esfuziante e dissoluta que tornou célebre a área - Pigalle, Montmartre ou Montparnasse carioca, sempre identificada com a pulsação, real ou fantasiada, da vida parisiense - começou a instalar-se na segunda década deste século. Copacabana e a Zona Sul não existiam como sítios de entretenimento e boêmia. Nessa quadra, as pensões de mulheres passaram a tomar a Lapa de assalto, rua após rua, Luís Martins, nas reminiscências que publicou nos anos 60, dá a medida da invasão: "Na rua Joaquim Silva, no famosíssimo Beco das Carmelitas, todas as casas eram lupanares, abertos e em plena atividade noite e dia". A Lapa em breve era um bordel total, da Rua das Marrecas à Rua da Glória, da Avenida Augusto Severo aos Arcos, limites assimétricos e ultrapassados - prostíbulos, cabarés e clubes espraiavam-se por imenso entorno - de uma área para além do espectro geográfico,

o ponto maior do mapa da cidade, assim celebrando o samba carnavalesco de Benedito Lacerda e Herivelto Martins.

3. O espaço físico era exíguo, o que não guardava relação com as dimensões da vida que ali se vivia: "A Lapa era bem maior do que pensávamos", disse Luís Martins em crônica saudosista do fim dos 70. Essa página foi escrita a propósito de um encontro casual com Mário Lago, em São Paulo. Na rápida conversa que tiveram, Mário Lago referiu-se à Lapa. Mas Luís Martins não se lembrava de tê-lo visto por lá. Lembrava-se, sim, de uma noite em que Carlos Lacerda, Rubem Braga, Murilo Miranda, Moacir Werneck de Castro, Lúcio Rangel e ele, Martins, ficaram até de madrugada, num bar lapiano, cantando "desafinadamente" em coro, quase sem parar, o recém-lançado samba "Amélia", "uma obra-prima do nosso cancioneiro popular, cuja letra, como se sabe, é de Mário Lago - o qual, talvez, andasse ali por perto, com outros amigos, em outro bar".

4. Andava. No primeiro dos seus dois maravilhosos livros de memórias, *Na rolança do tempo*, Mário Lago diz: "A Lapa foi chão de todos os meus passos." E como é que nunca esbarrou em Luís Martins, que de lá não saía? Da mesma forma como Noel Rosa e Lúcio Rangel, lapianos incorrigíveis, nunca ali se encontraram. Lúcio, no seu feitio seco e enfático - "Nunca vi Noel Rosa na Lapa" -, chegou a dizer, completamente desassistido de razão, que desconfiava da existência do cabaré onde o poeta teria derramado champanha no soirée da dama imortalizada no samba. Mas Noel Rosa foi grande compositor não só da Vila Isabel, como também da Lapa. Deu para a mitificação do lugar contribuição semelhante àquela aportada pelos intelectuais, dezenas deles, dos quais Luís Martins narra, em *Noturno da Lapa*, as andanças de sucessores dos que inventaram a magia lapiana. Todos eles escreveram artigos, crônicas e reportagens que consolidam o mito e a lenda da Lapa.

5. Um dos raros a proclamar desamor pelo "velho e feio bairro da Lapa", na sua visão, foi o contista de São Paulo (e depois de Brasília: figura precisamente numa antologia intitulada Contistas de Brasília), Almeida Fischer. Não via ali, frequentador contumaz também ele, nada do que se dizia. Para o seu unilateralismo, a Lapa foi quartel-general de malandros e vagabundos de toda ordem, ponto de concentração dos segregados da sociedade. A população noturna do local era constituída de boêmios, contraventores, criminosos de todos os graus e um ou outro turista em busca do pitoresco. "Frequentemente há brigas, há roubos, há mortes nas velhas e lúgubres casas

de cômodos, nos bares ou nos cabarés, onde marinheiros de várias raças e vagabundos e boêmios nacionais enchem suas horas vazias". As bailarinas dos cabarés? Tristes e insignificantes, de olho sem brilho – "e no seu sangue pobre, legiões de treponemas".

6. Luís Martins contesta-lhe a imagem. Reconhece que a Lapa sempre teve lamentável fama de lugar perigoso, antro de malandros, bandidos, desordeiros, pátio de rififis a explodir em cada esquina, facadas, tiros. Mas testemunha: "Durante anos, frequentei quase todas as noites a Lapa, bebi em seus bares, dancei em seus cabarés, perambulei por seus becos - e nunca vi nada disso."

ANDRADE, Moacyr. Pulsação Parisiense. *In:* SOUZA, Roberto Acízelo de (org.). *Cantos do Rio*. Rio de Janeiro: Ponteio, 2016.

1. **Com base no sentido do texto I, julgue os itens subsequentes:**

I. No texto de Moacyr Andrade, é estabelecido um panorama que reconstitui perspectivas objetivas as quais recapitulam aspectos líricos e também sociológicos de um dos bairros mais famosos do Rio de Janeiro.

II. Segundo a análise do autor do texto I, a relação da Lapa com a música popular brasileira é inequívoca, o que contribui para mitificar, ainda mais, o bairro.

III. Com base na leitura do último parágrafo, é possível afirmar que existe um relativo acordo entre as opiniões de Almeida Fischer e de Luís Martins acerca do conceito que a Lapa possuía quanto à ambiência.

IV. Pode-se depreender do texto que, para Moacyr Andrade, Noel Rosa foi o compositor que melhor retratou a Lapa.

2. **Considerando os aspectos gramaticais e linguísticos do texto I, julgue os itens que seguem:**

I. Verifica-se o emprego da função metalinguística em "**Joaquim Manuel de Macedo descreveu a Lapa como um retiro de 'sossegados habitantes'.**" (1º parágrafo), bem como em "**A Lapa em breve era um bordel total, da Rua das Marrecas à Rua da Glória, da Avenida**

Augusto Severo aos Arcos, limites assimétricos e ultrapassados" (2º parágrafo).

II. Moacyr Andrade mencionou, no 4º parágrafo, a obra *Na rolança do tempo*, de Mário Lago, com o intuito de valorizar e de prestigiar o artista, o que exemplifica a função poética da linguagem, especialmente pelo emprego do vocábulo "**maravilhosos**".

III. É possível inferir do texto que o objetivo do autor é associar a Lapa a determinados bairros de Paris, para *glamourizar* o velho bairro carioca, o que fica depreendido desde a escolha do título, uma metáfora que será esclarecida ao longo da leitura.

IV. Observa-se, pelas descrições físicas oferecidas por diferentes personagens ao longo do texto, que a Lapa, o ponto maior do mapa, era um local amplo, inclusive em que as pessoas tinham dificuldades de se encontrar.

3. **Julgue os itens seguintes quanto aos aspectos morfossintáticos do texto I:**

I. Não se pode afirmar que o termo grifado em "**Mário Lago referiu-se à Lapa**" (3º parágrafo) exerce a mesma função sintática que o sublinhado em "**Luís Martins contesta-lhe a imagem**" (6º parágrafo).

II. Está correto afirmar que o trecho "**Deu para a mitificação do lugar contribuição semelhante àquela aportada pelos intelectuais**" (4º parágrafo) exemplifica os seguintes casos de coesão: elipse, hiperonímia e anáfora por substituição pronominal.

III. Sem que se promovesse alteração do sentido original, o trecho "**Deu para a mitificação do lugar contribuição semelhante àquela aportada pelos intelectuais**" (4º parágrafo) poderia ser reescrito como ***Deu para a mitificação do lugar contribuição semelhante àquela ressaltada pelos intelectuais.***

IV. Em "**ponto de concentração dos segregados da sociedade.**" (5º parágrafo), as preposições em destaque introduzem termos de mesma função sintática.

4. **Com base nos aspectos gramaticais e linguísticos do texto I, julgue os itens subsequentes:**

I. A palavra "**como**", em "**Joaquim Manuel de Macedo descreveu a Lapa como um retiro de 'sossegados habitantes'.**" (1º parágrafo) e em "**os nomes variam como tudo em relação ao local.**" (1º parágrafo), deve ser classificada como conjunção subordinativa comparativa.

II. No excerto "**E como é que nunca esbarrou em Luís Martins, que de lá não saía?**" (4º parágrafo), a expressão destacada é expletiva e poderia ser retirada, sem prejuízo gramatical e sem qualquer alteração de sentido e de estilo.

III. Em "**Mas Luís Martins não se lembrava de tê-lo visto por lá.**" (3º parágrafo), a palavra em destaque classifica-se como conjunção coordenativa adversativa, diferentemente do que ocorre em "**Mas testemunha: 'Durante anos, frequentei quase todas as noites a Lapa, bebi em seus bares, dancei em seus cabarés, perambulei por seus becos - e nunca vi nada disso.'**" (6º parágrafo), em que a mesma palavra deve ser classificada como marcador discursivo.

IV. Em "**Para o seu unilateralismo, a Lapa foi quartel-general de malandros e vagabundos de toda ordem**" (5º parágrafo), a preposição "**Para**" foi empregada com sentido de conformidade.

Texto II: Aparência do Rio de Janeiro

Rachel de Queiroz

1. Problema difícil de decidir entre os homens é saber qual o maior valor de uma coisa por suas mãos criada - seja livro, estátua, casa ou cidade: se é o próprio valor intrínseco da coisa em questão, ou se é a sua legenda. Se ela vale por si, independente do que a seu respeito dizem artistas e sábios, ou se vale pela importância que lhe emprestam os homens de pensamento e de arte, criando ao redor da simples forma de pedra, de figura na tela ou do descrito no papel, aquela aureola dourada a exigir reverência e amor da parte do homem comum. Paris seria a mesma Paris, despojada do que há um milênio têm escrito, pintado e esculpido, em louvor da velha Lutécia, os seus pensadores e os seus artistas? E que seria Troia sem Homero, senão um amontoado de pedras onde bárbaros ferozes se entremataram? E Jerusalém,

e Babilônia e Cartago. E a própria Atenas, a própria Roma. São todas elas, no culto dos homens, mais criação das vozes que as cantaram, do que das mãos que levantaram as casas, ou as gentes que as povoaram.

2. Aqui no Brasil, por exemplo: precisou aparecer um Euclides da Cunha para transformar o sertanejo desprezado ou desconhecido, numa figura de relevo clássico e para dar ao drama atormentado dos sertões um eco que talvez já se possa dizer mundial.

3. O velho nordeste açucareiro, morto, esquecido, que dantes se afundava de todo no empobrecimento e na ruína, depois que foi escrita *Casa grande & senzala,* como que brotou miraculosamente com força nova de dentro das taperas dos engenhos e das casas-grandes, e é hoje uma realidade presente aos olhos de todos, mais vivo, mais imortal, depois de transportado ao papel do que no tempo em que se erguia materialmente, na pedra, na madeira de lei e nas obras mecânicas.

4. A Minas, a grande Minas histórica do ouro e da Inconfidência, tem--lhe feito falta um grande escritor que produza a seu respeito a obra de levantamento igual ao empreendido pelo Cunha ou pelo Freyre. Verdade é que com a Inconfidência já nos sentimos a bem dizer remidos depois que Portinari pintou nos seus murais a história do Tiradentes. E os museus do Ouro e a Inconfidência, verdadeiras obras de arte que são, em vez de simples repositório de lembranças, representam melhor a coisa que já se fez no Brasil em matéria de ressurreição histórica de uma época. Existe ainda o famoso e raríssimo Guia de Ouro Preto, de Manuel Bandeira - mas o poeta cingiu-se à cidade da Vila Rica, e assim, pois, Minas continua reclamando o seu monumento escrito que ombreie com *Os sertões* ou com a *Casa-grande & senzala*.

5. A cidade do Rio de Janeiro era outra que vivia mais pela tradição oral, sem contar com um livro que fizesse um inventário completo e inteligente dos seus monumentos, das suas singularidades e belezas, da sua história passada e presente. Tinha em verdade os seus historiadores, os seus Vieira Fazenda e, recentemente, mestre Vivaldo Coaracy traçou com mão veraz e cuidadosa o roteiro do que aqui ocorreu durante o século XVII. Mas essas e outras, embora de mérito, eram obras limitadas a determinado período ou, quando mais ambiciosas, o de que careciam era do mérito e ficavam limitadas pelas próprias limitações dos seus autores. Hoje, porém, já temos esse livro que nos faltava: é a grande obra de Gastão Cruls o *Aparência do*

Rio de Janeiro, cujo título saboroso foi inspirado por um mapa seiscentista da Baía de Guanabara. É um retrato amoroso e fiel da cidade, acompanhando-a desde o nascimento - filha que ela foi do belo moço Estácio de Sá, morto por fundá-la, e cuja lápide funerária serviu de marco inicial da metrópole futura e acompanha-a até os dias de hoje, através de colônia, capital do vice-reinado, do reinado, do império e da república, sempre com o mesmo carinho minucioso, com o mesmo olho seguro de artista e de erudito sem perder nada mais importante ou mais característico de cada época estudada. É livro que abre novas perspectivas para os amantes da cidade, que até hoje só lhe conheciam certas tradições por ouvir dizer, pois nem todos, por mais interessados, têm tempo ou facilidades para folhearem alfarrábios ou estudarem obras antigas e esgotadas.

6. Agora não me admira que muita gente passe a percorrer o Rio, procurando-lhe os velhos monumentos, igrejas e casas nobres, ou os monumentos modernos dos mestres, arquitetos contemporâneos, conduzindo consigo, não um miserável guia da capital, mas este incomparável *Aparência do Rio de Janeiro* que dá tudo que se quiser saber, localização e história, poesia e romance de cada pedra e de cada marco da cidade.

7. Diz Gastão, quase no final da obra, que o seu livro não foi feito com pretensões a Baedecker. Claro - porque excede de muito, em todos os planos, quaisquer limites de um Baedecker. Quem o lê, sente tresdobrado dentro de si o fascínio maravilhoso desta cidade que a gente pode querer deixar de amar, que a gente pode mesmo renegar em momentos de nostalgia provinciana, mas de cujo feitiço não se livra, de modo nenhum. Feitiço que Gastão Cruls, filho do Rio de Janeiro, nascido no próprio berço da cidade (aquele morro do Castelo que foi derrubado, despido da sua forma terrena talvez para ter vida mais importante como símbolo), criado dentro das vetustas paredes da igreja inacabada dos jesuítas, sente mais do que ninguém, ama melhor do que nenhum outro como se estas pedras, estes morros, estes velhos templos e casarões, estes arranha-céus, este progresso e este asfalto estivessem transubstanciados na sua carne e no seu sangue de carioca.

QUEIROZ, Rachel de. Aparência do Rio de Janeiro. *In: O cruzeiro: revista semanal de distribuição nacional.* Rio de Janeiro: Ed. O Cruzeiro, 17 set. 1949.

5. **Com base no sentido do texto II, julgue os itens subsequentes:**

I. Os adjetivos empregados pela autora, como em "**retrato amoroso**" (5º parágrafo) e em "**fascínio maravilhoso**" (7º parágrafo), exprimem certa subjetividade, o que evidencia sua afeição pela cidade do Rio de Janeiro.

II. Em "**São todas elas, no culto dos homens, mais criação das vozes que as cantaram, do que das mãos que levantaram as casas**" (1º parágrafo) e em "**com o mesmo olho seguro de artista e de erudito**" (5º parágrafo), a metonímia foi a figura de linguagem empregada.

III. Em "**e cuja lápide funerária serviu de marco inicial da metrópole futura e acompanha-a até os dias de hoje**" (5º parágrafo), o emprego do vocábulo "**funerária**" constitui redundância, visto que o sentido relativo à morte já está presente na palavra "**lápide**".

IV. No trecho "**Diz Gastão, quase no final da obra, que o seu livro não foi feito com pretensões a <u>Baedecker</u>.**" (7º parágrafo), identifica-se o emprego de intertextualidade, uma vez que o nome destacado faz referência ao Guia de Viagem Baedeker.

6. **Considerando os aspectos sintáticos do texto II, julgue as assertivas abaixo:**

I. Em "**cujo título saboroso foi inspirado por um mapa seiscentista da Baía de Guanabara.**" (5º parágrafo), a expressão "**da Baía de Guanabara**" foi empregada com valor sintático de aposto nominativo, também denominado especificativo.

II. Em "**Agora não me admira que muita gente passe a percorrer o Rio**" (6º parágrafo), a forma verbal "**admira**" deve ser classificada como intransitiva.

III. O vocábulo "**se**", destacado em "**E que seria Troia sem Homero, senão um amontoado de pedras onde bárbaros ferozes <u>se</u> entremataram?**" (3° parágrafo) e em "**mas de cujo feitiço não <u>se</u> livra**" (7° parágrafo), é classificado, nas duas ocorrências, como parte integrante do verbo e, portanto, sem função sintática.

IV. Em "**Quem o lê, sente tresdobrado dentro de si o fascínio maravilhoso <u>desta</u> cidade que a gente pode querer deixar de amar**" (7º parágrafo), o vocábulo em destaque deveria ser substituído por ***dessa***, em razão de estabelecer coesão anafórica.

7. **Julgue as assertivas seguintes, com base nos aspectos linguísticos e gramaticais do texto II:**

I. No trecho "**É livro que abre <u>novas</u> perspectivas para os amantes da cidade**" (5º parágrafo), a posposição do adjetivo "**novas**" ao substantivo o qual modifica não alteraria, significativamente, o sentido do trecho.

II. Em "**O velho nordeste açucareiro, morto, esquecido, que dantes se afundava de todo no empobrecimento e na ruína**" (3º parágrafo), a retirada da preposição presente na expressão "**de todo**" não promoveria alteração semântica para o trecho, de modo que o sentido com o qual a palavra "**todo**" foi empregada não seria alterado.

III. A palavra "**tresdobrado**", presente em "**Quem o lê, sente tresdobrado dentro de si o fascínio maravilhoso desta cidade que a gente pode querer deixar de amar**" (7º parágrafo), foi empregada com sentido de **transbordado** e poderia ser substituída por ela, sem alteração semântica para o trecho.

IV. Para que o trecho "**conduzindo consigo, não um miserável guia da capital, mas este incomparável *Aparência do Rio de Janeiro* que dá tudo que se quiser saber**" (5º parágrafo) estivesse adequado ao padrão formal da língua, ele deveria ser reescrito como ***conduzindo consigo não um miserável guia da capital, mas este incomparável*** **Aparência do Rio de Janeiro*, que dá tudo que se quiser saber*.**

Texto III: Triste vida corporal

Alberto da Costa e Silva

Se houvesse o eterno instante e a ave
ficasse em cada bater d'asas para sempre,
se cada som de flauta, sussurro de samambaia,
mover, sopro e sombra das menores cousas
não fossem a intuição da morte,
salsa que se parte... Os grilos devorados
não fossem, no riso da relva, a mesma certeza

8. de que é leve a nossa carne e triste a nossa vida
9. corporal, faríamos do sonho e do amor
10. não apenas esta renda serena de espera,
11. mas um sol sobre dunas e limpo mar, imóvel,
12. alto, completo, eterno,
13. e não o pranto humano.

COSTA E SILVA, Alberto. *As linhas da mão*. Rio de Janeiro: Difel, 1978.

8. **Com base no sentido do texto III, julgue os itens subsequentes:**

I. Infere-se do texto que a consciência acerca da brevidade da vida confere ao eu lírico extremo pessimismo diante da pequenez humana.

II. Pode-se identificar, no verso "**não apenas esta renda serena de espera**" (10º verso), emprego da função metalinguística.

III. A negação do sublime e da delicadeza corrobora a única certeza palpável da vida segundo o eu lírico: o pranto humano.

IV. Pode-se confirmar uma tendência determinista do eu lírico segundo a qual os seres humanos transformam, forçosamente, o sonho e o amor em pranto.

9. **Considerando os aspectos sintáticos do texto III, julgue os itens seguintes:**

I. Os adjetivos "**leve**" e "**triste**", contidos no verso "**de que é leve a nossa carne e triste a nossa vida**" (8º verso), apesar de terem referentes distintos, desempenham, em relação a eles, a mesma função sintática.

II. A forma verbal destacada em "**corporal, faríamos do sonho e do amor**" (9º verso) é bitransitiva e vem completada por dois objetos indiretos e por dois objetos diretos, presentes estes no verso seguinte.

III. O substantivo "**certeza**" (7º verso) vem completado por duas orações subordinadas substantivas, cujos predicados são nominais.

IV. Não se pode afirmar que as locuções adjetivas "**de flauta**" e "**de samambaia**" (3º verso) desempenhem a mesma função sintática que "**da morte**" (5º verso).

10. Julgue as assertivas seguintes com base nos aspectos gramaticais e linguísticos do texto III:

I. A conjunção **e** apresenta a mesma classificação e o mesmo valor semântico nos versos "**de que é leve a nossa carne e triste a nossa vida**" (8º verso) e "**e** não o pranto humano" (13º verso).

II. No segundo verso, a palavra "**bater**" exemplifica a derivação imprópria, do mesmo modo que, no verso seguinte, está correto afirmar que o processo de formação da palavra "**samambaia**" foi o hibridismo.

III. A falta de paralelismo no verso 11 promove ambiguidade nos versos finais do poema, visto que os adjetivos "**imóvel** (11º verso), **alto, completo, eterno** (12º verso) tanto podem referir-se ao núcleo "**mar**" quanto ao núcleo "**sol**".

IV. A palavra "**se**", em cada uma das suas ocorrências nos versos "**Se houvesse o eterno instante e a ave**" (1º verso), "**se cada som de flauta, sussurro de samambaia**" (3º verso) e "**salsa que se parte... Os grilos devorados,**" (6º verso), apresenta classificação morfológica distinta.

SIMULADO 4

Texto I: O gramático

Humberto de Campos

1. Alto, magro, com os bigodes grisalhos a desabar, como ervas selvagens pela face de um abismo, sobre os cantos da funda boca munida de maus dentes, o professor Arduíno Gonçalves era um desses homens absorvidos completamente pela gramática. Almoçando gramática, jantando gramática, ceando gramática, o mundo não passava, aos seus olhos, de um enorme compêndio gramatical, absurdo que ele justificava repetindo a famosa frase do Evangelho de João:

2. — No princípio era o VERBO!

3. Encapado pela gramática, e às voltas, de manhã à noite, com os pronomes, com os adjetivos, com as raízes, com o complicado arsenal que transforma em um mistério a simplicíssima arte de escrever, o ilustre educador não consagrava uma hora sequer às coisas do seu lar. Moça e linda, a esposa pedia-lhe, às vezes, sacudindo-lhe a caspa do paletó esverdeado pelo tempo:

4. — Arduíno, põe essa gramatiquice de lado. Presta atenção aos teus filhos, à tua casa, à tua mulher! Isso não te põe para diante!

5. Curvado sobre a grande mesa carregada de livros, o cabelo sem trato a cair, como falripas de aniagem, sobre as orelhas e a cobrir o colarinho da camisa, o notável professor retirava dos ombros a mão cariciosa da mulher, e pedia-lhe, indicando a estante:

6. — Dá-me dali o Adolfo Coelho.

7. Ou:

8. — Apanha, aí, nessa prateleira, o Gonçalves Viana.

9. Desprezada por esse modo, Dona Ninita não suportou mais o seu destino: deixou o marido com as suas gramáticas, com os seus dicionários, com os seus volumes ponteados de traça, e começou a gozar a vida passeando, dançando e, sobretudo, palestrando com o seu primo Gaudêncio de Miranda, rapaz que não conhecia o padre Antônio Vieira, o João de Barros, o frei Luís de Sousa, o Camões, o padre Manuel Bernardes, mas que sabia, como ninguém, fazer sorrir as mulheres.

10. — Ele não prefere, a mim, aquela porção de alfarrábios que o rodeiam? Então, que se fique com eles!

11. E passou a adorar o Gaudêncio, que a encantava com a sua palestra, com o seu bom-humor, com as suas gaiatices, nas quais não figuravam, jamais, nem Garcia de Rezende, nem Gomes Eanes de Azurara, nem Rui de Pina, nem Gil Vicente, nem, mesmo, apesar do seu mundanismo, D. Francisco Manuel de Melo.

12. Assim viviam o professor, com seus puristas, e Dona Ninita com o seu primo, quando, de regresso, um dia, ao lar, o desventurado gramático surpreendeu a mulher nos braços musculosos, mas sem estilo, de Gaudêncio de Miranda. Ao abrir-se a porta, os dois culpados empalideceram, horrorizados. E foi com o pavor no coração que o rapaz se atirou aos pés do esposo traído, pedindo súplice, de joelho:

13. — Me perdoe, professor!

14. Grave, austero, sereno, duas rugas profundas sulcando a testa ampla, o ilustre educador encarou o patife, trovejando, indignado:

15. — Corrija o pronome, miserável! Corrija o pronome!

16. E, entrando no gabinete, começou, cantarolando, a manusear os seus clássicos...

CAMPOS, Humberto de. *Antologia de Humorismo e Sátira*. Rio de Janeiro: Ed. Civilização Brasileira, 1957.

1. **Com base no sentido do texto I, julgue as assertivas seguintes:**

I. É possível identificar que a dedicação que Arduíno tinha pelos estudos gramaticais era tamanha, que não lhe restava tempo para cuidados pessoais, como indicam os trechos "**com os bigodes grisalhos a desabar, como ervas selvagens pela face de um abismo**" (1º parágrafo) e "**sacudindo-lhe a caspa do paletó esverdeado pelo tempo:**" (3º parágrafo).

II. Em "**Almoçando gramática, jantando gramática, ceando gramática**" (1º parágrafo), foi empregada hipérbole.

III. Depreende-se que há, no trecho "**Grave, austero, sereno, duas rugas profundas sulcando a testa ampla, o ilustre educador encarou o patife, trovejando, indignado**" (13º parágrafo), paradoxo, decorrente da contradição no comportamento do "**ilustre educador**" diante da surpresa.

IV. Pode-se afirmar que o vocábulo "**arsenal**", em "**e às voltas, de manhã à noite, com os pronomes, com os adjetivos, com as raízes, com o complicado arsenal que transforma em um mistério a simplicíssima arte de escrever**" (3º parágrafo), retoma os termos "**pronomes**", "**adjetivos**" e "**raízes**" e amplia o sentido deles, demonstrando que há recursos gramaticais outros que dificultam a escrita.

2. **Julgue os itens subsequentes, com base nos aspectos linguísticos e gramaticais do texto I:**

I. Em "**Encapado pela gramática, e às voltas, de manhã à noite, com os pronomes**" (3º parágrafo), o sinal indicativo de crase foi empregado com a mesma justificativa, nas duas ocorrências.

II. Em "**Presta atenção <u>aos</u> teus filhos, <u>à</u> tua casa, <u>à</u> tua mulher!**" (4º parágrafo), não promoveria desvio gramatical, nem alteraria o sentido do trecho, caso a preposição "**a**", presente nas contrações em destaque, fosse substituída por ***em***.

III. Caso fosse empregada a terceira pessoa do imperativo no quarto parágrafo, o trecho deveria ser reescrito, sem qualquer desvio gramatical, como — ***Arduíno, ponha essa gramatiquice de lado. Preste atenção aos seus filhos, à sua casa, à sua mulher! Isso não lhe põe para diante!***

IV. O verbo "**palestrar**", presente em "**e começou a gozar a vida passeando, dançando e, sobretudo, palestrando com o seu primo Gaudêncio de Miranda**" (8º parágrafo), foi empregado, conotativamente, com o sentido de *conversar*.

3. Considerando a pontuação empregada no texto I, julgue os itens abaixo:

I. Em "**— Ele não prefere, a mim, aquela porção de alfarrábios que o rodeiam?**" (9º parágrafo), a justificativa para o termo "**a mim**" estar isolado por vírgulas é o fato de vir deslocado na frase.

II. É possível afirmar que a vírgula posposta à forma verbal "**empalideceram**", em "**Ao abrir-se a porta, os dois culpados empalideceram, horrorizados.**" (11º parágrafo), foi empregada estilisticamente; em razão disso, sua retirada não promoveria alteração sintática no período.

III. No trecho "**E foi com o pavor no coração que o rapaz se atirou aos pés do esposo traído, pedindo súplice, de joelho:**" (11º parágrafo), a vírgula após o vocábulo "**súplice**" foi empregada, a fim de separar termos de mesma função sintática.

IV. Pode-se afirmar que, em "**Dona Ninita não suportou mais o seu destino: deixou o marido com as suas gramáticas**" (8º parágrafo), o sinal de dois-pontos foi empregado com a justificativa de anteceder uma explicação do que foi enunciado.

4. No que se refere aos aspectos linguísticos e gramaticais do texto I, julgue os itens a seguir:

I. O termo "**nessa prateleira**", em "**— Apanha, aí, nessa prateleira, o Gonçalves Viana.**" (7º parágrafo), exerce função de aposto explicativo.

II. Em "**Desprezada por esse modo,**" (8º parágrafo), a preposição "**por**" é relacional e introduz termo que exerce função de agente da passiva.

III. No período "**E, <u>entrando no gabinete</u>, começou, <u>cantarolando</u>, a manusear os seus clássicos...**" (15º parágrafo), as orações em destaque são classificadas como adverbiais temporais e poderiam ser desenvolvidas, sem prejuízo semântico ou gramatical, como ***quando entrou no gabinete*** e ***enquanto cantarolava.***

IV. No trecho "**mas que sabia, como ninguém, fazer sorrir as mulheres.**" (8º parágrafo), a locução verbal "**fazer sorrir**" deve ser classificada como transitiva direta.

Texto II: Carta de navegação de um caso que acaba

Carlos Heitor Cony

1. É preciso fazer um histórico, porque você sempre esquece a cronologia dos fatos, talvez por dar pouca importância ao que acontece comigo. Sejam quais tenham sido meus erros, já sofri tanto e é claro que sofri por opção. Por isso passei do estado de graça para o choque da revelação brutal: você estava casado outra vez.

2. Tentei me adaptar à nova situação e o consegui, sangrando. Depois você viajou, me escreveu uma carta quando fazia o percurso Havana-Praga, descreveu o avião, a noite sobre o oceano e falou que me amava – acho que foi a única vez que você teve a coragem de admitir que também me amava. No seu regresso, nos trancamos em Teresópolis, quatro dias e quatro noites de chuva, nunca ninguém foi de ninguém como você foi meu. Eu estava salva.

3. Aí soube que você já se casara com outra. Pensava mais nela do que em você. Vi-a na rua, dentro do seu carro. Eu vivia apavorada de que alguém viesse a saber, porque lutei para impô-lo, você foi a causa do rompimento com meu pai. Tinha um álibi e o perdi: você era apenas um homem desquitado. Sustentei a mentira para evitar uma situação que era insustentável.

4. Um dia, encontrei-o com sua mulher na rua. Uma mulher enganada, mas segura. Nosso amor transformou-se no apartamento na Barra da Tijuca que você alugava por mês. Até aquele chalé de Friburgo, onde eu era a sua mulher dois dias por semana, tudo diluiu-se, comecei a jogar errado, como se não tivesse mais nada a perder. Comecei a perturbar a sua tranquilidade, a paz do seu charuto fumado todas as noites. Tentei viver a minha vida antiga, procurar amigos, sair.

5. Uma noite, desesperada para ficar alguns minutos com você, fiz aquela besteira e fui ao Leme. Na minha alucinação, nem reparei que você estava com outra moça. Foi o choque maior de todos. Era mais uma estranha em

sua vida. O investimento novo que você havia escolhido e que eu não percebera. Nem mil anos de análise poderão me curar daquele impacto. Mas no dia seguinte você abriu o jogo. Confessando que se apaixonara por outra, estava agindo decentemente.

6. E agora não vejo mais sua mulher nas ruas, mas essa moça que é tão mais jovem que você, tão da minha idade. Vejo-a em todas as esquinas. Via-a dentro do seu carro, em frente ao mar. Nos sábados, a humilhação de saber que você está no mesmo apartamento, mas com outra. Talvez a mesma rotina, o café da manhã, o seu suco de laranja bem gelado, o charuto cubano depois do jantar.

7. Sozinha, às 8 horas me tranco no quarto para chorar em paz a minha noite vazia. Tentei reagir, sair com amigos, mas não era boa companhia para eles, carregava comigo meu pavor de ver o seu carro à minha frente, na porta de um restaurante, com gente estranha sentada no meu lugar.

8. Tentei me desligar de você. Aceitaria os fatos: seria sua amante e pronto. De repente, a situação em minha casa estourou pra valer. Minhas noites passadas fora, seu nome dito abertamente na hora das refeições. Mandaram que eu vivesse a minha vida – mas longe deles. Aluguei um quarto e procurei uma oportunidade para lhe comunicar. Queria apenas o seu apoio para sustentar a barra de morar sozinha, em casa de estranhos.

9. Numa sexta-feira, consegui pegá-lo na saída do escritório. Falei o que devia, sem emoção. Depois fomos jantar, você fumou o seu precioso charuto, andando de um lado para o outro, pensando em voz alta. Abracei muito você, mas não era gratidão. A ideia de um apartamento era demais. Eu passava a ser a amante oficializada, a terceira em importância e necessidade. Aquela que não tem o encanto da namorada com que se janta, que não ganha os presentes de ocasião porque apresenta todos os meses a conta da luz e do condomínio. Pensei nisso tudo, mas assim mesmo não pude dormir aquela noite. Era alegria, alegria bruta, selvagem.

10. Seguiu-se o sábado mais importante da minha vida. Saímos para procurar apartamento. Falei de igual para igual com todos. Tinha de conseguir o que os outros conseguem, embora o meu passo fosse, em termos de vida, um passo para baixo. Na verdade, eu seria apenas a amante-quarto-e-sala-conjugado.

11. Depois falei com minha mãe. Fizemos um levantamento do que restava do meu antigo enxoval de noiva. As roupas de dormir estavam reduzidas. Usei-as com você, em quartos de hotéis. Mas sempre restavam algumas peças que eu poderia usar nas noites em que você aparecesse.

12. Quando você me mostrou a posição da cama no quarto, tive vontade de lhe abraçar, mas você estava muito sério. Jurei que, com a tranquilidade que ia adquirir, você se surpreenderia com uma maturidade que não conhece nem pode conhecer porque nunca tive oportunidade de mostrá-la.

13. Mas houve novamente um sábado em que quis você. Joguei errado outra vez e atrapalhei o seu programa. Finquei o pé, fiz malcriação, chorei. Ela chegou. Perguntou o que estava havendo. Você disse tudo quando respondeu: "Nada".

14. Nada. Deste meu nada, receba este amontoado de pranto que foi o meu amor. E por toda a vida, toma a minha vida.

CONY, Carlos Heitor. Carta de navegação de um caso que acaba. ***In: Folha de São Paulo*****, 11/10/2002.**

5. **Considerando o sentido do texto II, julgue os itens a seguir:**

I. A expressão "**carta de navegação**", no título do texto, constitui emprego da figura de linguagem denominada metáfora e refere-se ao detalhamento cronológico elaborado do relacionamento da narradora.

II. Fica evidente no texto que, embora a relação entre os personagens tenha acabado, eles se amavam, conforme evidenciado no trecho "**acho que foi a única vez que você teve a coragem de admitir que também me amava.**" (2º parágrafo).

III. Em "**Tentei me adaptar à nova situação**" (2º parágrafo), "**nova situação**" refere-se ao final do relacionamento entre a narradora e o personagem que ela menciona; só é possível, no entanto, chegar a essa conclusão no final do texto.

IV. Pode-se afirmar que se empregou antítese, como recurso estilístico, em "**Você disse tudo quando respondeu: 'Nada'.**" (13º parágrafo).

6. **Julgue as assertivas abaixo, com base nos aspectos linguísticos e gramaticais do texto II:**

I. Em "**De repente, a situação em minha casa estourou pra valer.**" (8º parágrafo), a forma verbal "**estourou**" foi empregada conotativamente, com sentido de ***ultrapassar os limites***.

II. A leitura do trecho "**Pensava mais nela do que em você.**" (3º parágrafo) pode promover ambiguidade, o que só não ocorre em razão de o sentido ser apreendido pelo contexto.

III. Em "**Talvez a mesma rotina, o café da manhã, o seu suco de laranja bem gelado, o charuto cubano depois do jantar.**" (6º parágrafo), estaria de acordo com a prescrição gramatical o emprego de dois-pontos após o vocábulo "**rotina**".

IV. Os vocábulos "**enganada**", presente em "**Uma mulher enganada, mas segura.**" (4º parágrafo), e "**amontoado**", em "**receba este amontoado de pranto que foi o meu amor.**" (14º parágrafo), foram formados por meio do mesmo processo.

7. **Considerando os aspectos gramaticais do texto II, julgue os itens a seguir:**

I. Em "**talvez por dar pouca importância ao <u>que</u> acontece comigo.**" (1º parágrafo), o pronome relativo em destaque exerce a mesma função do termo a que se refere.

II. No trecho "**Falei de igual para igual com todos.**" (10º parágrafo), as preposições "**de**" e "**com**" são nocionais e introduzem termos de mesma função sintática.

III. Para que estivesse correto gramaticalmente, o pronome "**lhe**", em "**Quando você me mostrou a posição da cama no quarto, tive vontade de lhe abraçar**" (12º parágrafo), deveria ser substituído pelo pronome ***o***.

IV. O excerto "**você se surpreenderia**", presente em "**você se surpreenderia com uma maturidade que não conhece**" (12º parágrafo), foi empregado na voz passiva sintética. Caso fosse reescrito na voz passiva analítica, ficaria ***você seria surpreendido***.

Texto III: Via Láctea

Olavo Bilac

XII

Sonhei que me esperavas. E, sonhando,
Saí, ansioso por te ver: corria...
E tudo, ao ver-me tão depressa andando,
Soube logo o lugar para onde eu ia.

E tudo me falou, tudo! Escutando
Meus passos, através da ramaria,
Dos despertados pássaros o bando:
"Vai mais depressa! Parabéns!" dizia.

Disse o luar: "Espera! que eu te sigo:
Quero também beijar as faces dela!"
E disse o aroma: "Vai, que eu vou contigo!"

E cheguei. E, ao chegar, disse uma estrela:
"Como és feliz! como és feliz, amigo,
Que de tão perto vais ouvi-la e vê-la!"

BILAC, Olavo. *Antologia: Poesias*. São Paulo: Martin Claret, 2002.

8. Com base no sentido do texto III, julgue os itens subsequentes:

I. Não se pode afirmar, com base no texto, que há, efetivamente, uma relação amorosa consolidada entre o eu lírico e sua amada, tendo em vista que a temática do poema consiste na narração de um sonho.

II. O hipérbato foi a figura de linguagem que serviu de base para estruturar o verso "**Dos despertados pássaros o bando:**" (7º verso).

III. No texto, a palavra "**ramaria**", em "**Meus passos, através da ramaria,**" (6º verso) foi empregada como sinônimo de **folhagem, galhada.**

IV. Está correto afirmar que a função emotiva está a serviço da função poética da linguagem, a qual é a predominante no poema.

9. Julgue as assertivas subsequentes, com base nos aspectos linguísticos e gramaticais do texto III:

I. Também estaria de acordo com a prescrição gramatical a reescrita do verso "**Saí, ansioso por te ver: corria...**" (2º verso) como ***Saí, ansioso para te ver: corria....***

II. As orações adverbiais "**Escutando / Meus passos**" (5º e 6º versos) e "**ao chegar**" (12º verso) apresentam o mesmo valor semântico.

III. O verso "**E tudo, ao ver-me tão depressa andando,**" (3º verso) também estaria de acordo com a norma culta da língua, caso o pronome "**me**" estivesse em posição proclítica à forma verbal "**ver**".

IV. Para que estivesse de acordo com a norma-padrão no que se refere à concordância, o verso "'**Vai mais depressa! Parabéns!' dizia.**" (8º verso) deveria ser reescrito como ***"Vais mais depressa! Parabéns!" dizia.***

10. Com base nos aspectos linguísticos e gramaticais do texto III, julgue os itens seguintes:

I. O verso "**Soube logo o lugar para onde eu ia.**" (4º verso) poderia ser reescrito, sem desvio semântico ou gramatical, como ***Soube logo o lugar aonde eu ia.***

II. No verso "**Sonhei que me esperavas. E, sonhando,**" (1º verso), o vocábulo "**E**" deve ser classificado como conjunção coordenativa e apresenta sentido de conclusão.

III. Em "'**Vai, que eu vou contigo!**'" (11º verso), a palavra "**que**" deve ser classificada como conjunção coordenativa explicativa, o que não se pode afirmar da mesma palavra empregada em "**Que de tão perto vais ouvi-la e vê-la!**'" (14º parágrafo), em que se classifica como conjunção subordinativa proporcional.

IV. Em "**Como és feliz! como és feliz, amigo,**" (13º verso), classifica-se como interjeição a palavra "**Como**", nas duas ocorrências.

SIMULADO 5

Texto I: Chegada (Um brasileiro em Berlim)

João Ubaldo Ribeiro

1. Quem não estiver apto a disputar o pentatlo nos Jogos Olímpicos não deve viajar do Rio de Janeiro a Berlim no que as companhias aéreas chamam de "classe econômica", embora saibam que se trata de um eufemismo para "vagão de búfalos" (exceção feita à comida, já que a dos búfalos é certamente melhor). Foi o que pensei, ao levantar-me, um pouco antes da hora do pouso, para batalhar com os outros búfalos por um lugar na fila do banheiro. Qualquer um que tenha participado de um evento desse tipo o trará sempre na memória - aquela coleção tocante de velhotas ansiosas, jovens senhores de tornozelos entrelaçados e olhos cravados no teto, damas de bolsa na mão fingindo que vão ali apenas para retocar a maquilagem, um cavalheiro de ar severo que mira seus antecessores na fila com evidente rancor, a indignação geral contra a gordinha que acaba de entrar e fechar a porta levando consigo um exemplar de *A montanha mágica*, um menino de nariz escorrendo explicando à mãe que não se responsabiliza pelo que pode acontecer se não lhe conseguirem uma vaga imediatamente.

2. Pentatlo não, decatlo, penso outra vez, ao descermos em Frankfurt, submergindo em sacolas e maletas, e descobrirmos que nossa conexão para Berlim deve ser feita em A-23, logo à direita de A-42, atrás de B-28, passando pelo controle de passaportes ou, se preferirmos algo mais simples, só três quilômetros mais distante, à esquerda de A-17, ignorando o

corredor B e indo direto ao objetivo, não sem antes nos submetermos à inspeção de bagagem em A-15E. Tentamos ambas as hipóteses. No curso de umas duas horas, entramos numa fila de passageiros para Bangladesh, saímos no último instante para uma fila de turistas italianos interessados em visitar as vitrines de mulheres de Hamburgo, assinamos uma petição a favor da independência da Lituânia achando que estávamos nos inscrevendo na lista de passageiros para Berlim, quase nos incorporamos a um grupo japonês que ia conhecer a Bolsa de Frankfurt e, finalmente, escorregamos sem querer de uma esteira rolante que nos conduziria a Bad Homburg sem escalas e, ao levantarmos os olhos, nos achamos - milagre! - diante de A-23. Minha filha Chica, de seis anos, exausta mas aliviada como todos nós, fez um comentário.

3. — A Alemanha é maior do que o Brasil, hem, pai?

4. — Não. O Brasil é muito maior.

5. — Pode ser, mas o aeroporto aqui de Fanfu é maior do que o Brasil, não é, não?

6. — Ah, isso é, cabem uns cinco Brasis aqui dentro — concordei, despencando numa cadeira, olhando em torno e me dando conta pela primeira vez de que estava mesmo na Alemanha e, se tudo corresse como previsto, ainda estaria por muito tempo.

7. Por que a Alemanha? Sim, há várias explicações, digamos, superficiais ou parciais: fui convidado pelo DAAD (Deutscher Akademische Austauschdienst - Entidade alemã que convida artista para passar temporadas em Berlim - N. do A.), vivo de escrever e, portanto, posso trabalhar em qualquer lugar, tenho amigos aqui etc. etc. Mas isto não satisfaz, porque sei, embora não possa explicar, que existe algo mais entre este país e eu, algo misterioso. Fico imaginando se não teria sido alemão numa vida pregressa. Se Shirley McLaine teve tantas vidas pregressas, por que não posso haver tido pelo menos uma? Olho para o senhor sisudo a meu lado, com uma peninha faceira adornando seu chapéu, em amável contraste com sua expressão austera. Sim, talvez eu tenha sido alguma vez um bávaro, um gordinho chamado Johannes, famoso em toda Munique pela capacidade de consumir cerveja em quantidades industriais — um bávaro como outro qualquer, pensando bem. Quase viro para esse meu conterrâneo e lhe dirijo um sorridente "Grüss Gott!". Mas me contenho. Posso ter sido bávaro em outra vida, mas, infelizmente, para a presente encarnação brasileira, não

trouxe comigo meus conhecimentos da língua alemã, que hoje falo com menor desenvoltura do que falaria um homem de Neandertal.

8. O devaneio, contudo, não passa. Esta minha ligação com a Alemanha, eu sempre voltando aqui, meus livros lidos aqui, tantos amigos aqui, sentindo-me tão bem aqui... Claro, meu sobrenome pode ser traduzido como Bach. Claro, claro, minha outra encarnação foi na qualidade de parente do Johann Sebastian, limpando o cravo que meu primo tão bem temperava e fazendo outros servicinhos em Brandemburgo, inclusive os que meu talento musical permitia, tais como acionar os foles do órgão da igreja. É, pode ser, pode ser.

9. O embarque é anunciado, entro no avião distraído, ainda preocupado com minha elusiva identidade alemã. E me encontrava no século XVIII, num baile em Magdenburg, em vistoso uniforme militar e de olho na bela filha do Bürgermeister, quando Chica me interrompeu as reminiscências com uma cotovelada.

10. — Pai, pai, Berlim! Berlim!

11. Sim, Berlim! Levantei-me, arrepanhei sacolas e maletas, encaminhei-me de peito erguido para a saída. Berlim, vida nova, a História desenrolando alguns de seus mais empolgantes capítulos à minha frente, glórias e emoções logo ali, a esperar-me de braços abertos.

12. Hélas! — como exclamou Napoleão, no dia em que, em certo prado de Waterloo, tive oportunidade de vê-lo, na minha então condição de alferes de um regimento prussiano. As coisas nem sempre são previsíveis, seja para os Bonaparte, seja para os Bach. E eis que, hoje aqui, pleno residente de Berlim, não disponho de glórias para contar-vos, mas de histórias quiçá melancólicas, tais como a do Tartamudo do Kurfürstendamm, a do Fantasma do Storkwinkel e a do Moscão da Schwarzbacher Straße. Histórias que contaria agora, se me permitisse o espaço, mas que contarei depois, se vos permitir a paciência. Ich bin ein Berliner, como já se disse antes.

RIBEIRO, João Ubaldo. *Um Brasileiro em Berlim*. Rio de Janeiro: Editora Nova Fronteira, 1995.

1. **Considerando o sentido do texto I, julgue as assertivas seguintes:**

I. A palavra "**Fanfu**", presente em "**— Pode ser, mas o aeroporto aqui de Fanfu é maior do que o Brasil, não é, não?**" (5º parágrafo), corresponde a uma simplificação de ***Frankfurt***, característica típica do vocabulário infantil.

II. É possível afirmar que o autor é religioso e acredita em vidas pregressas, o que se pode constatar no sétimo parágrafo do texto.

III. A repetição, em "**Claro, claro, minha outra encarnação foi na qualidade de parente do Johann Sebastian**" (8º parágrafo) e em "**É, pode ser, pode ser.**" (8º parágrafo), exemplifica emprego do registro oral no texto, o que está adequado, plenamente, ao gênero a que pertence, a crônica.

IV. Em "**aquela coleção tocante de velhotas ansiosas**" (1º parágrafo), empregou-se, como recurso estilístico, a ironia.

2. Julgue os itens abaixo, com base nos aspectos linguísticos e gramaticais do texto I:

I. A locução "**deve viajar**", empregada em "**Quem não estiver apto a disputar o pentatlo nos Jogos Olímpicos não deve viajar do Rio de Janeiro a Berlim no que as companhias aéreas chamam de 'classe econômica'**" (1º parágrafo), é transitiva indireta e é completada por dois objetos indiretos.

II. Em "**Minha filha Chica, de seis anos, exausta mas aliviada como todos nós, fez um comentário.**" (2º parágrafo), os termos em destaque exercem a mesma função sintática.

III. No trecho "**Mas me contenho.**" (7º parágrafo), a palavra em destaque deve ser classificada como pronome reflexivo, com função de objeto direto.

IV. A função sintática do termo sublinhado em "**Sim, há várias explicações, digamos, superficiais ou parciais:**" (7º parágrafo) é a mesma do termo destacado no trecho "**Se Shirley McLaine teve tantas vidas pregressas**" (7º parágrafo).

3. Jugue as assertivas a seguir, com base nos aspectos linguísticos e gramaticais do texto I:

I. A forma verbal "**ignorando**", empregada em "**ignorando o corredor B e indo direto ao objetivo**" (2º parágrafo), e "**conhecer**", contida em "**quase nos incorporamos a um grupo japonês que ia conhecer a Bolsa de Frankfurt**" (2º parágrafo), têm radicais de mesmo valor semântico.

II. O sufixo de diminutivo empregado nas palavras "**gordinho**" e "**servicinho**", em "**um gordinho chamado Johannes**" (7º parágrafo) e em "**limpando o cravo que meu primo tão bem temperava e fazendo outros servicinhos em Brandemburgo**" (8º parágrafo), foi empregado com sentidos diferentes.

III. Em "**Sim, Berlim! Levantei-me, arrepanhei sacolas e maletas, encaminhei-me de peito erguido para a saída.**" (11º parágrafo), as formas verbais "**levantei**", "**arrepanhei**" e "**encaminhei**" apresentam os mesmos elementos mórficos.

IV. Em "**O <u>devaneio</u>, contudo, não passa.**" (8º parágrafo) e em "**O <u>embarque</u> é anunciado, entro no avião distraído**" (9º parágrafo), as palavras em destaque foram formadas por meio do mesmo processo.

4. Considerando aspectos linguísticos e gramaticais do texto I, julgue os itens subsequentes:

I. No período "**Tentamos ambas as hipóteses.**" (2º parágrafo), o pronome "**ambas**" poderia ser substituído pelo numeral ***duas***, sem prejuízo de sentido para o texto, desde que fossem feitas as alterações necessárias.

II. Em "**encaminhei-me de peito erguido para a saída.**" (11º parágrafo), deveria ser inserida uma vírgula imediatamente após o vocábulo "**erguido**", a fim de separar termos de mesma função sintática.

III. A palavra "**o**", presente nas contrações em destaque em "**não deve viajar do Rio de Janeiro a Berlim <u>no</u> que as companhias aéreas chamam de 'classe econômica'**" (1º parágrafo) e em "**um menino de nariz**

escorrendo explicando à mãe que não se responsabiliza pelo que pode acontecer se não lhe conseguirem uma vaga imediatamente." (1º parágrafo), apresenta a mesma classificação gramatical.

IV. A forma verbal composta "**tenha participado**", contida em "**Qualquer um que tenha participado de um evento desse tipo o trará sempre na memória**" (1º parágrafo), poderia ser substituída pela sua equivalente simples "***participara***", sem prejuízo de sentido para o trecho.

Texto II: O combate

Josué Montello

1. Na véspera do combate, quando a lua despontou por cima dos contrafortes da serra do Medeiro, já encontrou as tropas do Capitão Nelson de Melo a poucos quilômetros do lugar escolhido para o duplo movimento - de vanguarda e retaguarda - contra as forças governistas. O batalhão marchava silencioso, cobrindo a picada no passo certo da marcha, de baterias prontas para a ofensiva, enquanto a cavalaria se alongava em fila indiana, com os animais de orelhas fitas, rédeas soltas, batendo cadenciadamente os cascos nas pedras do chão. Adiante, nas carretas vagarosas, seguiam dois canhões, ladeados por quatro artilheiros.

2. Por volta das dez e meia, o batalhão parou para acampar. Dali se podia ver, banhada pela claridade do luar, a silhueta compacta das montanhas fechando o cenário da luta. Ocultos pela vegetação das encostas, já os canhões inimigos espreitariam, alongando o pescoço comprido, prontos para atirar.

3. João Maurício, que dispensara a barraca de campanha, preferira ficar ao relento, na companhia de seus soldados, sentindo à sua volta a noite imensa e clara. Jamais tinha visto outra assim. Afeito a galgar escarpas e desfiladeiros, vivia agora uma emoção diferente, com aquela luz úmida, aquele silêncio espaçoso, aquelas cumeadas, aquelas árvores que a brisa balouçava. Por terra, junto aos fuzis e às mochilas, jaziam os companheiros adormecidos, agasalhados nas mantas e nos capotes, sem que se lhes ouvisse o ressonar sobressaltado. Parecia a João Maurício que, afora as sentinelas, que se mantinham alerta nos postos avançados, somente ele permanecia vigilante, àquela hora tardia, sentado no chão, com as mãos frias escorando o corpo, que se reclinava para trás. Apesar da marcha longa, não sentia sono nem cansaço.

Aquela vigília não seria um aviso de que seu fim se aproximava? Entregava-se às mãos de Deus, convicto de que tomara o partido da boa causa. E alongava para os alcantis a vista insone. A noite, olhada daquela iminência, com as montanhas empinadas sob a luz alvacenta, tinha a imponência inaugural do mundo primitivo, como se Deus houvesse acabado de fazer tudo aquilo. Aqui, além, esguios pinheiros imóveis, perfilados no sopé das encostas, abriam-se no alto, como em gesto de oferenda. Com o passar das horas, a luz adquiria gradações novas. A própria lua, suspensa sobre a crista da serra, dava a impressão de buscar alguma coisa na claridade fosca, com um ar de notívaga assustada.

4. Nisto João Maurício percebeu que um vulto se movia ao seu lado, firmando as mãos no solo para erguer a cabeça, e logo reconheceu o Cabo Ruas, que por fim se sentou, esticando os braços curtos:

5. — Não quis dormir, Tenente? Eu passei pelo sono. Em noites assim, durmo e acordo, durmo e acordo. Tomara que esta briga acabe depressa. Já estou sentindo a falta de casa. Vou brigar ainda um mês ou dois, depois pego licença: já está em tempo de ver minhas crianças. Agora mesmo sonhei com a patroa. Ela fazia um festão com a minha chegada.

6. E após um silêncio longo, olhando a noite erma:

7. — Isto aqui mete medo. Aquela montanha ali, muito escura, muito alta, parece que está de dedo empinado, ralhando com a gente. E olhe o vento assobiando. Deus não pode ter inventado a guerra, Tenente. Isto é coisa do Diabo. Eu, aqui, com o meu fuzil, e o senhor, aí, com a sua pistola, só estamos pensando em matar para não ser morto. Deus disse: "Não matarás." E nós, aqui, não fazemos outra coisa. Acho que foi esse pensamento que me tirou o sono. Estou dizendo besteira, Tenente? João Maurício bateu-lhe no ombro:

8. — Não. Mas trata de dormir. Precisas estar descansado, e eu também. Fica quieto.

9. E alongou-se ao comprido do chão, com o rosto voltado para o céu, como em busca das estrelas, enquanto o Cabo Ruas se deitava de borco com a cabeça no braço dobrado. Mas, mesmo quieto, João Maurício não dormiu. Para os lados de Belarmino, voltavam a retumbar tiros isolados, que as montanhas repetiam.

10. — Boa-noite, Tenente.

11. — Boa-noite, Ruas.

12. E João Maurício, com as mãos sob a nuca, ia vendo farrapos de nuvens que o vento levava. Quando a luz da aurora se espalhasse por aquelas alturas, haveria sangue no horizonte, por cima das árvores, e sangue na terra, com os primeiros mortos e feridos. Os cavalos se precipitariam sobre o verde dos desfiladeiros, e muitos deles relinchariam, ouvindo o toque das cornetas, por entre o rugir dos canhões, o sibilar das balas, e o estrugir nervoso da metralha. E tanto de um lado quanto de outro, os corpos iriam tombando, à proporção que o dia fosse crescendo.

13. Sem perceber a transição da vigília para o sono, João Maurício deixou cair pesadamente as pálpebras, e só voltou a si com o Ruas a lhe sacudir o braço:

14. — Depressa, Tenente: o ataque está começando.

15. De um salto, ele ficou de pé, ouvindo em redor o alvoroço dos companheiros que se apresentavam para o combate. Na manhã ainda clareando, estrondavam as primeiras cargas cerradas do bombardeio inimigo. Soavam longe os clarins e as cornetas. Alguns cavalos galopavam, outros relinchavam com o repuxo das rédeas e o toque das esporas. E as granadas não tardaram a explodir ali no alto, arrancando touceiras de mato e salpicos de terra revolvida. De vez em quando, um grito. E os canhões rugiam dos dois lados, escancarando na luz atônita o clarão instantâneo das balas detonadas.

16. Após a desordem assustada dos momentos iniciais de luta, uma ordem natural ia-se impondo — com os soldados nas posições de combate, a resposta rápida dos tiros, o corpo-a-corpo que lá adiante se travava, a arremetida dos cavalarianos, os grupos que se infiltravam pelos capões de mato e pelo aclive das ribanceiras. A cada instante, uma nova ordem da corneta. Novas cargas cerradas. As granadas de mão que se amiudavam, e já um ou outro soldado inimigo tentava infiltrar-se nas linhas rebeldes, enquanto a luz da manhã crescia e se alastrava.

MONTELLO, Josué. *A coroa de areia*. Rio de Janeiro: Editora Nova Fronteira, 1984.

5. **Com base no sentido do texto II e em seus aspectos estilísticos, julgue os itens a seguir:**

I. No trecho "**vivia agora uma emoção diferente, com aquela luz úmida, aquele silêncio espaçoso**" (3º parágrafo), a expressão "**luz úmida**" exemplifica emprego de sinestesia.

II. Em "**E após um silêncio longo, olhando a noite erma:**" (6º parágrafo), a palavra "**erma**" foi empregada como sinônimo de ***escura, sombria***.

III. No período "**E tanto de um lado quanto de outro, os corpos iriam tombando, à proporção que o dia fosse crescendo.**" (12º parágrafo), em razão de não haver conotação, não se pode afirmar que foi empregado eufemismo.

IV. Em "**E alongava para os alcantis a vista insone.**" (3º parágrafo), pode ser identificado o uso de metonímia como recurso de estilo.

6. **Julgue as assertivas abaixo, considerando os aspectos linguísticos e gramaticais do texto II:**

I. Não se pode afirmar que, em "**Nisto João Maurício percebeu que um vulto se movia ao seu lado**" (4º parágrafo), a palavra "**Nisto**" é composta, gramaticalmente, por contração da preposição "**em**" mais o pronome demonstrativo "**isto**".

II. Também estaria de acordo com a prescrição gramatical a reescritura do trecho "**Ocultos pela vegetação das encostas**" (2º parágrafo) como ***Ocultados pela vegetação das encostas***, apesar de o sentido original não ser mantido.

III. No trecho "**Apesar da marcha longa, não sentia sono nem cansaço.**" (3º parágrafo), embora apresentem sentido de negação, as palavras "**não**" e "**nem**" pertencem a distintas classes gramaticais.

IV. Em "**Na véspera do combate, quando a lua despontou por cima dos contrafortes da serra do Medeiro**" (1º parágrafo), o vocábulo "**contrafortes**" é sinônimo de ***muralha*** e é formado por composição por justaposição.

7. **Considerando os aspectos linguísticos e gramaticais do texto II, julgue os itens a seguir:**

I. O termo "**de vanguarda e retaguarda**" (1º parágrafo) exerce função de aposto explicativo, assim como o termo "**quando a lua despontou por cima dos contrafortes da serra do Medeiro**" (1º parágrafo).

II. Em "**Na manhã ainda clareando, estrondavam as primeiras cargas cerradas do bombardeio inimigo.**" (15º parágrafo), o emprego da forma verbal "**estrondavam**" na terceira pessoa do plural caracteriza sujeito indeterminado.

III. A oração "**fechando o cenário da luta**", presente em "**Dali se podia ver, banhada pela claridade do luar, a silhueta compacta das montanhas fechando o cenário da luta.** (2º parágrafo), deve ser classificada como subordinada adjetiva explicativa reduzida de particípio e poderia ser desenvolvida, sem alteração do sentido em que foi empregada no texto, como ***que fechava o cenário da luta***.

IV. Não haveria alteração de sentido caso a palavra "**silencioso**", presente em "**O batalhão marchava silencioso**" (1º parágrafo), fosse substituída por ***silenciosamente***.

Texto III: Do fogo que em mim arde

Conceição Evaristo

Sim, eu trago o fogo,
o outro,
não aquele que te apraz.
Ele queima sim,
é chama voraz
que derrete o bico de teu pincel
incendiando até às cinzas
O desejo-desenho que fazes de mim.
Sim, eu trago o fogo,
o outro,
aquele que me faz,
e que molda a dura pena
de minha escrita.
é este o fogo,
o meu, o que me arde
e cunha a minha face
na letra desenho
do autorretrato meu.

EVARISTO, Conceição. *Poemas da recordação e outros movimentos*. Belo Horizonte: Nandyala, 2008.

8. **Com base no sentido e nos aspectos estilísticos do texto III, julgue os itens subsequentes:**

I. É possível afirmar que o tema do poema de Conceição Evaristo é a identidade, e o verso que melhor exemplifica isso é "do autorretrato meu" (18º verso).

II. Infere-se do texto, mais especificamente do verso "**não aquele que te apraz**" (3º verso), que o eu lírico se dirige a um interlocutor, no caso, aquele que é crítico e que espera algo específico de quem escreve.

III. Em "**Sim, eu trago o fogo**" (1º verso), empregou-se metáfora, com que se retoma o título.

IV. Os versos "**que derrete o bico de teu pincel**" (6º verso) e "**e que molda a dura pena / de minha escrita.**" (12º e 13º versos) exemplificam emprego pontual da função metalinguística da linguagem.

9. **Julgue os itens a seguir, considerando os aspectos linguísticos e gramaticais do texto III:**

I. Nos versos "**e que molda a dura pena / de minha escrita.**" (12º e 13º versos), o eu lírico, mostrando-se modesto, faz uma alusão à dificuldade de se escrever poesia.

II. A preposição destacada em "**de minha escrita**" (13º verso) é nocional, assim como a empregada em "**do autorretrato meu**" (18º verso).

III. Não se pode afirmar que as vírgulas empregadas em "**é este o fogo, / o meu, o que me arde.**" (14º e 15º versos) apresentam a mesma justificativa.

IV. A palavra "**sim**", empregada no primeiro e no quarto versos, não apresenta a mesma classificação morfológica.

10. **Com base nos aspectos linguísticos e gramaticais do texto III, julgue os itens a seguir:**

I. No verso "**O desejo-desenho que fazes de mim.**" (8º verso), o pronome relativo em destaque exerce a mesma função do termo a que se refere.

II. Em "**não aquele que te apraz.**" (3º verso), a forma verbal "**apraz**" deve ser classificada como transitiva direta, tendo o pronome "**te**" como complemento.

III. **É pronominal o verbo "arder"**, presente em **"o meu, o que me arde"** (15º verso), sendo o **"me"** sua parte integrante.

IV. A palavra destacada em **"incendiando <u>até</u> as cinzas"** (7º verso) deve ser classificada, morfologicamente, como denotativa de inclusão.

SIMULADO 6

Texto I: O que é escrita?

Ingedore Villaça Koch
Vanda Maria Elias

1. Se houve um tempo em que era comum a existência de comunidades ágrafas, se houve um tempo em que a escrita era de difícil acesso ou uma atividade destinada a poucos privilegiados, na atualidade, a escrita faz parte da nossa vida cotidiana, seja porque somos constantemente solicitados a produzir textos escritos (bilhete, e-mail, listas de compras etc.), seja porque somos solicitados a ler textos escritos em diversas situações do dia a dia (placas, letreiros, anúncios, embalagens, e-mail, etc., etc.).

2. Alguém afirmou que "hoje a escrita não é mais domínio exclusivo dos escrivães e dos eruditos. [...] A prática da escrita, de fato, se generalizou: além dos trabalhos escolares ou eruditos, é utilizada para o trabalho, a comunicação, a gestão da vida pessoal e doméstica".

3. Que a escrita é onipresente em nossa vida já o sabemos. Mas, afinal, "o que é escrita?" Responder a essa questão é uma tarefa difícil porque a atividade de escrita envolve aspectos de natureza variada (linguística, cognitiva, pragmática, sócio-histórica e cultural).

4. Como é de nosso conhecimento, há muitos estudos sobre a escrita, sob diversas perspectivas, que nos propiciam diferentes modos de responder a questão em foco. Basta pensarmos, por exemplo, nas investigações existentes, segundo as quais a escrita ao longo do tempo foi e vem-se constituindo como

um produto sócio-histórico-cultural, em diferentes suportes (livros, jornais, revistas) e demandando diferentes modos de leitura. Basta pensarmos no modo pelo qual ocorre o processo de aquisição da escrita. Basta pensarmos no modo pelo qual a escrita é concebida como uma atividade cuja realização demanda a ativação de conhecimento e o uso de várias estratégias no curso mesmo da produção do texto.

5. Apesar da complexidade que envolve a questão, não é raro, quer em sala de aula, quer em outras situações do dia a dia, nos depararmos com definições de escrita, tais como: "escrita é inspiração"; "escrita é uma atividade para alguns poucos privilegiados (aqueles que nascem com esse dom e se transformam em escritores renomados)"; "escrita é expressão do pensamento" no papel ou em outro suporte; "escrita é domínio de regras da língua"; "escrita é trabalho" que requer a utilização de diversas estratégias da parte do produtor.

6. Essa pluralidade de resposta nos faz pensar que o modo pelo qual concebemos a escrita não se encontra dissociado do modo pelo qual entendemos a linguagem, o texto e o sujeito que escreve. Em outras palavras, subjaz uma concepção de linguagem, de texto e de sujeito escritor ao modo pelo qual entendemos, praticamos e ensinamos a escrita, ainda que não tenhamos consciência disso.

KOCH, Ingedore Villaça. ELIAS, Vanda Maria. *Ler e escrever: estratégias de produção textual.* São Paulo: Editora Contexto, 2009.

1. **Com base no sentido do texto I, julgue os itens a seguir:**

I. Pode-se afirmar que tanto o primeiro quanto o segundo parágrafos do texto I podem ser classificados como introdutórios, à medida que, em ambos, se desenvolve a ideia de que a escrita deixou de ser restrita aos eruditos e aos estudiosos, para expandir-se e tornar-se elemento essencial para a vida na sociedade contemporânea.

II. Segundo a autora, a razão de ser impossível definir a escrita deve-se ao fato de estar relacionada a outros aspectos, como linguístico, cognitivo, pragmático, os quais precisariam ser delimitados para que o sentido dessa ação fosse estabelecido.

III. É possível depreender do texto que o acesso de todas as pessoas à escrita se deve à modernização pela qual a sociedade passou e ao surgimento de gêneros decorrentes dessa evolução e de novas necessidades características da vida cotidiana atual, como mandar um e-mail.

IV. Predomina, no texto I, a função metalinguística da linguagem, em razão de a temática acerca da escrita consistir em uma linguagem metadiscursiva.

2. **Julgue os itens subsequentes, considerando os aspectos sintáticos do texto I:**

I. Os termos "**o processo de aquisição da escrita**", presente em "**Basta pensarmos no modo pelo qual ocorre o processo de aquisição da escrita.**" (4º parágrafo), e "**uma concepção de linguagem**", empregado em "**subjaz uma concepção de linguagem, de texto e de sujeito escritor**" (6º parágrafo), mantêm o mesmo tipo de relação sintática com os verbos que os precedem.

II. No trecho "**subjaz uma concepção de linguagem, de texto e de sujeito escritor ao modo pelo qual entendemos, praticamos e ensinamos a escrita**" (6º parágrafo), os verbos "**entendemos**", "**praticamos**" e "**ensinamos**" devem ser classificados como transitivos diretos.

III. O período "**Responder a essa questão é uma tarefa difícil porque a atividade de escrita envolve aspectos de natureza variada (linguística, cognitiva, pragmática, sócio-histórica e cultural).**" (3º parágrafo) é composto por coordenação e por subordinação e apresenta três orações, entre as quais uma é coordenada explicativa.

IV. Em "**porque a atividade <u>de escrita</u> envolve aspectos <u>de natureza variada</u> (linguística, cognitiva, pragmática, sócio-histórica e cultural)**" (3º parágrafo), os termos em destaque exercem a mesma função sintática.

3. **Julgue as afirmativas seguintes, com base nos aspectos linguísticos e gramaticais:**

I. Em "**A prática da escrita, de fato, se generalizou: além dos trabalhos escolares ou eruditos, é utilizada para o trabalho, a comunicação, a gestão da vida pessoal e doméstica'.**" (2º parágrafo), o sinal de dois-pontos anuncia uma explicação.

II. Tem valor de comparação a conjunção "**como**" que foi empregada em "**segundo as quais a escrita ao longo do tempo foi e vem-se constituindo como um produto sócio-histórico-cultural**" (4º parágrafo).

III. No trecho "**Mas, afinal, 'o que é escrita?'**" (3º parágrafo), as vírgulas que isolam o termo "**afinal**" foram empregadas como recurso de ênfase, mas a supressão dessa pontuação manteria a correção gramatical do trecho.

IV. Em "**Essa pluralidade de resposta nos faz pensar**" (6º parágrafo), o termo em destaque deve ser classificado como sujeito.

4. Com base nos aspectos linguísticos e gramaticais, julgue as assertivas seguintes:

I. Em "**Essa pluralidade de resposta nos faz pensar que o modo pelo qual concebemos a escrita**" (6º parágrafo), não se promoveria alteração gramatical ou semântica, caso a expressão "**pelo qual**" fosse substituída por ***como***.

II. No período "**Que a escrita é onipresente em nossa vida já o sabemos.**" (3º parágrafo), a retirada da palavra em destaque promoveria maior coerência ao trecho.

III. Em "**Alguém afirmou que "hoje a escrita não é mais domínio exclusivo dos escrivães e dos eruditos.**" (2º parágrafo), a palavra ***escrivões*** poderia ser, corretamente, empregada como uma variação de "**escrivães**".

IV. Não se pode afirmar que está de acordo com a norma culta da língua a reescritura do trecho "**não é raro, quer em sala de aula, quer em outras situações do dia a dia, nos depararmos com definições de escrita**" (5º parágrafo) como ***não é raro, quer em sala de aula ou em outras situações do dia a dia, nos depararmos com definições de escrita.***

Texto II: Os Reis Magos

Paulo Mendes Campos

1. Existiam no Oriente três homens maduros, Gaspar, Melquior, Baltazar, que acreditavam em tudo; e porque viam em tudo uma linguagem estrangeira, eles se movimentavam entre os textos radiosos da esperança. E só acreditavam que estivéssemos no mundo, nem que o nosso tempo fosse o tempo, nem que a nossa vida fosse a vida, mas que o mundo, o tempo e a vida fossem portas trancadas, e a chave fosse a imaginação do homem. Pois é preciso imaginar para crer.

2. Gaspar, Melquior, Baltazar sabiam que o mundo significa outra coisa: e, se um grito de gralha se perde acima dos abetos, não é um grito de gralha, mas um augúrio para o sonho do homem: e se o próprio sol há de morrer, e o homem vive na escuridão, a verdadeira luz precisa ser adivinhada. Pois a luz que nos alumia também não é a verdadeira luz.

3. E enquanto todos ansiavam angustiadamente por um milagre, Gaspar, Melquior e Baltazar já estavam satisfeitos de todos os milagres que se realizam cada dia; o milagre do dia e da noite; o milagre da água, da terra e do fogo; o milagre de ter olhos e ver; o milagre de ter ouvidos e ouvir; o milagre de ter um corpo; então, já satisfeitos de viver em um mundo de milagres, eles viram a estrela que os aliviava das maravilhas de todos os dias, pois era uma estrela inventada, uma estrela que os outros homens não viam.

4. E os três reis magos seguiram a estrela ao longo de duras noites de inverno; e, chegando a Belém, a estrela parou acima do humilde lugar onde se encontravam um menino e sua mãe. E, abrindo os cofres de ouro, incenso e mirra, eles adoraram o símbolo que se fez carne, prostrados diante do nascimento, da glória, da crucificação e da morte. A vida deixou de ser um milagre. E Gaspar, Melquior e Baltazar puseram-se em marcha em busca de seus reinos contentes de terem visto uma criança que não era um milagre.

CAMPOS, Paulo Mendes. *O Amor Acaba.* Rio de Janeiro: Editora Civilização Brasileira, 1999.

5. **Julgue as assertivas seguintes, com base no sentido do texto II:**

I. É possível afirmar que, para a completa compreensão do texto e para a construção de sua coerência, é necessário atentar para o mecanismo da intertextualidade.

II. O texto apresenta uma nova concepção de milagre, que seria a apreciação da simplicidade das contingências da vida, em detrimento de supostas maravilhas acontecendo sem explicação.

III. O último parágrafo do texto define que a fé é uma realidade, exposta na vida de uma criança, que é a síntese da esperança.

IV. Em "**Existiam no Oriente três homens maduros, Gaspar, Melquior, Baltazar**" (1º parágrafo), a expressão "**homens maduros**" exemplifica emprego de eufemismo.

6. No que se refere ao sentido do texto II e aos aspectos gramaticais, jugue os itens subsequentes:

I. No trecho "**prostrados diante do nascimento, da glória, da crucificação e da morte.**" (4º parágrafo), tem-se exemplo de metonímia.

II. A palavra "**augúrio**", presente em "**mas um augúrio para o sonho do homem:**" (2º parágrafo), significa presságio ou percepção em termos de futuro.

III. Em "**mas que o mundo, o tempo e a vida fossem portas trancadas, e a chave fosse a imaginação do homem.**" (1º parágrafo), a figura de linguagem predominante é a comparação.

IV. No último período do texto, "**E Gaspar, Melquior e Baltazar puseram-se em marcha em busca de seus reinos contentes de terem visto uma criança que não era um milagre.**", verifica-se a presença de ambiguidade, pontualmente no trecho "**seus reinos**".

7. Julgue as afirmativas seguintes, com base nos aspectos linguísticos e gramaticais:

I. No trecho "**Existiam no Oriente três homens maduros, <u>Gaspar, Melquior, Baltazar</u>**" (1º parágrafo), o termo em destaque deve ser classificado como aposto enumerativo.

II. Em “**a estrela parou acima do humilde lugar onde <u>se</u> encontravam um menino e sua mãe**” (4º parágrafo) e em “**E Gaspar, Melquior e Baltazar puseram-<u>se</u> em marcha em busca de seus reinos**” (4º parágrafo), os termos destacados apresentam a mesma classificação morfológica.

III. Em “**eles adoraram o símbolo que se <u>fez</u> carne**” (4º parágrafo), pode-se afirmar que o verbo em destaque funciona como transitivo direto predicativo.

IV. No período “**Pois é preciso imaginar para crer.**” (1º parágrafo), há três orações, sendo uma delas classificada como subordinada subjetiva.

Texto III: Ocultemo-nos um pouco

Fabrício Carpinejar (1972)

1. Ocultemo-nos um pouco. Que separes lembranças
2. a confiar aos outros. Que reserves aos amigos
3. noites de bar. Que não me aborreças
4. com pormenores de relações passadas.
5. Que eu não mexa em tua correspondência.
6. não reviste na tua bolsa.
7. Que seja homem de uma única mulher,
8. como uma banda de um único sucesso.
9. como um poeta de um único livro.
10. Que não me digam: a poesia é hereditária.
11. Os filhos não merecem nossa culpa.
12. Que segredo não seja amaldiçoado em degredo.
13. Que a confissão não apague a avidez dos pecados.
14. Que a reconciliação faça desabar crenças.
15. Que envelope do sereno feche nossa rua.
16. Que eu entenda ainda que tarde, agora sem ti.

17. Deus improvisa.

CARPINEJAR, Fabrício. *Terceira sede: Elegias.* Rio de Janeiro: Bertrand Brasil, 2001.

8. **Julgue os itens subsequentes, com base no sentido do texto III:**

I. A estrutura do texto III, com verbos no imperativo, permite que, apesar de escrito em versos, ele seja classificado como injuntivo.

II. Apesar da estruturação do texto toda com verbos que indicam desejo e que, portanto, projetam para o futuro as ações elencadas, é possível depreender que o eu lírico já não as considera mais necessárias, pois já não vive mais o mesmo relacionamento.

III. Pode-se identificar certa contradição entre o sentido dos versos "**Que seja homem de uma única mulher,**" (7º verso) e "**com pormenores de relações passadas.**" (4º verso), pois não há como realizar as duas situações descritas.

IV. Pode-se afirmar que o recurso estilístico conhecido como ironia foi empregado nos versos "**Que não me digam: a poesia é hereditária. / Os filhos não merecem nossa culpa.**" (10º verso e 11º verso).

9. **Com base nos aspectos sintáticos do texto III, julgue os itens seguintes:**

I. Os termos "**de relações passadas**" (4º verso), "**dos pecados**" (13º verso) e "**do sereno**" (15º verso) exercem a mesma função sintática.

II. É transitiva indireta a forma verbal destacada em "**noites de bar. Que não me <u>aborreças</u>**" (3º verso).

III. Para que estivesse correto quanto às regras de concordância verbal, o verso "**Que a reconciliação faça despertar crenças.**" (14º verso) deveria ser reescrito como ***Que a reconciliação faça despertarem crenças.***

IV. Caso os versos "**que eu não mexa em tua correspondência / não reviste na tua bolsa**" (5º e 6º versos) fossem reescritos como ***Que eu não mexa na tua correspondência / não te reviste a bolsa***, não seria promovida alteração sintática, e, consequentemente, também não seria promovida mudança do sentido original.

10. Considerando os aspectos gramaticais do texto III, julgue os itens que seguem:

I. Está correto afirmar que o substantivo "**reconciliação**" (14º verso) é formado por derivação prefixal e sufixal; já o vocábulo "**envelope**" (15º verso) é formado por derivação regressiva, derivado do verbo ***envelopar***.

II. A preposição "**a**", em suas três ocorrências no segundo verso, deve ser classificada, respectivamente, como nocional, relacional e relacional.

III. Sem prejuízo para o sentido original, os versos "**Que não me digam: a poesia é hereditária. / Os filhos não merecem nossa culpa.**" (10 e 11º versos) poderiam ser ligados por uma conjunção subordinativa causal.

IV. A palavra "**Que**" presente no início de quase todos os versos da segunda estrofe deve ser classificada, morfologicamente, como interjeição.

SIMULADO 7

Texto I: Vista cansada

Otto Lara Resende

1. Acho que foi o Hemingway quem disse que olhava cada coisa à sua volta como se a visse pela última vez. Pela última ou pela primeira vez? Pela primeira vez foi outro escritor quem disse. Essa ideia de olhar pela última vez tem algo de deprimente. Olhar de despedida, de quem não crê que a vida continua, não admira que o Hemingway tenha acabado como acabou.

2. Se eu morrer, morre comigo um certo modo de ver, disse o poeta. Um poeta é só isto: um certo modo de ver. O diabo é que, de tanto ver, a gente banaliza o olhar. Vê não-vendo. Experimente ver pela primeira vez o que você vê todo dia, sem ver. Parece fácil, mas não é. O que nos cerca, o que nos é familiar, já não desperta curiosidade. O campo visual da nossa rotina é como um vazio.

3. Você sai todo dia, por exemplo, pela mesma porta. Se alguém lhe perguntar o que é que você vê no seu caminho, você não sabe. De tanto ver, você não vê. Sei de um profissional que passou 32 anos a fio pelo mesmo hall do prédio do seu escritório. Lá estava sempre, pontualíssimo, o mesmo porteiro. Dava-lhe bom-dia e às vezes lhe passava um recado ou uma correspondência. Um dia o porteiro cometeu a descortesia de falecer.

4. Como era ele? Sua cara? Sua voz? Como se vestia? Não fazia a mínima ideia. Em 32 anos, nunca o viu. Para ser notado, o porteiro teve que mor-

rer. Se um dia no seu lugar estivesse uma girafa, cumprindo o rito, pode ser também que ninguém desse por sua ausência. O hábito suja os olhos e lhes baixa a voltagem. Mas há sempre o que ver. Gente, coisas, bichos. E vemos? Não, não vemos.

5. Uma criança vê o que o adulto não vê. Tem olhos atentos e limpos para o espetáculo do mundo. O poeta é capaz de ver pela primeira vez o que, de fato, ninguém vê. Há pai que nunca viu o próprio filho. Marido que nunca viu a própria mulher, isso existe às pampas. Nossos olhos se gastam no dia a dia, opacos. É por aí que se instala no coração o monstro da indiferença.

RESENDE, Otto Lara. Vista cansada. ***In: Folha de S*****ão *****Paulo*****, 23/02/1992.**

1. **Com base no sentido do texto I em aspectos estilísticos, julgue os itens abaixo:**

I. O recurso estilístico conhecido como ironia foi empregado no trecho "**Um dia o porteiro cometeu a descortesia de falecer.**" (3º parágrafo).

II. Além da função referencial da linguagem, há, no trecho "**Um poeta é só isto: um certo modo de ver**" (2º parágrafo), função metalinguística.

III. Pode-se inferir que, ao afirmar que "**Uma criança vê o que um adulto não vê**" (5º parágrafo), o autor compreende que ela ainda não tem a "**vista cansada**", conforme anunciado no título.

IV. Considerando-se o quarto parágrafo, é possível identificar certa visão preconceituosa em relação a profissões mais humildes, como a de porteiro.

2. **No que se refere à pontuação empregada no texto I, julgue as assertivas a seguir:**

I. As vírgulas empregadas no período "**O diabo é que, de tanto ver, a gente banaliza o olhar.**" (2º parágrafo) são obrigatórias e isolam uma oração subordinada adverbial causal intercalada na principal.

II. A fim de isolar adjunto adverbial deslocado, deveriam ter sido empregadas duas vírgulas obrigatórias no trecho "**Se um dia no seu lugar estivesse uma girafa, cumprindo o rito,**" (4º parágrafo).

III. Em "**Lá estava sempre, pontualíssimo, o mesmo porteiro.**" (3º parágrafo), as vírgulas foram usadas para isolar o termo de base adjetiva que torna o predicado da oração em que está inserido verbo-nominal.

IV. Deveria ter sido empregada uma vírgula antes da conjunção "**e**", no período "**O hábito suja os olhos e lhes baixa a voltagem.**" (4º parágrafo), em razão de ela ser subordinativa consecutiva.

3. **Julgue os itens subsequentes, com base nos aspectos linguísticos e gramaticais do texto I:**

I. É facultativo o emprego do acento indicativo de crase no trecho "**disse que olhava cada coisa à sua volta como se visse pela primeira vez**" (1º parágrafo).

II. Tem função de adjunto adverbial de lugar o pronome relativo contido no trecho "**É por aí que se instala no coração o monstro da indiferença**" (5º parágrafo).

III. Não se pode afirmar que o recurso estilístico conhecido como paradoxo foi o empregado em "**Vê não vendo.**" (2º parágrafo).

IV. Pode-se afirmar que a função sintática dos termos em destaque em "**Essa ideia <u>de olhar pela última vez</u> tem algo <u>de deprimente</u>**" (1º parágrafo) é a mesma, mudando apenas o valor semântico de cada expressão.

4. **Com base nos aspectos linguísticos e gramaticais, julgue os itens a seguir:**

I. Se o trecho "**Você sai todo dia**" (3º parágrafo) fosse escrito como ***Você sai sempre*** ou como ***Você sai cotidianamente***, não seria promovido desvio gramatical, nem haveria alteração do sentido original.

II. A palavra "**como**", presente em "**olhava cada coisa à sua volta <u>como</u> se a visse pela última vez**" (1º parágrafo) e em "**O campo visual da**

nossa rotina é <u>como</u> um vazio" (2º parágrafo), apresenta classificações gramaticais distintas.

III. Na frase "**Pela <u>última</u> ou pela <u>primeira</u> vez?**" (1º parágrafo), os numerais destacados exercem a mesma função de adjunto adnominal do núcleo "**vez**".

IV. Caso o período "**O hábito suja os olhos e lhes baixa a voltagem**" (4º parágrafo) fosse reescrito como ***O hábito suja os olhos e baixa a voltagem deles***, seria promovida alteração tanto sintática quanto semântica.

Texto II: A casa demolida

Sérgio Porto
(Stanislaw Ponte Preta)

1. Seriam ao todo umas trinta fotografias. Já nem me lembrava mais delas, e talvez que ficassem para sempre ali, perdidas entre papéis inúteis que sabe lá Deus por que guardamos.

2. Encontrá-las foi, sem dúvida, pior e, se algum dia imaginasse que havia de passar pelo momento que passei, não teria batido fotografia nenhuma. Na hora, porém, achara uma boa ideia tirar os retratos, única maneira — pensei — de conservar na lembrança os cantos queridos daquela casa onde nasci e vivi os primeiros vinte e quatro felizes anos de minha vida.

3. Como se precisássemos de máquina fotográfica para guardar na memória as coisas que nos são caras!

4. Foi nas vésperas de sair, antes de retirarem os móveis, que me entregara à tarefa de fotografar tudo aquilo, tal como era até então. Gastei alguns filmes, que, mais tarde revelados, ficaram esquecidos, durante anos, na gaveta cheia de papéis, cartas, recibos e outras inutilidades.

5. Esta era a escada, que rangia no quinto degrau, e que era preciso pular para não acordar Mamãe. Precaução, aliás, de pouca valia, porque ela não dormia mesmo, enquanto o último dos filhos a chegar não pulasse o quinto degrau e não se recolhesse, convencido que chegava sem fazer barulho.

6. A ideia de fotografar este canto do jardim deveu-se — é claro — ao banco de madeira, cúmplice de tantos colóquios amorosos, geralmente inocentes, que eram inocentes as meninas daquele tempo. Ao fundo, quase encostado ao muro do vizinho, a acácia que floria todos os anos e que a moça pedante que

estudava botânica um dia chamou de "linda árvore leguminosa ornamental". As flores, quando vinham, eram tantas, que não havia motivo de ciúmes, quando alguns galhos amarelos pendiam para o outro lado do muro. Mesmo assim, ao ler pela primeira vez o soneto de Raul de Leoni, lembrei-me da acácia e lamentei o fato de ela também ser ingrata e ir florir na vizinhança.

7. Isto aqui era a sala de jantar. A mesa grande, antiga, ficava bem ao centro, rodeada por seis cadeiras, havendo ainda mais duas sobressalentes, ao lado de cada janela, para o caso de aparecerem visitas. Quando vinham os primos recorria-se à cozinha, suas cadeiras toscas, seus bancos... tantos eram os primos!

8. Nas paredes, além dos pratos chineses — orgulho do velho — a indefectível "Ceia do Senhor", em reprodução pequena e discreta, e um quadro de autor desconhecido. Tão desconhecido que sua obra desde o dia da mudança está enrolada num lençol velho, guardada num armário, túmulo do pintor desconhecido.

9. Além das três fotografias — da escada, do jardim e da sala de jantar — existem ainda uma de cada quarto, duas da cozinha, outra do escritório de Papai. O resto é tudo do quintal. São quinze ao todo e, embora pareçam muitas, não chegam a cumprir sua missão, que, afinal, era retratar os lugares gratos à recordação.

10. O quintal era grande, muito grande, e maior que ele os momentos vividos ali pelo menino que hoje olha estas fotos emocionado. Cada recanto lembrava um brinquedo, um episódio. Ah Poeta, perdoe o plágio, mas resistir quem há-de? Gemia em cada canto uma tristeza, chorava em cada canto uma saudade. Agora, se ainda morasse na casa, talvez que tudo estivesse modificado na aparência, não mais que na aparência, porque, na lembrança do menino, ficou o quintal daquele tempo.

11. Rasgo as fotografias. De que vale sofrer por um passado que demoliram com a casa? Pedra por pedra, tijolo por tijolo, telha por telha, tudo se desmanchou. A saudade é inquebrantável, mas as fotografias eu também posso desmanchar. Vou atirando os pedacinhos pela janela, como se lá na rua houvesse uma parada, mas onde apenas há o desfile da minha saudade. E os papeizinhos vão saindo a voejar pela janela deste apartamento de quinto andar, num prédio construído onde um dia foi a casa.

12. Olha, Manuel Bandeira: a casa demoliram, mas o menino ainda existe.

PORTO, Sérgio. *A casa demolida.* Rio de Janeiro: Editora do Autor, 1963.

5. **Considerando o sentido do texto e seus aspectos estilísticos, julgue os itens a seguir:**

I. No último parágrafo do texto, a referência à obra de Manuel Bandeira é um exemplo de intertextualidade. O mesmo caso é verificado no décimo parágrafo, quando o verso do poeta modernista é citado.

II. Pode-se afirmar que, no terceiro parágrafo do texto, o emprego da primeira pessoa do plural exemplifica o uso pontual da função fática da linguagem, em que o narrador estabelece contato com seu interlocutor.

III. No trecho "**Gemia em cada canto uma tristeza, chorava em cada canto uma saudade.**" (10º parágrafo), foi empregada a figura de linguagem denominada prosopopeia.

IV. Em "**A saudade é inquebrantável, mas as fotografias eu também posso desmanchar.**" (11º parágrafo), a substituição da palavra "**inquebrantável**" por ***inquebrável*** não promoveria alteração de sentido para o texto, inclusive porque ambas apresentam a mesma origem etimológica.

6. **Julgue as assertivas seguintes, com base nos aspectos linguísticos e gramaticais:**

I. Para que o trecho "**convencido que chegava sem fazer barulho.**" (5º parágrafo) estivesse de acordo com a norma-padrão no que diz respeito à regência, ele deveria ser reescrito como ***convencido de que chegava sem fazer barulho***.

II. A oração reduzida de particípio, presente em "**Gastei alguns filmes, que, <u>mais tarde revelados</u>, ficaram esquecidos, durante anos, na gaveta cheia de papéis, cartas, recibos e outras inutilidades.**" (4º parágrafo), tem valor temporal.

III. Não promoveria alteração de sentido a posposição do adjetivo "**felizes**", em "**conservar na lembrança os cantos queridos daquela casa onde nasci e vivi os primeiros vinte e quatro felizes anos de minha vida.**" (2º parágrafo), ao substantivo a que está relacionado.

IV. Nos excertos "**A ideia de fotografar <u>este</u> canto do jardim deveu-se — é claro — ao banco de madeira**" (6º parágrafo) e "**<u>Isto</u> aqui era a sala**

de jantar." (7º parágrafo), a justificativa para o emprego dos pronomes em destaque é o fato de estabelecerem coesão espaçotemporal ou dêitica.

7. **Julgue os itens subsequentes, com base nos aspectos linguísticos e gramaticais do texto II:**

I. A fim de tornar correto o emprego da pontuação, o fragmento "**Encontrá-las foi, sem dúvida, pior e, se algum dia imaginasse que havia de passar pelo momento que passei, não teria batido fotografia nenhuma.**" (2° parágrafo) deveria ser reescrito como ***Encontrá-las foi, sem dúvida, pior, e, se algum dia imaginasse que havia de passar pelo momento que passei, não teria batido fotografia nenhuma.***

II. Os termos destacados em "**A ideia de fotografar este canto do jardim deveu-se — é claro — ao banco de madeira, cúmplice de tantos colóquios amorosos, geralmente inocentes**" (6º parágrafo), embora com referentes distintos, exercem a mesma função sintática.

III. Pode-se afirmar que os trechos entre travessões, nas quatro ocorrências ao longo do texto, podem ser classificados como comentários de natureza particular, que podem ser entendidos como uma reflexão à margem do que se afirma.

IV. No trecho "**está enrolada num lençol velho, guardada num armário, túmulo do pintor desconhecido.**" (8º parágrafo), o termo "**túmulo do pintor desconhecido**" exerce função de aposto explicativo.

Texto III: Aniversário

Fernando Pessoa
(Álvaro de Campos)

No TEMPO em que festejavam o dia dos meus anos,
Eu era feliz e ninguém estava morto.
Na casa antiga, até eu fazer anos era uma tradição de há séculos,
E a alegria de todos, e a minha, estava certa com uma religião qualquer.

No TEMPO em que festejavam o dia dos meus anos,
Eu tinha a grande saúde de não perceber coisa nenhuma,
De ser inteligente para entre a família,
E de não ter as esperanças que os outros tinham por mim.
Quando vim a ter esperanças, já não sabia ter esperanças.
Quando vim a olhar para a vida, perdera o sentido da vida.

Sim, o que fui de suposto a mim-mesmo,
O que fui de coração e parentesco.
O que fui de serões de meia-província,
O que fui de amarem-me e eu ser menino,
O que fui — ai, meu Deus!, o que só hoje sei que fui...
A que distância!...
(Nem o acho...)
O tempo em que festejavam o dia dos meus anos!

O que eu sou hoje é como a umidade no corredor do fim da casa,
Pondo grelado nas paredes...
O que eu sou hoje (e a casa dos que me amaram treme através das minhas
lágrimas),

23. O que eu sou hoje é terem vendido a casa,
24. É terem morrido todos,
25. É estar eu sobrevivente a mim-mesmo como um fósforo frio...

26. No tempo em que festejavam o dia dos meus anos...
27. Que meu amor, como uma pessoa, esse tempo!
28. Desejo físico da alma de se encontrar ali outra vez,
29. Por uma viagem metafísica e carnal,
30. Com uma dualidade de eu para mim...
31. Comer o passado como pão de fome, sem tempo de manteiga nos dentes!

32. Vejo tudo outra vez com uma nitidez que me cega para o que há aqui...
33. A mesa posta com mais lugares, com melhores desenhos na loiça, com mais copos,
34. O aparador com muitas coisas — doces, frutas o resto na sombra debaixo do alçado —,
35. As tias velhas, os primos diferentes, e tudo era por minha causa,
36. No tempo em que festejavam o dia dos meus anos...

37. Para, meu coração!
38. Não penses! Deixa o pensar na cabeça!
39. Ó meu Deus, meu Deus, meu Deus!
40. Hoje já não faço anos.
41. Duro.
42. Somam-se-me dias.
43. Serei velho quando o for.
44. Mais nada.
45. Raiva de não ter trazido o passado roubado na algibeira!...

46. O tempo em que festejavam o dia dos meus anos!...

PESSOA, Fernando. *Fernando Pessoa: Obra Poética.* Rio de Janeiro: Editora Cia. José Aguilar, 1972.

8. **Com base no sentido do texto III, julgue os itens seguintes:**

I. Segundo o eu lírico, ver com mais nitidez o passado significa não conseguir ou não querer ver o presente, ou participar dele.

II. Há certa ambiguidade no verso 41, "**Duro.**", que tanto pode ser lido como um adjetivo, evidenciando comentário de natureza particular, com que o eu lírico avalia o que foi dito imediatamente antes, quanto pode ser lido como verbo, no sentido de viver.

III. Infere-se que o tempo passado era mais feliz porque havia a presença de outras pessoas, tias, primos, mesa farta, comemorações.

IV. Sem que se promovesse alteração do sentido original, o verso "**E a alegria de todos, e a minha, estava certa com uma religião qualquer**" (4º verso) poderia ser reescrito como ***E a alegria de todos, e a minha, estava condizente com uma religião qualquer.***

9. **Com base nos aspectos linguísticos e gramaticais, julgue os itens seguintes:**

I. No verso "**E de não ter as esperanças <u>que</u> os outros tinham por mim**" (8º verso), o pronome relativo exerce a mesma função sintática de seu antecedente.

II. O pronome oblíquo contido no verso "**(Nem o acho)**" (17º verso) exerce função sintática de objeto direto pleonástico.

III. Se a forma verbal "**festejavam**", empregada na voz passiva sintética, com a partícula apassivadora em elipse, no verso "**O tempo em que festejavam o dia dos meus anos!**" (18º verso), fosse empregada na voz passiva analítica, o referido verso deveria ser reescrito como ***O tempo em que era festejado o dia dos meus anos!***".

IV. Os termos grifados, nos versos "**Serei velho quando o for**" (43º verso) e "**Raiva de não ter trazido o passado roubado na algibeira!...**" (45º verso), exercem a mesma função sintática.

10.Julgue os itens seguintes, com base nos aspectos linguísticos e gramaticais:

I. Nos versos "**hoje (e a casa dos que me amaram treme através das minhas / lágrimas),**" (21º e 22º versos), o trecho "**através das minhas lágrimas**" deve ser classificado como adjunto adverbial com sentido de causa.

II. Para que estivesse de acordo com a norma culta em relação à pontuação, o verso "**Vejo tudo outra vez com uma nitidez que me cega para o que há aqui...**" (32º verso) deveria ser reescrito como ***Vejo tudo outra vez, com uma nitidez que me cega para o que há aqui***.

III. Em "**Para, meu coração!**" (37º verso), a expressão "**meu coração**" deve ser classificada como interjeição e, portanto, não exerce função sintática na oração em que está inserida.

IV. No verso "**Desejo físico da alma de se encontrar ali outra vez,**" (28º verso), a preposição "**de**", nas duas ocorrências em destaque, deve ser classificada, respectivamente, como nocional e relacional.

SIMULADO 8

Texto I: O Outro

Rubem Fonseca

1. Eu chegava todo dia no meu escritório às oito e trinta da manhã. O carro parava na porta do prédio e eu saltava, andava dez ou quinze passos, e entrava.

2. Como todo executivo, eu passava as manhãs dando telefonemas, lendo memorandos, ditando cartas à minha secretária e me exasperando com problemas. Quando chegava a hora do almoço, eu havia trabalhado duramente. Mas sempre tinha a impressão de que não havia feito nada de útil.

3. Almoçava em uma hora, às vezes uma hora e meia, num dos restaurantes das proximidades, e voltava para o escritório. Havia dias em que eu falava mais de cinquenta vezes ao telefone. As cartas eram tantas que a minha secretária, ou um dos assistentes, assinava por mim. E, sempre, no fim do dia, eu tinha a impressão de que não havia feito tudo o que precisava ser feito. Corria contra o tempo. Quando havia um feriado, no meio da semana, eu me irritava, pois era menos tempo que eu tinha. Levava diariamente trabalho para casa, em casa podia produzir melhor, o telefone não me chamava tanto.

4. Um dia comecei a sentir uma forte taquicardia. Aliás, nesse mesmo dia, ao chegar pela manhã ao escritório surgiu ao meu lado, na calçada, um sujeito que me acompanhou até a porta dizendo "doutor, doutor, será que o senhor podia me ajudar?". Dei uns trocados a ele e entrei. Pouco depois, quando estava falando ao telefone para São Paulo, o meu coração disparou. Durante alguns minutos ele bateu num ritmo fortíssimo, me deixando

extenuado. Tive que deitar no sofá, até passar. Eu estava tonto, suava muito, e quase desmaiei.

5. Nessa mesma tarde fui ao cardiologista. Ele me fez um exame minucioso, inclusive um eletrocardiograma de esforço, e, no final, disse que eu precisava diminuir de peso e mudar de vida. Achei graça. Então, ele recomendou que eu parasse de trabalhar por algum tempo, mas eu disse que isso, também, era impossível. Afinal, me prescreveu um regime alimentar e mandou que eu caminhasse pelo menos duas vezes por dia.

6. No dia seguinte, na hora do almoço, quando fui dar a caminhada receitada pelo médico, o mesmo sujeito da véspera me fez parar pedindo dinheiro. Era um homem branco, forte, de cabelos castanhos compridos. Dei a ele algum dinheiro e prossegui.

7. O médico havia dito, com franqueza, que se eu não tomasse cuidado poderia a qualquer momento ter um enfarte. Tomei dois tranquilizantes, naquele dia, mas isso não foi suficiente para me deixar totalmente livre da tensão. À noite não levei trabalho para casa. Mas o tempo não passava. Tentei ler um livro, mas a minha atenção estava em outra parte, no escritório. Liguei a televisão, mas não consegui aguentar mais de dez minutos. Voltei da minha caminhada, depois do jantar, e fiquei impaciente sentado numa poltrona, lendo os jornais, irritado.

8. Na hora do almoço o mesmo sujeito emparelhou comigo, pedindo dinheiro. “Mas todo dia?”, perguntei. “Doutor”, ele respondeu, “minha mãe está morrendo, precisando de remédio, não conheço ninguém bom no mundo, só o senhor.” Dei a ele cem cruzeiros.

9. Durante alguns dias o sujeito sumiu. Um dia, na hora do almoço, eu estava caminhando quando ele apareceu subitamente ao meu lado. “Doutor, minha mãe morreu”. Sem parar, e apressando o passo, respondi, “sinto muito”. Ele alargou as suas passadas, mantendo-se ao meu lado, e disse “morreu”. Tentei me desvencilhar dele e comecei a andar rapidamente, quase correndo. Mas ele correu atrás de mim, dizendo “morreu, morreu, morreu”, estendendo os dois braços contraídos numa expectativa de esforço, como se fossem colocar o caixão da mãe sobre as palmas de suas mãos. Afinal, parei ofegante e perguntei, “quanto é?”. Por cinco mil cruzeiros ele enterrava a mãe. Não sei por que, tirei um talão de cheques do bolso e fiz ali, em pé na rua, um cheque naquela quantia. Minhas mãos tremiam. “Agora chega!”, eu disse.

10. No dia seguinte eu não saí para dar a minha volta. Almocei no escritório. Foi um dia terrível, em que tudo dava errado: papéis não foram encontra-

dos nos arquivos, uma importante concorrência foi perdida por diferença mínima; um erro no planejamento financeiro exigiu que novos e complexos cálculos orçamentários tivessem que ser elaborados em regime de urgência. À noite, mesmo com os tranquilizantes, mal consegui dormir.

11. De manhã fui para o escritório e, de certa forma, as coisas melhoraram um pouco. Ao meio-dia saí para dar a minha volta.

12. Vi que o sujeito que me pedia dinheiro estava em pé, meio escondido na esquina, me espreitando, esperando eu passar. Dei a volta e caminhei em sentido contrário. Pouco depois ouvi o barulho de saltos de sapatos batendo na calçada como se alguém estivesse correndo atrás de mim. Apressei o passo, sentindo um aperto no coração, era como se eu estivesse sendo perseguido por alguém, um sentimento infantil de medo contra o qual tentei lutar, mas neste instante ele chegou ao meu lado, dizendo, "doutor, doutor". Sem parar, eu perguntei, "agora o quê?". Mantendo-se ao meu lado, ele disse, "doutor, o senhor tem que me ajudar, não tenho ninguém no mundo". Respondi com toda autoridade que pude colocar na voz, "arranje um emprego". Ele disse, "eu não sei fazer nada, o senhor tem que me ajudar". Corríamos pela rua. Eu tinha a impressão de que as pessoas nos observavam com estranheza. "Não tenho que ajudá-lo coisa alguma", respondi. "Tem sim, senão o senhor não sabe o que pode acontecer", e ele me segurou pelo braço e me olhou, e pela primeira vez vi bem como era o seu rosto, cínico e vingativo. Meu coração batia, de nervoso e cansaço. "É a última vez", eu disse, parando e dando dinheiro para ele, não sei quanto.

13. Mas não foi a última vez. Todos os dias ele surgia, repentinamente, súplice e ameaçador, caminhando ao meu lado, arruinando a minha saúde, dizendo é a última vez doutor, mas nunca era. Minha pressão subiu ainda mais, meu coração explodia só de pensar nele. Eu não queria mais ver aquele sujeito, que culpa eu tinha de ele ser pobre?

14. Resolvi parar de trabalhar uns tempos. Falei com os meus colegas de diretoria, que concordaram com a minha ausência por dois meses.

15. A primeira semana foi difícil. Não é simples parar de repente de trabalhar. Eu me senti perdido, sem saber o que fazer. Mas aos poucos fui me acostumando. Meu apetite aumentou. Passei a dormir melhor e a fumar menos. Via televisão, lia, dormia depois do almoço e andava o dobro do que andava antes, sentindo-me ótimo. Eu estava me tornando um homem tranquilo e pensando seriamente em mudar de vida, parar de trabalhar tanto.

16. Um dia saí para o meu passeio habitual quando ele, o pedinte, surgiu inesperadamente. Inferno, como foi que ele descobriu o meu endereço? "Doutor, não me abandone!" Sua voz era de mágoa e ressentimento. "Só tenho o senhor no mundo, não faça isso de novo comigo, estou precisando de um dinheiro, esta é a última vez, eu juro!" — e ele encostou o seu corpo bem junto ao meu, enquanto caminhávamos, e eu podia sentir o seu hálito azedo e podre de faminto. Ele era mais alto do que eu, forte e ameaçador.

17. Fui na direção da minha casa, ele me acompanhando, o rosto fixo virado para o meu, me vigiando curioso, desconfiado, implacável, até que chegamos na minha casa. Eu disse, "espere aqui".

18. Fechei a porta, fui ao meu quarto. Voltei, abri a porta e ele ao me ver disse "não faça isso, doutor, só tenho o senhor no mundo". Não acabou de falar ou se falou eu não ouvi, com o barulho do tiro. Ele caiu no chão, então vi que era um menino franzino, de espinhas no rosto e de uma palidez tão grande que nem mesmo o sangue, que foi cobrindo a sua face, conseguia esconder.

FONSECA, Rubem. *Contos Reunidos*. *São Paulo*: **Companhia das Letras, 1994.**

1. **Com base no sentido do texto I, julgue os itens subsequentes:**

I. Há, no texto, ambiguidade no que se refere à causa dos problemas de saúde do narrador, os quais podem ser tanto uma consequência da rotina de trabalho estafante e excessiva quanto resultado da perseguição exercida pelo mendigo em busca de ajuda financeira.

II. É possível afirmar que a aparência do pedinte como homem forte, alto e ameaçador correspondia a uma fantasia decorrente do medo sentido pelo narrador do texto.

III. A metonímia foi a figura de linguagem empregada no trecho "**e eu podia sentir o seu hálito azedo e podre de faminto.**" (16º parágrafo).

IV. Sem desvio gramatical ou alteração de sentido, o trecho "**Durante alguns minutos ele bateu num ritmo fortíssimo, me deixando extenuado.**" (4º parágrafo) poderia ser reescrito como ***Durante alguns minutos ele bateu num ritmo fortíssimo, deixando-me fatigado.***

2. **Julgue as assertivas seguintes, com base nos aspectos linguísticos e gramaticais do texto I:**

I. No que se refere à regência, o trecho "**Eu chegava todo dia no meu escritório às oito e trinta da manhã.**" (1º parágrafo) também estaria correto, caso fosse reescrito como ***Eu chegava todo dia ao meu escritório às oito e trinta da manhã.***

II. As formas verbais presentes no trecho "**Falei com os meus colegas de diretoria, que concordaram com a minha ausência por dois meses.**" (14º parágrafo) devem ser classificadas, respectivamente, como intransitiva e transitiva indireta.

III. Estaria de acordo com a norma-padrão e não promoveria alteração de sentido, caso a vírgula presente em "**e pela primeira vez vi bem como era o seu rosto, cínico e vingativo.**" (12º parágrafo) fosse substituída por dois-pontos.

IV. Em "**Como todo executivo, eu passava as manhãs dando telefonemas**" (2º parágrafo), a palavra "**Como**" foi empregada com sentido de conformidade.

3. **Com base nos aspectos relativos à pontuação do texto I, julgue os itens a seguir:**

I. Em "**Eu estava tonto, suava muito, e quase desmaiei.**" (4º parágrafo), a vírgula, na segunda ocorrência, foi empregada em desacordo com a norma culta.

II. As vírgulas foram empregadas, no período "**Um dia saí para o meu passeio habitual quando ele, o pedinte, surgiu inesperadamente.**" (16º parágrafo), com o objetivo de isolar termo que exerce função de predicativo.

III. No trecho "**Mantendo-se ao meu lado, ele disse, 'doutor, o senhor tem que me ajudar, não tenho ninguém no mundo'.**" (12º parágrafo), a vírgula posposta ao vocábulo "**lado**" é obrigatória, por separar oração subordinada adverbial de modo, a qual está reduzida de gerúndio e anteposta à sua principal.

IV. No período **"Eu chegava todo dia no meu escritório às oito e trinta da manhã."** (1º parágrafo), o emprego de vírgula para isolar o termo **"às oito e trinta da manhã"** é facultativo, em razão de o adjunto adverbial, apesar de extenso, estar no final da oração.

4. Considerando os aspectos linguísticos e gramaticais do texto I, julgue os itens seguintes:

I. Em **"Vi que o sujeito que me pedia dinheiro estava em pé, meio escondido na esquina, me espreitando, esperando eu passar."** (12º parágrafo), o termo **"me"** deve ser classificado, respectivamente, como objeto indireto e objeto direto.

II. Em **"um sujeito que me acompanhou até a porta dizendo 'doutor, doutor, será que o senhor podia me ajudar?'"** (4º parágrafo) e em **"Tive que deitar no sofá, até passar."** (4º parágrafo), a preposição **"até"** deve ser classificada como nocional e apresenta, respectivamente, sentido de lugar e de tempo.

III. No trecho **"Voltei da minha caminhada, depois do jantar"** (7º parágrafo), o termo destacado deve ser classificado como adjunto adverbial de origem.

IV. Os termos destacados em **"novos e complexos cálculos orçamentários tivessem que ser elaborados em regime de urgência."** (10º parágrafo) e em **"Pouco depois ouvi o barulho de saltos de sapatos batendo na calçada"** (12º parágrafo) exercem, nas orações a que pertencem, a mesma função sintática.

Texto II: Sobre a Escrita...

Clarice Lispector

1. Meu Deus do céu, não tenho nada a dizer. O som de minha máquina é macio.

2. Que é que eu posso escrever? Como recomeçar a anotar frases? A palavra é o meu meio de comunicação. Eu só poderia amá-la. Eu jogo com elas como se lançam dados: acaso e fatalidade. A palavra é tão forte que atravessa a barreira do som. Cada palavra é uma ideia. Cada palavra materializa o

espírito. Quanto mais palavras eu conheço, mais sou capaz de pensar o meu sentimento.

3. Devemos modelar nossas palavras até se tornarem o mais fino invólucro dos nossos pensamentos. Sempre achei que o traço de um escultor é identificável por uma extrema simplicidade de linhas. Todas as palavras que digo - é por esconderem outras palavras.

4. Qual é mesmo a palavra secreta? Não sei é porque a ouso? Não sei porque não ouso dizê-la? Sinto que existe uma palavra, talvez unicamente uma, que não pode e não deve ser pronunciada. Parece-me que todo o resto não é proibido. Mas acontece que eu quero é exatamente me unir a essa palavra proibida. Ou será? Se eu encontrar essa palavra, só a direi em boca fechada, para mim mesma, senão corro o risco de virar alma perdida por toda a eternidade. Os que inventaram o Velho Testamento sabiam que existia uma fruta proibida. As palavras é que me impedem de dizer a verdade.

5. Simplesmente não há palavras.

6. O que não sei dizer é mais importante do que o que eu digo. Acho que o som da música é imprescindível para o ser humano e que o uso da palavra falada e escrita são como a música, duas coisas das mais altas que nos elevam do reino dos macacos, do reino animal, e mineral e vegetal também. Sim, mas é a sorte às vezes.

7. Sempre quis atingir através da palavra alguma coisa que fosse ao mesmo tempo sem moeda e que fosse e transmitisse tranquilidade ou simplesmente a verdade mais profunda existente no ser humano e nas coisas. Cada vez mais eu escrevo com menos palavras. Meu livro melhor acontecerá quando eu de todo não escrever. Eu tenho uma falta de assunto essencial. Todo homem tem sina obscura de pensamento que pode ser o de um crepúsculo e pode ser uma aurora.

8. Simplesmente as palavras do homem.

LISPECTOR, Clarice. *A descoberta do mundo*. Rio de Janeiro: Rocco, 1998.

5. **Com base nos aspectos estilísticos do texto II, julgue as assertivas subsequentes:**

I. Pode-se afirmar que há uma relação de causa e de consequência entre os trechos "**Devemos modelar nossas palavras até se tornarem o mais fino invólucro dos nossos pensamentos.**" (3º parágrafo) e "**Cada vez mais eu escrevo com menos palavras.**" (7º parágrafo), porquanto a escolha lexical adequada é capaz de traduzir exatamente a expressão do pensamento, não sendo necessário, portanto, que se diga a mesma coisa de várias formas.

II. Há função fática da linguagem nos parágrafos segundo e quarto, em razão de, por meio das perguntas, haver uma tentativa de estabelecimento de diálogo com o interlocutor do texto.

III. Pode-se afirmar que, em "**Cada vez mais eu escrevo com menos palavras.**" (7º parágrafo), se empregou paradoxo.

IV. Em "**O som de minha máquina é macio.**" (1º parágrafo), empregou-se figura de linguagem denominada sinestesia.

6. **Julgue as assertivas a seguir, com base nos aspectos linguísticos e gramaticais do texto II:**

I. Em "**Meu Deus do céu, não tenho nada a dizer.**" (1º parágrafo), o termo "**Meu Deus do céu**" deve ser classificado, na oração, como vocativo.

II. No trecho "**Mas acontece <u>que</u> eu quero <u>é</u> exatamente me unir a essa palavra proibida.**" (4º parágrafo), a expressão "**que...é**" é expletiva e, portanto, poderia ser retirada do fragmento sem alteração do sentido do texto.

III. Em "**Sempre achei que o traço de um escultor é identificável <u>por</u> uma extrema simplicidade de linhas.**" (3º parágrafo), a preposição em destaque é relacional e introduz termo classificado como agente da passiva.

IV. O trecho "**e que o uso da palavra falada e escrita são como a música**" (6º parágrafo), para que estivesse de acordo com a norma culta no que se refere à concordância, deveria ser reescrito como ***e que o uso da palavra falada e escrita é como a música.***

7. Considerando os aspectos linguísticos e gramaticais do texto II, julgue os itens abaixo:

I. No trecho "**O que** não sei dizer é mais importante do **que o que eu digo.**" (6º parágrafo), as palavras em destaque devem ser classificadas como pronome relativo, conjunção comparativa e pronome relativo, respectivamente.

II. Em "**Sempre achei que o traço de um escultor é identificável por uma extrema simplicidade de linhas.**" (3º parágrafo), os termos em destaque exercem a mesma função sintática.

III. Em "**Que é que eu posso escrever? Como recomeçar a anotar frases?**" (2º parágrafo), as palavras "**Que**" e "**Como**", por introduzirem perguntas, são classificadas como pronomes substantivos interrogativos.

IV. As formas verbais destacadas em "**Os que inventaram o Velho Testamento sabiam que existia uma fruta proibida.**" (4º parágrafo) devem ser classificadas como transitivas diretas.

Texto III: Se Eu Morresse Amanhã

Álvares de Azevedo

Se eu morresse amanhã, viria ao menos
Fechar meus olhos minha triste irmã;
Minha mãe de saudades morreria
Se eu morresse amanhã!

Quanta glória pressinto em meu futuro!
Que aurora de porvir e que amanhã!
Eu perdera chorando essas coroas
Se eu morresse amanhã!

Que sol! que céu azul! que doce n'alva
Acorda a natureza mais louçã!

11. Não me batera tanto amor no peito
12. Se eu morresse amanhã!

13. Mas essa dor da vida que devora
14. A ânsia de glória, o doloroso afã...
15. A dor no peito emudecera ao menos
16. Se eu morresse amanhã!

AZEVEDO, Álvares de. *Lira dos Vinte Anos*. Porto Alegre: L&PM editores, 1998.

8. Com base no sentido do texto III, julgue as assertivas seguintes:

I. Como poeta da segunda geração do Romantismo, Álvares de Azevedo apresenta um eu lírico que pondera sobre as vantagens e as desvantagens da morte, prevalecendo estas em sua concepção.

II. Não promoveria alteração semântica a posposição do adjetivo "**triste**" (2º verso) ao substantivo "**irmã**" a que se refere.

III. A hipérbole e o hipérbato foram recursos estilísticos empregados no verso "**Minha mãe de saudades morreria**" (3º verso).

IV. Sem que se promovesse alteração do sentido original, o verso "**Acorda a natureza mais louçã!**" (10º verso) poderia ser reescrito como ***Acorda a natureza mais límpida***.

9. Julgue os itens a seguir, com base nos aspectos sintáticos e semânticos do texto III:

I. É bitransitivo o verbo contido em "**Quanta glória pressinto em meu futuro!**" (5º verso).

II. Está correto afirmar que a forma verbal "**batera**", em "**Não me batera tanto amor no peito**" (11º verso), é transitiva indireta e, na oração em que está inserida, é completada por dois objetos indiretos.

III. A oração subordinada "**chorando essas coroas**" (7º verso) poderia ser desenvolvida, sem prejuízo gramatical ou semântico, como ***ao chorar essas coroas.***

IV. O pronome relativo contido em "**Mas essa dor da vida que devora**" (13º verso) exerce a mesma função sintática do termo a que se refere.

10. Julgue as afirmativas seguintes, com base nos aspectos gramaticais e no sentido do texto III:

I. A justificativa para o emprego do pretérito mais-que-perfeito no lugar do futuro do pretérito nos verbos "**perdera**" (7º verso), "**batera**" (11º verso) e "**emudecera**" (15º verso) é de ordem estilística, já que não encontra respaldo na norma-padrão.

II. Está correto afirmar que a palavra "**afã**", presente em "**A ânsia de glória, o doloroso afã...**" (14º verso), tem como antônimo a palavra ***desleixo***.

III. É nocional de especificação a preposição "**de**" empregada no verso "**Mas essa dor da vida que devora**" (13º verso), diferentemente do que ocorre com a mesma preposição, que, no verso "**Minha mãe de saudades morreria**" (3º verso), foi empregada como relacional.

IV. Em "**Quanta glória pressinto em meu futuro!**" (5º verso) e em "**Que aurora de porvir e que amanhã!**" (6º verso), as palavras sublinhadas apresentam a mesma classe gramatical.

SIMULADO 9

Texto I: Mesa farta para todos

João Ubaldo Ribeiro

1. Leio no Guinness que o francês Michel Lotito, nascido em 1950, come metal e vidro desde os 9 anos de idade. Um quilo por dia, quando está disposto. Informa-se ainda que, de 1966 para cá, ele já comeu dez bicicletas, um carrinho de supermercado, sete aparelhos de televisão, seis candelabros e um avião Cessna leve — este ingerido em Caracas, embora o livro não revele por quê. Sim, e comeu um caixão de defunto, com alça e tudo, a fim de garantir um lugar na História como o primeiro homem a ter um caixão de defunto por dentro, e não por fora.

2. Se é chute, não sei, mas não deve ser, levando em conta o rigor do Guinness. E esse tipo de coisa é menos raro do que se pensa. Nunca participei de comilanças de cacos de telha ou de torrões de barro, mas muitos amigos meus, na infância, às vezes traçavam até um tijolinho. E um outro amigo, poeta etíope que conheci nos Estados Unidos, me contou que, na tribo dele, os Galinas, todas as famílias tinham pelo menos um maluco, de quem se orgulhavam muitíssimo, porque maluco é visto como uma pessoa superior. Na sua própria família, havia diversos, embora um primo fosse favorito, pelo seu alto nível.

3. — Qual é a maluquice dele?

4. — Ah, ele come qualquer coisa. Você bota um troço na frente dele, ele pergunta se é para comer, você diz que é e ele come. Ele come comida normal também, mas se, depois de ele esvaziar o prato, você diz que pode comer o prato, ele come o prato. Come pneu, chifre, couro, madeira, qualquer coisa, nunca decepcionou.

5. Um certo Dr. Buckland, inglês do século XIX, ficou, digamos, famoso por sua determinação em comer amostras de todo o reino animal. Morava perto do zoológico de Londres e, quando um animal adoecia, entrava em prontidão. Se o bicho morria, ele comia e dizem que, certa feita, durante uma ausência dele, um leopardo morreu e ele, ao regressar, não vacilou: desenterrou o leopardo e comeu um filezinho. Afirmava que o pior sabor era o da toupeira, mas depois mudou de ideia, porque achou a mosca-varejeira pior.

6. Em algum lugar do mundo ou outro (geralmente a China, não há quem tenha ido à China e não traga uma história culinária provocante), são itens do passadio, ou finas iguarias, lagartas, larvas, sangue fresco, banha derretida, gafanhotos, ovos de cobra com cobrinhas dentro, caça em decomposição, fígado de foca cru, baba de andorinha, ovo podre e assim por diante. Para não falar nos esforços de cientistas mais ou menos renomados, que se bateram seriamente contra os tabus alimentares. Mero preconceito, manter excelentes fontes de proteína escandalosamente ignoradas, a exemplo de ratos, baratas e gente morta de causas não contagiosas, como propôs outro inglês, cujo nome agora esqueci. Na Bahia, não faz muito tempo, apareceu um japonês com amostras de vinho de — como direi? —, é isso mesmo, vinho de cocô. Segundo ele, era coisa da melhor qualidade, da mesma forma que bife de cocô, cuja tecnologia ele já dominava. Depois de higienizado e processado, o bife, garantia ele, era mais nutritivo e gostoso do que muita picanha aí. Besteira desperdiçar tanta comida boa por causa de uma ojeriza sem fundamento científico.

7. Por aí vocês veem as dificuldades que o povo causa. Se fôssemos um povo de mente mais aberta, não existiria o problema da fome, que tantos embaraços traz aos nossos governantes em conferências internacionais. Temos ratos, baratas, piolhos, capim (outro japonês sugeriu capim, que também dá um bife de truz), temos tudo em abundância, notadamente a matéria-prima daquele vinho. Meu único receio é que, se der certo, tabelem o rato, a barata e o capim, cobrem IPI e ICM de todo mundo que for ao banheiro e regulamentem a captura de moscas com fins alimentícios. Mas vamos ter fé nos homens. Talvez eles livrem a cara do pequeno produtor, o que já é um grande

passo e mostra sensibilidade para com os problemas da maioria do bravo povo brasileiro. Agora, sem boa vontade para colaborar e aceitar alguns pequenos sacrifícios, não se resolve nada.

RIBEIRO, João Ubaldo. *Mesa farta para todos*. Veja Paulista. Editora Abril: São Paulo, 21/10/1992.

1. Considerando o sentido do texto I, julgue as assertivas subsequentes:

I. Pode-se afirmar que o trecho "**Besteira desperdiçar tanta comida boa por causa de uma ojeriza sem fundamento científico.**" (6º parágrafo) corresponde à opinião de um japonês, na Bahia, conforme se depreende da leitura do sexto parágrafo.

II. É possível inferir do texto que a opinião do narrador sobre o fato de parte da população mundial ser acometida pela fome é constituída por meio da ironia, o que fica claro por meio da expressão "**alguns pequenos sacrifícios**" (7º parágrafo).

III. No trecho "**Por aí vocês veem as dificuldades que o povo causa.**" (7º parágrafo), a inserção do interlocutor no texto, com o emprego do pronome de tratamento "**vocês**", caracteriza emprego pontual da função fática da linguagem.

IV. O trecho "**são itens do passadio, ou finas iguarias, lagartas, larvas, sangue fresco, banha derretida, gafanhotos,**" (6º parágrafo) poderia ser reescrito como ***são itens de refeição habitual, ou finas iguarias, lagartas, larvas, sangue fresco, banha derretida, gafanhotos***, sem que fosse promovida alteração do sentido original.

2. Julgue os itens seguintes, com base nos aspectos linguísticos e gramaticais do texto I:

I. Tanto em "**Um certo Dr. Buckland, inglês do século XIX, ficou, <u>digamos</u>, famoso por sua determinação em comer amostras de todo o reino animal.**" (5º parágrafo) quanto em "**apareceu um japonês com amostras de vinho de — <u>como direi?</u> —, é isso mesmo**" (6º parágrafo), as expressões em destaque foram isoladas, por constituírem comentário de natureza particular do narrador do texto, característica típica do discurso oral.

II. O pronome "**eles**", no fragmento "**Talvez eles livrem a cara do pequeno produtor**" (7º parágrafo), constitui mecanismo de coesão denominado referencial e apresenta, como referente anafórico, o termo "**homens**".

III. Não haveria prejuízo de sentido se, em "**mostra sensibilidade para com os problemas da maioria do <u>bravo</u> povo brasileiro.**" (7º parágrafo), o adjetivo destacado fosse posposto ao substantivo ao qual se refere.

IV. Em "**Na sua própria família, havia diversos, embora um primo fosse favorito, pelo seu alto nível.**" (2º parágrafo) e em "**Afirmava que o pior sabor era o da toupeira**" (5º parágrafo), empregou-se mecanismo de coesão denominado elipse.

3. **No que se refere aos aspectos linguísticos e gramaticais do texto I, julgue as assertivas a seguir:**

I. Pode-se afirmar que a reescritura do trecho "**fígado de foca cru**" (6º parágrafo) como ***fígado de foca crua*** também estaria de acordo com a prescrição gramatical no que se refere à concordância.

II. No trecho "**Mero preconceito, manter excelentes fontes de proteína escandalosamente ignoradas.**" (6º parágrafo), faltaram duas vírgulas, para isolar o adjunto adverbial "**escandalosamente**", que vem intercalado entre os adjuntos adnominais "**proteína**" e "**ignoradas**".

III. Em "**Você bota um troço na frente dele, ele pergunta <u>se</u> é para comer,**" (4º parágrafo) e em "**mas <u>se</u>, depois de ele esvaziar o prato, você diz que pode comer o prato, ele come o prato.**" (4º parágrafo), as palavras em destaque têm a mesma classificação morfológica e o mesmo valor semântico.

IV. As formas verbais "**veem**" e "**causa**", presentes em "**Por aí vocês veem as dificuldades que o povo causa.**" (7º parágrafo), devem ser classificadas como transitiva direta e intransitiva, respectivamente.

4. **Com base nos aspectos sintáticos do texto I, julgue os itens a seguir:**

I. Em "**Morava perto do zoológico de Londres e, quando um animal adoecia, entrava em prontidão.**" (5º parágrafo), os termos sublinhados devem ser classificados, respectivamente, como adjunto adnominal, empregado com sentido de especificação, e adjunto adverbial, com valor de modo.

II. No trecho "**E um outro amigo, poeta etíope que conheci nos Estados Unidos, me contou que, na tribo dele, os Galinas, todas as famílias tinham pelo menos um maluco**" (2º parágrafo), não se pode afirmar que os termos "**poeta etíope**" e "**os Galinas**" exercem a mesma função sintática.

III. Em "**não existiria o problema da fome, que tantos embaraços traz aos nossos governantes**" (7° parágrafo), o pronome relativo exerce a mesma função que seu antecedente e inicia oração que explica o sentido de um termo da oração principal.

IV. No trecho "**Nunca participei de comilanças de cacos de telha ou de torrões de barro**" (2º parágrafo), os termos "**de cacos de telha**" e "**de torrões de barro**" completam, necessariamente, o termo a que se referem e são introduzidos por preposições relacionais.

Texto II: Onde estão as borboletas azuis?

José Lins do Rego

1. O dia hoje está uma maravilha e, aqui de minha casa, eu olho para a lagoa que tem as águas luminosas pelo sol de maio que há pouco nascera. É uma manhã de glória como dizem os poetas, e para gozá-la, saio a passear.

2. Nada nesta cidade se parece mais com um recanto de romance que esta lagoa mansa, sem rumores de ondas, quieta, sem arrogâncias de águas raivosas. Tudo por aqui é como se fosse domado pela mão do homem, lagoa doméstica que, pela sabedoria sanitária do Saturnino de Brito, se transformara, de foco de mosquitos e de febres, em esplendor de beleza, capaz de em planos de bom urbanista ser o orgulho de uma cidade. Mas, mal o cronista apaixonado pelos recantos idílicos da natureza inicia a sua viagem lírica, começa a sentir que os homens são criaturas sem entranhas, terríveis criaturas sem amor ao que deviam amar, sem cuidado pelo que deviam cuidar.

3. Porque, mal me pus a andar pelas terras que circundam a lagoa, o que vi não é para que se conte.

4. Há quem diga e afirme que o brasileiro não gosta da natureza. Que todos somos inimigos das árvores, dos rios, da terra. E há a teoria de que o pavor da floresta nos transformara em citadinos, em derrubadores de matas, queimadores de terras. Mas esta teoria não corresponde à realidade, se nos voltarmos para os bosques e jardins de outrora que por toda a parte alegravam as nossas cidades.

5. Aqui no Rio de tempos para cá, deu nos homens de Governo uma verdadeira doença que é este desprezo e quase ódio pelos nossos recantos da natureza.

6. Há o caso das matas da Tijuca para uma exceção honrosa. Mas, por outro lado, há este caso da Lagoa Rodrigo de Freitas, como um crime monstruoso. Porque tudo que é erros e mais erros foram cometidos em relação à paisagem deste maravilhoso pedaço de nossa cidade.

7. Isto de se conduzir o lixo do Rio para aterrar trechos e trechos de uma massa líquida que é um regalo para os olhos não merece nem um comentário, pela estupidez, pela lamentável grosseria de homens que não respeitam nada.

8. E feito isto não há quem possa se aproximar da lagoa Rodrigo de Freitas. Lá estão os bichos podres, uma fedentina horrível a atrair urubus como numa «sapucaia». E o que podia ser uma atração para os que pretendessem repousar é aquilo que nos envergonha e nos dói.

9. O Sr. Hildebrando de Góis, que saneou a "Baixada Fluminense", se quiser encontrar o que sanear, que faça este passeio a que o modesto cronista se arriscou, por entre lixos, com urubus quase a roçarem-lhe o rosto.

10. Onde estão as borboletas azuis do poeta Casimiro?

REGO, José Lins do. *O Melhor da Crônica Brasileira*. Rio de Janeiro: José Olympio Editora, 1997.

5. **No que concerne aos aspectos estilísticos e linguísticos do texto II, julgue os itens a seguir:**

I. No trecho "**se nos voltarmos para os bosques e jardins de outrora que por toda a parte alegravam as nossas cidades.**" (4º parágrafo), empregou-se prosopopeia como recurso estilístico.

II. Não haveria alteração de sentido, caso o trecho "**e, aqui de minha casa, eu olho para a lagoa que tem as águas luminosas pelo sol de maio que há pouco nascera.**" (1º parágrafo) fosse reescrito como ***e, aqui de minha casa, eu olho em direção à lagoa que tem as águas iluminadas pelo sol de maio que nascera há pouco.***

III. Em "**Mas, por outro lado, há este caso da Lagoa Rodrigo de Freitas, como um crime monstruoso.**" (6º parágrafo), pode-se identificar redundância, em razão de a palavra "**Mas**" e de a expressão "**por outro lado**" terem sentido de oposição.

IV. Em "**Há quem diga e afirme que o brasileiro não gosta da natureza.**" (4º parágrafo), há gradação.

6. **Julgue os itens subsequentes, considerando os aspectos linguísticos e gramaticais do texto II:**

I. A fim de adequar o trecho "**Isto de se conduzir o lixo do Rio para aterrar trechos e trechos de uma massa líquida que é um regalo para os olhos não merece nem um comentário**" (7º parágrafo) à norma-padrão no que se refere à colocação pronominal, ele deveria ser reescrito como ***Isto de conduzir-se o lixo do Rio para aterrar trechos e trechos de uma massa líquida que é um regalo para os olhos não merece nem um comentário.***

II. No trecho "**Nada nesta cidade se parece mais com um recanto de romance que esta lagoa mansa**" (2º parágrafo), o emprego das expressões "**nesta cidade**" e "**esta lagoa mansa**" caracteriza mecanismo de coesão exofórica.

III. A preposição "**por**", presente nas contrações em destaque em "**Tudo por aqui é como se fosse domado <u>pela</u> mão do homem, lagoa doméstica que, <u>pela</u> sabedoria sanitária do Saturnino de Brito, se transformara**" (2º parágrafo), é relacional e introduz termos que exercem função de agente da passiva.

IV. O acento indicativo de crase, empregado em "**Mas esta teoria não corresponde à realidade**" (4º parágrafo), é justificado pela fusão entre o artigo que antecede a palavra feminina "**realidade**" e pela preposição exigida pela forma verbal "**corresponde**".

7. Julgue os itens seguintes, com base nos aspectos linguísticos e gramaticais do texto II:

I. A palavra "**mal**", empregada em "**Porque, mal me pus a andar pelas terras que circundam a lagoa**" (3º parágrafo), deve ser classificada como advérbio de tempo.

II. Os termos "**da Tijuca**", em "**Há o caso das matas da Tijuca para uma exceção honrosa.**" (6º parágrafo), e "**Rodrigo de Freitas**", em "**há este caso da Lagoa Rodrigo de Freitas**" (6º parágrafo), exercem a mesma função sintática nas orações em que estão inseridos.

III. A palavra "**se**", empregada em "**E feito isto não há quem possa se aproximar da lagoa Rodrigo de Freitas.**" (8º parágrafo), deve ser classificada como pronome reflexivo, com função sintática de objeto direto.

IV. No trecho "**Mas, por outro lado, há este caso da Lagoa Rodrigo de Freitas, <u>como</u> um crime monstruoso.**" (6º parágrafo), a palavra sublinhada deve ser classificada como preposição acidental.

Texto III: Convite

Lya Luft

1. Não sou a areia
2. onde se desenha um par de asas
3. ou grades diante de uma janela.
4. Não sou apenas a pedra que rola
5. nas marés do mundo,
6. em cada praia renascendo outra.
7. Sou a orelha encostada na concha

8. da vida, sou construção e desmoronamento,
9. servo e senhor, e sou
10. mistério

11. A quatro mãos escrevemos este roteiro
12. para o palco de meu tempo:
13. o meu destino e eu.
14. Nem sempre estamos afinados,
15. nem sempre nos levamos
16. a sério.

LUFT, Lia. *Perdas & Ganhos*. Rio de Janeiro: Editora Record, 2003.

8. **Quanto ao sentido do texto III, julgue os itens a seguir:**

I. Considerando-se o sentido do verso "**da vida, sou construção e desmoronamento,**" (8º verso), não se pode afirmar que o paradoxo foi empregado como recurso estilístico, já que não há, no trecho, contradição alguma.

II. É possível identificar características típicas da pós-modernidade no poema, como o descompasso entre o eu lírico e seu destino, o que está evidenciado nos três últimos versos.

III. A crítica a movimentos literários anteriores ao Modernismo pode ser identificada nos primeiros versos do poema.

IV. Está claro que o "**convite**" feito com o título do poema é aos leitores de um modo geral, para que eles conheçam um pouco mais dessa poesia que se inscreve como de ruptura com a tradição.

9. **Com base nos aspectos morfológicos do texto III, julgue os itens subsequentes:**

I. A palavra em destaque no verso "**Não sou apenas a pedra que rola**" (4º verso) deve ser classificada como denotativa de exclusão e está relacionada ao substantivo que lhe é posposto.

II. A palavra "**Nem**" foi empregada como advérbio de negação, no verso "**Nem sempre estamos afinados**" (14º verso), e como conjunção aditiva no verso "**nem sempre nos levamos**" (15º verso).

III. É pronome reflexivo com valor de reciprocidade o vocábulo sublinhado em "nem sempre nos levamos" (15º verso).

IV. As palavras "**renascendo**" (6º verso) e "**encostada**" (7º verso) não foram formadas pelo mesmo processo, pois a primeira é derivada por prefixação e por sufixação, enquanto a segunda é derivada por parassíntese.

10.**Julgue os itens seguintes, com base nos aspectos sintáticos do texto III:**

I. A forma verbal "**rola**" foi empregada como transitiva indireta no verso "**Não sou apenas a pedra que rola / nas marés do mundo,**" (4º e 5º versos).

II. Considerando-se a norma-padrão quanto ao emprego da concordância verbal, estaria correta a reescritura do verso "**onde se desenha um par de asas**" (2º verso), com o verbo conjugado na 3ª pessoa do plural.

III. O pronome destacado em "**A quatro mãos escrevemos este roteiro**" (11º verso) estabelece coesão catafórica.

IV. Tem função de adjunto adverbial de lugar o pronome relativo "**onde**", empregado em "**onde se desenha um par de asas**" (2º verso). Por sua vez, o termo a que se refere esse pronome exerce função de predicativo do sujeito.

SIMULADO 10

Texto I: Compras de Natal

Cecília Meireles

1. A cidade deseja ser diferente, escapar às suas fatalidades. Enche-se de brilhos e cores; sinos que não tocam, balões que não sobem, anjos e santos que não se movem, estrelas que jamais estiveram no céu.

2. As lojas querem ser diferentes, fugir à realidade do ano inteiro: enfeitam-se com fitas e flores, neve de algodão de vidro, fios de ouro e prata, cetins, luzes, todas as coisas que possam representar beleza e excelência.

3. Tudo isso para celebrar um Meninozinho envolto em pobres panos, deitado numas palhas, há cerca de dois mil anos, num abrigo de animais, em Belém.

4. Todos vamos comprar presentes para os amigos e parentes, grandes e pequenos, e gastaremos, nessa dedicação sublime, até o último centavo, o que hoje em dia quer dizer a última nota de cem cruzeiros, pois, na loucura do regozijo unânime, nem um prendedor de roupa na corda pode custar menos do que isso.

5. Grandes e pequenos, parentes e amigos são todos de gosto bizarro e extremamente suscetíveis. Também eles conhecem todas as lojas e seus preços — e, nestes dias, a arte de comprar se reveste de exigências particularmente difíceis. Não poderemos adquirir a primeira coisa que se ofereça

à nossa vista: seria uma vulgaridade. Teremos de descobrir o imprevisto, o incognoscível, o transcendente. Não devemos também oferecer nada de essencialmente necessário ou útil, pois a graça destes presentes parece consistir na sua desnecessidade e inutilidade. Ninguém oferecerá, por exemplo, um quilo (ou mesmo um saco) de arroz ou feijão para a insidiosa fome que se alastra por estes nossos campos de batalha; ninguém ousará comprar uma boa caixa de sabonetes desodorantes para o suor da testa com que — especialmente neste verão — teremos de conquistar o pão de cada dia. Não: presente é presente, isto é, um objeto extremamente raro e caro, que não sirva a bem dizer para coisa alguma.

6. Por isso é que os lojistas, num louvável esforço de imaginação, organizam suas sugestões para os compradores, valendo-se de recursos que são a própria imagem da ilusão. Numa grande caixa de plástico transparente (que não serve para nada), repleta de fitas de papel celofane (que para nada servem), coloca-se um sabonete em forma de flor (que nem se pode guardar como flor nem usar como sabonete), e cobra-se pelo adorável conjunto o preço de uma cesta de rosas. Todos ficamos extremamente felizes!

7. São as cestinhas forradas de seda, as caixas transparentes, os estojos, os papéis de embrulho com desenhos inesperados, os barbantes, atilhos, fitas, o que na verdade oferecemos aos parentes e amigos. Pagamos por essa graça delicada da ilusão. E logo tudo se esvai, por entre sorrisos e alegrias. Durável — apenas o Meninozinho nas suas palhas, a olhar para este mundo.

MEIRELES, Cecília. *Quatro Vozes*. Rio de Janeiro: Editora Record, 1998.

1. **Com base no sentido do texto I e em seus aspectos estilísticos, julgue os itens a seguir:**

I. Conforme o texto, o comércio é influenciado pelo período natalino, e, em razão disso, os comerciantes aproveitam-se para iludir as pessoas a comprarem itens sem utilidade por uma grande quantia de dinheiro.

II. Pode-se afirmar que há, no terceiro parágrafo do texto, figura de linguagem denominada metáfora.

III. Em "**Tudo isso para celebrar um Meninozinho envolto em pobres panos**" (3º parágrafo), o vocábulo "**Meninozinho**" foi empregado com valor afetivo, e a letra maiúscula que o introduz particulariza a pessoa a que se refere.

IV. Mantendo-se o sentido do texto, o segmento "**arroz ou feijão para a insidiosa fome que se alastra por estes nossos campos de batalha**" (5º parágrafo) poderia ser reescrito como ***arroz ou feijão para a fome traiçoeira que se estende por estes nossos campos de batalha***.

2. Julgue as questões abaixo, com base nos aspectos linguísticos e gramaticais do texto I:

I. Em "**Durável — apenas o Meninozinho nas suas palhas, a olhar para este mundo.**" (7º parágrafo), o travessão foi empregado para destacar a parte final do período, mas sua substituição por reticências manteria tanto a correção gramatical quanto a ênfase promovida pela pontuação.

II. Tanto em "**e, nestes dias, a arte de comprar se reveste de exigências particularmente difíceis.**" (5º parágrafo) quanto em "**Durável — apenas o Meninozinho nas suas palhas, a olhar para este mundo.**" (7º parágrafo), há mecanismo de coesão dêitica.

III. As palavras destacadas em "**pois a graça destes presentes parece consistir na sua desnecessidade e inutilidade.**" (8º parágrafo) foram formadas por derivação prefixal e sufixal, e em ambas pode ser identificado o mesmo infixo.

IV. Pode-se afirmar que os trechos entre parênteses, que compõem o sexto parágrafo, são comentários de natureza particular, que podem ser entendidos como ironia em relação ao que havia sido dito imediatamente antes.

3. Em relação aos aspectos sintáticos do texto I, julgue as assertivas subsequentes:

I. Pode-se afirmar que os pronomes relativos em destaque em "**Numa grande caixa de plástico transparente (que não serve para nada), repleta de fitas de papel celofane (que para nada servem)**" (6º parágrafo) exercem a mesma função sintática.

II. Em "**e, nestes dias, a arte de comprar se reveste de exigências particularmente difíceis.**" (5º parágrafo), a palavra "**se**" classifica-se como pronome reflexivo e exerce função de objeto direto da forma verbal "**reveste**".

III. Os termos destacados em "**Grandes e pequenos, parentes e amigos** são todos de gosto bizarro e extremamente suscetíveis." (5º parágrafo) devem ser classificados como predicativos antepostos ao sujeito.

IV. O período "**Não devemos também oferecer nada de essencialmente necessário ou útil, pois a graça destes presentes parece consistir na sua desnecessidade e inutilidade.**" (5º parágrafo) é composto por subordinação, com três orações, sendo uma delas subordinada adverbial causal.

4. **Julgue os itens seguintes, considerando os aspectos linguísticos e gramaticais do texto I:**

I. Não se pode afirmar que a palavra "**nem**" apresenta a mesma classificação morfológica em "**(que nem se pode guardar como flor nem usar como sabonete)**" (6º parágrafo).

II. Em "**Não poderemos adquirir a primeira coisa que se ofereça à nossa vista:**" (5º parágrafo), a retirada do acento indicativo de crase não promoveria desvio gramatical, nem alteraria o sentido do texto.

III. Tanto em "**escapar às suas fatalidades**" (1º parágrafo) quanto em "**fugir à realidade do ano inteiro**" (2º parágrafo), houve desvio no que se refere à regência. Para que estivesse de acordo com a prescrição gramatical, os trechos deveriam ser reescritos como ***escapar das suas fatalidades*** e ***fugir da realidade do ano inteiro***.

IV. Em "**repleta de fitas de papel celofane (que para nada servem)**" (6º parágrafo), os elementos gramaticais destacados devem ser classificados como preposições relacionais, iniciando termos integrantes da oração a que pertencem.

Texto II: Ele Conseguiu

João Ubaldo Ribeiro

1. Quem me vê, aqui no Leblon, passando de bermudas com o ar meio aparvalhado de sempre, as bainhas das bermudas de sempre abaixo dos joelhos, as sandálias de sempre escorregando dos pés e o sorriso alvar de sempre com que respondo aos cumprimentos de desconhecidos, vai jurar que é o mesmo lunático inofensivo que costuma circular nas vizinhanças, indo comprar bolo de aipim na confeitaria ou ao boteco para arrostar as agressões à minha vascainidade temporariamente injuriada (apesar de já estar classificado, mas quem é vascaíno mesmo sabe a que quero referir-me) e certamente não desconfiará de nada. Passará até por perto de mim, sem ter a menor ideia de que, em meu cérebro tresvariado, reside um quase--homicida, a ponto de cometer não só um, mas vários tresloucados gestos. E, de fato, tenho saído muito mais que habitualmente para não começar a tresloucar à mínima provocação da parte dele, cuja convivência já não consigo suportar e cuja visão ameaça levar-me a crises convulsivas.

2. Sim, talvez algum de vocês já tenha adivinhado. É o computador, esta máquina demoníaca com a qual somos cada vez mais obrigados a conviver e que, na exatíssima descrição de um amigo meu, é dividida em duas partes principais: o hardware e o software. O software é a parte que você xinga e o hardware é a parte que você chuta. Até umas duas semanas atrás, apesar de rudes golpes e embates, eu terminava ganhando, ou pelo menos obtendo razoáveis condições de sobrevivência. Agora, porém, me vejo derrotado, arrasado, devastado e - tenho certeza - observado com desdém sádico e sarcástico por este monitor que sou obrigado a fitar de olhos injetados. Ele finalmente ganhou. Eu não deixava que ele pegasse vírus ou qualquer outra afecção, dedicava a seu caráter solerte e traiçoeiro a mais vigilante das atenções, mas desta vez ele achou um jeito de ganhar, aplicando-me um simples golpe mecânico.

3. Tento amenizar meu sentimento de revolta e humilhação raciocinando que ele veio para ficar e ou nos habituamos a ele ou nos fossilizamos em questão de semanas. Lembro os tempos heroicos em que, para escrever um livro, eu tinha de catamilhografar minha pobre literatura usando um abominável papel-carbono que produzia uma cópia que eu jamais emendava, mas guardava por questão de segurança, revendo resmas de laudas amarfanhadas, passando a limpo (a sujo, na realidade, porque as emendas a caneta posteriores eram inevitáveis) tudo e encaminhando o resultado a uma datilógrafa profissional, que produzisse originais apresentáveis. Depois, revia os erros que a datilógrafa também cometia, entre frasquinhos de substâncias malcheirosas, colas viscosas, fitas adesivas, tesouras e equipamentos esotéricos que algum amigo sempre

trazia da Alemanha e que acabavam se revelando instrumentos de tortura. E, enfim, depois dessa bodosíssima odisseia, entregava os originais à editora, que os mandava à gráfica, que fazia a composição em linotipo, que vinha com erros, que eram de novo emendados, que... Enfim, era uma mixórdia infernal, de que o computador nos livrou para sempre.

4. Livrou, sim, mas com a condição de que usássemos uma máquina cuja manutenção dá mais trabalho do que, como já disse aqui, manter e administrar seis famílias. Revejo esta estimativa agora. Não seis famílias, mas pelo menos umas oito a dez. Em verdade lhes digo, para que o computador funcione cem por cento (cem por cento, não, porque isso é uma utopia, mas uns 80 a 90 por cento, porque sempre há alguma coisinha que requer um acerto nem sempre adiável), é preciso que se dedique a ele pelo menos o dobro do tempo que se dedica ao trabalho propriamente dito. Duvido que o mais fanático dos proprietários ou colecionadores de automóveis tenha mais trabalho do que um pobre usuário de computador.

5. Quem usa sabe, não tenho o que explicar. Quem não usa não seria capaz de avaliar o que significa trabalhar em regime de permanente suspense, ameaçado por interrupções e anúncios sinistros, além de acusações infundadas, tais como a de que o pobre escrevinhador acaba de cometer uma operação ilegal e o programa será fechado. Isso é o mínimo. O meu mente de forma desavergonhada e alardeia a ocorrência de catástrofes que jamais se materializam e, quando se materializam, só são realmente solucionáveis por uma comissão de técnicos ensandecidos, que falam uma língua incompreensível pelo resto da Humanidade e declaram tudo obsoleto, inadequado ou, para usar uma palavra de que cada vez gostam mais e só é empregada com maior frequência em relação à vida pública nacional, corrompido. O que você aprendeu ontem não serve mais para hoje e o que você instalou ontem se recusa a comunicar-se, ou sequer coexistir, com o que você teve de instalar hoje. Conheço vários mártires companheiros de sofrimento, como, por exemplo, o equilibradíssimo colega e amigo Zuenir Ventura, que, como eu, alterna momentos em que quer atirar o computador pela janela ou atirar-se ele mesmo pela janela.

6. Mas eu ia resistindo, pagando o preço da eterna vigilância. Era, de certa forma, um vitorioso. Hoje, porém, não. Ele vinha dando sinais de que a rebelião final chegaria, mas eu não ligava. Afinal, não havia vírus, não havia descuido quanto a nada. Até que chegou o dia em que, sem mais um aviso a não ser de que havia um erro no disco, ele travou de vez e não voltou a

dar sinal de vida. Mudei o disco e perdi tudo. É como se uma biblioteca tivesse pegado fogo. Desarvorado, não sei mais o que escrevi, como escrevi ou a quem escrevi. Dirão vocês que se deu bem a literatura brasileira, pois nunca mais haverá um livro de crônicas minhas, talvez livro nenhum. Nem haverá um eu, possivelmente. Sim, porque enquanto arrasto os pés por aí com a cara apalermada, sei que ele ganhou e agora está apagando os meus últimos neurônios. Se, na próxima semana, eu não aparecer, vocês já sabem: fui deletado.

RIBEIRO, João Ubaldo. Ele Conseguiu. *In: Jornal O Globo*. Rio de Janeiro, 12/11/2000.

5. Julgue os itens a seguir, relativos às ideias desenvolvidas no texto II:

I. Pode-se afirmar que somente com base na leitura integral do texto é possível compreender a referência do pronome "**Ele**", presente no título.

II. Pode-se depreender do texto II que o autor não se surpreende com o ocorrido com sua máquina "**diabólica**", o que se pode confirmar por meio do trecho "**Quem não usa não seria capaz de avaliar o que significa trabalhar em regime de permanente suspense, ameaçado por interrupções e anúncios sinistros**" (5º parágrafo).

III. Em "**o equilibradíssimo colega e amigo Zuenir Ventura, que, como eu, alterna momentos em que quer atirar o computador pela janela ou atirar-se ele mesmo pela janela.**" (5º parágrafo), empregou-se paradoxo.

IV. O único registro informal da linguagem presente no texto pode ser exemplificado no sexto parágrafo, pelo trecho "**Dirão vocês que se deu bem a literatura brasileira**".

6. Com base nos aspectos linguísticos e gramaticais do texto II, julgue os itens a seguir:

I. Para que o trecho "**Sim, talvez algum de vocês já tenha adivinhado.**" (2º parágrafo) estivesse adequado à norma-padrão no que concerne à concordância, deveria ser reescrito como ***Sim, talvez alguns de vocês já tenham adivinhado.***

II. A palavra "**como**", contida em "**uma máquina cuja manutenção dá mais trabalho do que, como já disse aqui, manter e administrar seis famílias.**" (4º parágrafo) e em "**que, como eu, alterna momentos em que quer atirar o computador pela janela ou atirar-se ele mesmo pela janela.**" (5º parágrafo), não apresenta a mesma classificação morfológica.

III. O termo "**no Leblon**", presente em "**Quem me vê, aqui no Leblon, passando de bermudas**" (1º parágrafo), deve ser classificado como adjunto adverbial de lugar coordenado com o também adjunto adverbial de lugar "**aqui**", o que exigiria o emprego de vírgula, para isolar esses termos coordenados entre si.

IV. Em "**Mas eu ia resistindo, pagando o preço da eterna vigilância.**" (6º parágrafo), o termo "**da eterna vigilância**" completa, necessariamente, o sentido do nome "**preço**".

7. **Com base nos aspectos morfológicos do texto II, julgue as assertivas a seguir:**

I. A palavra "**catamilhografar**", presente em "**eu tinha de catamilhografar minha pobre literatura**" (3º parágrafo), é exemplo de neologismo e foi formada por composição por justaposição.

II. A palavra "**aparvalhado**", presente em "**Quem me vê, aqui no Leblon, passando de bermudas com o ar meio aparvalhado de sempre**" (1º parágrafo), foi formada por parassíntese e significa, no trecho em que se insere, atrapalhado.

III. No trecho "**sem ter a menor ideia de que, em meu cérebro tresvariado, reside um quase-homicida, a ponto de cometer não só um, mas vários tresloucados gestos.**" (1º parágrafo), os prefixos presentes nos vocábulos "**tresvariado**" e "**tresloucados**" foram empregados com o mesmo sentido.

IV. Em "**esta máquina demoníaca com a qual somos cada vez mais <u>obrigados</u> a conviver**" (2º parágrafo), o complemento da locução verbal "**obrigados a conviver**" vem anteposto e é representado pelo pronome relativo "**a qual**".

Texto III: Anjo daltônico

Jorge de Lima

Tempo da infância, cinza de borralho,
tempo esfumado sobre vila e rio
e tumba e cal e coisas que eu não valho,
cobre isso tudo em que me denuncio.

Há também essa face que sumiu
e o espelho triste e o rei desse baralho.
Ponho as cartas na mesa. Jogo frio.
Veste esse rei um manto de espantalho.

Era daltônico o anjo que o coseu,
e se era anjo, senhores, não se sabe,
que muita coisa a um anjo se assemelha.

Esses trapos azuis, olhai, sou eu.
Se vós não os vedes, culpa não me cabe
de andar vestido em túnica vermelha.

LIMA, Jorge de. *Humor e Humorismo*. São Paulo: Editora Brasiliense, 1961.

8. **Considerando os aspectos estilísticos e o sentido do texto III, julgue as afirmativas seguintes:**

I. Pode-se depreender do texto que o eu lírico é esse rei que, apesar de agora estar vestido com andrajos, já teve seu tempo de glória.

II. É possível afirmar que as cores azul e vermelho se encontram contrapostas no poema, com aquela representando o modo como o eu lírico é visto, e esta significando como ele mesmo se vê.

III. No décimo e no décimo segundo versos, pode ser identificado tanto o emprego da função fática da linguagem quanto o da figura de linguagem chamada antonomásia.

IV. Em razão do emprego do recurso estilístico chamado hipérbato, no verso **"Veste esse rei um manto de espantalho."** (8º verso), promoveu-se também o vício de linguagem denominado ambiguidade.

9. **Julgue as assertivas subsequentes, com base nos aspectos gramaticais e linguísticos do texto III.**

I. Não se pode afirmar que a classificação gramatical das palavras em destaque nos versos **"e <u>se</u> era anjo, senhores, não <u>se</u> sabe, / que muita coisa a um anjo <u>se</u> assemelha."** (10º e 11º versos) é a mesma.

II. A palavra **"que"** empregada na introdução do décimo primeiro verso deve ser classificada como conjunção coordenativa explicativa.

III. A palavra em destaque no verso **"tempo <u>esfumado</u> sobre vila e rio"** (2º verso) foi formada por derivação parassintética, diferentemente da palavra **"espantalho"** (8º verso), que foi formada apenas por derivação sufixal.

IV. Os verbos presentes no verso **"Se vós não os vedes, culpa não me cabe"** (13º verso) apresentam alomorfe de radical.

10. **Com base nos aspectos sintáticos do texto III, julgue os itens seguintes:**

I. Tem função de objeto indireto o pronome relativo empregado no verso **"cobre isso tudo em que me denuncio."** (4º verso), diferentemente do que ocorre com seu termo antecedente.

II. A fim de que se tornasse correta quanto às regras de concordância, a forma verbal **"cobre"** (4º verso) deveria ter sido empregada no plural.

III. Está correto afirmar que o último verso equivale a um termo apenas, o qual tem natureza acessória na oração em que está inserido.

IV. O termo em destaque no verso **"de andar vestido <u>em túnica vermelha</u>."** (14º verso) deve ser classificado como adjunto adverbial de modo.

SIMULADO 11

Texto I: Aos pobres pertence o reino da Terra

Josué de Castro

1. Sabemos bem que o maior perigo contra a paz é o desequilíbrio que divide o mundo do momento em dois mundos antagônicos, com um antagonismo maior do que o antagonismo físico dos dois polos da terra ou o antagonismo econômico dos dois mundos ideológicos - o do mundo soviético e o do mundo capitalista ocidental. O que divide os homens não são as coisas em si, mas as opiniões que eles têm das coisas - as suas ideias. E as ideias dos povos ricos são bem diferentes das ideias dos povos miseráveis. Se estudarmos o que se passa no mundo atual sob o ponto de vista econômico, podemos ver através dos dados recolhidos pela Organização das Nações Unidas coisas assustadoras. No nosso mundo atual, os 20 países mais ricos do mundo, que concentram apenas 16% da população mundial, desfrutam uma renda de mais de 70% da renda universal. E, no entanto, no outro extremo, os 15 países mais pobres do mundo nos quais se concentram mais de 50% da população mundial não dispõem de 10% da renda total do mundo. Este contraste econômico mostra como é difícil obter-se a paz universal sem a unidade do mundo, sem a unificação e a compreensão integral entre os homens que permitam a coisa mais difícil dos nossos tempos que é a convivência do homem com o próprio homem. Não se alcançará jamais uma paz estável num mundo dividido entre a abundância e a miséria, entre o luxo e a pobreza, entre o esbanjamento e a fome.

2. É absolutamente necessário terminar com esta tremenda desigualdade social: Infelizmente, cada vez mais se alarga o fosso que separa os países ricos e os países pobres, os países chamados bem desenvolvidos, industrial e tecnicamente, e os países que se chamam subdesenvolvidos. É hoje noção universalmente aceita de que 2/3 da humanidade continuam a morrer de fome. Esses 2/3 de subnutridos e famintos concentram-se exatamente nas regiões chamadas subdesenvolvidas do mundo.

3. Será que este sombrio mapa da fome, esta geografia da fome com suas manchas negras que envergonham a própria humanidade, tende a clarear um pouco? Possuímos alguns dados que são aparentemente encorajadores. Os inquéritos levados a efeito pela FAO revelam o fato animador de que nos últimos quatro anos a produção alimentar do mundo aumentou numa proporção de 3% por ano, enquanto o crescimento da população mundial foi apenas de 1,5%, isto é, que o aumento da produção de alimentos corresponde ao dobro do crescimento da população. Estes fatos demonstram a falacidade dos argumentos de que é impossível acabar com a fome do mundo de acordo com aquele velho conceito malthusiano de que o mundo tem que perecer irremediavelmente de fome porque o crescimento da população se faz numa progressão muito mais intensa do que a do aumento da produção de alimentos. Os fatos contestam definitivamente esta hipótese arcaica e desmoralizada.

4. O mundo dispõe de recursos suficientes para nutrir uma população muito mais densa do que a população atual. A natureza não é mesquinha, não fornece recursos insuficientes. Quem tem sido mesquinho é um certo tipo humano, representante dos grupos sociais que se apoderaram dos recursos naturais e procederam a uma divisão injusta e desigual.

CASTRO, Josué de. *Ensaios de biologia social.* São Paulo: Brasiliense, 1957.

1. **Julgue os itens a seguir, com base no sentido do texto I:**

I. É possível afirmar que o autor faz uso do recurso estilístico denominado intertextualidade, ao empregar a frase que constitui o título do texto I.

II. Segundo Josué de Castro, o que divide o mundo e, consequentemente, provoca certa instabilidade da paz mundial não é, genuinamente, a pobreza, mas a falta de organização de parte da sociedade, a qual estaria desinteressada em promover igualdade e paridade econômica.

III. Pode-se verificar, com base na leitura do texto I, que a estratégia argumentativa utilizada, predominantemente, pelo autor, com o fim de defender seu posicionamento sobre a desigualdade econômica mundial, foi o emprego de dados estatísticos.

IV. No trecho "**num mundo dividido entre a abundância e a miséria, entre o luxo e a pobreza, entre o esbanjamento e a fome.**" (1º parágrafo), embora os vocábulos "**esbanjamento**" e "**fome**" não apresentem sentido antonímico, pode-se afirmar que eles constituem emprego de antítese.

2. **Em relação aos aspectos linguísticos e gramaticais do texto I, julgue as assertivas abaixo:**

I. Pode-se afirmar que o trecho "**mas as opiniões que eles têm das coisas - as suas ideias.**" (1º parágrafo) poderia ser reescrito, sem prejuízo semântico ou alteração gramatical, como ***mas as opiniões que eles têm das coisas, das suas ideias.*** (1º parágrafo).

II. Em "**É absolutamente necessário terminar com esta tremenda desigualdade social**" (2º parágrafo), embora, de acordo com a prescrição gramatical, o emprego da forma verbal "**terminar**" como transitiva direta também esteja correto, ela promoveria alteração do sentido do trecho em destaque.

III. No período "**O mundo dispõe de recursos suficientes para nutrir uma população muito mais densa do que a população atual.**" (4º parágrafo), a preposição "**para**" é nocional e introduz oração subordinada adverbial com sentido de finalidade.

IV. Em "**Esses 2/3 de subnutridos e famintos concentram-se exatamente nas regiões chamadas subdesenvolvidas do mundo.**" (2º parágrafo), a partícula "**se**" deve ser classificada como parte integrante do verbo, o que não se pode afirmar da mesma palavra empregada em "**representante dos grupos sociais que se apoderaram dos recursos naturais**" (4º parágrafo), em que se classifica como pronome apassivador.

3. **Com base nos aspectos sintáticos do texto I, julgue os itens a seguir:**

I. O termo em destaque em "**Este contraste econômico mostra como é difícil obter-se a paz universal**" (1º parágrafo) deve ser classificado como objeto direto da forma verbal "**obter**", assim como o termo destacado em "**Infelizmente, cada vez mais se alarga o fosso que separa os países ricos e os países pobres**" (2º parágrafo) completa, necessariamente, a forma verbal "**alarga**".

II. Em "**E, no entanto, no outro extremo, os 15 países mais pobres do mundo nos quais se concentram mais de 50% da população mundial não dispõem de 10% da renda total do mundo.**" (1º parágrafo), está correto afirmar que a vírgula que sucede a locução "**no outro extremo**" é facultativa, mas a que a antecede é obrigatória.

III. Em "**Esses 2/3 de subnutridos e famintos concentram-se exatamente nas regiões chamadas subdesenvolvidas do mundo.**" (2º parágrafo) e em "**Os fatos contestam definitivamente esta hipótese arcaica e desmoralizada.**" (3º parágrafo), as palavras "**exatamente**" e "**definitivamente**" devem ser classificadas como adjuntos adverbiais e apresentam sentido de afirmação.

IV. O período "**É absolutamente necessário terminar com esta tremenda desigualdade social:**" (2º parágrafo) é comporto por subordinação e apresenta, além da oração principal, oração subordinada substantiva predicativa.

4. **Julgue as assertivas a seguir, com base nos aspectos gramaticais do texto I:**

I. Em "**No nosso mundo atual, os 20 países mais ricos do mundo**" (1º parágrafo), o adjetivo "**ricos**" foi empregado no grau superlativo relativo de superioridade.

II. Não promoveria prejuízo para o sentido do texto, caso o período "**É hoje noção universalmente aceita de que 2/3 da humanidade continuam a morrer de fome.**" (2º parágrafo) fosse reescrito como **É**

hoje noção universalmente aceita que 2/3 da humanidade continuam a morrer de fome.

III. No trecho "**É absolutamente necessário terminar com esta tremenda desigualdade social**" (2º parágrafo), o pronome "**esta**" estabelece coesão catafórica.

IV. Considerando a posição que ocupa na oração, o adjetivo "**sombrio**", presente em "**Será que este sombrio mapa da fome**" (3º parágrafo), poderia ser posposto tanto ao substantivo ao qual se refere, "**mapa**", quanto à locução "**da fome**", de modo que não promoveria alteração para o sentido do trecho.

Texto II: A Repartição dos Pães

Clarice Lispector

1. Era sábado e estávamos convidados para o almoço de obrigação. Mas cada um de nós gostava demais de sábado para gastá-lo com quem não queríamos. Cada um fora alguma vez feliz e ficara com a marca do desejo. Eu, eu queria tudo. E nós ali presos, como se nosso trem tivesse descarrilado e fôssemos obrigados a pousar entre estranhos. Ninguém ali me queria, eu não queria a ninguém. Quanto a meu sábado – que fora da janela se balançava em acácias e sombras – eu preferia, a gastá-lo mal, fechá-lo na mão dura, onde eu o amarfanhava como a um lenço. À espera do almoço, bebíamos sem prazer, à saúde do ressentimento: amanhã já seria domingo. Não é com você que eu quero, dizia nosso olhar sem umidade, e soprávamos devagar a fumaça do cigarro seco. A avareza de não repartir o sábado ia pouco a pouco roendo e avançando como ferrugem, até que qualquer alegria seria um insulto à alegria maior.

2. Só a dona da casa não parecia economizar o sábado para usá-lo numa quinta de noite. Ela, no entanto, cujo coração já conhecera outros sábados. Como pudera esquecer que se quer mais e mais? Não se impacientava sequer com o grupo heterogêneo, sonhador e resignado que na sua casa só esperava como pela hora do primeiro trem partir, qualquer trem – menos ficar naquela estação vazia, menos ter que refrear o cavalo que correria de coração batendo para outros, outros cavalos.

3. Passamos afinal à sala para um almoço que não tinha a bênção da fome. E foi quando surpreendidos deparamos com a mesa. Não podia ser para nós...

4. Era uma mesa para homens de boa-vontade. Quem seria o conviva realmente esperado e que não viera? Mas éramos nós mesmos. Então aquela mulher dava o melhor não importava a quem? E lavava contente os pés do primeiro estrangeiro. Constrangidos, olhávamos.

5. A mesa fora coberta por uma solene abundância. Sobre a toalha branca amontoavam-se espigas de trigo. E maçãs vermelhas, enormes cenouras amarelas, redondos tomates de pele quase estalando, chuchus de um verde líquido, abacaxis malignos na sua selvageria, laranjas alaranjadas e calmas, maxixes eriçados como porcos-espinhos, pepinos que se fechavam duros sobre a própria carne aquosa, pimentões ocos e avermelhados que ardiam nos olhos – tudo emaranhado em barbas e barbas úmidas de milho, ruivas como junto de uma boca. E os bagos de uva. As mais roxas das uvas pretas e que mal podiam esperar pelo instante de serem esmagadas. E não lhes importava esmagadas por quem. Os tomates eram redondos para ninguém: para o ar, para o redondo ar. Sábado era de quem viesse. E a laranja adoçaria a língua de quem primeiro chegasse.

6. Junto do prato de cada mal convidado, a mulher que lavava pés de estranhos pusera – mesmo sem nos eleger, mesmo sem nos amar – um ramo de trigo ou um cacho de rabanetes ardentes ou uma talhada vermelha de melancia com seus alegres caroços. Tudo cortado pela acidez espanhola que se adivinhava nos limões verdes. Nas bilhas estava o leite, como se tivesse atravessado com as cabras o deserto dos penhascos. Vinho, quase negro de tão pisado, estremecia em vasilhas de barro. Tudo diante de nós. Tudo limpo do retorcido desejo humano. 'Tudo como é, não como quiséramos. Só existindo, e todo. Assim como existe um campo. Assim como as montanhas. Assim como homens e mulheres, e não nós, os ávidos. Assim como um sábado. Assim como apenas existe. Existe.

7. Em nome de nada, era hora de comer. Em nome de ninguém, era bom. Sem nenhum sonho. E nós pouco a pouco a par do dia, pouco a pouco anonimizados, crescendo, maiores, à altura da vida possível. Então, como fidalgos camponeses, aceitamos a mesa.

8. Não havia holocausto: aquilo tudo queria tanto ser comido quanto nós queríamos comê-lo. Nada guardando para o dia seguinte, ali mesmo ofereci

o que eu sentia àquilo que me fazia sentir. Era um viver que eu não pagara de antemão com o sofrimento da espera, fome que nasce quando a boca já está perto da comida. Porque agora estávamos com fome, fome inteira que abrigava o todo e as migalhas. Quem bebia vinho, com os olhos tomava conta do leite. Quem lento bebeu o leite, sentiu o vinho que o outro bebia. Lá fora Deus nas acácias. Que existiam. Comíamos. Como quem dá água ao cavalo. A carne trinchada foi distribuída. A cordialidade era rude e rural. Ninguém falou mal de ninguém porque ninguém falou bem de ninguém. Era reunião de colheita, e fez-se trégua. Comíamos. Como uma horda de seres vivos, cobríamos gradualmente a terra. Ocupados como quem lavra a existência, e planta, e colhe, e mata, e vive, e morre, e come. Comi com a honestidade de quem não engana o que come: comi aquela comida e não o seu nome. Nunca Deus foi tão tomado pelo que Ele é. A comida dizia rude, feliz, austera: come, come e reparte. Aquilo tudo me pertencia, aquela era a mesa de meu pai. Comi sem ternura, comi sem a paixão da piedade. E sem me oferecer à esperança. Comi sem saudade nenhuma. E eu bem valia aquela comida. Porque nem sempre posso ser a guarda de meu irmão, e não posso mais ser a minha guarda, ah não me quero mais. E não quero formar a vida porque a existência já existe. Existe como um chão onde nós todos avançamos. Sem uma palavra de amor. Sem uma palavra. Mas teu prazer entende o meu. Nós somos fortes e nós comemos.

9. Pão é amor entre estranhos.

LISPECTOR, Clarice. *Laços de família*. Rio de Janeiro: Ed. Francisco Alves, 1991.

5. **Com base no sentido do texto II e em seus aspectos estilísticos, julgue os itens a seguir:**

I. Pode-se afirmar que há, no conto de Clarice Lispector, marcas de intertextualidades bíblicas, o que pode ser evidenciado, por exemplo, pelo trecho "**A comida dizia rude, feliz, austera: come, come e reparte.**" (8º parágrafo).

II. Embora não seja predominante, pode-se afirmar que há emprego da função emotiva da linguagem no texto.

III. Em "**Ocupados como quem lavra a existência, e planta, e colhe, e mata, e vive, e morre, e come.**" (8º parágrafo), foram empregados, como recursos estilísticos, o polissíndeto e a gradação.

IV. Em "**só esperava como pela hora do primeiro trem partir, qualquer trem – menos ficar naquela estação vazia**" (2º parágrafo), além da comparação, também foi empregado o recurso estilístico denominado metáfora.

6. Em relação aos aspectos linguísticos e gramaticais do texto II, julgue as assertivas seguintes:

I. A palavra "**E**", empregada em "**E maçãs vermelhas, enormes cenouras amarelas, redondos tomates de pele quase estalando**" (5º parágrafo) e em "**E os bagos de uva.**" (5º parágrafo), deve ser classificada, respectivamente, como conjunção coordenativa aditiva e como marcador discursivo.

II. De acordo com a acepção empregada da forma verbal "**queria**", o pronome "**me**", em "**Ninguém ali me queria**" (1º parágrafo), deve ser classificado, sintaticamente, como objeto indireto.

III. O vocábulo "**só**", presente em "**Só a dona da casa não parecia economizar o sábado para usá-lo numa quinta de noite.**" (2º parágrafo), deve ser classificado como advérbio de exclusão.

IV. Em "**Passamos afinal à sala para um almoço que não tinha a bênção da fome.**" (3º parágrafo), deveria ter sido empregada uma vírgula obrigatória entre os termos "**afinal**" e "**à sala**", em razão de serem classificados, sintaticamente, como adjuntos adverbiais coordenados entre si.

7. Julgue os itens subsequentes, considerando os aspectos linguísticos e gramaticais do texto II.

I. Em "**Mas cada um de nós gostava demais de sábado para gastá-lo com quem não queríamos.**" (1º parágrafo), empregou-se figura de sintaxe denominada zeugma, que é um tipo de elipse.

II. Manter-se-ia o sentido original do trecho, caso a locução "**pouco a pouco**", presente em "**A avareza de não repartir o sábado ia pouco a pouco roendo e avançando como ferrugem**" (1º parágrafo), fosse substituída por ***aos poucos***.

III. Não se pode afirmar que, no período "**Não havia holocausto: aquilo tudo queria tanto ser comido quanto nós queríamos comê-lo.**" (8º parágrafo), o vocábulo "**holocausto**" foi empregado como referência histórica, tendo em vista que há sentido figurado de ***sacrifício***.

IV. No trecho "**tudo emaranhado em barbas e barbas úmidas de milho**" (5º parágrafo), a repetição da palavra "**barbas**" foi empregada como recurso expressivo de intensificação, a fim de reforçar a quantidade do referido alimento na mesa.

Texto III: Fumo

Florbela Espanca

Longe de ti são ermos os caminhos,
Longe de ti não há luar nem rosas,
Longe de ti há noites silenciosas,
Há dias sem calor, beirais sem ninhos!

Meus olhos são dois velhos pobrezinhos
Perdidos pelas noites invernosas...
Abertos, sonham mãos cariciosas,
Tuas mãos doces, plenas de carinhos!

Os dias são Outonos: choram... choram...
Há crisântemos roxos que descoram...
Há murmúrios dolentes de segredos...

Invoco o nosso sonho! Estendo os braços!
E ele é, ó meu Amor, pelos espaços,

Fumo leve que foge entre os meus dedos!...

ESPANCA, Florbela. *Poemas*. São Paulo: Martins Fontes, 1996.

8. Com base no sentido do texto III e em seus aspectos estilísticos, julgue os itens subsequentes:

I. Na última estrofe, torna-se possível depreender uma comparação entre um amor vivido no passado e o fumo, ambos vícios que se esvaem nesse tempo que ficou para trás.

II. Está correto afirmar que os três primeiros versos contam não só com o recurso estilístico chamado anáfora, mas também com o hipérbato em sua formação.

III. Depreende-se do texto III que a ausência desse amor torna o presente um tempo de certa forma incomum, o que melhor pode ser comprovado pelo verso "**Longe de ti há noites silenciosas.**" (3º verso).

IV. Sem que se promovesse alteração semântica ou desvio gramatical, o verso "**Há murmúrios dolentes de segredos...**" (11º verso) poderia ser reescrito como ***Há sussurros doridos de segredos***.

9. Em relação aos aspectos gramaticais e linguísticos do texto III, julgue as assertivas a seguir:

I. A palavra "**caminhos**" (1º verso) foi formada por derivação regressiva, sendo, portanto, substantivo deverbal.

II. É nocional de modo a preposição "**entre**", empregada na construção da metáfora contida no verso "**Fumo leve que foge <u>entre</u> os meus dedos!...**" (14º verso).

III. Os verbos "**Invoco**" (12º verso) e "**foge**" (14º verso) apresentam, exatamente, os mesmos morfemas.

IV. O acréscimo de sufixo às palavras, normalmente, ocorre com o objetivo de mudar a classe gramatical delas, o que pode ser exemplificado nos versos "**Perdidos pelas noites invernosas... / Abertos, sonham mãos cariciosas,**" (6º e 7º versos).

10. Considerando os aspectos sintáticos do texto III, julgue as afirmativas seguintes:

I. A vírgula foi empregada no verso "**Há dias sem calor, beirais sem ninhos!**" (4º verso), a fim de isolar termos coordenados entre si, de mesma função sintática.

II. Os verbos destacados nos versos "**Perdidos pelas noites invernosas...**" (6º verso) e "**Abertos, sonham mãos cariciosas**" (7º verso) são núcleos de orações que apresentam classificações sintáticas distintas.

III. Não se pode afirmar que a preposição "**de**" introduz termos de mesma função sintática em "**Longe de ti há noites silenciosas**" (3º verso) e em "**Há murmúrios dolentes de segredos...**" (11º verso).

IV. Os sintagmas nominais destacados em "**Meus olhos são dois velhos pobrezinhos**" (5º verso) e em "**Tuas mãos doces, plenas de carinhos!**" (8º verso), embora sejam constituídos pelos mesmos elementos, exercem funções sintáticas diferentes.

SIMULADO 12

Texto I: Queixa de defunto

Lima Barreto

1. Antônio da Conceição, natural desta cidade, residente que foi em vida, a Boca do Mato, no Méier, onde acaba de morrer, por meios que não posso tornar públicos, mandou-me a carta abaixo que é endereçada ao prefeito. Ei-la:

2. Ilustríssimo e Excelentíssimo Senhor Doutor Prefeito do Distrito Federal. Sou um pobre homem que em vida nunca deu trabalho às autoridades públicas nem a elas fez reclamação alguma. Nunca exerci ou pretendi exercer isso que se chama os direitos sagrados de cidadão. Nasci, vivi e morri modestamente, julgando sempre que o meu único dever era ser lustrador de móveis e admitir que os outros os tivessem para eu lustrar e eu não.

3. Não fui republicano, não fui florianista, não fui custodista, não fui hermista, não me meti em greves, nem em cousa alguma de reivindicações e revoltas; mas morri na santa paz do Senhor quase sem pecados e sem agonia.

4. Toda a minha vida de privações e necessidades era guiada pela esperança de gozar depois de minha morte um sossego, uma calma de vida que não sou capaz de descrever, mas que pressenti pelo pensamento, graças à doutrinação das seções católicas dos jornais.

5. Nunca fui ao espiritismo, nunca fui aos "bíblias", nem a feiticeiros, e apesar de ter tido um filho que penou dez anos nas mãos dos médicos, nunca procurei macumbeiros nem médiuns.

6. Vivi uma vida santa e obedecendo às prédicas do Padre André do Santuário do Sagrado Coração de Maria, em Todos os Santos, conquanto as não entendesse bem por serem pronunciadas com toda eloquência em galego ou vasconço.

7. Segui-as, porém, com todo o rigor e humildade, e esperava gozar a mais dúlcida paz depois de minha morte. Morri afinal um dia destes. Não descrevo as cerimônias porque são muito conhecidas e os meus parentes e amigos deixaram-me sinceramente porque eu não deixava dinheiro algum. É bom, meu caro Senhor Doutor Prefeito, viver na pobreza, mas muito melhor é morrer nela. Não se levam para a cova maldições dos parentes e amigos deserdados; só carregamos lamentações e bênçãos daqueles a quem não pagamos mais a casa.

8. Foi o que aconteceu comigo e estava certo de ir direitinho para o Céu, quando, por culpa do Senhor e da Repartição que o Senhor dirige, tive que ir para o inferno penar alguns anos ainda.

9. Embora a pena seja leve, eu me amolei, por não ter contribuído para ela de forma alguma. A culpa é da Prefeitura Municipal do Rio de Janeiro que não cumpre os seus deveres, calçando convenientemente as ruas. Vamos ver por quê. Tendo sido enterrado no cemitério de Inhaúma e vindo o meu enterro do Méier, o coche e o acompanhamento tiveram que atravessar em toda a extensão a Rua José Bonifácio, em Todos os Santos.

10. Esta rua foi calçada há perto de cinquenta anos a macadame e nunca mais foi o seu calçamento substituído. Há caldeirões de todas as profundidades e larguras, por ela afora. Dessa forma, um pobre defunto que vai dentro do caixão em cima de um coche que por ela rola sofre o diabo. De uma feita um até, após um trambolhão do carro mortuário, saltou do esquife, vivinho da silva, tendo ressuscitado com o susto.

11. Comigo não aconteceu isso, mas o balanço violento do coche machucou-me muito e cheguei diante de São Pedro cheio de arranhaduras pelo corpo. O bom do velho santo interpelou-me logo:

12. — Que diabo é isto? Você está todo machucado! Tinham-me dito que você era bem-comportado — como é então que você arranjou isso? Brigou depois de morto?

13. Está aí como, meu caro Senhor Doutor Prefeito, ainda estou penando por sua culpa, embora tenha tido vida a mais santa possível. Sou, etc., etc.

Posso garantir a fidelidade da cópia a aguardar com paciência as providências da municipalidade.

SANTOS, Joaquim F. (org.). *As cem melhores crônicas brasileiras*. Rio de Janeiro: Editora Objetiva, 2007.

1. **Com base no sentido do texto I, julgue as assertivas subsequentes:**

I. Pode-se depreender do texto que o vocativo empregado, no segundo parágrafo, para se dirigir ao prefeito denota desconhecimento de Antônio da Conceição sobre regras gramaticais, o que se coaduna com a vida humilde e sem estudos a que foi submetido.

II. É possível afirmar que, de acordo com o texto, apenas pessoas com crenças católicas estão destinadas a ir para o céu, após a morte, o que denota certo preconceito com relação às outras religiões.

III. Em "**Não fui republicano, não fui florianista, não fui custodista, não fui hermista, não me meti em greves**" (3º parágrafo), há referências políticas extratextuais, sem as quais não se pode compreender, de forma completa, o texto.

IV. No trecho "**Nunca fui ao espiritismo, nunca fui aos 'bíblias'**" (5º parágrafo), empregou-se metonímia.

2. **Considerando os aspectos linguísticos e gramaticais do texto I, julgue os itens subsequentes:**

I. O trecho "**residente que foi em vida, a Boca do Mato, no Méier**" (1º parágrafo), para que estivesse de acordo com a norma-padrão da língua, deveria ser reescrito como ***residente que foi em vida na Boca do Mato, no Méier***.

II. Em "**conquanto as não entendesse bem por serem pronunciadas com toda eloquência em galego ou vasconço**" (6º parágrafo), a palavra "**vasconço**" foi empregada, com sentido conotativo, significando *linguagem confusa*.

III. Pode-se afirmar que a palavra destacada em "**Ei-la:**" (1º parágrafo) tem valor de designação e funciona como adjunto adverbial.

IV. No trecho "**Embora a pena seja leve, eu me amolei, por não ter contribuído para ela de forma alguma.**" (9º parágrafo), a locução verbal "**ter contribuído**" vem seguida de dois objetos indiretos.

3. Considerando os aspectos sintáticos do texto I, julgue os itens subsequentes:

I. O termo "**às autoridades públicas**", presente em "**Sou um pobre homem que em vida nunca deu trabalho às autoridades públicas**" (2º parágrafo), e o termo "**lhe**", contido em "**Expliquei-lhe, mas não me quis atender**" (13º parágrafo), exercem a mesma função sintática.

II. Em "**Segui-as, porém, com todo o rigor e humildade, e esperava gozar a mais dúlcida paz depois de minha morte.**" (7º parágrafo), tanto a forma verbal "**Segui**" quanto a locução verbal "**esperava gozar**" apresentam-se como transitivas diretas.

III. Os adjetivos sublinhados nos trechos "**o meu <u>único</u> dever era ser lustrador de móveis**" (2º parágrafo) e "**e nunca mais foi o seu calçamento <u>substituído</u>.**" (10º parágrafo) exercem função sintática de adjunto adnominal e de predicativo, respectivamente.

IV. No trecho "**Não se levam para a cova maldições dos parentes e amigos deserdados**" (7º parágrafo), a forma verbal "**levam**" deve ser classificada como transitiva direta, e a partícula "**se**" é parte integrante do verbo.

4. Com base nos aspectos gramaticais e linguísticos do texto I, julgue as afirmativas a seguir:

I. A palavra "**dúlcida**", presente no trecho "**e esperava gozar a mais dúlcida paz depois de minha morte.**" (7º parágrafo), é cognata de "**doce**" e poderia ser substituída por esse vocábulo, sem prejuízo de sentido para o texto.

II. É possível atribuir, no trecho "**<u>Tendo sido enterrado no cemitério de Inhaúma</u> e <u>vindo o meu enterro do Méier</u>, o coche e o acompanhamento tiveram que atravessar em toda a extensão a Rua José**

Bonifácio" (9º parágrafo), sentido de causa às orações subordinadas adverbiais reduzidas de gerúndio em destaque.

III. A inserção de uma vírgula após o vocábulo "**abaixo**", contido em "**por meios que não posso tornar públicos, mandou-me a carta abaixo que é endereçada ao prefeito.**" (1º parágrafo), atenderia às normas gramaticais, mas comprometeria a coerência do texto.

IV. Em "**Toda a minha vida de privações e necessidades era guiada pela esperança de gozar depois de minha morte um sossego**" (4º parágrafo), as preposições "**de**" e "**por**", em destaque, devem ser classificadas como nocionais e introduzem termos de funções sintáticas distintas.

Texto II: O rio

José Lins do Rego

1. O rio Paraíba corria bem próximo ao cercado. Chamavam-no "o rio". E era tudo. Em tempos antigos fora muito mais estreito. Os marizeiros e as ingazeiras apertavam as duas margens e as águas corriam em leito mais fundo. Agora era largo e, quando descia nas grandes enchentes, fazia medo. Contava-se o tempo pelas eras das cheias. Isto se deu na cheia de 93, aquilo se fez depois da cheia de 68. Para nós, meninos, o rio era mesmo a nossa serventia nos tempos de verão, quando as águas partiam e se retinham nos poços. Os moleques saíam para lavar os cavalos e íamos com eles. Havia o Poço das Pedras, lá para as bandas da Paciência. Punham-se os animais dentro d'água e ficávamos nos banhos, nos cangapés. Os aruás cobriam os lajedos, botando gosma pelo casco. Nas grandes secas o povo comia aruá que tinha gosto de lama. O leito do rio cobria-se de junco e faziam-se plantações de batata-doce pelas vazantes. Era o bom rio da seca a pagar o que fizera de mau nas cheias devastadoras. E quando ainda não partia a corrente, o povo grande do engenho armava banheiros de palha para o banho das moças. As minhas tias desciam para a água fria do Paraíba que ainda não cortava sabão.

2. O rio para mim seria um ponto de contato com o mundo. Quando estava ele de barreira a barreira, no marizeiro maior, amarravam a canoa que Zé Guedes manobrava.

3. Vinham cargueiros do outro lado pedindo passagem. Tiravam as cangalhas dos cavalos e, enquanto os canoeiros remavam a toda a força, os animais, com as cabeças agarradas pelo cabresto, seguiam nadando ao lado da embarcação. Ouvia então a conversa dos estranhos. Quase sempre eram aguardenteiros contrabandistas que atravessavam, vindos dos engenhos de Itambé com destino ao sertão. Falavam do outro lado do mundo, de terras que não eram de meu avô. Os grandes do engenho não gostavam de me ver metido com aquela gente. Às vezes o meu avô aparecia para dar gritos. Escondia-me no fundo da canoa até que ele fosse para longe. Uma vez eu e o moleque Ricardo chegamos na beira do rio e não havia ninguém. O Paraíba dava somente um nado e corria no manso, sem correnteza forte. Ricardo desatou a corda, meteu-se na canoa comigo, e quando procurou manobrar era impossível. A canoa foi descendo de rio abaixo aos arrancos da água. Não havia força que pudesse contê-la. Pus-me a chorar alto, senti-me arrastado para o fim da terra. Mas Zé Guedes, vendo a canoa solta, correu pela beira do rio e foi nos pegar quase que no Poço das Pedras. Ricardo nem tomara conhecimento do desastre. Estava sentado na popa. Zé Guedes, porém, deu-lhe umas lapadas de cinturão e gritou para mim:

4. - Vou dizer ao velho!

5. Não disse nada. Apenas a viagem malograda me deixou alarmado. Fiquei com medo da canoa e apavorado com o rio. Só mais tarde é que voltaria ele a ser para mim mestre de vida.

REGO, José Lins do. *O Melhor da Crônica Brasileira*. Rio de Janeiro: José Olympio Editora, 1997.

5. **Julgue as assertivas a seguir, considerando o sentido do texto II:**

I. Pode-se depreender do trecho **"Chamavam-no 'o rio'. E era tudo."** (1º parágrafo) a importância e a singularidade do rio para a população das redondezas.

II. Em **"Falavam do outro lado do mundo, de terras que não eram de meu avô."** (3º parágrafo), verifica-se discurso marcado pela perspectiva infantil, em que a consciência espacial não é ainda bem definida, e o espaço não conhecido pelo narrador é considerado muito distante, do outro lado do mundo.

III. É possível afirmar que o rio permitia que houvesse período fértil apenas na época de estiagem, uma vez que seu leito era o lugar de plantio, em contraposição ao período destrutivo das cheias.

IV. Em "**Agora era largo e, quando descia nas grandes enchentes, fazia medo.**" (1º parágrafo), há uma incoerência semântica, presente pontualmente no trecho "**Agora era largo**", em decorrência do mau uso do tempo verbal.

6. Com base nos aspectos linguísticos e gramaticais do texto II, julgue os itens a seguir:

I. No período "**Os moleques saíam para lavar os cavalos e íamos com eles.**" (1º parágrafo), deveriam ter sido empregadas duas vírgulas obrigatórias, a fim de isolar uma oração subordinada adverbial final, a qual se encontra intercalada.

II. Os vocábulos "**aguardenteiros**" e "**contrabandistas**", empregados em "**Quase sempre eram aguardenteiros contrabandistas que atravessavam**" (3º parágrafo), foram formados pelo mesmo processo.

III. Em "**Uma vez eu e o moleque Ricardo chegamos na beira do rio e não havia ninguém**" (3º parágrafo), a contração "**na**" deveria ser substituída por ***à***, para que o trecho estivesse de acordo com a prescrição gramatical.

IV. No trecho "**Zé Guedes porém deu-lhe umas lapadas de cinturão e gritou para mim: - Vou dizer ao velho!**" (3º e 4º parágrafos), o vocábulo "**velho**" exemplifica o emprego da coesão referencial anafórica, retomando, por substituição, o substantivo "**avô**", presente no parágrafo anterior.

7. Considerando os aspectos linguísticos e gramaticais do texto II, julgue as afirmativas abaixo:

I. O período "**O rio Paraíba corria bem próximo ao cercado.**" (1º parágrafo) é simples, e seu predicado deve ser classificado como verbo-nominal, apresentando como núcleos os termos "**corria**" e "**próximo**".

II. Em "**O leito do rio cobria-se de junco e faziam-se plantações de batata-doce pelas vazantes.**" (1º parágrafo), as palavras em destaque classificam-se como pronomes apassivadores.

III. Em "**Contava-se o tempo pelas eras das cheias.**" (1º parágrafo) e em "**A canoa foi descendo de rio abaixo aos arrancos da água.**" (3º parágrafo), os termos em destaque exercem função de adjunto adverbial e apresentam o mesmo valor semântico.

IV. No período "**Quase sempre eram aguardenteiros contrabandistas que atravessavam, vindos dos engenhos de Itambé com destino ao sertão.**" (3º parágrafo), a palavra em destaque deve ser classificada como expletiva, parte da expressão "**eram que**", não exercendo, portanto, função sintática no trecho.

Texto III: A ideia

Augusto dos Anjos

De onde ela vem?! De que matéria bruta
Vem essa luz que sobre as nebulosas
Cai de incógnitas criptas misteriosas
Como as estalactites duma gruta?!

Vem da psicogenética e alta luta
Do feixe de moléculas nervosas,
Que, em desintegrações maravilhosas,
Delibera, e depois, quer e executa!

Vem do encéfalo absconso que a constringe,
Chega em seguida às cordas da laringe,
Tísica, tênue, mínima, raquítica...

Quebra a força centrípeta que a amarra,
Mas, de repente, e quase morta, esbarra
No mulambo da língua paralítica.

ANJOS, Augusto dos. *Obra completa*. Rio de Janeiro: Nova Aguilar, 1994.

8. **Quanto ao sentido do texto III e aos aspectos estilísticos, julgue as assertivas seguintes:**

I. É possível depreender do texto III uma crítica à linguagem tradicional, possivelmente parnasiana, que precisa ser superada, para que seja possível expressar-se em uma linguagem viva, dinâmica.

II. A reescritura do verso "**Vem do encéfalo absconso que a constringe,**" (9º verso) como ***Vem do encéfalo escondido que a reduz*** não promoveria desvio gramatical nem prejuízo de sentido.

III. A palavra em destaque no verso "**Vem essa luz que sobre as nebulosas**" (2º verso) estabelece coesão lexical anafórica, por substituição hiponímica.

IV. Há, na construção do poema, emprego de gradação no processo de concepção e de enunciação de uma ideia, conforme defende o eu lírico.

9. **Julgue os itens subsequentes, considerando os aspectos morfológicos do texto III:**

I. O conectivo que introduz o quarto verso poderia, sem prejuízo semântico ou desvio gramatical, ser substituído por ***conforme***.

II. O adjetivo empregado no verso "**No mulambo da língua paralítica.**" (14º verso) evidencia o insucesso da ideia, anunciada no título do poema, a qual acaba por não ser pronunciada.

III. Além da conjunção adversativa "**mas**", da aditiva "**e**" e do verbo, núcleo da oração, podem ser identificadas duas locuções adverbiais no verso "**Mas, de repente, e quase morta, esbarra**" (13º verso), respectivamente, de tempo e de modo.

IV. A palavra "**mulambo**" é considerada um brasileirismo, derivada do quimbundo ***"molambo"***, e, no texto, foi empregada, conotativamente, significando perigo, tribulação.

10. **Com base nos aspectos sintáticos do texto III, julgue as assertivas a seguir:**

I. É transitiva indireta a forma verbal "**Chega**", em "**Chega em seguida às cordas da laringe,**" (10º verso), a qual é um dos núcleos do predicado verbo-nominal que compõe a oração em que ela está inserida.

II. A forma verbal "**cai**" (3º verso) é transitiva e, na oração em que está inserida, apresenta duplo complemento indireto.

III. Os termos "**duma gruta**" (4º verso), "**da laringe**" (10º verso) e "**da língua paralítica**" (14º verso) são acessórios e exercem a mesma função sintática.

IV. Considerando o verso "**Vem do encéfalo absconso que a constringe,**" (9º verso), está correto afirmar que o objeto direto da segunda oração retoma, por coesão anafórica, o sujeito oculto da oração principal.

SIMULADO 13

Texto I: Este Natal

Carlos Drummond de Andrade

1. — Este Natal anda muito perigoso — concluiu João Brandão, ao ver dois PM travarem pelos braços o robusto Papai Noel, que tentava fugir, e o conduzirem a trancos e barrancos para o Distrito. Se até Papai Noel é considerado fora da lei, que não acontecerá com a gente?

2. Logo lhe explicaram que aquele era um falso velhinho, conspurcador das vestes amáveis. Em vez de dar presentes, tomava-os das lojas onde a multidão se comprime, e os vendedores, afobados com a clientela, não podem prestar atenção a tais manobras. Fora apanhado em flagrante, ao furtar um rádio transistor, e teria de despir a fantasia.

3. — De qualquer maneira, este Natal é fogo — voltou a ponderar Brandão, pois se os ladrões se disfarçam em Papai Noel, que garantia tem a gente diante de um bispo, de um almirante, de um astronauta? Pode ser de verdade, pode ser de mentira; acabou-se a confiança no próximo.

4. De resto, é isso mesmo que o jornal recomenda: "Nesta época do Natal, o melhor é desconfiar sempre". Talvez do próprio Menino Jesus, que, na sua inocência cerâmica, se for de tamanho natural, poderá esconder não sei que mecanismo pérfido, pronto a subtrair tua carteira ou teu anel, na hora em que te curvares sobre o presépio para beijar o divino infante.

5. O gerente de uma loja de brinquedos queixou-se a João que o movimento está fraco, menos por falta de dinheiro que por medo de punguistas e vigaristas. Alertados pela imprensa, os cautelosos preferem não se arriscar a duas eventualidades: serem furtados ou serem suspeitados como afanadores, pois o vendedor precisa desconfiar do comprador: se ele, por exemplo, já traz um pacote, toda cautela é pouca. Vai ver, o pacote tem fundo falso, e destina-se a recolher objetos ao alcance da mão rápida.

6. O punguista é a delicadeza em pessoa, adverte-nos a polícia. Assim, temos de desconfiar de todo desconhecido que se mostre cortês; se ele levar a requintes sua gentileza, o melhor é chamar o Cosme e depois verificar, na delegacia, se se trata de embaixador aposentado, da era de Ataulfo de Paiva e D. Laurinda Santos Lobo, ou de reles lalau.

7. Triste é desconfiar da saborosa moça que deseja experimentar um vestido, experimenta, e sai com ele sem pagar, deixando o antigo, ou nem esse. Acontece — informa um detetive, que nos inocula a suspeita prévia em desfavor de todas as moças agradáveis do Rio de Janeiro. O Natal de pé atrás, que nos ensina o desamor.

8. E mais. Não aceite o oferecimento do sujeito sentado no ônibus, que pretende guardar sobre os joelhos o seu embrulho.

9. Quem use botas, seja ou não Papai Noel, olho nele: é esconderijo de objetos surrupiados. Sua carteira, meu caro senhor, deve ser presa a um alfinete de fralda, no bolso mais íntimo do paletó; e se, ainda assim, sentir-se ameaçado pelo vizinho de olhar suspeito, cerre o bolso com fita durex e passe uma tela de arame fino e eletrificado em redor do peito. Enterrar o dinheiro no fundo do quintal não adianta, primeiro porque não há quintal, e, se houvesse, dos terraços dos edifícios em redor, munidos de binóculos, ladrões implacáveis sorririam da pobre astúcia.

10. Eis os conselhos que nos dão pelo Natal, para que o atravessemos a salvo. Francamente, o melhor seria suprimir o Natal e, com ele, os especialistas em furto natalino. Ou — ideia de João Brandão, o sempre inventivo — comemorá-lo em épocas incertas, sem aviso prévio, no maior silêncio, em grupos pequenos de parentes, amigos e amores, unidos na paz e na confiança de Deus.

ANDRADE, Carlos Drummond de. *Caminhos de João Brandão*. Rio de Janeiro: José Olympio Editora, 1970.

1. **Julgue os itens a seguir, considerando o sentido do texto I:**

I. De acordo com a leitura do texto, verifica-se que o narrador discorda não só dos conselhos dados pela polícia, presentes ao longo do texto, mas também da ideia de João Brandão, em razão de não a considerar razoável.

II. No trecho "**Logo lhe explicaram que aquele era um falso velhinho, conspurcador das vestes amáveis.**" (2º parágrafo), além da metonímia, empregou-se a figura de linguagem chamada prosopopeia.

III. Em "**Logo lhe explicaram que aquele era um falso velhinho, conspurcador das vestes amáveis.**" (2º parágrafo), o vocábulo "**conspurcador**" foi empregado denotativamente, com sentido de ***difamador***.

IV. No trecho "**O gerente de uma loja de brinquedos queixou-se a João que o movimento está fraco, menos por falta de dinheiro que por medo de punguistas e vigaristas.**" (5º parágrafo), os vocábulos "**punguistas**" e "**vigaristas**" são sinônimos contextuais, e a opção por usar os dois é estilística, com finalidade de enfatizar o sentido negativo que a presença desse tipo de pessoa promove no Natal.

2. Com base nos aspectos linguísticos e gramaticais do texto I, julgue os itens a seguir:

I. Em "**e se, ainda assim, sentir-se ameaçado pelo vizinho de olhar suspeito**" (9º parágrafo), a colocação do pronome "**se**" proclítico à forma verbal "**sentir**" também estaria em consonância com a norma-padrão da língua, em razão de haver verbo no infinitivo solto.

II. Para que estivesse de acordo com a prescrição gramatical em relação à regência, o trecho "**pois se os ladrões se disfarçam em Papai Noel, que garantia tem a gente diante de um bispo, de um almirante, de um astronauta?**" (3º parágrafo) deveria ser reescrito como ***pois se os ladrões se disfarçam de Papai Noel, que garantia tem a gente diante de um bispo, de um almirante, de um astronauta?***.

III. A expressão "**Em vez de**", presente em "**Em vez de dar presentes, tomava-os das lojas**" (2º parágrafo), poderia ser substituída tanto por ***ao invés de*** quanto por ***em lugar de***, sem prejuízo de sentido para o trecho.

IV. Em "**De resto, é isso mesmo que o jornal recomenda:**" (4º parágrafo), o pronome "**isso**", por ter sido empregado como mecanismo de coesão catafórica, deveria ser substituído por ***isto***, a fim de garantir a coerência no trecho.

3. **Em relação aos aspectos sintáticos do texto I, julgue as assertivas seguintes:**

I. No período **"O Natal de pé atrás, que nos ensina o desamor."** (7º parágrafo), o termo **"o desamor"** deve ser classificado como sujeito, assim como o termo **"o melhor"**, presente em **"'Nesta época do Natal, o melhor é desconfiar sempre'."** (4º parágrafo).

II. No trecho **"concluiu João Brandão, ao ver dois PM travarem pelos braços o robusto Papai Noel, que tentava fugir"** (1º parágrafo), a forma verbal **"ver"** é transitiva direta, assim como o verbo **"travarem"**.

III. Exercem a mesma função sintática os termos em destaque em **"e os vendedores, <u>afobados com a clientela</u>, não podem prestar atenção a tais manobras"** (2º parágrafo) e em **"<u>Alertados pela imprensa</u>, os cautelosos preferem não se arriscar a duas eventualidades"** (5º parágrafo).

IV. Em **"O gerente de uma loja de brinquedos queixou-se a João que o movimento está fraco"** (5º parágrafo), os termos introduzidos pela preposição **"de"** são acessórios e exercem a mesma função sintática, apesar de terem referentes distintos.

4. **Considerando os aspectos linguísticos e gramaticais do texto I, julgue as assertivas abaixo:**

I. No excerto **"Se até Papai Noel é considerado fora da lei, que não acontecerá com a gente?"** (1º parágrafo), o emprego da locução pronominal interrogativa **"o que"**, em lugar do pronome **"que"**, tornaria o trecho mais coerente e mais formal.

II. Em **"acabou-se a confiança no próximo."** (3º parágrafo), a palavra **"se"** deve ser classificada como partícula expletiva, portanto sua retirada não promoveria prejuízo gramatical ou de sentido.

III. A palavra "**suspeitados**", presente em "**os cautelosos preferem não se arriscar a duas eventualidades: serem furtados ou serem suspeitados como afanadores**" (5º parágrafo), poderia ser substituída por ***suspeitos***, já que o verbo suspeitar apresenta duplo particípio.

IV. Em "**se se trata de embaixador aposentado, da era de Ataulfo de Paiva e D. Laurinda Santos Lobo, ou de reles lalau.**" (6º parágrafo), a palavra "**lalau**" é exemplo de neologismo, formado por processo denominado reduplicação.

Texto II: As três experiências

Clarice Lispector

1. Há três coisas para as quais eu nasci e para as quais eu dou minha vida. Nasci para amar os outros, nasci para escrever, e nasci para criar meus filhos. O "amar os outros" é tão vasto que inclui até perdão para mim mesma, com o que sobra. As três coisas são tão importantes que minha vida é curta para tanto. Tenho que me apressar, o tempo urge. Não posso perder um minuto do tempo que faz minha vida. Amar os outros é a única salvação individual que conheço: ninguém estará perdido se der amor e às vezes receber amor em troca.

2. E nasci para escrever. A palavra é o meu domínio sobre o mundo. Eu tive desde a infância várias vocações que me chamavam ardentemente. Uma das vocações era escrever. E não sei por quê, foi esta que eu segui. Talvez porque para as outras vocações eu precisaria de um longo aprendizado, enquanto que para escrever o aprendizado é a própria vida se vivendo em nós e ao redor de nós. É que não sei estudar. E, para escrever o único estudo é mesmo escrever. Adestrei-me desde os sete anos de idade para que um dia eu tivesse a língua em meu poder. E no entanto cada vez que vou escrever, é como se fosse a primeira vez. Cada livro meu é uma estreia penosa e feliz. Essa capacidade de me renovar toda à medida que o tempo passa é o que eu chamo de viver e escrever.

3. Quanto a meus filhos, o nascimento deles não foi casual. Eu quis ser mãe. Meus dois filhos foram gerados voluntariamente. Os dois meninos estão aqui, ao meu lado. Eu me orgulho deles, eu me renovo neles, eu acompanho seus sofrimentos e angústias, eu lhes dou o que é possível dar. Se eu não fosse mãe, seria sozinha no mundo. Mas tenho uma descendência e para

eles no futuro eu preparo meu nome dia a dia. Sei que um dia abrirão as asas para o voo necessário, e eu ficarei sozinha. É fatal, porque a gente não cria os filhos para a gente, nós os criamos para eles mesmos. Quando eu ficar sozinha, estarei cumprindo o destino de todas as mulheres.

4. Sempre me restará amar. Escrever é alguma coisa extremamente forte mas que pode me trair e me abandonar: posso um dia sentir que já escrevi o que é o meu lote neste mundo e que eu devo aprender também a parar. Em escrever eu não tenho nenhuma garantia.

5. Ao passo que amar eu posso até a hora de morrer. Amar não acaba. É como se o mundo estivesse à minha espera. E eu vou ao encontro do que me espera.

6. Espero em Deus não viver do passado. Ter sempre o tempo presente e, mesmo ilusório, ter algo no futuro.

7. O tempo corre, o tempo é curto: preciso me apressar, mas ao mesmo tempo viver como se esta minha vida fosse eterna. E depois morrer vai ser o final de alguma coisa fulgurante: morrer será um dos atos mais importantes da minha vida. Eu tenho medo de morrer: não sei que nebulosas e vias lácteas me esperam. Quero morrer dando ênfase à vida e à morte.

8. Só peço uma coisa: na hora de morrer eu queria ter uma pessoa amada por mim ao meu lado para me segurar a mão. Então não terei medo, e estarei acompanhada quando atravessar a grande passagem. Eu queria que houvesse encarnação: que eu renascesse depois de morta e desse a minha alma viva para uma pessoa nova. Eu queria, no entanto, um aviso. Se é verdade que existe uma reencarnação, a vida que levo agora não é propriamente minha: uma alma me foi dada ao corpo. Eu quero renascer sempre. E na próxima encarnação vou ler meus livros como uma leitora comum e interessada, e não saberei que nesta encarnação fui eu que os escrevi.

9. Está-me faltando um aviso, um sinal. Virá como intuição? Virá ao abrir um livro? Virá esse sinal quando eu estiver ouvindo música?

10. Uma das coisas mais solitárias que eu conheço é não ter a premonição.

LISPECTOR, Clarice. *Aprendendo a viver*. Rio de Janeiro: Editora Rocco, 2004.

5. **Julgue as assertivas seguintes, com base no sentido do texto II:**

I. Fica evidente no texto que o amor ao próximo, para a autora, é mais importante para uma boa vida do que amar a si mesmo e, inclusive, é a experiência mais importante entre as três relatadas.

II. É possível afirmar que o excerto "**não sei que nebulosas e vias lácteas me esperam.**", presente no 7º parágrafo, foi empregado com o objetivo de estabelecer uma explicação do trecho imediatamente anterior, no mesmo período.

III. Considerando-se os três últimos parágrafos, pode-se afirmar que as palavras "**aviso**", "**sinal**", "**intuição**" e "**premonição**", embora não constituam sinônimos perfeitos, pertencem ao mesmo campo semântico.

IV. Pode-se inferir do texto que, apesar de a autora afirmar que uma das coisas para a qual nasceu foi "**amar os outros**", esse amor, nem sempre, é recebido com o mesmo entusiasmo.

6. **Julgue os itens subsequentes, com base nos aspectos gramaticais e linguísticos do texto II:**

I. Em "**Então não terei medo, e estarei acompanhada quando atravessar a grande passagem.**" (8º parágrafo), a justificativa para a presença da vírgula é o fato de a oração "**e estarei acompanhada**" ser classificada como subordinada adverbial consecutiva em relação à anterior.

II. O termo destacado em "**Espero em Deus não viver do passado**" (6º parágrafo) é introduzido por preposição relacional e completa, necessariamente, o núcleo a que se refere, diferentemente do termo "**em Deus**", que é acessório e, portanto, vem introduzido por preposição nocional.

III. Em "**É como se o mundo estivesse à minha espera.**" (5º parágrafo), a palavra em destaque deve ser classificada como conjunção subordinativa condicional.

IV. No excerto "**Então não terei medo**" (8º parágrafo), a palavra "**Então**" tem base adverbial e foi empregada com sentido de tempo.

7. **Com base nos aspectos sintáticos do texto, julgue os itens seguintes:**

I. Está correto afirmar que o pronome "**me**" apresenta classificações sintáticas distintas em "**O tempo corre, o tempo é curto: preciso me apressar**" (7º parágrafo) e em "**não sei que nebulosas e vias lácteas me esperam.**" (7º parágrafo).

II. No trecho "**Não posso perder um minuto do tempo que faz minha vida.**" (1º parágrafo), o pronome relativo exerce função de objeto direto, diferentemente de seu antecedente "do tempo", que exerce função de objeto indireto.

III. Em "**O 'amar os outros' é tão vasto que inclui até perdão para mim mesma, com o que <u>sobra</u>.**" (1º parágrafo), em "**Os dois meninos <u>estão</u> aqui, ao meu lado.**" (3º parágrafo) e em "**Sempre me <u>restará</u> amar.**" (4º parágrafo), as formas verbais em destaque devem ser classificadas como intransitivas.

IV. Embora os pronomes "**Essa**" e "**toda**", presentes em "**Essa capacidade de me renovar toda à medida que o tempo passa é o que eu chamo de viver e escrever.**" (2º parágrafo), tenham classificações morfológicas distintas, exercem a mesma função sintática.

Texto III: O homem, a luta e a eternidade

Murilo Mendes

1. Adivinho nos planos da consciência
2. dois arcanjos lutando com esferas e pensamentos
3. mundo de planetas em fogo
4. vertigem
5. desequilíbrio de forças,
6. matéria em convulsão ardendo pra se definir.
7. Ó alma que não conhece todas as suas possibilidades,
8. o mundo ainda é pequeno pra te encher.
9. Abala as colunas da realidade,
10. desperta os ritmos que estão dormindo.
11. À guerra! Olha os arcanjos se esfacelando!

12. Um dia a morte devolverá meu corpo,
13. minha cabeça devolverá meus pensamentos ruins
14. meus olhos verão a luz da perfeição
15. e não haverá mais tempo.

MENDES, Murilo. *O homem, a luta e a eternidade*. Revista Letras e Artes, Rio de Janeiro, 07/11/1948.

8. **Quanto ao sentido do texto III e aos aspectos estilísticos nele empregados, julgue os itens abaixo:**

I. É possível identificar certa contradição entre a eternidade, mencionada no título, e o último verso.

II. Tanto no sétimo quanto no décimo primeiro versos, pode-se identificar emprego predominante da função fática.

III. O verso "**meus olhos verão a luz da perfeição**" (14° verso) exemplifica o uso dos recursos estilísticos chamados prosopopeia e metáfora.

IV. Ao se referir ao ser humano como incapaz de "**conhecer todas as suas possibilidades**", o eu lírico conclama esse homem a lutar para conhecer-se e para conhecer o mundo em que está inserido.

9. **Com base nos aspectos gramaticais e linguístico do texto III, julgue as assertivas subsequentes:**

I. É parte integrante do verbo a palavra "**se**" contida no verso "**À guerra! Olha os arcanjos se esfacelando!**" (11° verso).

II. As palavras "**encher**" (8° verso) e "**esfacelando**" (11° verso) foram formadas pelo mesmo processo, diferentemente do que ocorre com a palavra "**desperta**" (10° verso).

III. É coordenativa adversativa a conjunção "**e**" presente no último verso, o que justificaria o uso obrigatório de uma vírgula antes dela.

IV. A locução verbal "**estão dormindo**", em "**desperta os ritmos que estão dormindo.**" (10º verso), exemplifica emprego do aspecto permansivo da linguagem.

10. Julgue os itens seguintes, com base nos aspectos linguísticos e gramaticais do texto III:

I. As orações reduzidas iniciadas pelos verbos no gerúndio, em "**dois arcanjos lutando com esferas e pensamentos**" (2º verso) e em "**matéria em convulsão ardendo pra se definir**" (6º verso), apresentam a mesma classificação sintática.

II. Não se pode afirmar que a preposição "**pra**", empregada em sua versão informal, para fazer jus aos preceitos modernistas, introduz, nos versos "**matéria em convulsão ardendo pra se definir**" (6º verso) e "**o mundo ainda é pequeno pra te encher**" (8º verso), orações de mesma função sintática.

III. Apesar de serem introduzidos por preposições diferentes, os termos "**em fogo**" (3º verso) e "**da realidade**" (9º verso) desempenham a mesma função sintática.

IV. É incorreto afirmar que o sujeito simples das formas verbais "**Abala**" (9º verso) e "**desperta**" (10º verso) é "**o mundo**", empregado no oitavo verso.

SIMULADO 14

Texto I: Lygia Fagundes Telles – entrevistada por Clarice Lispector

1. Eu pretendia ir a São Paulo para entrevistar Lygia Fagundes Telles, pois valia a pena a viagem. Mas acontece que ela veio ao Rio para lançar seu novo livro, *Seminário dos ratos*. Entre parênteses, já comecei a ler e me parece de ótima qualidade. O fato dela vir ao Rio, o que me facilitaria as coisas, combina com Lygia: ela nunca dificulta nada. Conheço a Lygia desde o começo do sempre. Pois não me lembro de ter sido apresentada a ela. Nós nos adoramos. As nossas conversas são francas e as mais variadas. Ora se fala em livros, ora se fala sobre maquilagem e moda, não temos preconceitos. Às vezes se fala em homens.

2. Lygia é um best-seller no melhor sentido da palavra. Seus livros simplesmente são comprados por todo o mundo. O jeito dela escrever é genuíno pois se parece com o seu modo de agir na vida. O estilo e Lygia são muito sensíveis, muito captadores do que está no ar, muito femininos e cheios de delicadeza. Antes de começar a entrevista, quero lembrar que na língua portuguesa, ao contrário de muitas outras línguas, usam-se poetas e poetisas, autor e autora. Poetisa, por exemplo, ridiculariza a mulher-poeta. Com Lygia, há o hábito de se escrever que ela é uma das melhores contistas do Brasil. Mas do jeitinho como escrevem parece que é só entre as mulheres escritoras que ela é boa. Erro. Lygia é também entre os homens escritores um dos escritores maiores. Sabe-se também que recebeu na França (com um conto seu, num concurso a que concorreram muitos escritores da

Europa) um prêmio. De modo que falemos dela como ótimo autor. Lygia ainda por cima é bonita.

3. Comecemos pois:

4. **Clarice Lispector** – Como nasce um conto? Um romance? Qual é a raiz de um texto seu?

5. **Lygia Fagundes Telles** – São perguntas que ouço com frequência. Procuro então simplificar essa matéria que nada tem de simples. Lembro que algumas ideias podem nascer de uma simples imagem. Ou de uma frase que se ouve por acaso. A ideia do enredo pode ainda se originar de um sonho. Tentativa vã de explicar o inexplicável, de esclarecer o que não pode ser esclarecido no ato da criação. A gente exagera, inventa uma transparência que não existe porque – no fundo sabemos disso perfeitamente – tudo é sombra. Mistério. O artista é um visionário. Um vidente. Tem passe livre no tempo que ele percorre de alto a baixo em seu trapézio voador que avança e recua no espaço: tanta luta, tanto empenho que não exclui a disciplina. A paciência. A vontade do escritor de se comunicar com o seu próximo, de seduzir esse público que olha e julga. Vontade de ser amado. De permanecer. Nesse jogo ele acaba por arriscar tudo. Vale o risco? Vale se a vocação for cumprida com amor, é preciso se apaixonar pelo ofício, ser feliz nesse ofício. Se em outros aspectos as coisas falham (tantas falham) que ao menos fique a alegria de criar.

6. **Clarice Lispector** – Para mim a arte é uma busca, você concorda?

7. **Lygia Fagundes Telles** – Sim, a arte é uma busca e a marca constante dessa busca é a insatisfação. Na hora em que o artista botar a coroa de louros na cabeça e disser, estou satisfeito, nessa hora mesmo ele morreu como artista. Ou já estava morto antes. É preciso pesquisar, se aventurar por novos caminhos, desconfiar da facilidade com que as palavras se oferecem. Aos jovens que desprezam o estilo, que não trabalham em cima do texto porque acham que logo no primeiro rascunho já está ótimo, tudo bem – a esses recomendo a lição maior que está inteira resumida nestes versos de Carlos Drummond de Andrade:

8. Chega mais perto e contempla as palavras

9. Cada uma

10. tem mil faces secretas sob a face neutra

11. e te pergunta, sem interesse pela resposta

12. pobre ou terrível que lhe deres

13. Trouxeste a chave?

14. – Você, Clarice, que é dona de um dos mais belos estilos da nossa língua, você sabe perfeitamente que apoderar-se dessa chave não é assim simples. Nem fácil, há tantas chaves falsas. E essa é uma fechadura toda cheia de segredos. De ambiguidades.

15. **Clarice Lispector** – Fale-nos do *Seminário dos ratos.*

16. **Lygia Fagundes Telles** – Procurei uma renovação de linguagem em cada conto desse meu livro, quis dar um tratamento adequado a cada ideia: um conto pode dar assim a impressão de ser um mero retrato que se vê e em seguida esquece. Mas ninguém vai esquecer esse conto-retrato se nesse retrato houver algo mais além da imagem estática. O retrato de uma árvore é o retrato de uma árvore. Contudo, se a gente sentir que há alguém atrás dessa árvore, que detrás dela alguma coisa está acontecendo ou vai acontecer, se a gente sentir, intuir que na aparente imobilidade está a vida palpitando no chão de insetos, ervas – então esse será um retrato inesquecível. O escritor – ai de nós – quer ser lembrado através do seu texto. E a memória do leitor é tão fraca. Leitor brasileiro, então, tem uma memória fragilíssima, tão inconstante. O padre Luís (um padre santo que fez a minha primeira comunhão, foi ele quem me apresentou a Deus) me contou que um dia conduziu uma procissão no Rio. A procissão saía de uma igreja do Posto Um, dava uma volta por Copacabana e retornava em seguida. Muita gente, todo mundo cantando, velas acesas. Mas à medida que a procissão ia avançando, os fiéis iam ficando pelas esquinas, tantos botequins, tantos cafés. E o mar?

17. Quando finalmente voltou à igreja, ele olhou para trás e viu que restara uma meia dúzia de velhos. E os que carregavam os andores. "As pessoas são muito volúveis", concluiu padre Luís. Em outros termos, o mesmo diria Garrincha quando um mês depois de ser carregado nos ombros por uma multidão delirante, com o mesmo fervor e no mesmo estádio foi fragorosamente vaiado. Tão volúveis...

18. **Clarice Lispector** – Isso não é pessimismo?

19. **Lygia Fagundes Telles** – Não sou pessimista, o pessimista é um mal-humorado. E graças a Deus conservo o meu humor, sei rir de mim mesma. E (mais discretamente) do meu próximo que se envaidece com essas coisas,

do próximo que enche o peito de ar, abre o leque da cauda e vai por aí, duro de vaidade. De certeza, tantas medalhas, tantas pompas e glórias, eu ficarei! Não fica nada. Ou melhor, pode ser que fique, mas o número dos que não deixaram nem a poeira é tão impressionante que seria inocência demais não desconfiar. Sou paulista, e, como o mineiro, o paulista é meio desconfiado. Então, o certo é dizer como Millôr Fernandes: "quero ser amado em Ipanema, agora, agora". Em Ipanema vou lançar esse *Seminário dos ratos.* O que já é alguma coisa...

20. **Clarice Lispector** – Como nasceu esse título?

21. **Lygia Fagundes Telles** – Houve em São Paulo um seminário contra roedores. Lá acontecem diariamente dezenas de seminários sobre tantos temas, esse era contra os ratos. "Daqui por diante eles estarão sob controle", anunciou um dos organizadores, e o público caiu na gargalhada, porque nessa hora exata um rato atravessou o palco. Tantos projetos fabulosos, tantas promessas. Discursos e discursos com pequenos intervalos para os coquetéis. Palavras, palavras. E de repente pensei numa inversão de papéis, ou seja, nos ratos expulsando todos e se instalando soberanos no seminário. "Que século, meu Deus", exclamariam repetindo o poeta. E continuariam a roer o edifício. Assim nasceu esse conto.

22. **Clarice Lispector** – Quais são os temas do livro?

23. **Lygia Fagundes Telles** – São quatorze textos que giram em torno de temas que me envolvem desde que comecei a escrever: a solidão, o amor e o desamor. O medo. A loucura. A morte – tudo isso que aí está em redor. E em nós. Quando fico deprimida vejo claramente essas três espécies em extinção: o índio, a árvore e o escritor. Mas reajo, não sei trabalhar sem a esperança no coração. Sou de Áries, recebo a energia do sol. E de Deus, o que vem a dar no mesmo, tenho paixão por Deus.

24. **Clarice Lispector** – Há muita gente louca no Seminário dos ratos?

25. **Lygia Fagundes Telles** – Sim, há um razoável número de loucos nesse meu livro e também nos outros. Mas a loucura não anda mesmo por aí galopante? "Os homens são tão necessariamente loucos que não ser louco representaria uma outra forma de loucura", disse Pascal.

26. **Clarice Lispector** – O que mais lhe perguntam?

27. **Lygia Fagundes Telles** – Eis o que me perguntam sempre: compensa escrever? Economicamente, não. Mas compensa – e tanto – por outro lado

através do meu trabalho fiz verdadeiros amigos. E o estímulo do leitor? E daí? "As glórias que vêm tarde já vêm frias", escreveu o Dirceu de Marília. Me leia enquanto estou quente.

LISPECTOR, Clarice. *Clarice Lispector entrevistas*. Rio de Janeiro: Rocco, 2007.

1. **Considerando o sentido do texto I, julgue os itens a seguir:**

I. No texto, fica claro que Clarice Lispector acha que o emprego de palavras de gêneros diferentes, para caracterizar funções executadas por homens e por mulheres, pode inferiorizar a mulher e que, para que estejam em equidade, se deve usar o mesmo vocábulo para se referir a ambos os gêneros.

II. Pode-se afirmar que o último parágrafo do texto reafirma a opinião de Lygia Fagundes Telles sobre a escrita e sobre verdadeira a motivação que tem para escrever, a qual está presente no quinto parágrafo.

III. No trecho "**A gente exagera, inventa uma transparência que não existe porque – no fundo sabemos disso perfeitamente – tudo é sombra.**" (5º parágrafo), o emprego da expressão "**a gente**" e da primeira pessoa do plural é uma tentativa de Lygia Fagundes Telles inserir Clarice Lispector no contexto ao qual se refere, tendo em vista que ambas vivenciam as mesmas situações, por serem escritoras.

IV. Por meio da leitura do texto I, pode-se asseverar que o poeta a que se refere a escritora, no trecho "'**Que século, meu Deus', exclamariam repetindo o poeta. E continuariam a roer o edifício.**" (21º parágrafo), é Millôr Fernandes, citado em parágrafo anterior.

2. **Julgue as assertivas subsequentes, com base nos aspectos gramaticais e estilísticos do texto I:**

I. Em "**Trouxeste a chave?**" (13º parágrafo), o sentido de "**chave**" é metafórico, significando a possibilidade de acessar o conhecimento e a compreensão que as palavras podem exprimir.

II. O trecho "**Lygia é um best-seller no melhor sentido da palavra.**" (2º parágrafo) exemplifica as figuras de linguagem denominadas metáfora e metonímia.

III. Nos trechos "**Procuro então simplificar essa matéria que nada tem de simples.**" (5º parágrafo) e "**Tentativa vã de explicar o inexplicável, de esclarecer o que não pode ser esclarecido no ato da criação.**" (5º parágrafo), empregou-se paradoxo.

IV. Pode-se afirmar que os parênteses e os travessões duplos, em todas as ocorrências, foram empregados com a mesma justificativa.

3. **Julgue os itens abaixo, com base nos aspectos linguísticos e gramaticais do texto I:**

I. Em "**Procurei uma renovação <u>de linguagem</u> em cada conto desse meu livro**" (16º parágrafo) e em "**O retrato <u>de uma árvore</u> é o retrato de uma árvore.**" (16º parágrafo), os termos em destaque exercem a mesma função sintática.

II. A forma verbal "**percorre**", contida no trecho "**Tem passe livre no tempo que ele percorre de alto a baixo em seu trapézio voador**" (5º parágrafo), é intransitiva, e, pospostos a ela, há dois adjuntos adverbiais de lugar.

III. No excerto "**Ou de uma frase que se ouve por acaso.**" (5º parágrafo), a palavra **que** é pronome relativo e exerce função sintática de objeto direto.

IV. O vocábulo "**risco**", na oração "**Vale o risco?**" (5º parágrafo), exerce função sintática de núcleo do sujeito, assim como a palavra "**dúzia**", em "**ele olhou para trás e viu que restara uma meia dúzia de velhos**" (17º parágrafo).

4. **Em relação aos aspectos linguísticos e gramaticais do texto I, julgue as assertivas a seguir:**

I. Em "**A ideia do enredo pode ainda se originar de um sonho.**" (5º parágrafo), empregou-se voz passiva sintética. Caso fosse empregada a voz passiva analítica, o trecho deveria ser reescrito como ***A ideia do enredo pode ainda ser originada de um sonho***.

II. Para que o trecho "**Eu pretendia ir a São Paulo para entrevistar Lygia Fagundes Telles, pois valia a pena a viagem.**" (1º parágrafo) estivesse de acordo com a prescrição gramatical, deveria ter sido empregado acento indicativo de crase na locução adverbial de base feminina presente na expressão "**valia a pena**".

III. Em "**Contudo, se a gente sentir que há alguém atrás dessa árvore, que detrás dela alguma coisa está acontecendo ou vai acontecer**" (16º parágrafo), as palavras "**atrás**" e "**detrás**" foram empregadas com o mesmo significado, podendo ser intercambiadas, sem prejuízo para o sentido do trecho.

IV. O trecho "**Quando finalmente voltou à igreja, ele olhou para trás e viu que restara uma meia dúzia de velhos.**" (17º parágrafo), para que estivesse de acordo com o padrão culto da língua, deveria ser reescrito como ***Quando finalmente voltou à igreja, ele olhou para trás e viu que restou uma meia dúzia de velhos.***

Texto II: O menino e o velho

Lygia Fagundes Telles

1. Quando entrei no pequeno restaurante da praia os dois já estavam sentados, o velho e o menino. Manhã de um azul flamante. Fiquei olhando o mar que não via há algum tempo e era o mesmo mar de antes, um mar que se repetia e era irrepetível. Misterioso e sem mistério nas ondas estourando naquelas espumas flutuantes (bom dia, Castro Alves!) tão efêmeras e eternas, nascendo e morrendo ali na areia. O garçom, um simpático alemão corado, me reconheceu logo. Franz, eu perguntei e ele fez uma continência, baixou a bandeja e deixou na minha frente o copo de chope. Pedi um sanduíche. Pão preto, ele lembrou e foi em seguida até a mesa do velho que pediu outra garrafa de água de Vichy.

2. Fixei o olhar na mesa ocupada pelos dois, agora o velho dizia alguma coisa que fez o menino rir, um avô com o neto. E não era um avô com o neto, tão nítidas as tais diferenças de classe no contraste entre o homem vestido com simplicidade mas num estilo rebuscado e o menino encardido, um moleque de alguma escola pobre, a mochila de livros toda esbagaçada no espaldar da cadeira. Deixei baixar a espuma do chope mas não olhava o copo, com o olhar suplente (sem direção e direcionado) olhava o menino que mostrava ao velho as pontas dos dedos sujas de tinta, treze, catorze anos? O velho espigado alisou a cabeleira branca em desordem (o vento) e mergulhou a

ponta do guardanapo de papel no copo d'água. Passou o guardanapo para o menino que limpou impaciente as pontas dos dedos e logo desistiu da limpeza porque o suntuoso sorvete coroado de creme e pedaços de frutas cristalizadas já estava derretendo na taça. Mergulhou a colher no sorvete. A boca pequena tinha o lábio superior curto deixando aparecer os dois dentes da frente mais salientes do que os outros e com isso a expressão adquiria uma graça meio zombeteira. Os olhos oblíquos sorriam acompanhando a boca mas o anguloso rostinho guardava a palidez da fome. O velho apertava os olhos para ver melhor e seu olhar era demorado enquanto ia acendendo o cachimbo com gestos vagarosos, compondo todo um ritual de elegância. Deixou o cachimbo no canto da boca e consertou o colarinho da camisa branca que aparecia sob o decote do suéter verde-claro, devia estar sentindo calor mas não tirou o suéter, apenas desabotoou o colarinho. Na aparência, tudo normal: ainda com os resíduos da antiga beleza o avô foi buscar o neto na saída da escola e agora faziam um lanche, gazeteavam? Mas o avô não era o avô. Achei-o parecido com o artista inglês que vi num filme, um velho assim esguio e bem cuidado, fumando o seu cachimbo. Não era um filme de terror, mas o cenário noturno tinha qualquer coisa de sinistro com seu castelo descabelado. A lareira acesa. As tapeçarias. E a longa escada com os retratos dos antepassados subindo (ou descendo) aqueles degraus que rangiam sob o gasto tapete vermelho.

3. Cortei pelo meio o sanduíche grande demais e polvilhei o pão com sal. Não estava olhando mas percebia que os dois agora conversavam em voz baixa, a taça de sorvete esvaziada, o cachimbo apagado e a voz apagada do velho no mesmo tom caviloso dos carunchos cavando (roque-roque) as suas galerias. Acabei de esvaziar o copo e chamei o Franz. Quando passei pela mesa os dois ainda conversavam em voz baixa – foi impressão minha ou o velho evitou o meu olhar? O menino do labiozinho curto (as pontas dos dedos ainda sujas de tinta) olhou-me com essa vaga curiosidade que têm as crianças diante dos adultos, esboçou um sorriso e concentrou-se de novo no velho. O garçom alemão acompanhou-me afável até a porta, o restaurante ainda estava vazio. Quase me lembrei agora, eu disse. Do nome do artista, esse senhor é muito parecido com o artista de um filme que vi na televisão. Franz sacudiu a cabeça com ar grave: Homem muito bom! Cheguei a dizer que não gostava dele ou só pensei em dizer? Atravessei a avenida e fui ao calçadão para ficar junto do mar.

4. Voltei ao restaurante com um amigo (duas ou três semanas depois) e na mesma mesa, o velho e o menino. Entardecia. Ao cruzar com ambos, bastou um rápido olhar para ver a transformação do menino com sua nova roupa e novo corte de cabelo. Comia com voracidade (as mãos limpas) um prato de batatas fritas. E o velho com sua cara atenta e terna, o cachimbo, a garrafa de água e um prato de massa ainda intocado. Vestia um blazer preto e malha de seda branca, gola alta.

5. Puxei a cadeira para assim ficar de costas para os dois, entretida com a conversa sobre cinema, o meu amigo era cineasta. Quando saímos a mesa já estava desocupada. Vi a nova mochila (lona verde-garrafa, alças de couro) dependurada na cadeira. Ele esqueceu, eu disse e apontei a mochila para o Franz que passou por mim afobado, o restaurante encheu de repente. Na porta, enquanto me despedia do meu amigo, vi o menino chegar correndo para pegar a mochila. Reconheceu-me e justificou-se (os olhos oblíquos riam mais do que a boca), Droga! Acho que não esqueço a cabeça porque está grudada.

6. Pressenti o velho esperando um pouco adiante no meio da calçada e tomei a direção oposta. O mar e o céu formavam agora uma única mancha azul-escura na luz turva que ia dissolvendo os contornos. Quase noite. Fui andando e pensando no filme inglês com os grandes candelabros e um certo palor vindo das telas dos retratos ao longo da escadaria. Na cabeceira da mesa, o velho de chambre de cetim escuro com o perfil esfumaçado. Nítido, o menino e sua metamorfose mas persistindo a palidez. E a graça do olhar que ria com o labiozinho curto.

7. No fim do ano, ao passar pelo pequeno restaurante resolvi entrar mas antes olhei através da janela, não queria encontrar o velho e o menino, não me apetecia vê-los, era isso, questão de apetite. A mesa estava com um casal de jovens. Entrei e Franz veio todo contente, estranhou a minha ausência (sempre estranhava) e indicou-me a única mesa desocupada. Hora do almoço. Colocou na minha frente um copo de chope, o cardápio aberto e de repente fechou-se sua cara num sobressalto. Inclinou-se, a voz quase sussurrante, os olhos arregalados. Ficou passando e repassando o guardanapo no mármore limpo da mesa, A senhora se lembra? Aquele senhor com o menino que ficava ali adiante, disse e indicou com a cabeça a mesa agora ocupada pelos jovens. Ich! foi uma coisa horrível! Tão horrível, aquele menininho, lembra? Pois ele enforcou o pobre do velho com uma cordinha de náilon, roubou o que pôde e deu no pé! Um homem tão bom! Foi encontrado pelo motorista na segunda-feira e o crime foi no sábado. Estava nu, o corpo todo

judiado e a cordinha no pescoço, a senhora não viu no jornal?! Ele morava num apartamento aqui perto, a polícia veio perguntar, mas o que a gente sabe? A gente não sabe de nada! O pior é que não vão pegar o garoto, ich! Ele é igual a esses bichinhos que a gente vê na areia e que logo afundam e ninguém encontra mais. Nem com escavadeira a gente não encontra não. Já vou, já vou!, ele avisou em voz alta, acenando com o guardanapo para a mesa perto da porta e que chamava fazendo tilintar os talheres. Ninguém mais tem paciência, já vou!...

8. Olhei para fora. Enquadrado pela janela, o mar pesado, cor de chumbo, rugia rancoroso. Fui examinando o cardápio, não, nem peixe nem carne. Uma salada. Fiquei olhando a espuma branca do chope ir baixando no copo.

TELLES, Lygia Fagundes. *Invenção e Memória*. Rio de Janeiro: Editora Rocco, 2000.

5. **Considerando o vocabulário e o sentido do texto II, julgue as assertivas seguintes:**

I. Em "**Os olhos oblíquos sorriam acompanhando a boca mas o anguloso rostinho guardava a palidez da fome.**" (2º parágrafo), empregou-se prosopopeia como recurso estilístico.

II. Em "**Homem muito bom! Cheguei a dizer que não gostava dele ou só pensei em dizer?**" (3º parágrafo), há ambiguidade, em razão da qual não se pode identificar se o homem a que se referem o garçom e a narradora é o velho sentado na cadeira ou o artista do qual ela se lembra.

III. O diminutivo empregado na palavra "**labiozinho**", presente no terceiro e no sexto parágrafos, indica afetividade, o que demonstra certa simpatia da narradora em relação ao personagem.

IV. Além da função poética empregada no trecho "**Enquadrado pela janela, o mar pesado, cor de chumbo, rugia rancoroso.**" (8º parágrafo), também se empregou a função emotiva da linguagem.

6. **Considerando os aspectos gramaticais e linguísticos do texto II, julgue as assertivas abaixo:**

I. Em "**Nítido, o menino e sua metamorfose mas persistindo a palidez.**" (6º parágrafo), o adjetivo "**Nítido**" deveria ser flexionado plural, com o fim de concordar com o termo "**o menino e sua metamorfose**".

II. No período "**Pressenti o velho esperando um pouco adiante no meio da calçada e tomei a direção oposta.**" (6º parágrafo), faltaram duas vírgulas obrigatórias.

III. No que se refere à concordância verbal, a reescritura do trecho "**deixando aparecer os dois dentes da frente mais salientes do que os outros**" (2º parágrafo) como ***deixando aparecerem os dois dentes da frente mais salientes do que os outros*** estaria de acordo com a norma-padrão.

IV. O vocábulo "**palor**", contido em "**e um certo palor vindo das telas dos retratos ao longo da escadaria.**" (6º parágrafo), foi empregado como sinônimo de **horror, lugubridade** e, por esse motivo, poderia ser substituído por uma dessas palavras sem prejuízo de sentido para o trecho, desde que fossem feitos os ajustes necessários.

7. **Julgue os itens subsequentes, com base nos aspectos sintáticos do texto II:**

I. Em "**Quando entrei no pequeno restaurante da praia os dois já estavam sentados, o velho e o menino.**" (1º parágrafo), o termo em destaque deve ser classificado como aposto explicativo.

II. Em "**Reconheceu-me e justificou-se (os olhos oblíquos riam mais do que a boca),**" (5º parágrafo), os pronomes "**me**" e "**se**" exercem a mesma função sintática.

III. No período "**Olhei para fora. Enquadrado pela janela, o mar pesado, cor de chumbo, rugia rancoroso.**" (8º parágrafo), os termos em destaque apresentam a mesma função sintática.

IV. Em "**Ele é igual a esses bichinhos que a gente vê na areia**" (7º parágrafo), o pronome relativo introduz oração que delimita o sentido do termo a que se refere e exerce a mesma função sintática desse termo.

Texto III: Mascarados

Cora Coralina

1. Saiu o Semeador a semear
2. Semeou o dia todo
3. e a noite o apanhou ainda
4. com as mãos cheias de sementes.

5. Ele semeava tranquilo
6. sem pensar na colheita
7. porque muito tinha colhido
8. do que outros semearam.

9. Jovem, seja você esse semeador
10. Semeia com otimismo
11. Semeia com idealismo
12. as sementes vivas
13. da Paz e da Justiça.

CORALINA, Cora. *Mascarados*. *In:* Folha de São Paulo. Caderno Folha Ilustrada, 04/07/2001.

8. Em relação ao sentido do texto III e seus aspectos gramaticais, julgue os itens abaixo:

I. É possível perceber a diferença entre o "**Semeador**", mencionado no primeiro verso, e o semeador do nono verso, que deve inspirar-se no primeiro. Uma possibilidade de interpretação é a referência a Deus, o Semeador, e às pessoas de modo geral, que, para tornarem o mundo melhor, precisariam seguir o exemplo daquele.

II. Além da função fática da linguagem, o verso "**Jovem, seja você esse semeador**" (9º verso) exemplifica o emprego da função conativa.

III. O título pode ser entendido como uma referência àqueles que semeiam, sem fazerem alarde, contribuindo para o mundo ser melhor, mesmo que no anonimato.

IV. A forma verbal destacada em "**e a noite o <u>apanhou</u> ainda**" (3º verso) é bitransitiva e foi empregada em seu valor conotativo.

9. Julgue as assertivas seguintes, considerado os aspectos gramaticais e linguísticos do texto III:

I. Em "**Ele semeava tranquilo**" (5º verso), tem-se verbo intransitivo e predicado verbo-nominal.

II. Exercem a mesma função sintática os termos grifados nos versos "**as sementes <u>vivas</u> / <u>de Paz</u> e <u>da Justiça</u>**" (12º e 13º versos), todos ligados ao mesmo núcleo substantivo.

III. Caso o verso "**Saiu o Semeador a semear**" (1º verso) fosse reescrito como ***Saiu o Semeador semeando***, seria substituída uma construção tipicamente portuguesa por outra mais característica do Brasil, mas o sentido original permaneceria inalterado.

IV. A reescritura do verso "**Semeou o dia todo**" (2º verso) como ***Semeou todo o dia*** mantém o sentido original, bem como as relações morfossintáticas.

10. Com base nos aspectos linguísticos e gramaticais do texto III, jugue os itens subsequentes:

I. O período contido entre os versos "**Ele semeava tranquilo / sem pensar na colheita / porque muito tinha colhido / do que outros semearam.**" (5º a 8º versos) é composto por subordinação, e, entre as quatro orações que o compõem, pode-se identificar uma subordinada adverbial concessiva e uma substantiva objetiva indireta.

II. A preposição "**com**" é nocional de modo em todas as ocorrências no texto III.

III. No verso "**do que os outros <u>semearam</u>**" (8º verso), o verbo destacado tem transitividade direta, e seu complemento retoma o objeto indireto da locução verbal "**tinha colhido**" (7º verso).

IV. O adjunto adverbial de tempo "**ainda**" (3º verso) está relacionado ao verbo que o antecede, mas poderia vir a ele anteposto, sem que se promovesse alteração gramatical e de sentido no trecho.

SIMULADO 15

Texto I: A música da alma

Rubem Alves

1. Angelus Silesius (1624-1677), místico que só escrevia poesia, disse o seguinte: "Temos dois olhos. Com um contemplamos as coisas do tempo, efêmeras, que desaparecem. Com o outro contemplamos as coisas da alma, eternas, que permanecem". Eis aí um bom início para compreender os mistérios do olhar. Para entender os mistérios do ouvir, eu escrevo uma variação: "Temos dois ouvidos. Com um escutamos os ruídos do tempo, passageiros, que desaparecem. Com o outro ouvimos a música da alma, eterna, que permanece".

2. A alma nada sabe sobre a história, o encadeamento dos eventos que acontecem uma vez e nunca mais se repetem. Na história, a vida está enterrada no "nunca mais". A alma, ao contrário, é o lugar onde o que estava morto volta a viver. Os poemas não são seres da história. Se eles pertencessem à história, uma vez lidos nunca mais seriam lidos: ficariam guardados no limbo do "nunca mais".

3. Mas a alma não conhece o "nunca mais". Ela toma o poema, escrito há muito tempo, no tempo da história (escrito no tempo da história, sim, mas sem pertencer à história), ela o lê, e ele fica vivo de novo: apossa-se do seu corpo, faz amor com ele, provoca riso, choro, alegria. A gente quer que os poemas sejam lidos de novo, ainda que os saibamos de cor, tantas foram as vezes que os lemos.

4. Como as estórias infantis, irmãs dos poemas. As crianças querem ouvi-las de novo, do mesmo jeito. Se o leitor tenta introduzir variações, a criança logo protesta: "Não é assim". Nisso se encontra minha briga com os gramáticos que fazem os dicionários: eles mataram a palavra "estória". Agora só existe a palavra "história". Frequentemente, os sabedores da anatomia das palavras ignoram a alma das palavras. Guimarães Rosa inicia *Tutameia* com esta afirmação: "A estória não quer ser história. A estória, em rigor, deve ser contra a História".

5. Um revisor responsável, ao se defrontar com esse texto, tendo nas mãos a autoridade do dicionário, se apressaria a corrigir: "A história não quer ser história. A história, em rigor, deve ser contra a História". Puro *non sense*. Mas aconteceu com um texto meu que, pela combinação da diligência do revisor com a minha preguiça (não reli suas correções), ficou arruinado. Escrevi essas palavras à guisa de uma explicação "a posteriori" para uma cena da minha vida acontecida há muitos anos, que vi de novo com meu segundo olho há poucos minutos. Também a ouvi com meu segundo ouvido, porque nela havia música. Veio-me no seu frescor original. Não havia tempo algum entre o seu acontecimento no passado e o seu acontecimento há pouco. As mesmas emoções.

6. Não. Corrijo-me. A sua beleza estava mais bela ainda, perfumada pela saudade. Entendo melhor o que escreveu Octavio Paz: "Parece que nos recordamos e quereríamos voltar para lá, para esse lugar onde as coisas são sempre assim, banhadas por uma luz antiquíssima e ao mesmo tempo acabada de nascer. Um sopro nos golpeia a fronte. Estamos encantados. Adivinhamos que somos de outro mundo. É a 'vida anterior' que retorna". Sim, algo da minha vida anterior retornou como um sopro a me golpear a fronte.

7. A cena é assim – quase escrevi "foi assim", corrigi-me a tempo: as cenas da alma não têm passado, elas acontecem sempre no presente. Eu e o meu filho de três anos estamos na sala de estar da nossa casa. Só nós dois. Havíamos terminado de jantar. No sofá, sua cabeça está deitada no meu colo. É a hora de contar estórias, antes de dormir. Aí ele me diz: "Papai, põe o disco do violão". Levanto-me e pego o disco. Tomando toda a capa, a figura de um violino. Mozart. Ponho a peça que ele mais ama, "Uma Pequena Serenata". É impossível não amar a pequena serenata. Quem poderia resistir à tentação de voar que ela produz?

8. Pode ser que o corpo não voe. Mas a alma voa. Ouvir "Uma Pequena Serenata" é uma felicidade. (Note que a pequena serenata é inútil. Não serve para nada. Ela é uma criatura da "caixa dos brinquedos", lugar da alegria.)

9. Quando eu me esforçava por exercer a arte da psicanálise, ouvi de uma paciente: "Estou angustiada. Não tenho tempo para educar minha filha". Psicanalista heterodoxo que eu era, não fiz o que meu ofício dizia que eu deveria fazer. Não me meti a analisar seus sentimentos de culpa. Apenas disse: "Eu nunca eduquei meus filhos". Ela ficou perplexa. Desentendeu. Expliquei, então: "Eu nunca eduquei meus filhos. Só vivi com eles".

10. Ali, naquela noite, não me passava pela cabeça que estivesse educando meu filho. Eu só estava partilhando com ele um momento de beleza e felicidade. E se Adélia Prado está certa, se "aquilo que a memória amou fica eterno", sei que aquela cena está eternamente na alma do meu filho, muito embora ele tenha crescido e já esteja com cabelos brancos. Parte da alma dele é "Uma Pequena Serenata", o disco do violão. E por isso, por causa da pequena serenata, ele ficou mais bonito.

ALVES, Rubem. *A música da alma*. *In:* Folha de São Paulo. Coluna Sabor do Saber. São Paulo, 22/02/2005.

1. Considerando o sentido do texto I, julgue os itens subsequentes:

I. No trecho **"Sim, algo da minha vida anterior retornou como um sopro a me golpear a fronte."** (6º parágrafo), há uma reflexão ilustrativa de momentos e de situações pregressos da vida do autor, a qual sofreu mudanças significativas, em razão da passagem do tempo.

II. De acordo com texto, a alma, por guardar situações relevantes, equivaleria à memória, conforme se pode confirmar com o trecho **"A alma, ao contrário, é o lugar onde o que estava morto volta a viver."** (2º parágrafo).

III. Em **"Um revisor responsável, ao se defrontar com esse texto, tendo nas mãos a autoridade do dicionário, se apressaria a corrigir"** (5º parágrafo), o vocábulo **"responsável"** foi empregado, ironicamente, pelo autor do texto, o que fica evidente pela desaprovação do emprego da palavra **"História"** em lugar de **"estória"**.

IV. No trecho "**A sua beleza estava mais bela ainda, perfumada pela saudade.**" (6º parágrafo), empregou-se sinestesia.

2. **Com base nos aspectos sintáticos do texto I, julgue as assertivas a seguir:**

I. Em "**A alma nada sabe sobre a história**" (2º parágrafo), a palavra "**nada**" deve ser classificada como adjunto adverbial de negação, e a forma verbal "**sabe**" foi empregada como intransitiva.

II. O período "**A gente quer que os poemas sejam lidos de novo, ainda que os saibamos de cor, tantas foram as vezes que os lemos.**" (3º parágrafo) é composto por subordinação e apresenta cinco orações, entre elas uma subordinada substantiva objetiva direta.

III. Em "**Nisso se encontra minha briga com os gramáticos que fazem os dicionários**" (4º parágrafo), o pronome relativo exerce função de sujeito, diferentemente de seu antecedente, que tem função de adjunto adnominal.

IV. A locução verbal "**estivesse educando**", empregada em "**Ali, naquela noite, não me passava pela cabeça que estivesse educando meu filho.**" (10º parágrafo), é transitiva direta e compõe oração com função de objeto direto no período em que se insere.

3. **Julgue as assertivas seguintes, considerando os aspetos linguísticos e gramaticais do texto I:**

I. As vírgulas empregadas no trecho "**Com um contemplamos as coisas do tempo, efêmeras, que desaparecem.**" (1º parágrafo) isolam um predicativo, diferentemente do que ocorre em "**Ali, naquela noite, não me passava pela cabeça que estivesse educando meu filho.**" (10º parágrafo), em que isolam aposto explicativo.

II. No quinto parágrafo, as aspas foram empregadas, respectivamente, para sinalizar uma citação e para marcar a ocorrência de estrangeirismo.

III. Embora esteja empregado corretamente, a substituição do advérbio "**Ali**" por **Lá**, em "**Ali, naquela noite, não me passava pela cabeça que**

estivesse educando meu filho." (10º parágrafo), promoveria maior coerência e clareza ao texto.

IV. Não se pode afirmar que as palavras destacadas em "**Se o leitor tenta introduzir variações**" (4º parágrafo) e em "**E se Adélia Prado está certa, se 'aquilo que a memória amou fica eterno'**" (10º parágrafo) introduzem orações de mesma classificação.

4. **Com base nos aspectos linguísticos e gramaticais do texto I, julgue as assertivas a seguir:**

I. Em "**Psicanalista heterodoxo que eu era, não fiz o que meu ofício dizia que eu deveria fazer.**" (9º parágrafo), as palavras em destaque devem ser classificadas, respectivamente, como conjunção subordinativa comparativa, pronome relativo e conjunção integrante.

II. No trecho "**A sua beleza estava mais bela ainda, perfumada pela saudade.**" (6º parágrafo), a preposição presente na contração "**pela**" é nocional e introduz adjunto adverbial de causa.

III. A preposição "**a**", empregada em "**tendo nas mãos a autoridade do dicionário, se apressaria a corrigir**" (5º parágrafo), poderia ser substituída por ***para***, mantendo-se o sentido e a correção gramatical do trecho.

IV. A forma verbal "**vivi**", contida em "'**Eu nunca eduquei meus filhos. Só vivi com eles**.'" (9º parágrafo), deve ser classificada como intransitiva, classificação que pode ser depreendida da acepção em que foi empregada no trecho.

Texto II: A arte da conversa

José de Alencar

1. Estou hoje com bem pouca disposição para escrever.

2. Conversemos.

3. A conversa é uma das coisas mais agradáveis e mais úteis que existe no mundo.

4. A princípio conversava-se para distrair e passar o tempo, mas atualmente a conversa deixou de ser um simples devaneio do espírito.

5. Dizia Esopo que a palavra é a melhor, e também a pior, coisa que Deus deu ao homem.

6. Ora, para fazer valer este dom, é preciso saber conversar, é preciso estudar profundamente todos os recursos da palavra.

7. A conversa, portanto, pode ser uma arte, uma ciência, uma profissão mesmo.

8. Há, porém, diversas maneiras de conversar. Conversa-se a dois, en tête-à-tête; e palestra-se com muitas pessoas, en causerie.

9. A causerie é uma verdadeira arte como a pintura, como a música, como a escultura. A palavra é um instrumento, um cinzel, um craion que traça mil arabescos, que desenha baixos-relevos e tece mil harmonias de sons e de formas.

10. Na causerie o espírito é uma borboleta de asas douradas que adeja sobre as ideias e sobre os pensamentos, que lhes suga o mel e o perfume, que esvoaça em ziguezague até que adormece na sua crisálida.

11. A imaginação é um prisma brilhante, que reflete todas as dores, que decompõe os menores átomos de luz, que faz cintilar um raio do pensamento por cada uma de suas facetas diáfanas.

12. A conversa a dois, ao contrário, é fria e calculada, como uma ciência: tem alguma coisa das matemáticas, e muito da estratégia militar.

13. Por isso, quando ela não é um cálculo de álgebra ou a resolução de um problema, torna-se ordinariamente um duelo e um combate.

14. Assim, quando virdes dois amigos, dois velhos camaradas, que conversam intimamente e a sós, ficai certo que estão calculando algebricamente o proveito que podem tirar um do outro, e resolvendo praticamente o grande problema da amizade clássica dos tempos antigos.

15.Se forem dois namorados em tête-à-tête, que estiverem a desfazer-se em ternuras e meiguices, requebrando os olhos e afinando o mais doce sorriso, podeis ter a certeza que ou zombam um do outro, ou buscam uma incógnita que não existe neste mundo – a fidelidade.

16. Em outras ocasiões, a conversa a dois torna-se, como dissemos, uma perfeita estratégia militar, um combate.

17. A palavra transforma-se então numa espécie de zuavo pronto ao ataque. Os olhos são duas sentinelas, dois ajudantes-de-campo postos de observação nalguma eminência próxima.

18. O olhar faz as vezes de espião que se quer introduzir na praça inimiga. A confidência é uma falsa sortida; o sorriso é uma verdadeira cilada.

19. Isto sucede frequentemente em política e em diplomacia.

ALENCAR, José de. *Ao Correr da Pena*. São Paulo: Martins Fontes, 2004.

5. **Em relação ao sentido do texto II, julgue os itens subsequentes:**

I. O décimo oitavo parágrafo sintetiza a predisposição de José de Alencar a tomar políticos e diplomatas como pessoas perniciosas e perigosas. A alusão ao olhar é contundente quanto a isso.

II. Ao longo do texto, Alencar nega a existência plena e verdadeira da amizade e do amor e exemplifica esse pensamento com comportamentos que exorbitam o uso das palavras.

III. É possível comprovar, por meio da adjetivação empregada no décimo segundo parágrafo, que Alencar valoriza mais a imaginação do que a conversa.

IV. É possível inferir que Alencar emprega termos franceses no texto, como "**causerie**" e "**craion**", para obter respaldo na comprovação da pouca efetividade de uma conversa informal e porque era comum, à época, o uso de palavras desse idioma em qualquer artigo ou texto, em geral.

6. **Julgue as assertivas abaixo, com base nos aspectos estilísticos do texto II:**

I. O viés crítico do uso calculado e dissimulado da palavra, sobretudo por especialistas e por diplomatas, endossa o emprego da função metalinguística no texto.

II. José de Alencar, por meio do emprego da função conativa da linguagem, estabelece com o leitor a proposição de comprovar a propensão humana à apropriação e ao engano, quando as pessoas se decidem pelo emprego objetivo da palavra.

III. O estilo do escritor é fundamentado em antíteses, evidenciando sua intenção de diferenciar objetivos no emprego das palavras, conforme o desejo dos homens.

IV. A palavra francesa "**causerie**", que significa conversa informal, é destacada no texto, com o objetivo de estabelecer oposição a diálogos nos quais estejam em voga mais que o mero entretenimento ou o passatempo. Nestes, segundo o autor, a mente humana fica alerta, e a palavra torna-se instrumento de engano.

7. **Considerando os aspectos linguísticos e gramaticais do texto II, julgue as afirmativas a seguir:**

I. Em "**A conversa a dois, ao contrário, é fria e calculada como uma ciência:**" (12º parágrafo), a palavra sublinhada deve ser classificada como preposição acidental e introduz termo que deve ser classificado como predicativo do sujeito.

II. No trecho "**O olhar faz as vezes de espião que se quer introduzir na praça inimiga.**" (18º parágrafo), a palavra "**se**" deve ser classificada como parte integrante do verbo.

III. A palavra "**zuavo**", presente em "**A palavra transforma-se então numa espécie de zuavo pronto ao ataque.**" (17º parágrafo), significa **cão**, pois é alusão a uma raça exótica oriental.

IV. Em "**A conversa, portanto, pode ser uma arte, uma ciência, uma profissão mesmo.**" (7º parágrafo), a palavra "**mesmo**" é denotativa de inclusão e poderia ser substituída por ***até***, de mesma classificação.

8. **Julgue os itens seguintes, considerando os aspectos linguísticos e gramaticais do texto II:**

I. O acento indicativo de crase utilizado em "**Conversa-se a dois, en tête-à-tête**" (8º parágrafo) deveria ser suprimido, mantendo-se a correção gramatical e as principais informações do texto, tendo em vista regra segundo a qual não se emprega o referido sinal em expressões formadas por palavras repetidas.

II. Em "**A conversa a dois, ao contrário, é fria e calculada, como uma ciência: tem alguma coisa das matemáticas, e muito da estratégia militar.**" (12º parágrafo), duas vírgulas deveriam ser retiradas, para que o trecho estivesse de acordo com o padrão formal da língua, no que se refere à pontuação.

III. A palavra "**conversa**", presente em "**A conversa é uma das coisas mais agradáveis e mais úteis que existe no mundo.**" (3º parágrafo), foi formada por derivação regressiva, assim como "**proveito**", contida em "**ficai certo que estão calculando algebricamente o proveito que podem tirar um do outro**" (14º parágrafo).

IV. Sem promover alteração do sentido original, o trecho "**que faz cintilar um raio do pensamento por cada uma de suas facetas diáfanas.**" (11º parágrafo) poderia ser reescrito como ***que faz brilhar um raio do pensamento por cada uma de suas facetas disformes***.

Texto III: Nel mezzo del camim...

Olavo Bilac

1. Cheguei. Chegaste. Vinhas fatigada
2. E triste, e triste e fatigado eu vinha.
3. Tinhas a alma de sonhos povoada,
4. E alma de sonhos povoada eu tinha...

5. E paramos de súbito na estrada
6. Da vida: longos anos, presa à minha
7. A tua mão, a vista deslumbrada
8. Tive da luz que teu olhar continha.

9. Hoje segues de novo... Na partida
10. Nem o pranto os teus olhos umedece,

11. Nem te comove a dor da despedida.

12. E eu, solitário, volto a face, e tremo,
13. Vendo o teu vulto que desaparece
14. Na extrema curva do caminho extremo.

BILAC, Olavo. *Poesias*. Rio de Janeiro: Ediouro, 1978.

9. **Em relação ao sentido do texto III e a seus aspectos gramaticais, julgue os itens abaixo:**

I. Pode-se inferir da primeira estrofe que, durante um tempo, o eu lírico e sua amada compartilhavam os mesmos sentimentos, o que o poeta obtém com o emprego do recurso estilístico chamado quiasmo.

II. Na segunda estrofe, cujo verso final corresponderia, mais ou menos, à metade do poema, o autor prenuncia que haverá uma mudança da situação vigente entre os amantes, recuperando, desse modo, o sentido do título, que exemplifica uma intertextualidade.

III. Pode-se depreender do texto que o desenlace amoroso se dá em razão da morte da amada, o que pode ser corroborado pelo último verso do poema.

IV. Com base na leitura do texto III, não se pode afirmar que a experiência da separação seja nova para o eu lírico.

10. **Com base nos aspectos linguísticos e gramaticais do texto III, jugue os itens subsequentes:**

I. O pronome relativo contido em "**Vendo o teu vulto que desaparece**" (13º verso) exerce função sintática diferente da desempenhada por seu antecedente, o que também acontece com o que está sublinhado em "**Tive da luz que teu olhar continha**" (8º verso).

II. Deveria ter sido empregada uma vírgula, para separar adjuntos adverbiais coordenados entre si no verso "**E paramos de súbito na estrada**" (5º verso).

III. Considerando-se o último verso, pode-se afirmar que as palavras "**extrema**" e "**extremo**" desempenham a mesma classificação morfossintática, mas têm valores semânticos diferentes.

IV. Está correto afirmar que os termos "**deslumbrada**" (7º verso), "**fatigada**" (1º verso) e "**povoada**" (3º verso) exercem a mesma função sintática.

SIMULADO 16

Texto I: Um carneiro em minha casa

Pablo Neruda

1. Eu tinha um parente senador que, depois de ter vencido novas eleições, veio passar uns dias em minha casa de Isla Negra. Assim começa a história do cordeiro.

2. Acontece que seus eleitores mais entusiastas vieram para festejar o senador. Na primeira tarde da festa assaram um carneiro à moda do campo do Chile, com uma grande fogueira ao ar livre e o corpo do animal enfiado num assador de madeira. A isto chamam asado al palo, que é celebrado com muito vinho e queixosas guitarras criollas.

3. Outro carneiro ficou para a cerimônia do dia seguinte. Enquanto não chegava a sua hora, amarraram-no junto de minha janela. A noite toda gemeu e chorou, baliu e se queixou de sua solidão. Partia a alma escutar as modulações daquele carneiro, ao ponto que decidi me levantar de madrugada e raptá-lo.

4. Metido num automóvel levei-o a cento e cinquenta quilômetros dali, à minha casa de Santiago, onde não o alcançassem as facas. Mal entrou, pôs-se a pastar vorazmente no melhor lugar de meu jardim. As tulipas o entusiasmaram e ele não respeitou nenhuma delas. Ainda que por razões espinhosas, não se atreveu com as roseiras. Mas devorou em troca os goiveiros e os lírios com estranho prazer. Não tive remédio senão amarrá-lo

outra vez. E de imediato se pôs a balir, tratando visivelmente de me comover como antes. Senti-me desesperado.

5. Nesse ponto se entrecruza a história de Juanito com a história do cordeiro. Acontece que por aquele tempo havia começado uma greve de camponeses no sul. Os latifundiários da região, que pagavam a seus rendeiros não mais de apenas vinte centavos de dólar por dia, terminaram a pauladas e prisões com aquela greve.

6. Um jovem camponês teve tanto medo que subiu num trem em movimento. O rapaz se chamava Juanito, era muito católico e não sabia nada das coisas deste mundo. Quando passou o cobrador do trem examinando as passagens, ele respondeu que não tinha, que se dirigia a Santiago e que pensava que os trens eram para que a gente subisse neles e viajasse quando precisasse. Trataram de desembarcá-lo, naturalmente. Mas os passageiros de terceira classe — gente do povo, sempre generosa — fizeram uma coleta e pagaram a passagem.

7. Por ruas e praças da capital andou Juanito com um embrulho de roupa debaixo do braço. Como não conhecia ninguém, não queria falar com ninguém. No campo dizia-se que em Santiago tinha mais ladrões do que habitantes e ele tinha medo que lhe roubassem a camisa e as alpercatas que levava debaixo do braço, embrulhadas num jornal. Durante o dia perambulava pelas ruas mais frequentadas, onde as pessoas sempre tinham pressa e afastavam com um empurrão este Gaspar Hauser vindo de outro planeta. De noite buscava também os bairros mais concorridos mas estes eram as avenidas de cabarés e de vida noturna e ali sua presença era mais estranha ainda, pálido pastor perdido entre os pecadores. Como não tinha um só centavo, não podia comer, tanto assim que um dia caiu ao solo sem sentidos.

8. Uma multidão de curiosos rodeou o homem estendido na rua. A porta defronte da qual caiu correspondia a um pequeno restaurante. Levaram-no para dentro e o deixaram no chão. É o coração, disseram uns. É uma crise hepática, disseram outros. O dono do restaurante se aproximou, olhou-o e disse: "É fome". Mal comeu algumas garfadas aquele cadáver reviveu. O dono o pôs para lavar pratos e se tomou de amores por ele. Tinha razões para isso. Sempre sorridente, o jovem camponês lavava montanhas de pratos. Tudo ia bem. Comia muito mais do que na sua terra.

9. O sortilégio da cidade se teceu de maneira estranha para que se juntassem certa vez, em minha casa, o pastor e o carneiro.

10. Deu vontade no pastor de conhecer a cidade, encaminhando então seus passos um pouco além das montanhas de louça. Tomou com entusiasmo uma rua, atravessou uma praça, e tudo o deslumbrava. Mas, quando quis voltar, já não o podia fazer. Não tinha anotado o endereço porque não sabia escrever, buscando assim em vão a porta hospitaleira que o tinha recebido. Nunca mais a encontrou.

11. Um transeunte, com pena de sua confusão, disse-lhe que devia se dirigir a mim, ao poeta Pablo Neruda. Não sei por que lhe sugeriram esta ideia. Provavelmente porque no Chile se tem por mania me encarregar de quanta coisa estranha passe pela cabeça das pessoas e ao mesmo tempo de me jogar a culpa de tudo o que acontece. São estranhos costumes nacionais.

12. O certo é que o rapaz chegou um dia à minha casa e se encontrou com o bicho preso. Já que eu estava tomando conta daquele carneiro inútil, não me custava também tomar conta deste pastor. Deixei a seu cargo a tarefa de impedir que o carneiro gourmet devorasse exclusivamente minhas flores mas sim que também, de vez em quando, saciasse o apetite com a grama de meu jardim.

13. Compreenderam-se na hora. Nos primeiros dias ele lhe pôs, só para constar, uma cordinha no pescoço com uma fita e com ela o conduzia de um lugar para outro. O carneiro comia incessantemente e o pastor individualista também, transitando ambos por toda a casa, inclusive por dentro de meus aposentos. Era uma união perfeita, conseguida pelo cordão umbilical da mãe terra, pelo autêntico mandato do homem. Assim se passaram muitos meses. Tanto o pastor como o carneiro arredondaram suas formas carnais, especialmente o ruminante que apenas podia seguir seu pastor de tão gordo que ficou. Às vezes entrava parcimoniosamente em meu quarto, olhava-me com indiferença e saía deixando um pequeno rosário de contas escuras no chão.

14. Tudo acabou quando o camponês sentiu a nostalgia do campo e me disse que voltava para sua terra distante. Era uma resolução de última hora. Tinha que pagar uma promessa à Virgem de seu povoado. Não podia levar o carneiro. Despediram-se com ternura. O pastor tomou o trem, desta vez com sua passagem na mão. Foi patética aquela despedida.

15. Em meu jardim não deixou um carneiro mas sim um problema grave, ou melhor, gordo. O que fazer com o ruminante? Quem cuidaria dele agora? Eu tinha preocupações políticas demais. Minha casa andava desordenada depois das perseguições que a minha poesia combativa me trouxe. O carneiro começou de novo a balir suas partituras queixosas.

16. Fechei os olhos e disse à minha irmã que o levasse. Ai, desta vez eu tinha certeza de que não se livraria do forno!

NERUDA, Pablo. *Confesso que Vivi:* Memórias. Rio de Janeiro: Difusão Editorial, 1978.

1. **Considerando o sentido do texto I, julgue os itens a seguir:**

I. Há prosaísmos na descrição da relação solidária estabelecida entre o narrador das memórias, o poeta Pablo Neruda, e os simplórios personagens, o carneiro e o pastor, estes necessitados, desprotegidos e solitários.

II. Mesmo em se tratando de um homem e de um animal, é lícita a conclusão de que pastor e carneiro são, igualmente, dependentes da compaixão e da bondade de terceiros, por serem incapazes de protegerem-se a si mesmos e um ao outro.

III. Apesar de ser um fato de consequências insignificantes na vida do poeta, a aproximação dele com um pastor e com um carneiro torna-se digna de referências, porque os acolhidos são pertencentes a uma relação dupla de aproximação, sendo uma associada a trabalho, a uma ocupação, e a outra a uma extensão semântica. Se desvinculados, os personagens teriam sido, facilmente, esquecidos pelo autor.

IV. Há uma relação de causa e consequência no trecho "**O rapaz se chamava Juanito, era muito católico e não sabia nada das coisas deste mundo**" (6º parágrafo), evidenciada pela ausência de pontuação antes da conjunção "**e**", que tem por objetivo mostrar que não se trata de relação adversativa.

2. **Julgue as assertivas subsequentes, com base nos aspectos gramaticais e estilísticos do texto I:**

I. Conforme o texto, pastor e carneiro juntam-se na casa de Neruda, por obra de um ***sortilégio***, palavra que pode ser substituída, sem prejuízo do sentido original, por **capricho**.

II. A amizade entre o pastor e o carneiro não causou espanto, já que era absolutamente provável e possível que os dois tivessem afinidades, o que fica evidente no trecho "**Compreenderam-se na hora. Nos primeiros dias ele lhe pôs, só para constar, uma cordinha no pescoço com uma fita e com ela o conduzia de um lugar para outro.**" (13º parágrafo).

III. O fato de ser famoso proporciona a Neruda estranhas ocorrências e mesmo a idiossincrasia do caso em análise, a amizade por um carneiro e por um pastor.

IV. Ao final do texto, o autor percebe que não é possível interferir nos destinos alheios, ainda que se tenha vontade de prestar assistência, ou de fornecer algum suporte.

3. **Julgue os itens abaixo, com base nos aspectos linguísticos e gramaticais do texto I:**

I. A preposição "**por**", em destaque no trecho "**O dono o pôs para lavar pratos e se tomou de amores <u>por</u> ele**" (8º parágrafo), é relacional e introduz termo classificado como agente da passiva.

II. Pode-se afirmar que o trecho "**O que fazer com o ruminante? Quem cuidaria dele agora?**" (15º parágrafo) exemplifica discurso indireto livre.

III. Em "**saía deixando um pequeno rosário de contas escuras no chão**" (13º parágrafo), empregou-se recurso estilístico conhecido como ironia, o que, nesse caso, acaba conferindo certo humor ao trecho.

IV. Para que o trecho "**Um transeunte, com pena de sua confusão, disse-lhe que devia se dirigir a mim, ao poeta Pablo Neruda**" (11º parágrafo) se tornasse correto quanto à colocação pronominal, ele deveria ser reescrito como ***Um transeunte, com pena de sua confusão, disse-lhe que se devia dirigir a mim, ao poeta Pablo Neruda***, ou ainda como ***Um transeunte, com pena de sua confusão, disse-lhe que devia dirigir-se a mim, ao poeta Pablo Neruda***.

4. Em relação aos aspectos linguísticos e gramaticais do texto I, julgue as assertivas a seguir:

I. Em "**Mal comeu algumas garfadas aquele cadáver reviveu**" (8º parágrafo), observa-se a ausência de uma vírgula obrigatória, que deveria separar oração subordinada adverbial consecutiva anteposta à sua principal.

II. No período "**Durante o dia perambulava pelas ruas mais frequentadas, onde as pessoas sempre tinham pressa e afastavam com um empurrão este Gaspar Houser de outro planeta**" (7º parágrafo), pode-se identificar um elemento de coesão dêitica, na locução adverbial **Durante o dia**", um de coesão anafórica, no advérbio "**onde**", e, por fim, um elemento de coesão sequencial, na conjunção coordenativa aditiva "**e**".

III. Em "**Eu tinha um parente <u>senador</u> que, depois de ter vencido novas eleições, veio passar uns dias em minha casa <u>de Isla Negra</u>**" (1º parágrafo), os termos em destaque desempenham a mesma função sintática, mas apresentam valores semânticos diferentes.

IV. A palavra destacada em "**Um jovem camponês teve tanto medo <u>que</u> subiu num trem em movimento**" (6º parágrafo) apresenta classificação gramatical distinta da sublinhada em "**especialmente o ruminante que apenas podia seguir seu pastor de tão gordo <u>que</u> ficou**" (13º parágrafo).

Texto II: Um caso obscuro

Rachel de Queiroz

1. Não quero fazer campanha contra quem acredita em espíritos, quem tem visões ou ouve "avisos". Espiritismo é religião tão respeitável quanto qualquer outra. Quero apenas prevenir meu amigo leitor contra alguma conversão apressada, porque o fato é que as forças da terra muitas vezes se misturam com as forças do céu.

2. O caso que passo a contar como exemplo, naturalmente que é verídico. Se fosse a cronista inventar um conto, teria que apurar muito mais o enredo

e os personagens, dar-lhes veracidade e complexidade. E, aliás, como ficção ele não teria importância nem sentido. O seu valor único é a autenticidade.

3. Certa professora de grupo, minha conhecida, tem uma empregada, senhora cinquentona, de cara séria e jeito discreto, natural de Suruí, no Estado do Rio, de onde veio há poucos meses. E lá em Suruí deixou a mãe cega e enferma, da qual não tinha notícias desde que viera para a cidade. Analfabeta, não escrevia nem recebia cartas. Essa gente da roça não acredita muito em correspondência senão para notícias capitais.

4. Mas um belo dia acordou a empregada, que se chama Joana, chorando, abaladíssima, queixando-se de estranhas visões. Dizia que passara toda a noite acordada; mas não pudera chamar ninguém porque com o medo ficara sem fala. Sentira uns assopros no ouvido, depois lhe sacudiam a cama, como se fosse um terremoto. Por fim vira a mãe, a velhinha cega, estirada num caixão, metida numa mortalha preta. Toda a manhã a mulher chorou e lamentou-se. A patroa, penalizada, ofereceu-se para mandar um telegrama pedindo notícias. Joana porém tinha medo de telegramas:

5. — E mais medo tem minha mãe. Chegando telegrama lá, se ela ainda estiver viva morre só de susto.

6. Estavam nisso as coisas quando ao meio-dia aparece na casa da professora um filho homem de Joana, que também reside na cidade. Trazia na mão um envelope fechado, sem carimbo nem selo. Era uma carta vinda em mão própria da sua terra, explicou o moço. E como ele também não sabia ler, pediram à patroa que abrisse e lesse a missiva — aliás curta e comovente.

7. "Minha irmã como vai esta tem por fim de lhe dizer que a nossa mãe está às portas da morte já de vela na mão. Joana se apresse sinão não vê mais nossa mãe adeus do seu irmão Basílio."

8. Chegando assim aquela carta, após a série de visões noturnas, era impressionante. E a própria patroa a abrira, excluindo-se assim a possibilidade de conhecimento prévio do conteúdo. Era uma dessas bofetadas que o mundo dos invisíveis atira aos pobres humanos, deixando-os cheios de susto e dúvida. Com seus próprios ouvidos escutara a patroa pela manhã a história do assopro, das sacudidelas na cama, da figura amortalhada no caixão. Com suas mãos recebera a carta, com seus olhos lera o endereço tremido e oblíquo, e depois a lacônica má nova. Naturalmente deu imediata licença a Joana para a viagem. Grande falta lhe faria em casa, mas quem

pode pensar em impedir um filho de despedir-se da mãe, à hora da morte? E deu-lhe mais dinheiro, deu-lhe um vestido preto quase novo, consultou o horário dos trens, forneceu provisões para a viagem. Não era só caridade de burguesa progressista que a animava, mas principalmente o interesse do profano por uma criatura feita instrumento das forças do Incognoscível. E Joana partiu. A patroa ficou contando a história aos conhecidos; contou por boca e por telefone. Chegou a contar por carta. Não a repetiu às crianças no grupo só de medo de assustá-las com essas coisas misteriosas que ficam entre o céu e a terra. O caso era tão simples, tão líquido: resumia-se apenas a fatos dos quais ela própria era testemunha. E fazia cálculos: a carta deve ter partido de Suruí na antevéspera, de modo que a velha bem podia estar mesmo morrendo na hora das visões noturnas de Joana. Ficou a esperar impaciente a volta da viajante. Sim, porque Joana pediu que o seu lugar fosse conservado, que, consumado tudo, voltaria. "Nem espero a semana de nojo, patroa. Venho logo depois do enterro."

9. E, falando em enterro, rompeu em pranto.

10. Passados oito dias, chegou Joana, mas ainda com a saia estampadinha de encarnado com a qual partira, em vez do vestido de seda preta que lhe dera a patroa, prevendo o luto. Sim, a velha continuava viva. Contou que a mãe estivera de fato muito ruim, vai-não-vai, mas de repente melhorara. Por isso Joana se demorara mais, até que a melhora parecesse segura. E voltou a trabalhar como dantes.

11. Aquela quase ressurreição desorientou a patroa. Afinal, a velha aparecera de mortalha, e dera o assopro, e sacudira a cama... Mas consultando sobre o assunto os amigos espíritas, eles lhe explicaram que era assim mesmo, e tanto o espírito encarnado como o desencarnado poderia mandar "avisos". Falaram mesmo em corpo astral, e a professora se impressionou muito.

12. Nesse estado moral ficou, meio abalada, meio crente, até que um dia sucedeu dessas incríveis, dessas raras coincidências que só acontecem na vida real e nos romances de fancaria: recebeu a visita de uma amiga a quem também contara a história da visão. A amiga vinha de propósito lhe narrar a tal coincidência inaudita. Imagine-se que o filho de Joana por acaso fora trabalhar em sua casa, consertando-lhe o jardim. Lá estava fazia uma quinzena quando inexplicavelmente desapareceu por uma semana. Passados os oito dias, voltou, e alegou motivo de moléstia para a ausência.

13. No jardim, revolvendo os canteiros, podando o fícus, estabeleceu-se entre jardineiro e patroa esse entendimento normal entre companheiros de trabalho, Ela explicava como queria o serviço, ele dizia que na casa do Dr. Fulano fazia assim e assim, que enxerto de mergulha só é bom com lua tal etc. Afinal, ela lhe perguntou que doença fora a sua, dias antes. O rapaz, que enterrava umas batatas de dália, ficou encabulado. Depois, teve assim como um assomo de consciência, e explicou:

14. — Patroa, falar a verdade é preciso. Não estive doente não. Mas o caso é que minha mãe meteu na ideia ir em casa, com vontade de assistir umas ladainhas que rezam lá no mês de agosto. Como estava num emprego bom, teve medo que a dona-de-casa se zangasse com uma viagem assim à-toa e não guardasse o lugar para ela, de volta. Então se combinou comigo, só por causa de não fazer a moça se zangar. Pegou a ter uns sonhos com a minha avó, enfiava os olhos na fumaça do fogo para sair chorando. Ai eu mandei um companheiro fazer uma carta chamando, dizendo que a velha estava morrendo, lá no Suruí. A patroa consentiu logo, naturalmente. Tive que fazer companhia a minha mãe, assistimos as ladainhas e agora estamos os dois de volta à nossa obrigação...

15. A moça ficou espantadíssima:

16. — Mas, criatura, como é que sua mãe teve a coragem de chamar assim morte para cima de sua avó? Vocês não tiveram medo do agouro?

17. — Qual, dona! Uma velha daquela, cega, doente, em cima duma cama, dando trabalho e consumição a todo mundo, chamar a morte para ela não é agouro; chamar a morte para ela é mais uma obra de caridade. E daí, agouro que fosse, vê-se bem que não pegou...

QUEIROZ, Rachel de. *Quatro Vozes*. Rio de Janeiro: Record, 1998.

5. **Considerando o vocabulário e o sentido do texto II, julgue as assertivas seguintes:**

I. A temática do sobrenatural, a princípio, norteia a análise de Rachel de Queiroz, entretanto o verdadeiro mote da crônica é a facilidade que histórias misteriosas têm de impressionar até mesmo pessoas cultas e experimentadas.

II. A autora já prenuncia, no primeiro parágrafo, que a temática sobrenatural é questionável e que pode haver interferências de todas as formas nos fatos.

III. Há ironia da autora, no momento em que, no primeiro parágrafo, ela menciona que forças da terra se unem às do céu.

IV. A trama bem urdida entre os personagens do relato revela que não se deve confiar em coincidências que se mostram tão oportunas.

6. **Considerando o sentido e os aspectos linguísticos do texto II, julgue as assertivas abaixo:**

I. Está correto afirmar que, no oitavo parágrafo, há claro objetivo de crítica, feita com base na alusão a uma burguesia progressista caridosa, que dispõe de falsa piedade por aqueles que pertencem a uma classe social menos privilegiada.

II. A negativa do telegrama reiterada pela criada é parte do plano urdido, que tem por objetivo a obtenção de uns dias de folga.

III. Os irmãos, sócios nas mentiras, dissimulam ainda mais a própria ignorância, no sentido de fragilizarem-se e de poderem, assim, enganar, com mais facilidade, a professora burguesa.

IV. Pode-se depreender do texto de Rachel de Queiroz certa intertextualidade com o conto machadiano "**O espelho**", em que escravos enganam o alferes Jacobina, valendo-se de adulação e de elogios. No caso, em análise, os empregados, com o mesmo objetivo de enganarem a patroa, fragilizam-se e valem-se da força do sobrenatural.

7. **Considerando os aspectos gramaticais e linguísticos do texto II, julgue as assertivas abaixo:**

I. Tanto em "**Não quero fazer campanha <u>contra</u> quem acredita em espíritos**" (1º parágrafo) quanto em "**Quero apenas prevenir meu amigo leitor <u>contra</u> alguma conversão apressada**" (1º parágrafo), a preposição sublinhada introduz termos de mesma função sintática.

II. A palavra "**como**" apresenta classificações gramaticais distintas em cada um dos trechos seguintes: "**Como estava num emprego bom, teve medo que a dona-de-casa se zangasse**" (14º parágrafo), "'**Minha irmã como vai esta tem por fim de lhe dizer que a nossa mãe está às portas da morte**'" (7º parágrafo) e "**E como ele também não sabia ler, pediram à patroa que abrisse e lesse a missiva**" (6º parágrafo)

III. Os verbos no gerúndio grifados em "**Ai eu mandei um companheiro fazer uma carta chamando, dizendo que a velha estava morrendo, lá no Suruí**" (14º parágrafo) são núcleos de orações subordinadas adverbiais, coordenadas entre si.

IV. O trecho "**quando ao meio-dia aparece na casa da professora um filho homem de Joana**" (6º parágrafo) exemplifica o vício de linguagem conhecido como redundância sintática, no caso, evidenciado pela desinência de gênero na palavra "**filho**", que evitaria o emprego subsequente da palavra "**homem**".

Texto III: Soneto de Contrição

Vinicius de Moraes

1. Eu te amo, Maria, eu te amo tanto
2. Que o meu peito me dói como em doença
3. E quanto mais me seja a dor intensa
4. Mais cresce na minha alma teu encanto.

5. Como a criança que vagueia o canto
6. Ante o mistério da amplidão suspensa
7. Meu coração é um vago de acalanto
8. Berçando versos de saudade imensa.

9. Não é maior o coração que a alma
10. Nem melhor a presença que a saudade

11. Só te amar é divino, e sentir calma...

12. E é uma calma tão feita de humildade

13. Que tão mais te soubesse pertencida

14. Menos seria eterno em tua vida.

MORAES, Vinicius de. *Vinicius de Moraes: Poesia completa e prosa*. Rio de Janeiro: Editora Nova Aguilar, 1998.

8. **Em relação ao sentido do texto III e seus aspectos gramaticais, julgue os itens abaixo:**

I. Para o eu lírico, quanto mais o amor dói, como se fosse uma dor decorrente de doença, mais intenso ele se torna.

II. Conforme se depreende da terceira estrofe do poema e do título, o amor tematizado é o sublime, que traz a calma decorrente do distanciamento da pessoa amada.

III. Para o eu lírico, bastaria a confirmação do amor correspondido para que ele até mesmo se conformasse com o desprezo da amada.

IV. Empregou-se, no verso "**Que o meu peito me dói como em doença**" (2º verso), recurso estilístico conhecido como metonímia.

9. **Julgue as assertivas seguintes, considerado os aspectos gramaticais e linguísticos do texto III:**

I. A palavra "**como**" contida os versos "**Que o meu peito me dói como em doença**" (2º verso) e "**Como a criança que vagueia o canto**" (5º verso) deve ser classificada, morfologicamente, de maneiras distintas.

II. Pode-se afirmar que a palavra "**mais**", empregada nos versos 3 e 4, apresenta a mesma classificação de advérbio de intensidade, modificando o verbo das orações em que estão inseridas.

III. Considerando-se a palavra destacada em "**Nem melhor a presença que a saudade**" (10º verso) e em "**Que** tão mais te soubesse pertencida" (13º verso), está correto afirmar que, apesar de terem a mesma classificação gramatical, ligam orações, estabelecendo entre elas relações semânticas diferentes.

IV. É nocional de especificação a preposição "**de**" contida nos versos "**Ante o mistério <u>da</u> amplidão suspensa**" (6º verso) e "**Meu coração é um vago <u>de</u> acalanto**" (7º verso).

10. Julgue os itens subsequentes, com base nos aspectos sintáticos do texto III:

I. É transitiva direta e indireta a forma verbal destacada em "**Mais <u>cresce</u> na minha alma teu encanto**" (4º verso).

II. Em "**E quanto mais <u>me</u> seja a dor intensa**" (3º verso), o vocábulo sublinhado exerce função de complemento nominal do adjetivo "**intensa**".

III. Está correto classificar a forma verbal sublinhada em "**Que tão mais te <u>soubesse</u> pertencida**" (13º verso) como transitiva direta predicativa.

IV. Em "**Ante o mistério <u>da amplidão</u> <u>suspensa</u>**" (6º verso), os termos grifados apresentam referentes distintos, mas exercem a mesma função sintática.

SIMULADO 17

Texto I: Literatura faz bem para a saúde

Moacyr Scliar

1. "É difícil / extrair novidades de poemas / no entanto, pessoas morrem miseravelmente / pela falta daquilo que ali se encontra." O poeta e dramaturgo modernista americano William Carlos Williams (1883-1963) sabia do que estava falando quando escreveu esses versos: além de escritor multitalentoso, tinha formação em medicina e efetivamente trabalhava cuidando da saúde dos outros. A partir de sua afirmativa, a pergunta se impõe: o que existe, nos poemas e na literatura em geral, que pode manter as pessoas vivas e, quem sabe, até ajudar na cura de algumas doenças?

2. Em primeiro lugar, podemos destacar as próprias palavras. Que são, como costumavam dizer os antigos gregos, um verdadeiro remédio para as mentes sofredoras. Não se tratava só de uma metáfora engenhosa e sedutora: no século 1 d.C. o médico romano Soranus prescrevia poemas e peças teatrais para seus pacientes. O teatro, aliás, era considerado uma válvula de escape para aquelas emoções reprimidas que todos têm, através da catarse (alívio) que proporciona.

3. A palavra tem um efeito terapêutico. Verbalizar ajuda os pacientes, e esse é o fundamento da psicoterapia – ou talk therapy, como dizem os americanos. E a inversa é verdadeira: ao ouvir histórias, as crianças sentem-se emocionalmente amparadas. E não apenas elas, claro. Todos nós gostamos de escutar causos e de nos identificarmos com alguns deles. Dizia Bruno Bettelheim (1903-1990), psicólogo americano de origem austríaca,

sobrevivente dos campos de concentração nazistas: "Os contos de fadas, à diferença de qualquer outra forma de literatura, dirigem a criança para a descoberta de sua identidade. Os contos de fadas mostram que uma vida compensadora e boa está ao alcance da pessoa, apesar das adversidades".

4. Não é de admirar, portanto, que a leitura tenha se transformado em recurso terapêutico ao longo dos tempos. No primeiro hospital para doentes mentais dos Estados Unidos, o Pennsylvania Hospital (fundado em 1751 por Benjamin Franklin), na Filadélfia, os pacientes não apenas liam como escreviam e publicavam seus textos num jornal muito sugestivamente chamado The Illuminator ("O Iluminador", em inglês). Nos anos 60 e 70 do século 20, o termo "biblioterapia" passou a designar essas atividades. Logo surgiu a "poematerapia", desenvolvida em instituições como o Instituto de Terapia Poética de Los Angeles, no estado americano da Califórnia. Aliás, nos Estados Unidos existe até uma Associação Nacional pela Terapia Poética.

5. Aqui no Brasil, já temos várias experiências na área. No livro *O Terapeuta e o Lobo – A Utilização do Conto na Psicoterapia da Criança,* o psiquiatra infantil, poeta e escritor Celso Gutfreind destaca a enorme importância terapêutica do conto, como forma de reforço à identidade infantil e como antídoto contra o medo que aflige tantas crianças. Também é de destacar o Projeto Biblioteca Viva em Hospitais, realizado no Rio de Janeiro e mantido pelo Ministério da Saúde, pela Fundação Abrinq pelos Direitos da Criança e por um grande banco. A leitura, realizada por voluntários, ajuda a criança a vencer a insegurança do ambiente estranho e da penosa experiência da doença, terrível para todos, mas ainda mais amedrontadora para os pequenos.

6. Finalmente, é preciso dizer que a literatura pode colaborar para a própria formação médica. Muitas escolas de medicina pelo mundo, inclusive no Brasil, estão incluindo no currículo a disciplina Medicina e Literatura. Através de textos como A Morte de Ivan Illich, do escritor russo Léon Tolstoi (em que o personagem sofre de câncer), A Montanha Mágica, do alemão Thomas Mann (que fala sobre a tuberculose) e O Alienista, do brasileiro Machado de Assis (uma sátira às instituições mentais do século 19), os alunos tomam conhecimento da dimensão humana da doença. E assim, mesmo que muitas vezes indiretamente, a literatura passa a ajudar pacientes de todas as idades.

SCLIAR, Moacyr. Literatura faz bem para a saúde. *In: Revista Prosa, Verso e Arte*, 2017.

1. Com base no sentido do texto I, julgue os itens a seguir:

I. Por meio de exemplificações e de argumentos de autoridade, o autor busca defender a ideia de que a literatura é benéfica tanto para o corpo quanto para a mente, tese presente já no título do texto.

II. Em "**E assim, mesmo que muitas vezes indiretamente, a literatura passa a ajudar pacientes de todas as idades.**" (6º parágrafo), o termo "**indiretamente**" foi empregado em razão de a literatura ter a prerrogativa de tornar os médicos pessoas melhores no trato com seus pacientes, o que, consequentemente, beneficia estes.

III. Pode-se inferir que a argumentação do autor é pautada por suas experiências particulares, tendo em vista que, além de "**verbalizar**", baseado na sua condição de escritor, ele também é adepto do poder que têm as histórias narradas, conforme fica claro no trecho "**Todos nós gostamos de escutar causos e de nos identificarmos com alguns deles.**" (3º parágrafo).

IV. De acordo com o texto, tanto os contos quanto a literatura, de forma mais abrangente, são benéficos para as crianças, não apenas para ajudá-las a enfrentar os tratamentos médicos, mas também para auxiliá-las a formar sua identidade.

2. Considerando os aspectos linguísticos do texto I, julgue as assertivas seguintes:

I. No excerto "**A palavra tem um efeito terapêutico.**" (3º parágrafo), empregou-se metonímia.

II. Em "**Todos nós gostamos de escutar causos e de nos identificarmos com alguns deles.**" (3º parágrafo), o vocábulo "**causos**" é característica da linguagem informal e foi empregado como sinônimo de *história*.

III. Não se pode afirmar que o vocábulo "**aliás**", tanto em "**O teatro, aliás, era considerado uma válvula de escape para aquelas emoções reprimidas que todos têm**" (2º parágrafo) quanto em "**Aliás, nos Estados Unidos existe até uma Associação Nacional pela Terapia Poética.**" (4º parágrafo), se classifica como palavra denotativa de retificação.

IV. No trecho “**terrível para todos, mas ainda mais amedrontadora para os pequenos**” (5º parágrafo), o termo “**os pequenos**” retoma, por meio de coesão lexical, “**as crianças**”, presente no mesmo período.

3. Julgue os itens subsequentes, com base nos aspectos linguísticos e gramaticais do texto I:

I. As palavras “**biblioterapia**” e “**poematerapia**”, presentes nos trechos “**Nos anos 60 e 70 do século 20, o termo ‘biblioterapia’ passou a designar essas atividades.**” e “**Logo surgiu a ‘poematerapia’**”, no quarto parágrafo, foram formadas por meio do mesmo processo.

II. Em “**A partir de sua afirmativa, a pergunta se impõe:**” (1º parágrafo), estaria correta, gramaticalmente, a substituição do artigo definido em destaque por um artigo indefinido; no entanto a referida troca promoveria alteração de sentido, tornando o trecho incoerente.

III. O trecho “**Não é de admirar, portanto, que a leitura tenha se transformado em recurso terapêutico ao longo dos tempos.**” (4º parágrafo) deveria ser reescrito, para que se adequasse à norma culta da língua, como ***Não é de admirar, portanto, que a leitura tenha-se transformado em recurso terapêutico ao longo dos tempos.***

IV. No trecho “**Verbalizar ajuda os pacientes, e esse é o fundamento da psicoterapia**” (3º parágrafo), a forma verbal destacada poderia ser empregada como transitiva indireta, regendo a preposição “**a**”, sem prejuízo gramatical ou de sentido para o texto.

4. Em relação à sintaxe do texto I, julgue as afirmativas seguintes:

I. No excerto “‘**É difícil / extrair novidades de poemas / no entanto, pessoas morrem miseravelmente / pela falta daquilo que ali se encontra.**’” (1º parágrafo), a oração em destaque tem base substantiva e exerce função de sujeito da forma verbal “**é**” contida na oração principal.

II. O período “**Finalmente, é preciso dizer que a literatura pode colaborar para a própria formação médica.**” (6 parágrafo) é composto por subordinação e apresenta três orações, entre elas uma subordinada substantiva objetiva direta reduzida de infinitivo.

III. Em "**A leitura, realizada por voluntários, ajuda a criança a vencer a insegurança do ambiente estranho e da penosa experiência da doença**" (5º parágrafo), os termos "**do ambiente estranho**" e "**da doença**" exercem a mesma função sintática.

IV. Em "**Finalmente, é preciso dizer que a literatura pode colaborar <u>para</u>** a própria formação médica." (6º parágrafo), o vocábulo destacado é classificado como preposição nocional, com sentido de finalidade, o que caracteriza a oração em que se encontra como subordinada adverbial final reduzida de infinitivo, e a forma verbal "**colaborar**" como intransitiva.

Texto II: Os gregorianos

Carlos Drummond de Andrade

1. Um amigo que tem consciência exacerbada do tempo confia-me que, depois de certo ponto (ele não usa a palavra idade), a vida já não oferece acontecimentos, e sim comemorações.

2. — Por mais que o sujeito faça, não consegue realmente mover-se. Fica parado diante de formas movediças, como naquele romance do Zé Lins do Rego, que tem um seleiro batendo couro à beira da estrada.

3. E continua:

4. — A princípio você tem um sentimento rápido de que já viveu, no dia em que faz anos. A melancolia em estado latente é absorvida pela efusão dos amigos e pela justa porção de álcool que o indivíduo ingere em tais ocasiões. Mas o fenômeno está circunscrito ao espaço de algumas horas durante o ano inteiro. O resto é vida de que participamos. Pouco a pouco, porém, insinuam-se outros aniversários: formatura, casamento. Há também as mortes de parentes e amigos, que por sua vez começam a encher nosso calendário pessoal. Depois vem o centenário de pessoas quc você ainda alcançou vivas. E há as comemorações nacionais, em que antes não reparava. Com o tempo, você mesmo se transforma em calendário, meu velho.

5. Tudo vinha a propósito de um papel que ele trazia na mão.

6. — Este convite indica uma fase já avançada do processo. Chega um ponto em que começamos a negociar lembranças. Eu lhe vendo as minhas e você me empurra as suas. Fundamos armazéns de lembranças, e, a pretexto de

qualquer data, ou sem pretexto algum, organizamos caravanas em direção ao passado.

7. Aproximando-me, li o cartão impresso: "Associação dos Antigos Alunos do Colégio Gregório — A Diretoria convida o prezado gregoriano para a visita ao antigo colégio. Será fretado um vagão especial. Haverá missa, e almoço no refeitório, com a presença do velho padre Barlavento; depois, assembleia geral dos gregorianos, no foro da cidade. Compareça com sua família para gáudio dos velhos colegas. Informações com o dr. Canuto, à rua Tal".

8. — Aí está. Toda essa gente havia desaparecido por esse mundo de Deus, na pressa de cumprir seu destino. Só uns poucos não se perderam de vista, pela circunstância do trabalho em comum. Mas passam-se vinte e cinco anos, e começam a surgir de todos os lados cavalheiros grisalhos, uns sorridentes, outros mais sérios, que nos olham curiosamente, a conferir suas rugas com as nossas, e dizem: "Mas então você não está me reconhecendo? Eu sou o 130, da Divisão dos Médios...".

9. Prossegue:

10. — Já expliquei ao Canuto que não posso aderir às comemorações. Não sou apenas um ex-aluno do famoso colégio Gregório. Sou um aluno expulso, e com que cara ia voltar lá, depois do que me aconteceu? Mas o Canuto sorri e me diz que deixe de patacoadas. Eles comemoram trinta e cinco anos de colégio? Pois que eu comemore os meus trinta e três de expulsão. Dá tudo na mesma. Lembro-lhe o padre Juquinha, meu adversário daqueles tempos, e o Canuto dá de ombros: "Que o quê, o Juquinha morreu há vinte anos, coitado, e lá do assento etéreo já fez as pazes com você. Comemore a briga com o Juquinha, e as pazes feitas no tempo". Assim, nada mais é triste ou alegre depois de um longo período; tudo é matéria comemorativa, e viver é apenas ter vivido, compreende?

11. Eu — ai de mim — compreendia.

ANDRADE, Carlos Drummond. *Fala, amendoeira*. São Paulo: Companhia das Letras, 2012.

5. **Considerando o sentido do texto II, julgue os itens subsequentes:**

I. De acordo com o texto, à medida que se envelhece, deixa-se de experienciar acontecimentos importantes na vida, em razão de todos eles já terem ocorrido, restando, apenas, comemorar as bodas referentes a eles.

II. Pode-se depreender da leitura do texto II que o narrador da crônica concorda com o personagem com quem dialoga, em virtude de também já ter alcançado "**certo ponto**" da existência.

III. Em "**Eu lhe vendo as minhas e você me empurra as suas. Fundamos armazéns de lembranças, e, a pretexto de qualquer data, ou sem pretexto algum, organizamos caravanas em direção ao passado.**" (6º parágrafo), empregou-se figura de linguagem denominada hipérbole.

IV. No trecho "**Que o quê, o Juquinha morreu há vinte anos, coitado, e lá do assento etéreo já fez as pazes com você.**" (10º parágrafo), a expressão "**assento etéreo**" é exemplo de eufemismo, e a ela pode ser atribuído sentido tanto de céu quanto de inferno.

6. **Julgue as afirmativas seguintes, considerando os aspectos linguísticos e gramaticais do texto II:**

I. É possível afirmar que o sinal de dois-pontos, em "**a conferir suas rugas com as nossas, e dizem: "Mas então você não está me reconhecendo?"**" (8º parágrafo), introduz trecho com função de aposto.

II. O período "**Com o tempo, você mesmo se transforma em calendário, meu velho.**" (4º parágrafo) é simples, e a oração que o compõe apresenta predicado verbo-nominal.

III. Em ""**Que o quê, o Juquinha morreu há vinte anos, coitado**" (10º parágrafo), o vocábulo "**coitado**" deve ser classificado, morfologicamente, como interjeição e, portanto, não exerce função sintática.

IV. Pode-se afirmar que o pronome relativo "**que**", em "**Tudo vinha a propósito de um papel que ele trazia na mão.**" (5º parágrafo), exerce função sintática de objeto direto, diferentemente de seu antecedente, que tem função de complemento nominal.

7. **Julgue as assertivas subsequentes, com base nos aspectos linguísticos e gramaticais do texto II:**

I. As preposições presentes nas contrações grifadas nos trechos "**A melancolia em estado latente é absorvida pela efusão dos amigos e pela justa porção de álcool que o indivíduo ingere**" (4º parágrafo) e "**Só uns poucos não se perderam de vista, pela circunstância do trabalho em comum.**" (8º parágrafo) são nocionais e apresentam o mesmo valor semântico.

II. Nos períodos "**Toda essa gente havia desaparecido por esse mundo de Deus, na pressa de cumprir seu destino. Só uns poucos não se perderam de vista, pela circunstância do trabalho em comum.**" (8º parágrafo), as vírgulas foram empregadas, com o objetivo de separar termos de mesma função sintática, coordenados entre si.

III. A expressão "**o fenômeno**", em "**Mas o fenômeno está circunscrito ao espaço de algumas horas durante o ano inteiro.**" (4º parágrafo), retoma, por meio de coesão hiperonímica, o momento de "**efusão dos amigos e pela justa porção de álcool**" decorrente da comemoração de aniversário.

IV. Não haveria alteração de sentido, caso o trecho "**Mas o Canuto sorri e me diz que deixe de patacoadas.**" (10º parágrafo) fosse reescrito da seguinte maneira: ***Mas o Canuto sorri e me diz que deixe de tolice.***

Texto III: Poeminha: Última Vontade

Millôr Fernandes

1. Enterrem meu corpo em qualquer lugar.
2. Que não seja, porém, um cemitério.
3. De preferência, mata;
4. Na Gávea, na Tijuca, em Jacarepaguá.
5. Na tumba, em letras fundas,
6. Que o tempo não destrua,
7. Meu nome gravado claramente.
8. De modo que, um dia,
9. Um casal desgarrado

10. Em busca de sossego
11. Ou de saciedade solitária,
12. Me descubra entre folhas,
13. Detritos vegetais,
14. Cheiros de bichos mortos
15. (Como eu).
16. E como uma longa árvore desgalhada
17. Levantou um pouco a laje do meu túmulo
18. Com a raiz poderosa
19. haja a vaga impressão
20. De que não estou na morada.
21. Não sairei, prometo.
22. Estarei fenecendo normalmente
23. Em meu canteiro final.
24. E o casal repetirá meu nome
25. Sem saber quem eu fui,
26. E se irá embora
27. Preso à angústia infinita
28. Do ser e do não ser.
29. Ficarei entre ratos, lagartos,
30. Sol e chuvas ocasionais,
31. Estes sim, imortais
32. Até que um dia, de mim caia a semente
33. De onde há de brotar a flor
34. Que eu peço que se chame
35. Papáverum Millôr.

FERNANDES, Millôr. *Papáverum Millôr*. Rio de Janeiro: Editorial Nórdica, 1974.

8. **Com base no sentido e nos recursos estilísticos empregados no texto III, julgue os itens seguintes:**

I. Pode-se afirmar que, para o eu lírico do texto III, um meio de se tornar imortal é imiscuir-se aos elementos da natureza.

II. Pode-se inferir dos últimos versos que o eu lírico faz uma referência metatextual.

III. Não se pode identificar o emprego proposital de ambiguidade no verso "**Meu nome gravado claramente**" (7º verso).

IV. O recurso estilístico conhecido como ironia foi empregado na construção do verso "**Não sairei, prometo**" (21º verso).

9. **Com base nos aspectos linguísticos e gramaticais do texto III, julgue as afirmativas abaixo:**

I. Tanto nos versos "**Que o tempo não destrua, / Meu nome gravado claramente.**" (6º e 7º versos) quanto nos "**E como uma longa árvore desgalhada / Levantou um pouco a laje do meu túmulo** (16º e 17º versos), a prosopopeia foi o recurso estilístico empregado.

II. Pode-se afirmar que as palavras "**cemitério**" (2º verso), "**tumba**" (5º verso), "**detritos**" (13º verso) e "**túmulo**" (17º verso) pertencem ao mesmo campo semântico.

III. É possível afirmar que há, entre os períodos presentes nos versos "**Não sairei, prometo. / Estarei fenecendo normalmente / Em meu canteiro final.**" (21º, 22º e 23º versos), relação de causa e de consequência.

IV. Os substantivos destacados no verso "**Em busca de sossego**" (10º verso) foram formados por derivação regressiva.

10. **Considerando os aspectos gramaticais do texto III, julgue os itens seguintes:**

I. Também estaria de acordo com a norma no que se refere à concordância, caso o verso "**Sol e chuvas ocasionais,**" (30º verso) fosse reescrito como ***Chuvas e sol ocasional.***

II. Deve-se classificar a palavra "**se**", presente no verso "**Que eu peço que se chame**" (34º verso), como pronome apassivador, e não como pronome reflexivo.

III. É conjunção subordinativa causal a palavra destacada no verso "**E <u>como</u> uma longa árvore desgalhada**" (16º verso).

IV. No verso "**Estes sim, imortais**" (31º verso), a vírgula foi empregada para separar predicativo.

SIMULADO 18

Texto I: O Alienista

Machado de Assis

Capítulo I
De como Itaguaí ganhou uma casa de orates

1. As crônicas da vila de Itaguaí dizem que em tempos remotos vivera ali um certo médico, o Dr. Simão Bacamarte, filho da nobreza da terra e o maior dos médicos do Brasil, de Portugal e das Espanhas. Estudara em Coimbra e Pádua. Aos trinta e quatro anos regressou ao Brasil, não podendo El-Rei alcançar dele que ficasse em Coimbra, regendo a universidade, ou em Lisboa, expedindo os negócios da monarquia.

2. – A ciência, disse ele a Sua Majestade, é o meu emprego único; Itaguaí é o meu universo.

3. Dito isto, meteu-se em Itaguaí, e entregou-se de corpo e alma ao estudo da ciência, alternando as curas com as leituras, e demonstrando os teoremas com cataplasmas. Aos quarenta anos casou com D. Evarista da Costa e Mascarenhas, senhora de vinte e cinco anos, viúva de um juiz de fora, e não bonita nem simpática. Um dos tios dele, caçador de pacas perante o Eterno, e não menos franco, admirou-se de semelhante escolha e disse-lho. Simão Bacamarte explicou-lhe que D. Evarista reunia condições fisiológicas e anatômicas de primeira ordem, digeria com facilidade, dormia regularmente, tinha bom pulso, e excelente vista; estava assim apta para dar-lhe filhos robustos, sãos e inteligentes. Se além dessas prendas, – únicas dignas

de preocupação de um sábio –, D. Evarista era mal composta de feições, longe de lastimá-Io, agradecia-o a Deus, porquanto não corria o risco de preterir os interesses da ciência na contemplação exclusiva, miúda e vulgar da consorte.

4. D. Evarista mentiu às esperanças de Dr. Bacamarte, não lhe deu filhos robustos nem mofinos. A índole natural da ciência é a longanimidade; o nosso médico esperou três anos, depois quatro, depois cinco. Ao cabo desse tempo fez um estudo profundo da matéria, releu todos os escritores árabes e outros, que trouxera para Itaguaí, enviou consultas às universidades italianas e alemãs, e acabou por aconselhar à mulher um regime alimentício especial. A ilustre dama, nutrida exclusivamente com a bela carne de porco de Itaguaí, não atendeu às admoestações do esposo; e à sua resistência, – explicável, mas inqualificável, – devemos a total extinção da dinastia dos Bacamartes.

5. Mas a ciência tem o inefável dom de curar todas as mágoas; o nosso médico mergulhou inteiramente no estudo e na prática da medicina. Foi então que um dos recantos desta lhe chamou especialmente a atenção, — o recanto psíquico, o exame da patologia cerebral. Não havia na colônia, e ainda no reino, uma só autoridade em semelhante matéria, mal explorada, ou quase inexplorada. Simão Bacamarte compreendeu que a ciência lusitana, e particularmente a brasileira, podia cobrir-se de "louros imarcescíveis", — expressão usada por ele mesmo, mas em um arroubo de intimidade doméstica; exteriormente era modesto, segundo convém aos sabedores.

6. — A saúde da alma, bradou ele, é a ocupação mais digna do médico.

7. — Do verdadeiro médico, emendou Crispim Soares, boticário da vila, e um dos seus amigos e comensais.

ASSIS, Machado de. *O alienista*. São Paulo: Ática, 2000.

1. **Com base no sentido do texto I, julgue as assertivas que seguem:**

I. Pode-se inferir que, segundo o protagonista, ter uma mulher que não fosse bem composta de feições era melhor porque evitaria possíveis traições.

II. O trecho "**D. Evarista mentiu às esperanças de Dr. Bacamarte, não lhe deu filhos robustos nem mofinos.**" (4º parágrafo) poderia ser reescrito como ***D. Evarista mentiu às esperanças de Dr. Bacamarte, não lhe deu filhos vigorosos nem débeis.***

III. Infere-se do texto que somente o estudo do "**recanto psíquico**" (5º parágrafo), "**o exame da patologia**" (5º parágrafo), poderia curar Simão Bacamarte da tristeza de não ter tido filhos.

IV. A ironia foi o recurso estilístico empregado no trecho "**Simão Bacamarte compreendeu que a ciência lusitana, e particularmente a brasileira, podia cobrir-se de 'louros imarcescíveis', — expressão usada por ele mesmo, mas em um arroubo de intimidade doméstica; exteriormente era modesto, segundo convém aos sabedores.**" (5º parágrafo)

2. **Julgue as afirmativas abaixo, com base nos aspectos linguísticos e gramaticais do texto I:**

I. O prefixo "**i(m/n)**", constituinte das palavras "**inqualificável**", "**inefável**" e "**imarcescíveis**", nos trechos "**explicável, mas inqualificável**" (4° parágrafo), "**Mas a ciência tem o inefável dom de curar todas as mágoas**" (5º parágrafo) e "**Simão Bacamarte compreendeu que a ciência lusitana, e particularmente a brasileira, podia cobrir-se de 'louros imarcescíveis'**" (5° parágrafo), foi empregado com o mesmo sentido.

II. Pode-se afirmar que, no excerto "**Foi então que um dos recantos desta lhe chamou especialmente a atenção**" (5º parágrafo), não há motivo para a anteposição do pronome oblíquo "**lhe**" à forma verbal "**chamou**", devendo haver ênclise.

III. Em "**— A saúde da alma, bradou ele, é a ocupação mais digna do médico**" (6º parágrafo), os termos "**da alma**" e "**do médico**" desempenham a mesma função sintática.

IV. No período "**Dito isto, meteu-se em Itaguaí, e entregou-se de corpo e alma ao estudo da ciência, alternando as curas com as leituras, e demonstrando os teoremas com cataplasmas.**" (3º parágrafo), não há justificava para o emprego das vírgulas pospostas aos vocábulos "**Itaguaí**" e "**leituras**", e, portanto, elas deveriam ser retiradas, para que o período estivesse de acordo com a norma-padrão no que se refere à pontuação.

3. Considerando o vocabulário do texto I, julgue as assertivas subsequentes:

I. Em "**expressão usada por ele mesmo, mas em um arroubo de intimidade doméstica**" (5º parágrafo), o vocábulo "**arroubo**" é de uso informal e foi empregado como sinônimo de ***instante***.

II. No trecho "**A ilustre dama, nutrida exclusivamente com a bela carne de porco de Itaguaí, não atendeu às <u>admoestações</u> do esposo**" (4º parágrafo), o vocábulo destacado poderia ser substituído por ***repreensões***, sem que houvesse alteração do sentido original.

III. Em "**porquanto não corria o risco de preterir os interesses da ciência na contemplação exclusiva, miúda e vulgar da consorte.**" (3º parágrafo), o vocábulo "**consorte**" foi empregado com sentido conotativo e, no contexto, é sinônimo de ***cônjuge***.

IV. A palavra "**longanimidade**", presente "**A índole natural da ciência é a longanimidade**" (4º parágrafo), foi empregada com sentido de passagem de tempo, podendo ser substituída, sem prejuízo de sentido, por ***longevidade***.

4. Julgue as assertivas seguintes, com base nos aspectos linguísticos e gramaticais do texto I:

I. No trecho "**Aos quarenta anos casou com D. Evarista da Costa e Mascarenhas, <u>senhora de vinte e</u> <u>cinco anos</u>, <u>viúva de um juiz de fora</u>, e <u>não bonita nem simpática</u>.**" (3º parágrafo), os termos destacados exercem a mesma função sintática.

II. No trecho "**Estudara em Coimbra e Pádua.**" (1º parágrafo), a reescritura da forma verbal simples no pretérito mais-que-perfeito para a forma verbal composta, como em ***Tinha estudado em Coimbra e Pádua*** não altera, semântica ou gramaticalmente, o trecho em destaque.

III. Por introduzir termo que complementa, necessariamente, o nome a que se refere, a preposição presente no vocábulo destacado em "**porquanto não corria o risco de preterir os interesses <u>da</u> ciência**" (3º parágrafo) é relacional.

IV. Em "**Ao cabo desse tempo fez um estudo profundo da matéria**" (4º parágrafo), o termo "**da matéria**" retoma o vocábulo "**ciência**", presente no período anterior, e estabelece com ele coesão anafórica por substituição hiponímica.

Texto II: Tentação

Clarice Lispector

1. Ela estava com soluço. E como se não bastasse a claridade das duas horas, ela era ruiva.

2. Na rua vazia as pedras vibravam de calor – a cabeça da menina flamejava. Sentada nos degraus de sua casa, ela suportava. Ninguém na rua, só uma pessoa esperando inutilmente no ponto do bonde. E como se não bastasse seu olhar submisso e paciente, o soluço a interrompia de momento a momento, abalando o queixo que se apoiava conformado na mão. Que fazer de uma menina ruiva com soluço? Olhamo-nos sem palavras, desalento contra desalento. Na rua deserta nenhum sinal de bonde. Numa terra de morenos, ser ruivo era uma revolta involuntária. Que importava se num dia futuro sua marca ia fazê-la erguer insolente uma cabeça de mulher? Por enquanto ela estava sentada num degrau faiscante da porta, às duas horas. O que a salvava era uma bolsa velha de senhora, com alça partida. Segurava-a com um amor conjugal já habituado, apertando-a contra os joelhos.

3. Foi quando se aproximou a sua outra metade neste mundo, um irmão em Grajaú. A possibilidade de comunicação surgiu no ângulo quente da esquina, acompanhando uma senhora, e encarnada na figura de um cão. Era um basset lindo e miserável, doce sob a sua fatalidade. Era um basset ruivo.

4. Lá vinha ele trotando, à frente de sua dona, arrastando seu comprimento. Desprevenido, acostumado, cachorro.

5. A menina abriu os olhos pasmada. Suavemente avisado, o cachorro estacou diante dela. Sua língua vibrava. Ambos se olhavam.

6. Entre tantos seres que estão prontos para se tornarem donos de outro ser, lá estava a menina que viera ao mundo para ter aquele cachorro. Ele fremia suavemente, sem latir. Ela olhava-o sob os cabelos, fascinada, séria. Quanto tempo se passava? Um grande soluço sacudiu-a desafinado. Ele nem sequer tremeu. Também ela passou por cima do soluço e continuou a fitá-lo.

7. Os pelos de ambos eram curtos, vermelhos.

8. Que foi que se disseram? Não se sabe. Sabe-se apenas que se comunicaram rapidamente, pois não havia tempo. Sabe-se também que sem falar eles se pediam. Pediam-se com urgência, com encabulamento, surpreendidos.

9. No meio de tanta vaga impossibilidade e de tanto sol, ali estava a solução para a criança vermelha. E no meio de tantas ruas a serem trotadas, de tantos cães maiores, de tantos esgotos secos – lá estava uma menina, como se fora carne de sua ruiva carne. Eles se fitavam profundos, entregues, ausentes de Grajaú. Mais um instante e o suspenso sonho se quebraria, cedendo talvez à gravidade com que se pediam.

10. Mas ambos eram comprometidos.

11. Ela com sua infância impossível, o centro da inocência que só se abriria quando ela fosse uma mulher. Ele, com sua natureza aprisionada. A dona esperava impaciente sob o guarda-sol. O basset ruivo afinal despregou-se da menina e saiu sonâmbulo. Ela ficou espantada, com o acontecimento nas mãos, numa mudez que nem pai nem mãe compreenderiam. Acompanhou-o com olhos pretos que mal acreditavam, debruçada sobre a bolsa e os joelhos, até vê-lo dobrar a outra esquina.

12. Mas ele foi mais forte que ela. Nem uma só vez olhou para trás.

LISPECTOR, Clarice. *A legião estrangeira*. Rio de Janeiro: Editora do Autor, 1964.

5. **Em relação ao sentido do texto II, julgue os itens subsequentes:**

I. Pode-se depreender dos trechos "**Ela com sua infância impossível**" (11º parágrafo) e "**Ele com sua natureza aprisionada.**" (11º parágrafo) que a menina e o cachorro, feitos um para o outro porque ruivos, estavam impedidos de se completarem, em razão de o cachorro ter dona e de essa não ser a menina, o que é evidenciado pelas palavras "**impossível**" e "**aprisionada**".

II. O trecho "**Que fazer de uma menina ruiva com soluço?**" (2º parágrafo) evidencia emprego pontual da função metalinguística.

III. Pode-se afirmar que as palavras "**ruiva**", "**vibravam**" e "**flamejava**", presentes nos dois primeiros parágrafos, embora apresentem referentes distintos, pertencem ao mesmo campo semântico.

IV. Em "**ali estava a solução para a criança vermelha.**" (9º parágrafo), empregou-se a figura de linguagem conhecida como hipálage.

6. Julgue as assertivas seguintes, com base nos aspectos linguísticos e gramaticais do texto II:

I. No período "**Ela estava com soluço.**" (1º parágrafo), o predicado deve ser classificado como verbo-nominal, assim como em "**Os pelos de ambos eram curtos, vermelhos**" (7º parágrafo).

II. No excerto "**Ambos se olhavam.**" (5º parágrafo), a forma verbal "**olhavam**" é intransitiva.

III. É possível afirmar que há, entre os períodos "**Mas ele foi mais forte que ela. Nem uma só vez olhou para trás.**" (12º parágrafo), relação de causa e de consequência.

IV. As palavras destacadas em "**Que foi que <u>se</u> disseram? Não <u>se</u> sabe.**" (8º parágrafo) devem ser classificadas, respectivamente, como pronome reflexivo e como índice de indeterminação do sujeito.

7. Com base nos aspectos gramaticais do texto II, julgue as assertivas que seguem:

I. Tanto em "**A menina abriu os olhos pasmada.**" (5º parágrafo) quanto em "**Suavemente avisado, o cachorro estacou diante dela.**" (5º parágrafo), tem-se predicado verbo-nominal, com "**pasmada**" e "**avisado**" funcionando como predicativos.

II. Está correto afirmar que o período "**E como se não bastasse seu olhar submisso e paciente, o soluço a interrompia de momento a momento, abalando o queixo que se apoiava conformado na mão.**" (2º parágrafo) é composto apenas por subordinação e que a palavra "**E**" é um marcador discursivo.

III. A palavra "**encabulamento**", presente em "**Pediam-se com urgência, com encabulamento, surpreendidos.**" (8º parágrafo), foi formada por derivação prefixal e sufixal, apresenta-se no trecho como sinônimo de ***timidez*** e constitui exemplo de variante diatópica.

IV. Embora pequeno, o período "**Sabe-se também que sem falar eles se pediam.**" (8º parágrafo) é composto por subordinação e apresenta três orações: uma principal, uma substantiva objetiva direta e uma adverbial concessiva reduzida de infinitivo.

Texto III: A folha

Carlos Drummond de Andrade

A natureza são duas.
Uma,
tal qual se sabe a si mesma.
Outra, a que vemos. Mas vemos?
Ou a ilusão das coisas?

Quem sou eu para sentir
o leque de uma palmeira?
Quem sou, para ser senhor
de uma fechada, sagrada
arca de vidas autônomas?

A pretensão de ser homem
e não coisa ou caracol
esfacela-me em frente à folha
que cai, depois de viver
intensa, caladamente,
e por ordem do Prefeito
vai sumir na varredura

18. mas continua em outra folha

19. alheia a meu privilégio

20. de ser mais forte que as folhas.

ANDRADE, Carlos Drummond. *A paixão medida*. São Paulo: Companhia das Letras, 2014.

8. **Julgue as afirmativas abaixo, com base no sentido do texto III:**

I. Depreende-se dos últimos versos que, embora supostamente mais forte do que as folhas, o homem não é capaz de interferir no ciclo da natureza.

II. Nos versos "**Quem sou eu para sentir / o leque de uma palmeira**" (6º e 7º versos), empregou-se recurso estilístico conhecido como metáfora.

III. Pode-se depreender do texto um tom pessimista diante da pequenez humana, o que pode ser comprovado pelos versos "**A pretensão de ser homem / e não coisa ou caracol**" (11º e 12º versos).

IV. Pode-se afirmar que as duas naturezas a que se refere o eu lírico logo na primeira estrofe são a natureza humana e o mundo natural, com todos os seus elementos: mares, montanhas, árvores, animais.

9. **Com base nos aspectos linguísticos e gramaticais, julgue os itens abaixo:**

I. É pronome reflexivo o vocábulo "**se**" contido em "**tal qual se sabe a si mesma.**" (3º verso), e o termo "**a si mesma**" funciona como objeto direto pleonástico.

II. Não se pode afirmar que os termos destacados em "**A pretensão de ser homem**" (11º verso) e em "**alheia a meu privilégio / de ser mais forte que as folhas**" (20º verso) exercem a mesma função sintática.

III. Também estaria correta quanto às regras de concordância verbal a reescritura do verso "**A natureza são duas**" (1º verso) como ***A natureza é duas.***

IV. Pode-se afirmar que o verbo "**viver**", presente em "**que cai, depois de viver**" (14º verso), e a locução verbal "**vai sumir**", contida em "**vai sumir na varredura**" (17º verso), ambos intransitivos, têm o mesmo sujeito.

10. Considerando os aspectos linguísticos e gramaticais do texto III, julgue os itens que seguem:

I. Tanto "**Outra**" quanto "**Quem**", presentes, respectivamente, em "**Outra, a que vemos. Mas vemos?**" (4º verso) e "**Quem sou eu para sentir**" (6º verso), devem ser classificados como pronomes indefinidos de função substantiva.

II. No verso "**Outra, a que vemos. Mas vemos?**" (4º verso), a vírgula foi empregada para separar aposto explicativo.

III. Embora todos tenham referentes distintos, os termos "**autônomas**", presente em "**arca de vidas autônomas?**" (10º verso), "**sagrada**" e "**fechada**", contidos em "**de uma fechada, sagrada**" (9º verso), desempenham a mesma função sintática.

IV. São objetos indiretos os termos grifados nos versos "**esfacela-<u>me</u> em frente à folha**" (13º verso) e "**mas continua <u>em outra folha</u>**" (18º verso).

SIMULADO 19

Texto I: A casa materna

Vinicius de Moraes

1. Há, desde a entrada, um sentimento de tempo na casa materna. As grades do portão têm uma velha ferrugem e o trinco se oculta num lugar que só a mão filial conhece. O jardim pequeno parece mais verde e úmido que os demais, com suas palmas, tinhorões e samambaias que a mão filial, fiel a um gesto de infância, desfolha ao longo da haste.

2. É sempre quieta a casa materna, mesmo aos domingos, quando as mãos filiais se pousam sobre a mesa farta do almoço, repetindo uma antiga imagem. Há um tradicional silêncio em suas salas e um dorido repouso em suas poltronas. O assoalho encerado, sobre o qual ainda escorrega o fantasma da cachorrinha preta, guarda as mesmas manchas e o mesmo taco solto de outras primaveras. As coisas vivem como em prece, nos mesmos lugares onde as situaram as mãos maternas quando eram moças e lisas. Rostos irmãos se olham dos porta-retratos, a se amarem e compreenderem mudamente. O piano fechado, com uma longa tira de flanela sobre as teclas, repete ainda passadas valsas, de quando as mãos maternas careciam sonhar.

3. A casa materna é o espelho de outras, em pequenas coisas que o olhar filial admirava ao tempo em que tudo era belo: o licoreiro magro, a bandeja triste, o absurdo bibelô. E tem um corredor à escuta, de cujo teto à noite pende uma luz morta, com negras aberturas para quartos cheios de sombra. Na estante junto à escada há um Tesouro da Juventude com o dorso puído de tato e de tempo. Foi ali que o olhar filial primeiro viu

a forma gráfica de algo que passaria a ser para ele a forma suprema da beleza: o verso.

4. Na escada há o degrau que estala e anuncia aos ouvidos maternos a presença dos passos filiais. Pois a casa materna se divide em dois mundos: o térreo, onde se processa a vida presente, e o de cima, onde vive a memória. Embaixo há sempre coisas fabulosas na geladeira e no armário da copa: roquefort amassado, ovos frescos, mangas-espadas, untuosas compotas, bolos de chocolate, biscoitos de araruta - pois não há lugar mais propício do que a casa materna para uma boa ceia noturna. E porque é uma casa velha, há sempre uma barata que aparece e é morta com uma repugnância que vem de longe. Em cima ficam os guardados antigos, os livros que lembram a infância, o pequeno oratório em frente ao qual ninguém, a não ser a figura materna, sabe por que queima às vezes uma vela votiva. E a cama onde a figura paterna repousava de sua agitação diurna. Hoje, vazia.

5. A imagem paterna persiste no interior da casa materna. Seu violão dorme encostado junto à vitrola. Seu corpo como que se marca ainda na velha poltrona da sala e como que se pode ouvir ainda o brando ronco de sua sesta dominical. Ausente para sempre da casa materna, a figura paterna parece mergulhá-la docemente na eternidade, enquanto as mãos maternas se fazem mais lentas e as mãos filiais mais unidas em torno à grande mesa, onde já agora vibram também vozes infantis.

MORAES, Vinicius de. *Vinicius Menino*. São Paulo: Companhia das Letras, 2009.

1. Considerando o sentido do texto I, julgue os itens a seguir:

I. Na crônica de Vinicius de Moraes, o narrador expõe suas experiências e impressões acerca da casa de sua mãe, compondo um texto predominantemente descritivo, em que prevalecem as funções emotiva e poética da linguagem.

II. É possível depreender da leitura do texto que o piano fechado, retratado no segundo parágrafo, simboliza um tempo alegre, festivo e de sonhos, que ficou no passado e que dá lugar à saudade.

III. Com base nas informações textuais e extratextuais, pode-se inferir que há, em "**Foi ali que o olhar filial primeiro viu a forma gráfica de algo**

que passaria a ser para ele a forma suprema da beleza: o verso." (3º parágrafo), referência implícita à primeira pessoa, ao próprio autor do texto.

IV. Verifica-se a presença da subjetividade no relato sobre a casa materna, em que o sentimentalismo exerce clara influência sobre as percepções dos filhos, o que fica evidente em "**O jardim pequeno parece mais verde e úmido que os demais**" (1º parágrafo).

2. **Com base nos aspectos linguísticos e estilísticos do texto I, julgue os itens seguintes:**

I. No excerto "**E a cama onde a figura paterna repousava de sua agitação diurna. Hoje, vazia.**" (4º parágrafo), empregou-se eufemismo.

II. Como é usual em textos literários, no texto apresentado, observa-se emprego recorrente de figuras de linguagem, tais como a metonímia, em "**onde as situaram as mãos maternas quando eram moças e lisas.**" (2º parágrafo) e em "**Na estante junto à escada há um Tesouro da Juventude**" (3º parágrafo), e a prosopopeia, em "**Seu violão dorme encostado junto à vitrola.**" (5º parágrafo).

III. Por meio da metáfora "**A casa materna é o espelho de outras**" (3º parágrafo), o autor anuncia que vai apresentar, ao longo do texto, aspectos saudosos que estiveram presentes na infância filial, os quais, por sua vez, não constituem uma singularidade de uma família específica.

IV. Em "**Há um tradicional silêncio em suas salas e um dorido repouso em suas poltronas.**" (2º parágrafo), a palavra "**dorido**" foi empregada com o mesmo sentido de ***doloroso***, ***pesaroso***.

3. **Julgue as assertivas subsequentes, com base nos aspectos sintáticos do texto I:**

I. Em "**guarda as mesmas manchas e o mesmo taco solto de outras primaveras.**" (2º parágrafo) e em "**com negras aberturas para quartos cheios de sombra.**" (3º parágrafo), os termos "**de outras primaveras**" e "**de sombra**" são acessórios, exercendo função de adjunto adnominal.

II. Tanto em "**A imagem paterna persiste no interior da casa materna.**" quanto em "**Seu violão dorme encostado junto à vitrola.**" (5º parágrafo), há períodos simples, formados por verbos intransitivos, os quais compõem predicados verbais.

III. Os termos em destaque em "**com suas palmas, tinhorões e samambaias que a mão filial, <u>fiel a um gesto de infância</u>, desfolha ao longo da haste.**" (1° parágrafo) e em "**<u>Ausente para sempre da casa materna</u>, a figura paterna parece mergulhá-la docemente na eternidade**" (5º parágrafo) exercem a mesma função sintática.

IV. As formas verbais "**há**" e "**vibram**", presentes em "**há sempre uma barata**" (4º parágrafo) e em "**onde já agora vibram também vozes infantis.**" (5º parágrafo), apresentam a mesma transitividade.

4. **Considerando os aspectos linguísticos e gramaticais do texto I, julgue os itens a seguir:**

I. A palavra "**primeiro**", no trecho "**Foi ali que o olhar filial primeiro viu a forma gráfica de algo que passaria a ser para ele a forma suprema da beleza**" (3º parágrafo), tem base adverbial e indica circunstância de tempo.

II. Em "**Na estante junto à escada há um Tesouro da Juventude com o dorso puído <u>de</u> tato e <u>de</u> tempo.**" (3º parágrafo), as preposições em destaque são nocionais e introduzem adjuntos adverbiais com sentido de causa.

III. O vocábulo "**mesmo**", contido em "**É sempre quieta a casa materna, mesmo aos domingos**" (2º parágrafo), deve ser classificado como palavra denotativa de inclusão.

IV. Em "**Rostos irmãos se olham dos porta-retratos, a se amarem e compreenderem mudamente.**" (2º parágrafo), a partícula "**se**" classifica-se, nas duas ocorrências, como pronome reflexivo, com função sintática de objeto direto.

Texto II: Sonata
(trecho)

Érico Veríssimo

1. A história que vou contar não tem a rigor um princípio, um meio e um fim. O Tempo é um rio sem nascentes a correr incessantemente para a Eternidade, mas bem se pode dar que em inesperados trechos de seu curso o nosso barco se afaste da correnteza, derivando para algum braço morto, feito em antigas águas ficadas, e só Deus sabe o que então nos poderá acontecer. No entanto, para facilitar a narrativa, vamos supor que tudo tenha começado naquela tarde de abril.

2. Era o primeiro ano da Guerra e eu evitava ler os jornais ou dar ouvidos às pessoas que falavam em combates, bombardeios e movimentos de tropas.

3. "Os alemães romperão facilmente a linha Maginot", assegurou-me um dia o desconhecido que se sentara a meu lado num banco de praça. "Em poucas semanas estarão senhores de Paris." Sacudi a cabeça e repliquei: "Impossível. Paris não é uma cidade do espaço, mas do tempo. É um estado de alma e como tal inacessível às *Panzerdivisionen*". O homem lançou-me um olhar enviesado, misto de estranheza e alarma. Ora, estou habituado a ser olhado desse modo. Um lunático! É o que murmuram de mim os inquilinos da casa de cômodos onde tenho um quarto alugado, com direito à mesa parca e ao banheiro coletivo. E é natural que pensem assim. Sou um sujeito um tanto esquisito, um tímido, um solitário que às vezes passa horas inteiras a conversar consigo mesmo em voz alta. "Bicho-de-concha!" – já disseram de mim. Sim, mas a esta apagada ostra não resta nem o consolo de ter produzido em sua solidão alguma pérola rara, a não ser... Mas não devo antecipar nem julgar.

4. Homem de necessidades modestas, o que ganho dando lições de piano a domicílio basta para o meu sustento e ainda me permite comprar discos de gramofone e ir de vez em quando a concertos. Quase todas as noites, depois de vaguear sozinho pelas ruas, recolho-me ao quarto, ponho a eletrola a funcionar e, estendido na cama, cerro os olhos e fico a escutar os últimos quartetos de Beethoven, tentando descobrir o que teria querido dizer o velho com esta ou aquela frase. Tenho no quarto um piano no qual costumo tocar as minhas próprias composições, que nunca tive a coragem nem a necessidade de mostrar a ninguém. Disse um poeta que

5. *Entre a ideia*
e a realidade
Entre o movimento
E o ato

Cai a sombra.

6. Pois entre essa Sombra e a mal entrevista claridade duma esperança vivia eu, aparentemente sem outra ambição que a de manter a paz e a solitude.

7. No Inverno, na Primavera e no Verão sinto-me como que exilado, só encontrando o meu clima nativo, o meu reino e o meu nicho no Outono – a estação que envolve as pessoas e as coisas numa surdina lilás. É como se Deus armasse e iluminasse o palco do mundo especialmente para seus mistérios prediletos, de modo que a qualquer minuto um milagre pode acontecer.

8. Naquele dia de abril andava eu pelas ruas numa espécie de sonambulismo, com a impressão de que o Outono era uma opala dentro da qual estava embutida a minha cidade com as suas gentes, casas, ruas, parques e monumentos, bem como esses navios de vidrilhos coloridos que os presidiários constroem pacientemente, pedacinho a pedacinho, dentro de garrafas. Veio-me então o desejo de compor uma sonata para a tarde.

9. Comecei com um andantino serenamente melancólico e brinquei com ele durante duas quadras, com a atenção dividida entre a música e o mundo. De súbito as mãos sardentas dum de meus alunos puseram-se a tocar escalas dentro de meu crânio com uma violência atroz, e lá se foi o andantino...

10. Fiquei a pensar contrariado nas lições que tinha de dar no dia seguinte. Ah! A monotonia dos exercícios, a obtusidade da maioria dos discípulos, a incompreensão e a impertinência dos pais! Devo confessar que não gostava da minha profissão e que, se não a abandonava, era porque não saberia fazer outra coisa para ganhar a vida, pois repugnava-me a ideia de tocar músicas vulgares nessas casas públicas onde se dança, come e bebe à noite.

11. Quando o andantino me voltou à mente, fiquei a seguir suas notas como quem observa crianças a brincarem de roda num jardim. De repente, um ruído medonho e rechinante trincou de cima a baixo o vidro de meu devaneio, ao mesmo tempo que alguém me puxava violentamente para trás. Ora, não tenho nenhum instinto de conservação. Dizem que Shelley também era assim. Talvez seja uma pretensão absurda estar eu aqui a comparar-me com o poeta. Mas a verdade é que não tenho.

VERÍSSIMO, Érico. *Contos*. Porto Alegre: Globo, 1980.

5. **Julgue as assertivas a seguir, com base no sentido do texto II:**

I. Pode-se afirmar que a imprecisão e a precariedade de referências, no primeiro parágrafo do texto, embora contribuam para a ambientação da narrativa, prejudicam a compreensão do leitor.

II. No texto, empregou-se a intertextualidade como recurso estilístico, conforme se verifica em "**Paris não é uma cidade do espaço, mas do tempo. É um estado de alma e como tal inacessível às Panzerdivisionen**" (3º parágrafo) e em "**Dizem que Shelley também era assim.**" (11º parágrafo).

III. Em "**No entanto, para facilitar a narrativa, vamos supor que tudo tenha começado naquela tarde de abril.**" (1º parágrafo), o pronome contido em "**naquela**" é dêitico e compõe fragmento que evidencia o emprego pontual função metalinguística da linguagem.

IV. Em "**De repente, um ruído medonho e rechinante trincou de cima a baixo o vidro de meu devaneio**" (11º parágrafo), empregou-se metáfora.

6. Com base nos aspectos linguísticos e gramaticais do texto II, julgue os itens seguintes:

I. Em "**Talvez seja uma pretensão absurda estar eu aqui a comparar-me com o poeta.**" (11º parágrafo), o vocábulo "**poeta**" exemplifica o emprego da coesão anafórica, retomando por hiperonímia "**Shelley**".

II. Em "**Ora, estou habituado a ser olhado desse modo.**" (3º parágrafo), a palavra "**Ora**" deve ser classificada como interjeição e, portanto, não exerce função sintática na oração em que se insere.

III. As palavras "**gramofone**" e "**eletrola**", ambas presentes no quarto parágrafo, foram formadas por meio de composição por justaposição.

IV. Em "**se não a abandonava, era porque não saberia fazer outra coisa para ganhar a vida**" (10º parágrafo), a partícula "**se**" é expletiva, podendo ser retirada sem prejuízo para a correção gramatical ou para o sentido do trecho.

7. Considerando os aspectos gramaticais do texto II, julgue os itens a seguir:

I. As formas verbais "**ganho**" e "**basta**", presentes em "**Homem de necessidades modestas, o que ganho dando lições de piano a domicílio basta para o meu sustento**" (4º parágrafo), embora em orações diferentes, apresentam o mesmo objeto direto.

II. Na oração "**Quando o andantino me voltou à mente**" (11º parágrafo), a forma verbal "**voltou**" tem, como complemento, dois objetos indiretos.

III. A fim de que o trecho "**O Tempo é um rio sem nascentes a correr incessantemente para a Eternidade**" (1º parágrafo) estivesse adequado à norma-padrão da língua, dever-se-ia inserir uma vírgula após o vocábulo "**nascentes**", para isolar a oração subordinada adverbial reduzida de infinitivo.

IV. Em "**Homem de necessidades modestas, o que ganho dando lições de piano a domicílio basta para o meu sustento**" (4º parágrafo), o termo destacado é classificado, sintaticamente, como aposto.

Texto III: Máscara mortuária de Graciliano

Vinicius de Moraes

1. Feito só, sua máscara paterna,
2. Sua máscara tosca, de acre-doce
3. Feição, sua máscara austerizou-se
4. Numa preclara decisão eterna.

5. Feito só, feito pó, desencantou-se
6. Nele o íntimo arcanjo, a chama interna
7. Da paixão em que sempre se queimou
8. Seu duro corpo que ora longe inverna.

9. Feito pó, feito pólen, feito fibra
10. Feito pedra, feito o que é morto e vibra
11. Sua máscara enxuta de homem forte.

12. Isto revela em seu silêncio à escuta:

13. Numa severa afirmação da luta,

14. Uma impassível negação da morte.

MORAES, Vinicius de. *Novos poemas II.* Rio de Janeiro: São José, 1959.

8. **Com base nos aspectos estilísticos e no sentido do texto III, julgue os itens subsequentes:**

I. O fato de o texto ser um soneto composto por versos rimados e metrificados pressupõe o emprego da função poética como predominante em sua elaboração.

II. Sem que se promovesse alteração do sentido original, o verso "**Numa preclara decisão eterna**" (4º verso) poderia ser reescrito como ***Numa insigne decisão eterna***.

III. Para o eu lírico, a máscara mortuária deixa evidente, por meio da expressão austera que apresenta, a negação da morte.

IV. Pode-se identificar o emprego de recuso estilístico conhecido como gradação na terceira estrofe.

9. **Julgue as assertivas seguintes, considerando os aspectos linguísticos e gramaticais do texto III:**

I. Para que o verso "**Isto revela em seu silêncio à escuta**" (12º verso) ficasse correto quanto à coesão, a palavra destacada deveria ser substituída por ***Isso***.

II. As locuções "**da luta**" (13º verso) e "**da morte**" (14º verso) completam, necessariamente, o núcleo a que se referem, o que não acontece com a expressão "**de homem forte**" (11º verso) em relação ao seu núcleo "**máscara**".

III. No verso "**Feito pedra, feito o que é morto e vibra**" (10º verso), empregou-se o recuso estilístico conhecido como paradoxo.

IV. Está correto afirmar que a função metalinguística foi empregada, pontualmente, na segunda estrofe.

10. Com base nos aspectos linguísticos e gramaticais do texto III, julgue os itens a seguir:

I. Não se pode afirmar que a palavra "**se**", presente em "**Feição, sua máscara austerizou-se**" (3º verso) e em "**Feito só, feito pó, desencantou-se**" (5º verso), apresenta a mesma classificação gramatical.

II. As palavras em destaque no verso "**Seu duro corpo que ora longe inverna**" (8º verso) apresentam a mesma classificação morfológica e sintática.

III. O verbo destacado em "**Isto revela em seu silêncio à escuta:**" (12º verso) deve ser classificado como transitivo direto e indireto.

IV. A preposição contida no verso "**Numa preclara decisão eterna.**" (4º verso) é nocional e apresenta sentido de causa.

SIMULADO 20

Texto I: O telefone celular

Rubem Alves

1. Em Minas, antigamente, era comum nas portas, à frente das casas, um buraquinho por onde passava um barbante. O barbante estava amarrado ao trinco. Bastava puxar o barbante do lado de fora para que a porta se abrisse. Assim, qualquer pessoa, a qualquer hora, podia entrar, sem precisar bater e, se não houvesse ninguém na casa, ir até a cozinha e tomar um cafezinho quente no fogão de lenha. Não conheço caso de que esse gesto de cortesia e confiança, o barbante pendente, tivesse sido desrespeitado. Imaginemos entretanto, em puro devaneio literário, que, num dia qualquer, voltando para casa, o morador a encontrasse ocupada por todo tipo de pessoas (haviam entrado puxando o barbante): umas, amigas, sempre bem-vindas, mas a maioria desconhecidas, que enchiam as salas, os quartos, os corredores, os banheiros, a cozinha... Algumas, simpáticas, sorridentes; outras, meio vadias, tinham entrado porque era fácil puxar o barbante... Pois foi precisamente essa a imagem que me veio ao ler o artigo justamente irado do frei Beto, a propósito de uma invasão sofrida. Antigamente, quando era preciso escrever no papel, sobrescritar envelope, ir ao correio e colar selo, a trabalheira era muito grande. Por isso as cartas eram sempre sobre coisas importantes. Hoje, quem não tem o que fazer faz uso da facilidade para ficar mandando e-mails. O frei Beto encontrou 137 e-mails à sua espera. Aí ele ficou muito bravo e fez uso da tecla delete para dar expressão ao seu sadismo...

2. Pois eu vou me juntar ao frei Beto para falar mal do telefone celular. Faz tempo, comprei um, daqueles pesadões, hoje elefantes se comparados aos mais modernos, pequenos beija-flores que se seguram delicadamente com o indicador e o polegar. Me sinto humilhado, pela comparação. Pensei em comprar um beija-flor, para exibir minha modernidade. Mas não adianta. O meu, neste momento em que escrevo, não sei onde está. Também não adianta. Está sempre desligado. Acho que não quero ser encontrado. Psicanalista, tenho o costume de ficar interpretando os objetos. O telefone sendo um deles. Descobri, num museu da cidade de Lavras, uma "folhinha" colorida da loja da minha avó, Sophia Alves do Espírito Santo, próspera e progressista. Data: 1917. Está lá, o número do telefone: 23. Pensei: para quê? Quantos telefones devia haver em Boa Esperança naquele ano? Dois? Três? E, mesmo se houvesse, as pessoas não faziam compras por telefone. O tempo era muito comprido, e as pessoas queriam mesmo era ir ao lugar, para matar o tempo que não passava e prosear. Negócios com a capital? Impossível. Não se faziam negócios por telefone. Mesmo porque não se conseguia ouvir o que se dizia. Minha avó tinha telefone não por razões práticas, mas, como sugeriram Veblen e Freud, por razões simbólicas. Para esnobar riqueza. Quem tinha telefone era rico.

3. Telefonema era coisa grave. As casas não tinham telefone. Havia um "posto telefônico". A chamada chegava ao posto, que enviava um mensageiro à casa da pessoa chamada. Chegava o mensageiro, todo mundo estremecia. Tinha de ser coisa muito grave. "Quem será que morreu?", perguntava-se.

4. Acho que é essa gravidade ancestral de uma chamada telefônica que explica o fato de que, quando o telefone toca, todo mundo corre. Interrompe-se tudo. Não conheço ninguém que, tocando o telefone, deixe o telefone tocar. Preciso resolver um assunto num escritório. Paro minhas coisas para ir lá. No balcão, ou numa mesa, converso com o funcionário. No meio da conversa, toca o telefone. Quem telefonou não foi lá, como eu; ficou em casa, não quis perder tempo. Pois quem estava me atendendo, sistematicamente, interrompe nossa conversa, me deixa esperando e fica atendendo aquele que não foi. Por quê? Porque se pressupõe que o telefonema é sempre mais importante. Telefonema é coisa grave.

5. Nos aeroportos fico contemplando o espetáculo, todo mundo falando no celular. Penso: "Quantas coisas importantes estão acontecendo, inadiáveis!" Ah! Como se sentem felizes as pessoas quando seu telefone celular toca! O toque de um celular anuncia para todos o quão importantes elas são. Eu,

com frequência, faço palestras. E já é norma esperada que, no meio da minha fala, um telefone celular toque. A princípio eu ficava indignado, mas não dizia nada. Mudei de ideia quando, certa vez, o telefone de um cavalheiro que se assentava na primeira fila tocou e ele, ao invés de desligar o telefone, conversou tranquilamente com a pessoa do outro lado da linha. E ali fiquei eu perplexo, com cara de bobo, falando, enquanto o tal cavalheiro, do centro de sua bolha narcísica, anunciava para as seiscentas pessoas o quão importante ele era. A pessoa que faz isso tem uma visão grandiosa e poderosa de si mesma. Ela se imagina encontrar no centro de coisas gravíssimas que exigem sua ação imediata. Caso contrário, se ela não atender o telefone e não agir, é possível que o mundo caia em pedaços. De alguma forma, é como se fôssemos um dos super-heróis, Batman ou Super-Homem, de cuja ação imediata depende a normalidade do mundo. Agora, quando o celular toca, eu faço gozação. Faço interpretação psicanalítica. O telefone celular que toca é um fálus que se exibe.

6. Quando eu era menino, a diversão da gente era ir à matinê aos domingos, para o faroeste. O mocinho, com aqueles revolvões pendurados na cintura! Que inveja! Bem que eu gostaria de ter cinturão de mocinho com revólver no coldre. Assim, quando eu fosse andando pela rua, todo mundo me olharia com medo e respeito. É essa fantasia infantil que me vem à cabeça quando vejo os homens andando por aí, com seus telefones celulares pendurados no coldre que está preso ao cinto. É menino realizando o sonho. Nos restaurantes cada um põe a sua arma sobre a mesa. É preciso estar atento. É preciso estar pronto. Jamais deixar o celular no carro! A qualquer momento pode surgir uma emergência. É preciso agir com rapidez.

7. Acho um telefone celular uma coisa útil. É possível que, no futuro, eu compre um dos pequenos (pequeno, mas potente!), que eu possa carregar na pochete. No coldre, jamais! Morreria de vergonha! Mas fico assombrado com a forma como as pessoas abrem mão da sua privacidade. Talvez porque a sua privacidade seja vazia, não tenha nada lá dentro. Sendo vazia, elas se sentem diluir no nada. Penso, assim, que o telefone celular é um artifício que se usa para lidar com a solidão. Que horror quando o celular não toca! Ninguém está se lembrando de mim! Ninguém precisa de mim! Vou sugerir aos fabricantes de celulares que os aparelhos tenham um marcador de chamadas. Assim, ao final do mês, as pessoas poderão avaliar quão importantes elas são. "Ah! Como sou importante! Fui chamado 280 vezes!". E ficarão felizes. Os celulares podem ser, assim, aparelhos para

se medir, quantitativamente, o grau de importância de alguém. O que importa não é a mensagem, aquilo que é comunicado. É o meio – o fato de o celular estar sendo usado. Como dizia Marshal MacLuhan: "O meio é a mensagem". Essa é a razão por que as pessoas aumentam o seu prazer falando no celular de forma a serem vistas e ouvidas. É preciso que todos saibam! Nos aeroportos elas falam andando (para aumentar o público), e falam alto para que os que não estão vendo ouçam. É divertido.

8. Tenho saudades do tempo, lá em Minas, do barbante pelo buraco na porta. Os visitantes eram sempre amigos e poucos. Hoje é perigoso deixar o barbante de fora. A gente termina por perder a casa. Tenho medo do e-mail. Tenho medo do celular.

ALVES, Rubem. *Se eu pudesse viver minha vida novamente*. São Paulo: Verus Editora Ltda, 2004.

1. **Com relação às ideias desenvolvidas no texto I, julgue os itens a seguir:**

I. Pode-se afirmar que o texto, que é uma crônica, é, de certa forma, datado, o que fica evidente no trecho: "**Acho um telefone celular uma coisa útil. É possível que, no futuro, eu compre um dos pequenos (pequeno, mas potente!), que eu possa carregar na pochete. No coldre, jamais!**" (7º parágrafo).

II. Depreende-se do último parágrafo que o autor é bastante saudosista e que apresenta certa resistência à tecnologia; por esse motivo, deixa claro do que sente saudades e do que tem medo.

III. Apesar de, isoladamente, não poderem ser consideradas palavras antônimas, no início do segundo parágrafo, "**elefantes**" e "**beija-flores**" foram empregados como antônimos contextuais.

IV. Apesar de estar bem fundamentado com dados referencias, o texto I apresenta a função emotiva como predominante.

2. **Com base nos aspectos linguísticos e gramaticais do texto I, julgue os itens seguintes:**

I. O terceiro parágrafo foi composto, predominantemente, por orações coordenadas, exceto pela presença de uma oração subordinada adjetiva explicativa.

II. O termo a que se refere o pronome relativo destacado em "É essa fantasia infantil **que me vem à cabeça quando vejo os homens andando por aí**" (6º parágrafo) exerce a função de predicativo do sujeito, o qual tem por núcleo o pronome demonstrativo "**essa**".

III. O período "**A qualquer momento pode surgir uma emergência**" (6º parágrafo) é simples e contém, respectivamente, os termos seguintes: adjunto adverbial de tempo, locução verbal transitiva direta e objeto direto.

IV. Não se pode afirmar que a palavra "**mesmo**" apresenta a mesma classe gramatical nos trechos "**e as pessoas queriam mesmo era ir ao lugar**" (2º parágrafo) e "**Mesmo porque não se conseguia ouvir o que se dizia**" (2º parágrafo).

3. **Julgue as assertivas subsequentes, com base nos aspectos sintáticos do texto I:**

I. Não se pode afirmar que o "**se**" apresenta a mesma classificação gramatical nas três ocorrências em "**Não se faziam negócios por telefone. Mesmo porque não se conseguia ouvir o que se dizia**" (**2º parágrafo).**

II. Em "**Nos aeroportos fico contemplando o espetáculo, todo mundo falando no celular. Penso: 'Quantas coisas importantes estão acontecendo, inadiáveis!'**" (5º parágrafo), os trechos grifados exercem a mesma função sintática em relação ao núcleo a que se referem.

III. Apesar de não haver conjunção ligando as orações coordenadas do período "**O que importa não é a mensagem, aquilo que é comunicado**" (7º parágrafo), ele poderia ser reescrito, sem alteração semântica e sem prejuízo gramatical como ***O que importa não é a mensagem, mas aquilo que é comunicado.***

IV. A reescritura do período "**Sendo vazia, elas se sentem diluir no nada**" (7º parágrafo) como ***Sendo vazia, elas sentem diluir-se no nada*** também estaria correta quanto às regras de colocação pronominal, em razão de haver locução verbal.

4. **Considerando a pontuação empregada no texto I, julgue os itens subsequentes:**

I. Faltou uma vírgula obrigatória no trecho "**Quando eu era menino, a diversão da gente era ir à matinê aos domingos, para o faroeste**" (6º parágrafo).

II. Em "**Descobri, num museu da cidade de Lavras, uma 'folhinha' colorida da loja da minha avó, Sophia Alves do Espírito Santo, próspera e progressista**" (2º parágrafo), o termo "**Sophia Alves do Espírito Santo**" não deveria vir isolado por vírgulas, já que funciona como aposto nominativo. Assim sendo, para que o período ficasse correto quanto à pontuação, ele deveria ser reescrito como ***Descobri, num museu da cidade de Lavras, uma 'folhinha' colorida da loja da minha avó Sophia Alves do Espírito Santo próspera e progressista.***

III. No período "**Pois eu vou me juntar ao frei Beto para falar mal do telefone celular**" (2º parágrafo), deveria ter sido empregada uma vírgula antes da preposição "**para**", a fim de separar a oração subordinada adverbial final reduzida de infinitivo de sua principal.

IV. A segunda vírgula empregada no trecho "**Faz tempo, comprei um, daqueles pesadões**" (2º parágrafo) está correta e pode ser justificada por marcar a elipse de um termo mencionado anteriormente, no caso, "**telefone celular**".

Texto II: Arte e síntese

Vinicius de Moraes

1. Arte não é só "fazer": é também esperar. Quando o veio seca, nada melhor para o artista que oferecer a face aos ventos, e viver, pois só da vida lhe poderão advir novos motivos para criar. Nada pode resultar mais esterilizante que o encontro de uma síntese, se ela não for, como na vida, a consequência de uma análise que se retoma a partir dela. Encontrar uma fórmula é, sem dúvida, uma forma de realização; mas comprazer-se nela e ficar a aplicá-la indefinidamente, porque agradou, ou compensou, constitui a meu ver uma falta de caráter artístico. Como nas ciências positivas, o

encontro de uma síntese deve ser o ponto de partida para a busca de outra, e assim por diante, até o encontro dessa grande e única verdadeira síntese que é a morte. E nesse particular eu considero Picasso o maior artista dos nossos tempos.

2. Picasso é como o câncer às avessas. Sua arte múltipla e prolífica representa uma tremenda afirmação de vida, pois o grande andaluz reformula-se constantemente, até quando varia sobre o mesmo tema. O quadro é para ele como um abismo onde se lança de cabeça, e que uma vez possuído, repele-o fora, como uma mulher violentada. Porque Picasso é dos poucos artistas de qualquer época a quem o abismo teme. O abismo teme esse louco saltimbanco que se atira no vácuo da tela sem saber se vai voltar - e volta sempre. De quantos mais, no nosso século, se pode dizer o mesmo?

3. Arte é afirmação de vida, em que pese isto aos mórbidos. Afirmação de vida nesse sentido que a vida é a soma de todas as suas grandezas e podridões: um profundo silo onde se misturam alimentos e excrementos, e do qual o artista extrai a sua ração diária de energias, sonhos e perplexidades: a sua vitalidade inconsciente. Tome-se Villa-Lobos, por exemplo. Villa-Lobos é um caudal que se precipita arrastando tudo o que encontra em seu caminho, troncos floridos e paus pobres, ninfeias e cadáveres; e, uma vez represado, harmoniza os elementos antagônicos dessa rica contextura em música, seja da maior tranquilidade, seja do maior tormento - pois tudo faz parte da vida. Como admirar, assim, o artista que se recusa a comer dessa mistura, que desinfeta as mãos para tocá-la, que vive a tomar leite para não se envenenar com suas tintas?

4. A arte não ama os covardes: e essa afirmação não pode ser mais antifascista. A arte, há que domá-la como a um miúra: e para tanto é preciso viver sem medo. Não a coragem idiota dos que se arriscam desnecessariamente, em franco desrespeito a esse terrível postulado da vida, que ordena uma preservação constante, de maneira a se estar sempre apto para os seus grandes momentos. Esse foi, a meu ver, o pecado maior de Hemingway, e a loucura maior de Rimbaud, que resultou, num, numa morte simulada, temporã, que se antecipou à grande síntese; no outro, numa evasão total, numa recusa pânica a ver o fundo do abismo. Isto sem prejuízo da arte, que ambos exerceram, cada um a seu modo, com gênio e responsabilidade; mas não o gênio e a responsabilidade de um Tolstoi ou de um Picasso. E aí é que está a questão.

5. É evidente que nenhum prazer poderá jamais substituir uma relação sexual de amor. E é isso o que irrita em certos artistas: eles acabam por se satisfazer solitariamente. Não são capazes, depois de encontrar a síntese, de jogá-la aos peixes, como faz Picasso diariamente, e sair para outra - e não por insatisfação pura e simples: porque sabe intuitivamente que quem acha vive se perdendo, como filosofou Noel Rosa. O negócio é a busca. Aí que a vida incute.

6. Eu conheço artistas que não se dão mais sequer o trabalho de mergulhar no que fazem, no ato de criar. Trabalham mecanicamente, a partir de um *metier* adquirido, e elaboram sua obra dentro de esquemas predeterminados por uma síntese atingida. E ficam jogando boxe com a sombra, justificando-se de sua impotência criadora com a autossatisfação do próprio virtuosismo; aparentemente vaidoso de sua rigidez temática, mas no fundo sabendo que se encontram diante desse fatal impasse em que esbarram sempre os que se recusam às fontes mais generosas da vida e da criação.

7. Há amigos de Picasso, e a um eu conheci, que o acusam de avarento. Mas certamente não com sua vida e sua arte. Já ouvi toda sorte de histórias a seu respeito: de que guarda a fortuna em casa, dentro de uma arca, e fica a contar e recontar moedas como um usurário de teatro. Histórias absurdas, evidentemente, para quem não deve ter a menor noção do valor do dinheiro; cujos guardanapos e toalhas, que ficava riscando à toa, eram disputados a tapa pelos garçons dos restaurantes onde comia em Cannes. Mas fosse isso verdade - esse horrível pecado que é a avareza - e não seria uma ínfima anomalia neurótica, desculpável, portanto, num homem que criou a maior obra de arte do seu século? Quem fez mais que ele, que revolucionou toda a estética da arte contemporânea e se colocou, chegando o momento, do único lado certo - aquele contra os inimigos do homem e da cultura? Hoje, beirando os noventa, o velho Minotauro, ainda sadio, ainda pintando, pode dizer: "Criei um mundo!" E não, bem certo, porque tivesse sido avaro com sua vida. Fecundou mulheres, teve filhos, fez amigos e discípulos por toda parte. Prodigalizou seu sêmen. Foi um homem.

MORAES, Vinicius de. Arte e síntese. *In: Jornal do Brasil.* Rio de Janeiro, 31/12/1969.

5. **Julgue as assertivas a seguir, com base no sentido do texto II:**

I. Pode-se inferir do texto que, para o autor, Pablo Picasso é o maior artista do século XX, porque não sofre da "**falta de caráter artístico**", a qual se caracterizaria pela repetição, indefinidamente, de fórmulas encontradas na elaboração da arte.

II. Segundo o autor do texto, tanto Hemingway e Rimbaud quanto Tolstoi e Picasso eram dotados de gênio e de responsabilidade artísticos, estes, entretanto, foram capazes de encontrar a síntese da arte, mas não se acomodaram a ela, enquanto aqueles, por motivos diferentes, nem chegaram a encontrá-la.

III. Sem que se promovesse alteração do sentido original, o trecho "**um profundo silo onde se misturam alimentos e excrementos**" (1º parágrafo) poderia ser reescrito como ***um profundo túnel onde se misturam alimentos e excrementos***.

IV. O anacoluto foi o recurso estilístico empregado pelo autor no trecho "**A arte, há que domá-la como a um miúra**" (4º parágrafo).

6. **Com base nos aspectos linguísticos e gramaticais do texto II, julgue os itens seguintes:**

I. Exercem a mesma função sintática os termos grifados em "**Nada pode resultar mais esterilizante que o encontro <u>de uma síntese</u>, se ela não for, como na vida, a consequência <u>de uma análise</u> que se retoma a partir dela**" (1º parágrafo).

II. A fim de se tornar correto gramatical e semanticamente, o período "**Eu conheço artistas que não se dão mais sequer o trabalho de mergulhar no que fazem, no ato de criar**" (6º parágrafo) deveria ser reescrito como ***Eu conheço artistas que não se dão mais sequer ao trabalho de mergulhar no que fazem, no ato de criar***.

III. Não há justificativa gramatical para o uso de dois-pontos em "**A arte não ama os covardes: e essa afirmação não pode ser mais antifascista**" (4º parágrafo), o que significa que, para tornar o trecho condizente com a norma-padrão, eles deveriam ser, necessariamente, substituídos por vírgula.

IV. Sem prejuízo gramatical e sem alteração do sentido original, o período "**Hoje, beirando os noventa, o velho Minotauro, ainda sadio, ainda**

pintando, pode dizer: 'Criei um mundo!'" (7º parágrafo) poderia ser reescrito como ***Hoje, conquanto beire os noventa, o velho Minotauro, ainda sadio, ainda pintando, pode dizer: 'Criei um mundo!'.***

7. **Considerando o emprego dos verbos no texto II, julgue os itens a seguir:**

I. Em "**pois só da vida lhe poderão advir novos motivos para criar**" (1º parágrafo), a locução verbal em destaque é bitransitiva e, além de seu complemento direto, apresenta duplo objeto indireto.

II. A palavra grifada em "**Encontrar uma fórmula é, sem dúvida, uma forma de realização**" (1º parágrafo) exemplifica o processo de derivação imprópria e funciona como núcleo do sujeito da oração em que está inserido.

III. Para que se ajustasse quanto à regência verbal, o trecho "**mas comprazer-se nela e ficar a aplicá-la indefinidamente**" (1º parágrafo) deveria ser reescrito como ***mas comprazer-se com ela e ficar a aplicá-la indefinidamente.***

IV. No trecho "**O abismo teme esse louco saltimbanco que se atira no vácuo da tela**" (2º parágrafo), a forma verbal sublinhada é pronominal transitiva direta, acompanhada pelo pronome reflexivo "**se**", o qual exerce função de objeto direto.

Texto III: Lembranças

Gilka Machado

1. Teus retratos — figuras esmaecidas;
2. mostram pouco, muito pouco do que foste.
3. Tuas cartas — palavras em desgaste,
4. dizem menos, muito menos
5. do que outrora me diziam
6. teus silêncios afagantes...
7. Só o espelho da minha memória

conserva nítida, imutável
a projeção de tua formosura,
só nos folhos dos meus sentidos
pairam vívidas
em relevo
as frases que teu carinho
soube nelas imprimir.

Sou a urna funerária de tua beleza
que a saudade
embalsamou.

Quando chegar o meu instante derradeiro
só então, mais do que eu,
tu morrerás
em mim.

MACHADO, Gilka. *Poesias completas*. Rio de Janeiro: L. Christiano: FUNARJ, 1991.

8. **Com base nos aspectos estilísticos e no sentido do texto III, julgue os itens subsequentes:**

I. Apenas na última estrofe, é possível entender que o eu lírico e o "**tu**" são, na verdade, a mesma pessoa, apenas em tempos diferentes.

II. Pode-se afirmar que a prosopopeia foi o recurso estilístico empregado nos versos "**as frases que teu carinho/ soube nelas imprimir**" (13º e 14º versos).

III. Empregou-se eufemismo nos versos "**Sou a urna funerária de tua beleza**" (15º verso) e "**Quando chegar o meu instante derradeiro**" (18º verso).

IV. Sem promover alteração do sentido original, o verso "**só nos folhos dos meus sentidos**" (10º verso) poderia ser reescrito como ***só nas frestas dos meus sentidos***.

9. Julgue as assertivas seguintes, considerando os aspectos linguísticos e gramaticais do texto III:

I. A palavra "**só**", empregada no sétimo e no décimo versos, deve ser classificada, gramaticalmente, de maneira distinta.

II. Sem prejuízo gramatical ou alteração do sentido original, o ponto e vírgula empregado no final do primeiro verso poderia ser substituído por travessão, do mesmo modo que a vírgula presente no final do terceiro verso.

III. No verso "**dizem menos, muito menos**" (4º verso), a palavra "**menos**", nas duas ocorrências, é pronome indefinido, sendo, no segundo caso, intensificado pelo advérbio "**muito**".

IV. Os adjetivos "**nítida**" (8º verso), "**imutável**" (8º verso) e "**vívidas**" (11º verso), embora tenham referentes distintos, exercem todos a mesma função sintática.

10. Com base nos aspectos sintáticos do texto III, julgue os itens a seguir:

I. Está correto afirmar que a última estrofe é estruturada por três orações, que formam um período composto por subordinação apenas.

II. Há certa ambiguidade sintática no verso "**Quando chegar o meu instante derradeiro**" (18º verso), em relação à função desempenhada pelo termo "**derradeiro**", que pode ser entendido tanto como adjunto adnominal quanto como predicativo do sujeito.

III. O termo que compõe o último verso completa, necessariamente e de maneira indireta, o verbo contido no verso anterior.

IV. A função sintática desempenhada pelo pronome relativo contido em "**que a saudade**" (16º verso) é diferente da exercida pelo seu referente.

SIMULADO 21

Texto I: Genialidade brasileira

Alcântara Machado

1. Confusão. Sempre confusão. Espírito crítico de antologia universal. Lado a lado todas as épocas, todas as escolas, todos os matizes. Tudo embrulhado. Tudo errado. E tudo bom. Tudo ótimo. Tudo genial.

2. Olhem a mania nacional de classificar palavreado de literatura. Tem adjetivos sonoros? É literatura. Os períodos rolam bonito? Literatura. O final é pomposo? Literatura, nem se discute. Tem asneiras? Tem. Muitas? Santo Deus. Mas são grandiloquentes? Se são. Pois então é literatura e da melhor. Quer dizer alguma cousa? Nada. Rima, porém? Rima. Logo é literatura.

3. O Brasil é o único país de existência geograficamente provada em que não ser literato é inferioridade. Toda gente se sente no dever indeclinável de fazer literatura. Ao menos uma vez ao ano e para gasto doméstico. E toda a gente pensa que fazer literatura é falar ou escrever bonito. Bonito entre nós às vezes quer dizer difícil. Às vezes tolo. Quase sempre eloquente.

4. O cavalheiro que encerra a sua oração com um Na antiga Roma ou como disse Barroso Na célebre batalha é orador. Orador, só? Não. Orador de gênio. O cavalheiro que termina o seu soneto com um Ó sol! É raio! Ó luz! Ó nume! Ó astro! É poeta. Também genial. E assim por diante.

5. Só a gente se agarrando com Nossa Senhora da Aparecida.

6. Essa falsa noção da genialidade brasileira é a mesma do Brasil, primeiro país no mundo. Não há cidadão perdido em São Luiz do Paraitinga ou São João do Rio do Peixe que não esteja convencido disso. E porque o Brasil é o campeão do universo e o brasileiro o batuta da terra, tudo quanto aqui nasce e existe há de ser forçosamente o que há de melhor neste mundo de Cristo e de nós também. Todos os adjetivos arrebatados e apoteóticos são poucos para tamanha grandeza e tamanha lindeza. Ninguém pode conosco. Nós somos os cueras mesmo.

7. Qualquer coisinha assume aos nossos olhos de mestiços tropicais proporções magnificentes, assustadoras, insuperáveis, nunca vistas. O Brasil é o mundo. O resto é bobagem. Castro Alves bate Victor Hugo na curva. O problema da circulação em São Paulo absorve todas as atenções estudiosas. Sem nós a Sociedade das Nações dá em droga. Vocês vão ver. Wagner é canja para Carlos Gomes. Em Berlim como em Sydney, em Leningrado como em Nagasaki só temos admiradores invejosos. O universo inteiro nos contempla. Eta nós!

8. É por isso que seria excelente de vez em quando uma cartinha como aquela de Remy de Gourmont a Figueiredo Pimentel. Um pouco de água gelada nesta fervura auriverde. Para que o trouxa brasileiro caia na realidade. E deixe-se dessa história de gênio, grandeza, importância e riquezas incomparáveis que é bobagem.

9. E não é verdade.

SANTOS, Joaquim F. (org.). *As cem melhores crônicas brasileiras*. Rio de Janeiro: Editora Objetiva, 2007.

1. **Considerando e o sentido do texto I, julgue os itens a seguir:**

I. Após a leitura do texto, pode-se afirmar que tanto o título "**Genialidade brasileira**" quanto o período "**Ninguém pode conosco.**" (6º parágrafo) exemplificam emprego de ironia.

II. Sem prejuízo para o sentido original, o trecho "**Nós somos os cueras mesmo.**" (6º parágrafo) poderia ser escrito como ***Nós somos os parvos mesmo***.

III. Tanto a palavra "**Pois**" quanto a palavra "**então**", empregadas no período "**Pois então é literatura e da melhor.**" (2º parágrafo), devem ser classificadas como marcadores discursivos.

IV. Pode-se inferir que a referência do pronome "**nós**", empregado no final do terceiro parágrafo, é a palavra "**escritores**".

2. Com base nos aspectos estilísticos do texto I, julgue os itens seguintes:

I. No trecho "**Em Berlim como em Sydney, em Leningrado como em Nagasaki só temos admiradores invejosos.**" (7º parágrafo), empregou-se figura de linguagem denominada gradação.

II. Em "**O universo inteiro nos contempla. Eta nós!**" (7º parágrafo), o recurso estilístico empregado foi a hipérbole.

III. Pode-se afirmar que, no trecho "**Um pouco de água gelada nesta fervura auriverde.**" (8º parágrafo), os vocábulos "**gelada**" e "**fervura**" **são antônimos contextuais.**

IV. Em "**Qualquer coisinha assume aos nossos olhos de mestiços tropicais proporções magnificentes, assustadoras, insuperáveis, nunca vistas.**" (7º parágrafo), estão presentes as figuras de linguagem metonímia, antonomásia e gradação.

3. Julgue as assertivas subsequentes, com base nos aspectos sintáticos do texto I:

I. Considerando-se que sujeito não é fator de próclise, o trecho "**Toda gente se sente no dever indeclinável de fazer literatura.**" (3º parágrafo) deveria ser reescrito como ***Toda gente sente-se no dever indeclinável de fazer literatura.***

II. A palavra "**embrulhado**" (1º parágrafo) foi formada por processo distinto de "**palavreado**" (2º parágrafo).

III. O período "**O problema da circulação em São Paulo absorve todas as atenções estudiosas.**" (7º parágrafo) é simples e apresenta predicado verbo-nominal.

IV. Em "**Qualquer coisinha assume aos nossos olhos de mestiços tropicais proporções magnificentes,**" (7º parágrafo), os termos "**de mestiços**" e "**tropicais**" exercem a mesma função sintática, mas apresentam referentes distintos.

4. Considerando os aspectos linguísticos e gramaticais do texto I, julgue os itens a seguir:

I. Em "**É por isso que seria excelente de vez em quando uma cartinha como aquela de Remy de Gourmont a Figueiredo Pimentel.**" (8º parágrafo) e em "E **deixe-se dessa história de gênio, grandeza, importância e riquezas incomparáveis que é bobagem.**" (8º parágrafo), as palavras em destaque apresentam a mesma classificação morfológica.

II. No trecho "**Essa falsa noção da genialidade brasileira é a mesma do Brasil, primeiro país no mundo.**" (6º parágrafo), o termo "**primeiro país no mundo**" deve ser classificado como predicativo, razão que justifica o emprego da vírgula.

III. Pode-se afirmar que, de acordo com o contexto em que foram empregadas, as expressões "**Santo Deus.**" (2º parágrafo) e "**Eta nós!**" (7º parágrafo) devem ser classificadas como interjeição.

IV. No período "**Lado a lado todas as épocas, todas as escolas, todos os matizes.**" (1º parágrafo), foi suprimida uma vírgula obrigatória, a qual tem por objetivo evidenciar a elipse da forma verbal "**estão**".

Texto II: Guaxinim do banhado

Mário de Andrade

1. O guaxinim está inquieto, mexe dum lado pra outro. Eis que suspira lá na língua dele: — Xente! que vida dura, esta de guaxinim do banhado!... Também: diabo de praieiros que nem galinha criam, pra mim chupar o ovo delas!...

2. Grunhe. O suspiro sai afilado, sopranista, do focinho fino, ágil que nem brisa. Levanta o narizinho no ar, bota os olhos vivos no longe plano da praia. Qual! nem cana tem ali, pra guaxinim roer...

3. E guaxinim está com fome. A barriguinha mais clara dele vai dando horas de almoço que não para mais. No sol constante da praia, guaxinim anda rápido, dum lado pra outro. O rabo felpudo, longo dele, dois palmos de guaxinim já igualado, é um enfeite da areia. Bem recheado de pelos, dum cinza mortiço e evasivo, dado a cor-de-castanha, na sombra. Guaxinim sacode a cabecinha, se coça:

4. — Que terra inabitável este Brasil! que governos péssimos, fixe!

5. E depois dessa exclamação consoladora, guaxinim se dirige pros alagados que estralejam verde-claro de mangue, quinhentos metros além.

6. Chegado lá, para um bocado e assunta em volta. Logo descobre um buraco. Cheio de cautela, mete o focinho nele, espia lá dentro. Tira o focinho devagar, desalentado. Olha aqui, olha acolá. Se chega pra outra loca adiante. Repete a mesma operação. Guaxinim retira rápido o focinho. No fundo da loca, percebeu muito bem, o guaiamum. Então guaxinim põe reparo bem na topografia do lugar. O terreno perto inda é chão de mangue, úmido, liso, bom pra guaiamum correr. Só quase uns dez metros além é que a areia é de duna mesmo, alva, fofa, escorrendo toda, ruim pra guaiamum fugir.

7. — Paciência! guaxinim murmura. Chega bem pertinho da loca, dá as costas pra ela, medindo sempre com a pontaria dos olhos a distância do areão afastado. De repente, decidido, bota o rabo no buraco e chega ele de com força bem na cara do sobressaltado guaiamum, machucando os olhos de cogumelo do tal. Guaiamum fica danado e juque! com o ferrão da pata de guerra agarra o rabo de guaxinim. Guaxinim berra de dor mas dá uma mucica formidável e sacode guaiamum lá no areão — voo de Santos Dumont, dez metros só. Isso pra guaiamum, coitadinho, é voo de Sarmento Beires, coisa gigante. O pobre cai atordoado, quase morto, que nem pode se mexer.

8. Guaxinim está grunhindo desesperado com a dor.

9. — Ai! pobre do meu rabo! Lambe o rabo, sacode a cabeça no ar, tomando os céus por testemunha. Lambe o rabo outra vez, se lastima, se queixa, torna a acarinhar o rabo, ôh céu! que desgraçada vida essa de guaxinim do banhado!

10. O guaiamum lá na areia principia se movendo, machucado, num atordoamento mãe. Vem vindo pro mangue outra vez. Guaxinim corre logo e come o guaiamum. Lambendo o focinho, olha o rabo. Suspira:

11. — Paciência, meu rabo.

12. Sacode outra vez a cabecinha e vai-se embora pro banhado, terra dele.

ANDRADE, Mário de. *O melhor de Mário de Andrade: contos e crônicas*. Rio de Janeiro: Editora Nova Fronteira, 2015.

5. **Julgue as assertivas a seguir, com base no sentido do texto II:**

I. Entre as características típicas do Modernismo, pode-se destacar, no texto II, a linguagem, por vezes, empregada em seu registro coloquial e a análise crítica da realidade brasileira, sem a idealização característica do Romantismo.

II. Pode-se depreender do texto II que, nem sempre, aquele que parece mais esperto, como o Guaxinim, é bem-sucedido nos seus intentos, visto que ele leva uma ferroada na cauda, por se meter em terreno que já tinha dono.

III. No final do sétimo parágrafo, o autor, para descrever o deslocamento do guaiamum pelo guaxinim, vale-se de uma antítese que tem por base uma metáfora.

IV. Sem prejuízo gramatical ou semântico, o trecho "**Guaxinim berra de dor mas dá uma mucica formidável**" (7º parágrafo) poderia ser reescrito como ***Guaxinim grita de dor, mas dá um desgarrão colossal.***

6. **Com base nos aspectos linguísticos e gramaticais do texto II, julgue os itens seguintes:**

I. A fim de que se tornasse correto quanto ao emprego da coesão, o período "**— Que terra inabitável este Brasil!**" (4º parágrafo) deveria ser reescrito como — ***Que terra inabitável esse Brasil.***

II. A preposição "**de**" introduz termos de mesma função sintática nos trechos "**— Ai! pobre do meu rabo!**" (9º parágrafo) e "**E depois dessa exclamação consoladora**" (5º parágrafo), sendo, portanto, classificada como relacional nas duas ocorrências.

III. Está correto afirmar que as vírgulas empregadas no período "**O terreno perto inda é chão de mangue, úmido, liso, bom pra guaiamum correr.**" (6º parágrafo) apresentam a mesma justificativa.

IV. Não se pode afirmar que o período "**Lambendo o focinho, olha o rabo.**" (10º parágrafo), apesar do emprego do verbo no gerúndio, apresenta ambiguidade, visto que a oração subordinada reduzida apresenta valor semântico de tempo.

7. Considerando os aspectos gramaticais e estilísticos do texto II, julgue os itens a seguir:

I. Para que se tornasse correto quanto à colocação pronominal, o período "**O pobre cai atordoado, quase morto, que nem pode se mexer.**" (7º parágrafo) deveria ser reescrito das maneiras seguintes: ***O pobre cai atordoado, quase morto, que nem pode-se mexer*** ou ***O pobre cai atordoado que nem pode mexer-se***.

II. No trecho "**tomando os céus <u>por</u> testemunha**" (9º parágrafo), a preposição acidental em destaque poderia ser substituída pela preposição "**como**", também acidental, sem que o termo sofresse alteração sintática.

III. A palavra em destaque, no período "**Guaiamum fica danado e <u>juque</u>!**" (7º parágrafo), apesar de não exercer função sintática, apresenta classe gramatical de interjeição, por isso mesmo vem seguida de ponto de exclamação.

IV. Em "**machucando os olhos <u>de cogumelo</u> <u>do tal</u>**" (7º parágrafo), os termos sublinhados exercem a mesma função sintática e apresentam o mesmo referente.

Texto III: Acaso

Álvaro de Campos

1. No acaso da rua o acaso da rapariga loira.
2. Mas não, não é aquela.
3. A outra era noutra rua, noutra cidade, e eu era outro.
4. Perco-me subitamente da visão imediata,
5. Estou outra vez na outra cidade, na outra rua,
6. E a outra rapariga passa.

7. Que grande vantagem o recordar intransigentemente!
8. Agora tenho pena de nunca mais ter visto a outra rapariga,
9. E tenho pena de afinal nem sequer ter olhado para esta.

10. Que grande vantagem trazer a alma virada do avesso!
11. Ao menos escrevem-se versos.
12. Escrevem-se versos, passa-se por doido, e depois por gênio, se calhar,
13. Se calhar, ou até sem calhar,
14. Maravilha das celebridades!

15. Ia eu dizendo que ao menos escrevem-se versos...
16. Mas isto era a respeito de uma rapariga,
17. De uma rapariga loira,
18. Mas qual delas?
19. Havia uma que vi há muito tempo numa outra cidade,
20. Numa outra espécie de rua;
21. E houve esta que vi há muito tempo numa outra cidade
22. Numa outra espécie de rua;
23. Por que todas as recordações são a mesma recordação,
24. Tudo que foi é a mesma morte,
25. Ontem, hoje, quem sabe se até amanhã?

26. Um transeunte olha para mim com uma estranheza ocasional.
27. Estaria cu a fazer versos em gestos e caretas?
28. Pode ser... A rapariga loira?
29. É a mesma afinal...
30. Tudo é o mesmo afinal...

31. Só eu, de qualquer modo, não sou o mesmo, e isto é o mesmo também afinal.

PESSOA, Fernando. *Poesias de Álvaro de Campos*. Lisboa: Ática, 1944.

8. Com base nos aspectos estilísticos e no sentido do texto III, julgue os itens subsequentes:

I. De acordo com o eu lírico, quando se tem fama, até quando não se faz algo digno de destaque, é possível ser classificado como gênio.

II. Tem-se emprego de ironia no verso "**Que grande vantagem trazer a alma virada do avesso!**" (10º verso).

III. Ao final do poema, somos levados a concluir que todos os acontecimentos são semelhantes, apenas ele, o eu lírico, é passível de mudança sempre, o que é algo percebido como natural e, até mesmo, óbvio por ele.

IV. Em "**Tudo que foi é a mesma morte**" (24º verso), o autor pretendeu significar que o passado, qualquer que seja ele, representa uma espécie de ausência, de morte daquilo que não se tem mais no presente. Por esse motivo, empregou, conotativamente, a palavra "**morte**".

9. Julgue as assertivas seguintes, considerando os aspectos gramaticais do texto III:

I. Em "**A <u>outra</u> era n<u>outra</u> rua, noutra cidade, e eu era <u>outro</u>.**" (3º verso), as palavras destacadas apresentam a mesma classe gramatical.

II. É pronominal transitiva indireta a forma verbal contida no verso "**Perco-me subitamente da visão imediata,**" (4º verso).

III. Apesar de apresentar classes gramaticais distintas, a palavra "**se**", em "**Escrevem-se versos, passa-se por doido, e depois por gênio, se calhar,**" (12º verso), não desempenha função sintática alguma em nenhuma das três ocorrências.

IV. No verso "**Que grande vantagem o recordar <u>intransigentemente</u>!**" (7º verso), a palavra grifada exerce função de adjunto adnominal, já que o verbo "**recordar**" foi substantivado no trecho.

10. **Com base nos aspectos linguísticos e gramaticais do texto III, julgue os itens a seguir:**

I. A palavra em destaque no verso "**Que grande vantagem trazer a alma virada do avesso!**" (10º verso) não deve ser classificada, gramaticalmente, como a sublinhada em "**Tudo que foi é a mesma morte,**" (24º verso).

II. As duas preposições contidas no verso "**Um transeunte olha para mim com uma estranheza ocasional.**" (26º verso) são nocionais, sendo que a primeira acrescenta ao trecho sentido de lugar e a segunda tem valor de modo.

III. O advérbio de intensidade "**mais**" potencializa o sentido de tempo contido no advérbio "**nunca**", empregado em "**Agora tenho pena de nunca mais ter visto a outra rapariga,**" (8º verso).

IV. A palavra "**mesmo**" apresenta-se, no último verso, como pronome demonstrativo nas duas ocorrências.

SIMULADO 22

Texto I: A Caçada
(Excerto)

Lygia Fagundes Telles

1. A loja de antiguidades tinha o cheiro de uma arca de sacristia com seus panos embolorados e livros comidos de traça. Com as pontas dos dedos, o homem tocou numa pilha de quadros. Uma mariposa levantou voo e foi chocar-se contra uma imagem de mãos decepadas.

2. — Bonita imagem — disse.

3. A velha tirou um grampo do coque e limpou a unha do polegar. Tornou a enfiar o grampo no cabelo.

4. — É um São Francisco.

5. Ele então se voltou lentamente para a tapeçaria que tomava toda a parede no fundo da loja. Aproximou-se mais. A velha aproximou-se também.

6. — Já vi que o senhor se interessa mesmo é por isso. Pena que esteja nesse estado.

7. O homem estendeu a mão até a tapeçaria, mas não chegou a tocá-la.

8. — Parece que hoje está mais nítida...

9. — Nítida? — repetiu a velha, pondo os óculos. Deslizou a mão pela superfície puída. — Nítida como?

10. — As cores estão mais vivas. A senhora passou alguma coisa nela?

11. A velha encarou-o. E baixou o olhar para a imagem de mãos decepadas. O homem estava tão pálido e perplexo quanto a imagem.

12. — Não passei nada. Por que o senhor pergunta?

13. — Notei uma diferença.

14. — Não, não passei nada, essa tapeçaria não aguenta a mais leve escova, o senhor não vê? Acho que é a poeira que está sustentando o tecido — acrescentou tirando novamente o grampo da cabeça. Rodou-o entre os dedos com ar pensativo. Teve um muxoxo: — Foi um desconhecido que trouxe, precisava muito de dinheiro. Eu disse que o pano estava por demais estragado, que era difícil encontrar um comprador, mas ele insistiu tanto. Preguei aí na parede e aí ficou. Mas já faz anos isso. E o tal moço nunca mais me apareceu.

15. — Extraordinário...

16. A velha não sabia agora se o homem se referia à tapeçaria ou ao caso que acabara de lhe contar. Encolheu os ombros. Voltou a limpar as unhas com o grampo.

17. — Eu poderia vendê-la, mas quero ser franca, acho que não vale mesmo a pena. Na hora que se despregar é capaz de cair em pedaços.

18. O homem acendeu um cigarro. Sua mão tremia. Em que tempo, meu Deus! em que tempo teria assistido a essa mesma cena. E onde?...

19. Era uma caçada. No primeiro plano, estava o caçador de arco retesado, apontando para uma touceira espessa. Num plano mais profundo, o segundo caçador espreitava por entre as árvores do bosque, mas era apenas uma vaga silhueta cujo rosto se reduzira a um esmaecido contorno. Poderoso, absoluto era o primeiro caçador, a barba violenta como um bolo de serpentes, os músculos tensos, à espera de que a caça levantasse para desferir-lhe a seta.

20. O homem respirava com esforço. Vagou o olhar pela tapeçaria que tinha a cor esverdeada de um céu de tempestade. Envenenando o tom verde-musgo do tecido, destacavam-se manchas de um negro-violáceo que pareciam escorrer da folhagem, deslizar pelas botas do caçador e espalhar-se no chão como um líquido maligno. A touceira na qual a caça estava escondida também tinha as mesmas manchas, que tanto podiam fazer parte do desenho como ser simples efeito do tempo devorando o pano.

21. — Parece que hoje tudo está mais próximo — disse o homem em voz baixa. — É como se... Mas não está diferente?

22. A velha firmou mais o olhar. Tirou os óculos e voltou a pô-los.

23. — Não vejo diferença nenhuma.

24. — Ontem não se podia ver se ele tinha ou não disparado a seta...

25. — Que seta? O senhor está vendo alguma seta?

26. — Aquele pontinho ali no arco...

27. A velha suspirou:

28. — Mas esse não é um buraco de traça? Olha aí, a parede já está aparecendo, essas traças dão cabo de tudo — lamentou disfarçando um bocejo. Afastou-se sem ruído com suas chinelas de lã. Esboçou um gesto distraído.

TELLES, Lygia Fagundes. *Os contos*. São Paulo: Companhia das Letras, 2018.

1. **Considerando os aspectos estilísticos e o sentido do texto I, julgue os itens a seguir:**

I. Pode-se depreender do texto que a subjetividade é determinante na apreensão da realidade, o que se comprova, sobretudo, no último parágrafo do texto.

II. Sem prejuízo para o sentido original, o trecho "**A touceira na qual a caça estava escondida**" (20º parágrafo) poderia ser reescrito como ***O capão no qual a caça estava disfarçada.***

III. Além de símile, pode-se identificar, no trecho "**a barba violenta como um bolo dc serpentes**" (19º parágrafo), emprego de prosopopeia.

IV. A palavra destacada em "**— Mas esse não é um buraco de traça?**" (28º parágrafo) deve ser classificada como marcador discursivo, e não como conjunção coordenativa adversativa.

2. **Com base nos aspectos linguísticos e gramaticais do texto I, julgue os itens seguintes:**

I. Pode-se identificar, no quarto parágrafo, uma situação ambígua, pois não fica muito claro, a princípio, se foi o personagem que fez o comentário, ou se foi a velha, que é quem narra a história.

II. A vendedora, por não ter empatia pelo cliente, trata-o com incomum impaciência e revela isso nos comentários que faz, todos muito negativos.

III. Apesar de ter uma loja e de, aparentemente, precisar vender, a vendedora usa mais a função fática da linguagem que a conativa.

IV. No último parágrafo, a expressão "**dar cabo**" foi empregada com sentido de ***devorar***.

3. Julgue as assertivas subsequentes, com base nos aspectos gramaticais do texto I:

I. As palavras "**embolorados**" (1º parágrafo) e "**esmaecido**" (19º parágrafo) foram formadas pelo mesmo processo.

II. No período "**Acho que é poeira que está sustentando o tecido**" (14º parágrafo), a palavra "**que**" apresenta classificações distintas, sendo a primeira conjunção integrante e a segunda pronome relativo.

III. Está correto afirmar que o último período do texto é simples e que contém predicado verbo-nominal.

IV. Para que estivesse de acordo com a norma-padrão da língua, no trecho "**mas era apenas uma vaga silhueta cujo rosto se reduzira a um esmaecido contorno.**" (19º parágrafo), a forma verbal "**reduzira**" deveria ser reescrita no pretérito perfeito, como ***reduziu***.

4. Considerando os aspectos linguísticos e gramaticais do texto I, julgue os itens a seguir:

I. Está correto afirmar que os termos "**de uma arca de sacristia**", "**de sacristia**" e "**de traça**", empregados em "**A loja de antiguidades tinha o cheiro de uma arca de sacristia com seus panos embolorados e livros comidos de traça**" (1º parágrafo), exercem funções sintáticas distintas.

II. Os termos destacados em "**A velha tirou um grampo <u>do coque</u> e limpou a unha <u>do polegar</u>**" (3º **parágrafo)** especificam o núcleo a que se referem.

III. O período "**— Parece que hoje está mais nítida...**" (8º parágrafo) é composto por duas orações: a principal e uma subordinada substantiva predicativa a ela relacionada.

IV. Em "**acrescentou tirando novamente o grampo da cabeça**" (14º **parágrafo),** a oração reduzida de gerúndio é subordinada adverbial temporal e poderia ser desenvolvida como ***enquanto tirava novamente o grampo da cabeça.***

Texto II: Em direção ao caminho inverso

Clarice Lispector

1. A despersonalização como a destituição do individual inútil – a perda de tudo o que se possa perder e, ainda assim, ser. Pouco a pouco tirar de si, com um esforço tão atento que não se sente a dor, tirar de si, como quem se livra da própria pele, as características. Tudo o que me caracteriza é apenas o modo como sou mais facilmente visível aos outros e como termino sendo superficialmente reconhecível por mim mesma. Assim como há um momento em que M. vê que a vaca é a vaca de todas as vacas, assim ele quer de si mesmo encontrar em si o homem de todos os homens. A despersonalização como a grande objetivação de si mesmo. A maior exteriorização a que se chega. Quem se atinge pela despersonalização reconhecerá o outro sob qualquer disfarce: o primeiro passo em relação ao outro é achar em si mesmo o homem de todos os homens. Toda mulher é a mulher de todas as mulheres, todo homem é o homem de todos os homens, e cada um deles poderia se apresentar onde quer que se julgue um homem. Mas apenas em imanência, porque só alguns atingem o ponto de, em nós, se reconhecerem. E pela simples presença da existência deles, revelarem a nossa.

2. Aquilo que se vive – e por não ter nome só a mudez pronuncia – é disso que me aproximo através da grande largueza de deixar de me ser. Não porque eu então encontre o nome do nome e torne concreto o impalpável – mas designo o impalpável como impalpável, e o sopro recrudesce como na chama de uma vela.

3. A gradual des-heroização é o verdadeiro trabalho que se labora sob o aparente trabalho, a vida é uma missão secreta. Tão secreta é a verdadeira vida que nem a mim, que morro dela, me pode ser confiada a senha, morro sem saber de quê. E o segredo é tal que somente se a missão chegar a se cumprir é que, por um relance, percebo que nasci incumbida – toda vida é uma missão

secreta. A des-heroização de mim mesma está minando subterraneamente o meu edifício, cumprindo-se à minha revelia como uma vocação ignorada. Até que me seja enfim revelado que a vida em mim não tem o meu nome.

4. E eu também não tenho nome, e este é o meu nome. E porque eu me despersonalizo a ponto de não ter o meu nome, respondo cada vez que alguém disser: eu.

5. A des-heroização é o grande fracasso de uma vida. Nem todos chegam a fracassar porque é tão trabalhoso, é preciso antes subir penosamente até enfim atingir a altura de poder cair – só posso alcançar a despersonalidade da mudez se eu antes tiver construído toda uma voz. É exatamente através do malogro da voz que se vai pela primeira vez ouvir a própria mudez e a dos outros, e aceitá-la como a possível linguagem. Só então minha natureza é aceita, aceita com o seu suplício espantado, onde a dor não é alguma coisa que nos acontece, mas o que somos. E é aceita a nossa condição como a única possível, já que ela é a que existe, e não outra. E já que vivê-la é a nossa paixão. A condição humana é a paixão de Cristo.

6. Ah, mas para se chegar à mudez, que grande esforço da voz. Minha voz é o modo como vou buscar a realidade; a realidade, antes de minha linguagem, existe como um pensamento que não se pensa, e por fatalidade sou impelida a precisar saber o que o pensamento pensa. A realidade antecede a voz que a procura, mas como a terra antecede a árvore, mas como o mundo antecede o homem, mas como o mar antecede a visão do mar, a vida antecede o amor, a matéria do corpo antecede o corpo, e por sua vez a linguagem um dia terá antecedido a posse do silêncio. Eu tenho à medida que designo – e este é o esplendor de ter uma linguagem. Mas eu tenho muito mais à medida que não consigo designar. A realidade é a matéria-prima, a linguagem é o modo como vou buscá-la – e como não acho. Mas é do buscar e não achar que nasce o que eu não conhecia e que instantaneamente reconheço. A linguagem é o meu esforço humano. Por destino tenho que ir buscar e por destino volto com as mãos vazias. Mas – volto com o indizível. O indizível só me poderá ser dado através do fracasso de minha linguagem. Só quando falha a palavra, é que obtenho o que ela não conseguiu.

7. E é inútil procurar encurtar caminho e querer começar já sabendo que a voz diz pouco, já começando por ser despessoal. Pois existe a trajetória, e a trajetória não é apenas um modo. A trajetória somos nós mesmos. Em matéria de viver, nunca se pode chegar antes. A via-crúcis não é um des-

caminho, é a passagem única, não se chega senão através dela e com ela. A insistência é o nosso esforço, a desistência é o prêmio. A ela só se chega quando se experimentou o poder da voz e, apesar do gosto de poder, prefere-se a desistência. A desistência tem que ser uma escolha. Desistir é a escolha mais sagrada de uma vida. Desistir é o próprio instante humano. E só esta, é a glória própria de minha condição.

8. A desistência é uma revelação.

9. Desisto, e terei sido a pessoa humana – é só no pior de minha condição que ela é assumida como meu destino. Existir exige de mim o grande sacrifício de não ter força, desisto, e eis que na mão fraca o mundo cabe. Desisto, e para a minha pobreza humana abre-se a única alegria que me é dado ter, a alegria humana. Sei e estremeço – viver me deixa tão impressionada, viver me tira o sono. Chego à altura de poder cair, escolho, estremeço e desisto, e finalmente me voltando à minha queda, despessoal, sem voz própria, finalmente sem mim – eis que tudo o que não tenho é meu. Desisto e quanto menos sou mais vivo, quanto mais perco o meu nome mais me chamam, minha missão secreta é a minha condição, desisto e quanto mais ignoro a senha mais cumpro o meu segredo, quanto menos sei mais a doçura do abismo é o meu destino. E então eu adoro.

VASQUEZ, Pedro Karp (Org.). *Todas as crônicas de Clarice Lispector*. Rio de Janeiro: Editora Rocco, 2018.

5. **Julgue as assertivas a seguir, com base no sentido do texto II:**

I. Conforme se pode depreender da leitura do texto II, sobretudo no primeiro parágrafo, é possível afirmar que o processo de despersonalização é um meio de se alcançar a grande objetivação de si mesmo e também de reconhecer os outros, ainda que disfarçados.

II. Pode-se afirmar que a estratégia de elaboração do quinto parágrafo do texto é estabelecer diversos paradoxos que reforcem a ideia de desconstrução que existe no conceito de des-heroização.

III. No sexto parágrafo, o encadeamento lógico mostrado pela autora sugere que a linguagem é o meio pelo qual se pode buscar a realidade.

IV. A conclusão do texto apresenta a dicotomia entre insistir e desistir e estabelece a fraqueza da desistência como algo humano e que, portanto, longe de ser cultivável, deve ser louvado, pois é o que melhor caracteriza a espécie.

6. **Com base no sentido e nos aspectos linguísticos do texto II, julgue os itens seguintes:**

I. No trecho "**Aquilo que se vive – e por não ter nome só a mudez pronuncia**" (2º parágrafo), há um exemplo de personificação.

II. O quarto parágrafo caracteriza a essência humana refletida na opção do narrador pela ausência de um nome específico, substituído apenas pelo pronome pessoal "**eu**", o qual é, segundo a autora, mais representativo do que ela mesma, de fato, significa.

III. A utilização constante de prefixos de negação ou de oposição, como **in-**, **des-** ou **mal**, tem uma relação de proximidade com o que o título antecede em relação ao texto.

IV. O último parágrafo revela a inutilidade de se tentar encontrar o sentido da vida e o quanto esse propósito tem de impossível, o que faz a narradora não se sentir incomodada pela desistência.

7. **Considerando os aspectos gramaticais do texto II, julgue os itens a seguir:**

I. Em "**Minha voz é o modo como vou buscar a realidade; a realidade, antes de minha linguagem, existe como um pensamento que não se pensa**" (6º parágrafo), os termos em destaque devem ser classificados como pronome relativo e preposição acidental, respectivamente.

II. Em "**Ah, mas para se chegar à mudez, que grande esforço da voz.**" (6º parágrafo), o termo "**da voz**" deve ser classificado como adjunto adnominal, assim como o termo "**do abismo**", em "**quanto menos sei mais a doçura do abismo é o meu destino.**" (9º parágrafo).

III. No período "**A ela só se chega quando se experimentou o poder da voz e, apesar do gosto de poder, prefere-se a desistência.**" (7º parágrafo), as palavras em destaque devem ser classificadas, gramaticalmente, do mesmo modo.

IV. Para que estivesse de acordo com a prescrição gramatical no que se refere à pontuação, o período "**Mas apenas em imanência, porque só alguns atingem o ponto de, em nós, se reconhecerem.**" (1º parágrafo) deveria ser reescrito como ***Mas apenas em imanência, porque só alguns atingem o ponto de em nós se reconhecerem.***

Texto III: Regional

Adélia Prado

O sino da minha terra
ainda bate às primeiras sextas-feiras,
por devoção ao coração de Jesus.
Em que outro lugar do mundo isto acontece?
Em que outro brasil se escrevem cartas assim:
o santo padre Pio XII deixou pra morrer logo hoje,
último dia das apurações.
Guardamos os foguetes.
Em respeito de sua santidade não soltamos.
Nós vamos indo do mesmo jeito,
não remamos, nem descemos da canoa.
Esta semana foi a festa de São Francisco,
fiz este canto imitado:
louvado sejas, meu Senhor,
pela flor da maria-preta,
por cujo odor e doçura
as formigas e abelhas endoidecem,
cuja forma humílima me atrai,
me instiga o pensamento
de que não preciso ser jovem nem bonita

21. para atrair os homens e o que neles
22. ferroa como nos zangões.
23. Meu estômago enjoa.
24. Há circunvoluções intestinas no país.
25. Queria que tudo estivesse bem.
26. Queria ficar noiva hoje
27. e ir sozinha com meu noivo
28. assistir a *Os cangaceiros no cinema*.
29. Queria que nossa fé fosse como está escrito:
30. Aquele que crê viverá para sempre.
31. Isto é tão espantoso
32. que me retiro para meditar.
33. Espero que ao leres esta
34. estejas gozando saúde,
35. felicidade e paz junto aos teus.

PRADO, Adélia. *O coração disparado*. Rio de Janeiro: Record, 2013.

8. **Com base nos aspectos estilísticos e no sentido do texto III, julgue os itens subsequentes:**

I. A transcrição de uma carta com conteúdo em torno do subjetivo e do trivial revela uma autora, ao mesmo tempo, despretensiosa e delicada, preocupada com suas inquietações e também com a realidade de seu entorno.

II. Há uma certa dúvida da parte do eu lírico quanto à efetividade da fé, como se pode depreender do verso "**Queria que nossa fé fosse como está escrito:**" (29º verso).

III. No quinto verso, há um exemplo de metonímia, o que é reforçado pelo emprego de letra minúscula para grafar "**brasil**".

IV. O Brasil descrito no texto está vinculado ao passado e revela uma face do interior, do religioso e do conservador.

9. Julgue as assertivas seguintes, considerando os aspectos linguísticos e gramaticais do texto III:

I. Em "**Em respeito de sua santidade não soltamos.**" (9º verso), o recurso de coesão referencial empregado foi a elipse.

II. Em "**não remamos, nem descemos da canoa.**" (11º verso), há uma clara intenção de crítica ao interioranismo que não costuma cogitar mudanças bruscas de comportamento.

III. A forma tradicional como encerra a carta revela um eu lírico disciplinado e de acordo com modelos estabelecidos socialmente.

IV. As revoluções anunciadas no verso 24 são interpretadas como inoportunas e proporcionam ceticismo quanto ao futuro na opinião do eu lírico.

10. Com base nos aspectos linguísticos e gramaticais do texto III, julgue os itens a seguir:

I. Em "**pela flor da maria-preta, / por cujo odor e doçura**" (15º e 16º versos), apesar de terem referentes diferentes, os termos destacados apresentam a mesma função sintática e foram introduzidos por preposições com o mesmo valor semântico.

II. O termo "último dia das **apurações**" (7º verso) exerce função de aposto explicativo, o que justifica a vírgula obrigatória que o antecede.

III. Em "**Nós vamos indo do mesmo jeito**" (10º verso), o termo sublinhado pode ser substituído, sem qualquer prejuízo para a compreensão do texto, pelo adjetivo "**iguais**", sendo, portanto, classificado como predicativo do sujeito.

IV. Em "**cuja forma humílima me atrai**" (18º verso), o adjetivo "**humílima**", empregado no grau superlativo absoluto sintético, poderia ser substituído pela forma equivalente ***humilíssima***, sem alteração para o sentido do trecho.

SIMULADO 23

Texto I: Triste fim de Policarpo Quaresma (Excerto)

Lima Barreto

1. Havia bem dez dias que o major Quaresma não saía de casa. Na sua meiga e sossegada casa de São Cristóvão, enchia os dias da forma mais útil e agradável às necessidades do seu espírito e do seu temperamento. De manhã, depois da toilette, e do café, sentava-se no divã da sala principal e lia os jornais. Lia diversos, porque sempre esperava encontrar num ou noutro uma notícia curiosa, a sugestão de uma ideia útil à sua cara pátria. Os seus hábitos burocráticos faziam-no almoçar cedo; e, embora estivesse de férias, para os não perder, continuava a tomar a primeira refeição de garfo às nove e meia da manhã.

2. Acabado o almoço, dava umas voltas pela chácara, chácara em que predominavam as fruteiras nacionais, recebendo a pitanga e o cambuí os mais cuidadosos tratamentos aconselhados pela pomologia, como se fossem bem cerejas ou figos.

3. O passeio era demorado e filosófico. Conversando com o preto Anastácio, que lhe servia há trinta anos, sobre coisas antigas — o casamento das princesas, a quebra do Souto e outras —, o major continuava com o pensamento preso aos problemas que o preocupavam ultimamente. Após uma hora ou menos, voltava à biblioteca e mergulhava nas revistas do Instituto Histórico, no Fernão Cardim, nas cartas de Nóbrega, nos anais da Biblioteca, no Von Den Stein e tomava notas sobre notas, guardando-as numa pequena

pasta ao lado. Estudava os índios. Não fica bem dizer estudava, porque já o fizera há tempos, não só no tocante à língua, que já quase falava, como também nos simples aspectos etnográficos e antropológicos. Recordava (é melhor dizer assim), afirmava certas noções dos seus estudos anteriores, visto estar organizando um sistema de cerimônias e festas que se baseasse nos costumes dos nossos silvícolas e abrangesse todas as relações sociais.

4. Para bem se compreender o motivo disso, é preciso não esquecer que o major, depois de trinta anos de meditação patriótica, de estudos e reflexões, chegava agora ao período da frutificação. A convicção que sempre tivera de ser o Brasil o primeiro país do mundo e o seu grande amor à pátria eram agora ativos e impeliram-no a grandes cometimentos. Ele sentia dentro de si impulsos imperiosos de agir, de obrar e de concretizar suas ideias. Eram pequenos melhoramentos, simples toques, porque em si mesma (era a sua opinião) a grande pátria do Cruzeiro só precisava de tempo para ser superior à Inglaterra.

5. Tinha todos os climas, todos os frutos, todos os minerais e animais úteis, as melhores terras de cultura, a gente mais valente, mais hospitaleira, mais inteligente e mais doce do mundo — o que precisava mais? Tempo e um pouco de originalidade. Portanto, dúvidas não flutuavam mais no seu espírito, mas no que se referia à originalidade de costumes e usanças, não se tinham elas dissipado, antes se transformaram em certeza após tomar parte na folia do "Tangolomango", numa festa que o general dera em casa.

6. Caso foi que a visita do Ricardo e do seu violão ao bravo militar veio despertar no general e na família um gosto pelas festanças, cantigas e hábitos genuinamente nacionais, como se diz por aí. Houve em todos um desejo de sentir, de sonhar, de poetar à maneira popular dos velhos tempos. Albernaz, o general, lembrava-se de ter visto tais cerimônias na sua infância; dona Maricota, sua mulher, até ainda se lembrava de uns versos de Reis; e os seus filhos, cinco moças e um rapaz, viram na coisa um pretexto de festas e, portanto, aplaudiram o entusiasmo dos progenitores. A modinha era pouco; os seus espíritos pediam coisa mais plebeia, mais característica e extravagante.

7. Quaresma ficou encantado, quando Albernaz falou em organizar uma chegança, à moda do Norte, por ocasião do aniversário de sua praça. Em casa do general era assim: qualquer aniversário tinha a sua festa, de forma que havia bem umas trinta por ano, não contando domingos, dias feriados e santificados em que se dançava também.

8. O major pensara até ali pouco nessas coisas de festas e danças tradicionais, entretanto viu logo a significação altamente patriótica do intento. Aprovou e animou o vizinho. Mas quem havia de ensaiar, de dar os versos e a música? Alguém lembrou a tia Maria Rita, uma preta velha, que morava em Benfica, antiga lavadeira da família Albernaz. Lá foram os dois, o general Albernaz e o major Quaresma, alegres, apressados, por uma linda e cristalina tarde de abril.

BARRETO, Lima. *Triste fim de Policarpo Quaresma*. São Paulo: Penguin & Companhia das Letras, 2011.

1. **Considerando os aspectos estilísticos e o sentido do texto I, julgue os itens a seguir:**

I. Pode-se depreender do texto I, sobretudo do primeiro parágrafo, que o protagonista era, além de nacionalista, um homem metódico, de hábitos idiossincráticos.

II. Ao "**recordar-se**" de assuntos relativos aos "**nossos silvícolas**", Quaresma tinha o objetivo de reafirmar dentro de si aspectos etnográficos e antropológicos acerca dos índios, já que a língua era bem conhecida dele, de modo que quase a falava.

III. Segundo Quaresma, o Brasil tinha todas as prerrogativas para ser o primeiro país do mundo, faltando-lhe, apenas, tempo para realizar-se plenamente.

IV. O trecho "**Mas quem havia de ensaiar, de dar os versos e a música?**" (8º parágrafo) exemplifica emprego mais informal da língua.

2. **Com base nos aspectos linguísticos e gramaticais do texto I, julgue os itens seguintes:**

I. Apesar de apresentar valores semânticos diferentes, a palavra "**mais**" possui a mesma classe gramatical nos trechos seguintes: "**e <u>mais</u> doce do mundo**" (5º parágrafo) e "**dúvidas não flutuavam <u>mais</u> no seu espírito**" (5º parágrafo).

II. Os termos sublinhados em "**dona Maricota, <u>sua mulher</u>, até ainda se lembrava de uns versos de Reis**" (6º parágrafo) e em "**Alguém lem-**

brou a tia Maria Rita, uma preta velha, que morava em Benfica" (8º parágrafo) exercem a mesma função sintática.

III. A palavra "**se**" apresenta classificações distintas nas ocorrências seguintes: "**até ainda se lembrava de uns versos de Reis**" (6º parágrafo), "**que se baseasse nos costumes dos nossos silvícolas**" (3º parágrafo) e "**não se tinham elas dissipado**" (5º parágrafo).

IV. É bitransitivo o verbo grifado em "**e os seus filhos, cinco moças e um rapaz, viram na coisa um pretexto de festas**" (6º parágrafo).

3. **Julgue as assertivas subsequentes, com base nos aspectos sintáticos do texto I:**

I. Pode-se afirmar que, embora em relação a núcleos diferentes, o termo destacado em "**Os seus hábitos burocráticos faziam-no almoçar cedo**" (1º parágrafo) exerce duas funções sintáticas distintas.

II. Não se pode afirmar que os termos em destaque no trecho "**enchia os dias da forma mais útil e agradável** às necessidades **do seu espírito e do seu temperamento. De manhã, depois da toilette, e do café, sentava-se no divã da sala principal e lia os jornais.**" (1º parágrafo) exercem a mesma função sintática.

III. Em "**para os não perder**" (1º parágrafo), o autor valeu-se de um recurso estilístico chamado apossínclise.

IV. A função sintática do termo "**de si**" não é a mesma do termo "**de agir**", ambos presentes em "**Ele sentia dentro de si impulsos imperiosos de agir**" (4º parágrafo).

4. **Considerando os aspectos linguísticos e gramaticais do texto I, julgue os itens a seguir:**

I. No trecho "**Havia bem dez dias que o major Quaresma não saía de casa**" (1º parágrafo), a palavra "**bem**" deve ser classificada como advérbio e foi empregada com sentido de dúvida. Não se pode afirmar que, em "**Para bem se compreender o sentido disso**" (4º parágrafo), ocorre a mesma situação, pois o sentido da referida palavra é de modo.

II. Seriam mantidas a coerência e a correção gramatical se o trecho "**Na sua meiga e sossegada casa de São Cristóvão**" (1º parágrafo) fosse reescrito como ***Na sua meiga e sossegada casa em São Cristóvão.***

III. Pode-se afirmar que os parênteses, nas duas ocorrências no texto, foram empregados com a mesma justificativa.

IV. No trecho "**mas no que se referia à originalidade de costumes e usanças, não se tinham elas dissipado,**" (5º parágrafo), para que a prescrição gramatical fosse respeitada, dever-se-ia inserir uma vírgula.

Texto II: Grande Sertão: Veredas

João Guimarães Rosa

1. De primeiro, eu fazia e mexia, e pensar não pensava. Não possuía os prazos. Vivi puxando difícil de difícel, peixe vivo no moquém: quem mói no asp'ro, não fantaseia. Mas, agora, feita a folga que me vem, e sem pequenos dessossegos, estou de range rede. E me inventei neste gosto, de especular ideia. O diabo existe e não existe? Dou o dito. Abrenúncio. Essas melancolias. O senhor vê: existe cachoeira; e pois? Mas cachoeira é barranco de chão, e água se caindo por ele, retombando; o senhor consome essa água, ou desfaz o barranco, sobra cachoeira alguma? Viver é negócio muito perigoso...

2. Explico ao senhor: o diabo vige dentro do homem, os crespos do homem — ou é o homem arruinado, ou o homem dos avessos. Solto, por si, cidadão, é que não tem diabo nenhum. Nenhum! — é o que digo. O senhor aprova? Me declare tudo, franco — é alta mercê que me faz: e pedir posso, encarecido. Este caso — por estúrdio que me vejam — é de minha certa importância. Tomara não fosse... Mas, não diga que o senhor, assisado e instruído, que acredita na pessoa dele?! Não? Lhe agradeço! Sua alta opinião compõe minha valia. Já sabia, esperava por ela — já o campo! Ah, a gente, na velhice, carece de ter sua aragem de descanso. Lhe agradeço. Tem diabo nenhum. Nem espírito. Nunca vi. Alguém devia de ver, então era eu mesmo, este vosso servidor. Fosse lhe contar... Bem, o diabo regula seu estado preto, nas criaturas, nas mulheres, nos homens. Até: nas crianças — eu digo. Pois não é ditado: "menino — trem do diabo"? E nos usos, nas plantas, nas águas, na terra, no vento... Estrumes. ...O diabo na rua, no meio do redemunho...

3. Hem? Hem? Ah. Figuração minha, de pior pra trás, as certas lembranças. Mal haja-me! Sofro pena de contar não... Melhor, se arrepare: pois, num chão, e com igual formato de ramos e folhas, não dá a mandioca mansa, que se come comum, e a mandioca-brava, que mata? Agora, o senhor já viu uma estranhez? A mandioca-doce pode de repente virar azangada — motivos não sei; às vezes se diz que é por replantada no terreno sempre, com mudas seguidas, de manaíbas — vai em amargando, de tanto em tanto, de si mesma toma peçonhas. E, ora veja: a outra, a mandioca-brava, também é que às vezes pode ficar mansa, a esmo, de se comer sem nenhum mal. E que isso é? Eh, o senhor já viu, por ver, a feiura de ódio franzido, carantonho, nas faces duma cobra cascavel? Observou o porco gordo, cada dia mais feliz bruto, capaz de, pudesse, roncar e engulir por sua suja comodidade o mundo todo? E gavião, corvo, alguns, as feições deles já representam a precisão de talhar para adiante, rasgar e estraçalhar a bico, parece uma quicé muito afiada por ruim desejo. Tudo. Tem até tortas raças de pedras, horrorosas, venenosas — que estragam mortal a água, se estão jazendo em fundo de poço; o diabo dentro delas dorme: são o demo. Se sabe? E o demo — que é só assim o significado dum azougue maligno — tem ordem de seguir o caminho dele, tem licença para campear?! Arre, ele está misturado em tudo.

4. Que o que gasta, vai gastando o diabo de dentro da gente, aos pouquinhos, é o razoável sofrer. E a alegria de amor — compadre meu Quelemém diz. Família. Deveras? É, e não é. O senhor ache e não ache. Tudo é e não é... Quase todo mais grave criminoso feroz, sempre é muito bom marido, bom filho, bom pai, e é bom amigo-de-seus-amigos! Sei desses. Só que tem os depois — e Deus, junto. Vi muitas nuvens.

ROSA, João Guimarães. *Grande Sertão: Veredas*. São Paulo: Companhia das Letras, 2019.

5. **Julgue as assertivas a seguir, com base no sentido do texto II:**

I. Sem prejuízo para o sentido original, o trecho "**Este caso — por estúrdio que me vejam — é de minha certa importância. Tomara não fosse... Mas, não diga que o senhor, assisado e instruído, que acredita na pessoa dele?!**" (2º parágrafo) poderia ser reescrito como ***Esse caso — por estranho que me vejam — é de minha certa importância. Tomara***

não fosse... Mas não diga que o senhor, ajuizado e instruído, acredita na existência dele.

II. O narrador do texto chega à conclusão de que "**Viver é negócio muito perigoso**" (1º parágrafo), porque o diabo está em tudo o que existe, conforme se pode depreender do final do terceiro parágrafo.

III. Sabendo da preocupação estilística do autor, é possível encontrar no texto muitas expressões que precisariam ser "trocadas em miúdos", para que o leitor conseguisse alcançar, mais facilmente, o sentido contido em certas palavras ou expressões. Assim sendo, o trecho "**quem mói no asp'ro, não fantasêia**" (1º parágrafo) poderia ser reformulado como ***quem trabalha duro não tem tempo para divagar sobre a existência.***

IV. Para exemplificar como "**Tudo é e não é**" (4º parágrafo), o narrador vale-se, no início do terceiro parágrafo, por exemplo, do recurso estilístico denominado metáfora.

6. Com base nos aspectos linguísticos e gramaticais do texto II, julgue os itens seguintes:

I. Em "**Pois não é ditado: 'menino — trem do diabo'?**" (2º parágrafo), a palavra "**Pois**" é marcador discursivo, sem função sintática, e "**trem do diabo**" é predicativo do sujeito, em construção metafórica.

II. A palavra "**se**", presente no trecho "**às vezes se diz que é por replantada no terreno sempre**" (3º parágrafo), foi empregada para compor uma estrutura de sujeito indeterminado.

III. A locução verbal contida em "**A mandioca-doce pode de repente virar azangada**" (3º parágrafo) é de ligação.

IV. Embora tenham referentes distintos, os adjetivos grifados em "**Tem até tortas raças de pedras, horrorosas, venenosas**" (3º parágrafo) desempenham a mesma função sintática.

7. Considerando os aspectos gramaticais do texto II, julgue os itens a seguir:

I. Em "**Me declare tudo, franco — é alta mercê que me faz: e pedir posso, encarecido**" (2º parágrafo), as palavras grifadas são advérbios de modo, os quais foram empregados em sua forma reduzida, o que também é evidenciado pelo uso das vírgulas usadas para separá-los.

II. No período "**Quase todo mais grave criminoso feroz, sempre é muito bom marido, bom filho, bom pai, e é bom amigo-de-seus-amigos!**" (4º parágrafo), o núcleo do sujeito é acompanhado por três elementos modificadores.

III. A função sintática desempenhada pelo pronome relativo em destaque no trecho "**Mas, agora, feita a folga que me vem**" (1º parágrafo) é diferente da que apresenta o seu referente.

IV. Com a expressão "**range rede**" (1º parágrafo), o narrador pretende significar que, no momento em que se encontra, há mais tempo para as reflexões, em razão de estar aposentado.

Texto III: A Vida Vivida

Vinicius de Moraes

Quem sou eu senão um grande sonho obscuro em face do Sonho
Senão uma grande angústia obscura em face da Angústia
Quem sou eu senão a imponderável árvore dentro da noite imóvel
E cujas presas remontam ao mais triste fundo da terra?

De que venho senão da eterna caminhada de uma sombra
Que se destrói à presença das fortes claridades
Mas em cujo rastro indelével repousa a face do mistério
E cuja forma é prodigiosa treva informe?

Que destino é o meu senão o de assistir ao meu Destino
Rio que sou em busca do mar que me apavora
Alma que sou clamando o desfalecimento
Carne que sou no âmago inútil da prece?

O que é a mulher em mim senão o Túmulo
O branco marco da minha rota peregrina
Aquela em cujos braços vou caminhando para a morte
Mas em cujos braços somente tenho vida?

O que é o meu amor, ai de mim! senão a luz impossível
Senão a estrela parada num oceano de melancolia
O que me diz ele senão que é vã toda a palavra
Que não repousa no seio trágico do abismo?

O que é o meu Amor? senão o meu desejo iluminado
O meu infinito desejo de ser o que sou acima de mim mesmo
O meu eterno partir da minha vontade enorme de ficar
Peregrino, peregrino de um instante, peregrino de todos os instantes?

A quem respondo senão a ecos, a soluços, a lamentos
De vozes que morrem no fundo do meu prazer ou do meu tédio
A quem falo senão a multidões de símbolos errantes
Cuja tragédia efêmera nenhum espírito imagina?

Qual é o meu ideal senão fazer do céu poderoso a Língua
Da nuvem a Palavra imortal cheia de segredo
E do fundo do inferno delirantemente proclamá-los
Em Poesia que se derrame como sol ou como chuva?

O que é o meu ideal senão o Supremo Impossível
Aquele que é, só ele, o meu cuidado e o meu anelo
O que é ele em mim senão o meu desejo de encontrá-lo
E o encontrando, o meu medo de não o reconhecer?

O que sou eu senão ele, o Deus em sofrimento
O temor imperceptível na voz portentosa do vento

39. O bater invisível de um coração no descampado...
40. O que sou eu senão Eu Mesmo em face de mim?

MORAES, Vinicius. *Novos Poemas*. Rio de Janeiro: José Olympio, 1938.

8. **Com base nos aspectos estilísticos e no sentido do texto III, julgue os itens subsequentes:**

I. Pode-se depreender da última estrofe que o referente do pronome "**ele**" (37º verso) é o próprio poema, redefinido, no último verso, como "**Eu mesmo em face de mim**".

II. Além das funções emotiva e poética, destacam-se, no texto III, as funções metalinguística e conativa, visto que o eu lírico procura apresentar ao seu interlocutor, ao leitor, de modo geral, qual a sua concepção de poesia.

III. Empregou-se o paradoxo como recurso estilístico no verso "**O meu eterno partir da minha vontade enorme de ficar**" (23º verso).

IV. Infere-se do texto que a vida, para o eu lírico, é uma tragédia efêmera, abstrata e impossível de ser desvendada por qualquer indivíduo do mundo.

9. **Julgue as assertivas seguintes, considerando os aspectos linguísticos e gramaticais do texto III:**

I. No verso "**E cujas presas remontam ao mais triste fundo da terra?**" (4º verso), está correto afirmar que o núcleo do objeto indireto vem seguido de três adjuntos adnominais.

II. No primeiro verso, o pronome interrogativo "**Quem**" exerce função sintática de predicativo do sujeito que lhe está posposto, função exercida pelo pronome pessoal reto "**eu**".

III. É transitiva direta e indireta a forma verbal "**fazer**", no verso "**Qual é o meu ideal senão <u>fazer</u> do céu poderoso a Língua**" (29º verso).

IV. Considerando o verso "**Da nuvem a Palavra imortal cheia de segredo**" (30º verso), não se pode afirmar que os termos "**Da nuvem**" e "**de segredo**" desempenham a mesma função sintática, visto que o primeiro exerce função de adjunto adnominal do termo "**da Língua**" (29º verso) e o segundo funciona como complemento nominal do adjetivo "**cheia**".

10. **Com base nos aspectos linguísticos e gramaticais do texto III, julgue os itens a seguir:**

I. Está correto afirmar que os vocábulos "**indelével**" (7º verso), "**desfalecimento**" (11º verso) e "**descampado**" (39º verso) exemplificam o mesmo processo de formação de palavra.

II. A fim de que se tornasse correto quanto à regência verbal, o verso "**E cujas presas remontam ao mais triste fundo da terra?**" (4º verso) deveria ser reescrito como ***E cujas presas remontam o mais triste fundo da terra?***.

III. Tem valor de condição a oração reduzida de gerúndio presente em "**E o encontrando, o meu medo de não o reconhecer?**" (36º verso).

IV. Também estaria correto quanto ao emprego da colocação pronominal o verso "**E o encontrando, o meu medo de não o reconhecer?**" (36º verso) reescrito como ***E encontrando-o, o meu medo de não reconhecê-lo?***.

SIMULADO 24

Texto I: Uma quase-despedida

Ariano Suassuna

1. Na década de 80, já velho, o Cego Oliveira, músico e poeta popular do sertão cearense, em depoimento prestado ao cineasta Rosemberg Cariry, declarou: "Uma vez, na hora de acabar o toque, cantei uma despedida tão bonita que uma mulher disse: "Faz pena um homem desse ter que morrer um dia!"".

2. De minha parte, não sei tocar rabeca, não mereço comentário tão belo e comovente nem esta quase-despedida que estou escrevendo aqui é um momento dramático do jornal ou da minha vida. Na verdade, estamos apenas transferindo o local e a data da minha coluna: vou passar a escrever na Ilustrada, toda segunda-feira, em novo formato e numa linha, digamos assim, mais literária.

3. De qualquer modo, é mais de um ano escrevendo aqui; e, na minha idade, um ano é muito tempo. Por isso, não quis sair sem uma palavra de despedida a meus leitores; principalmente porque, velho como o Cego Oliveira, cada vez mais a literatura se transforma para mim na rabeca que dá tom ao toque da minha vida.

4. Por outro lado, como escritor que sou, gosto de personalizar meus sentimentos de afetividade; e, para encarnar todos os meus possíveis leitores, escolho hoje, aqui, uma moça de Campinas chamada Cida Sepúlveda. Cida, que, em fevereiro deste ano, me escreveu uma carta na qual dizia, com belas

palavras que me tocaram: "Sou uma poetisa anônima, casual, trágica, inconsequente, fruto e produto do casamento entre a urbanidade e a melancolia dos pastos antigos". Cida, que, mais recentemente, me mandou outra carta em que, comentando meu artigo sobre a criação de cabras no Rio Grande do Norte, afirmava: "Fui criada com leite de cabra. Meus pais eram pobres, mas tínhamos uma cabrinha no quintal; eu mesma, menina, algumas vezes tirei leite dela. E como são dóceis esses animais!".

5. Quero, então, dizer a Cida Sepúlveda que, em ambos os casos, vi que entre mim e ela existe uma grande identificação. Sou relativamente conhecido como romancista e mais como dramaturgo; como poeta sou "anônimo, casual, trágico, inconsequente" e também "fruto e produto do casamento entre a urbanidade e a melancolia de pastos antigos"; pastos esses que, no meu caso, eram povoados de belas cabras agrestes, esquivas, quase selvagens e que pareciam pequenos antílopes, extraviados das savanas da África, das serras do Líbano ou das mesetas da Península Ibérica nos tabuleiros e carrascais do sertão nordestino.

6. Na última carta que me escreveu, Cida Sepúlveda sugere que eu me valha de "um endereço eletrônico" por meio do qual meus leitores possam me escrever com mais facilidade. Por acaso, recentemente houve, no Recife, um congresso de jornalistas. No dia em que a ele compareci, Matinas Suzuki, ouvindo-me falar de minhas desventuras no mundo dos computadores, generosamente se prontificou a me dar um daqueles endereços. E vou pedir a Alexandre Nóbrega – que é a pessoa que resolve tais assuntos para mim – que entre em contato com Suzuki, a fim de que eu, absolutamente incapaz de fazer isso sozinho, atenda à solicitação de Cida Sepúlveda.

SUASSUNA, Ariano. *Uma quase-despedida. In:* Folha de São Paulo, 04/07/2000.

1. **Considerando os aspectos estilísticos e o sentido do texto I, julgue os itens a seguir:**

I. Pode-se justificar o título do texto, em especial a palavra "**quase**", pelo fato de que não se trata de uma despedida definitiva decorrente da perda do autor, que estaria muito velho, ou da falência do jornal, o que pode ser comprovado logo no início do segundo parágrafo.

II. Ao afirmar, no terceiro parágrafo, que a literatura se transforma na rabeca que dá tom ao toque da sua vida, o autor, por meio de construção metafórica, define a importância que a literatura assume, cada vez mais, na sua vida, conforme vai envelhecendo.

III. Fica claro, no texto I, que Suassuna se considera inapto para a relação digital, fazendo, inclusive, questão de manter-se afastado dessa tecnologia, que lhe provoca desventuras.

IV. O trecho "**para encarnar todos os meus possíveis leitores, escolho hoje, aqui, uma moça de Campinas chamada Cida Sepúlveda. Cida**" (4º parágrafo) exemplifica o emprego tanto de coesão dêitica quanto de hiponímia.

2. Com base nos aspectos linguísticos e gramaticais do texto I, julgue os itens seguintes:

I. A palavra destacada em "**E <u>como</u>** são dóceis esses animais!" (4º parágrafo) apresenta classe gramatical distinta da sublinhada em "**Sou relativamente conhecido <u>como</u> romancista**" (5º parágrafo), visto que, no primeiro caso, é advérbio de modo e, no segundo, é preposição acidental.

II. A oração "**como poeta sou 'anônimo, casual, trágico, inconsequente'**" (5º parágrafo), além de verbo de ligação, é composta por cinco predicativos.

III. Os travessões empregados no último parágrafo, equivalentes a parênteses e a vírgulas na estruturação sintática do período, isolam oração subordinada substantiva apositiva.

IV. O pronome relativo contido em "**como escritor que sou**" (4º parágrafo) exerce a mesma função sintática de seu antecedente.

3. Julgue as assertivas subsequentes, com base nos aspectos sintáticos do texto I:

I. Em "**Na década de 80, já velho, o Cego Oliveira, músico e poeta popular do sertão cearense, em depoimento prestado ao cineasta Rosemberg Cariry, declarou:**" (1º parágrafo), as duas primeiras vírgulas foram empregadas com a mesma finalidade que a terceira e a quarta vírgulas: isolar predicativo do sujeito deslocado.

II. Empregou-se, no trecho "**e, para encarnar todos os meus possíveis leitores, escolho hoje, aqui, uma moça de Campinas chamada Cida Sepúlveda.**" (4º parágrafo), um par de vírgulas obrigatórias e um par de vírgulas facultativas, todas para separar termos adverbiais deslocados.

III. No trecho "**eu mesma, menina, algumas vezes tirei leite dela.**" (4º parágrafo), foram empregadas as vírgulas, para isolar termo adverbial com sentido de tempo.

IV. Separou-se por vírgulas, em "**principalmente porque, velho como o Cego Oliveira, cada vez mais a literatura se transforma para mim na rabeca**" (3º parágrafo), uma oração subordinada adverbial conformativa.

4. **Considerando os aspectos linguísticos e gramaticais do texto I, julgue os itens a seguir:**

I. A fim de que se tornasse correto quanto à regência verbal, o trecho "**Na última carta que me escreveu**" (6º parágrafo) deveria ser reescrito como ***Na última carta em que me escreveu.***

II. Em "**Cida Sepúlveda sugere que eu me <u>valha</u> de 'um endereço eletrônico'**" (6º **parágrafo),** a forma verbal em destaque é acompanhada por dois complementos, sendo um direta e um indiretamente ligado a ela.

III. Apesar de não haver conjunção entre as orações "**De minha parte, não sei tocar rabeca, não mereço comentário tão belo e comovente**" (2º parágrafo), a relação entre elas é de coordenação, e o valor semântico é de conclusão.

IV. Em "**Matinas Suzuki, ouvindo-me falar de minhas desventuras**" (6º parágrafo), o pronome "**me**" funciona como sujeito do verbo a ele posposto e como objeto direto do verbo que a ele se antepõe.

Texto II: A redenção de Suassuna

Letícia Lins

1. O ano de 2005 está dando ao escritor Ariano Suassuna bons motivos para festejar. Além de celebrar os 50 anos de "Auto da Compadecida", uma das peças

mais populares da dramaturgia brasileira, relançada pela Agir numa edição de luxo revista pelo autor, Suassuna viu aquela que é considerada sua obra-prima, "A Pedra do Reino" (editora José Olympio), voltar às livrarias depois de 20 anos fora de catálogo. Nessa entrevista, o autor — um dos convidados mais esperados da Festa Literária Internacional de Paraty, que acontece em julho — confessa como somente uma década depois de ter escrito "A Pedra do Reino" descobriu os motivos que o levaram a produzi-lo: a vingança pelo assassinato do pai, quando ele tinha apenas 3 anos de idade. Escrever o livro foi uma forma de buscar a redenção do seu "rei" e inverter o conceito vigente na década de 30 do século passado, segundo o qual as forças rurais que o pai liderava eram o obscurantismo e o urbano é que representava o progresso. Razões familiares, políticas e íntimas à parte, "A Pedra do Reino" é inspirado em um episódio ocorrido no século XIX, no município sertanejo de São José do Belmonte, a 470 quilômetros do Recife. Ali, em 1836, uma seita tentou fazer ressurgir o rei Dom Sebastião, transformado em lenda em Portugal depois de desaparecer na Batalha de Alcácer-Quibir, quando tentava converter mouros em cristãos no Marrocos. Sob o domínio espanhol, os portugueses sonhavam com o retorno do rei que restauraria a nação usurpada. A manifestação de sebastianismo no Brasil está presente não só no livro de Suassuna como é lembrada em Pernambuco durante a Cavalgada da Pedra do Reino, que acontece anualmente no lugar onde inocentes foram sacrificados pela volta do rei. O escritor paraibano, que há muito escolheu Recife como moradia, cita seu novo livro em gestação, no qual espera fundir os três gêneros aos quais se dedica: o romance, o teatro e a poesia, entrelaçados numa espécie de revisão de tudo o que já escreveu. A obra do autor, aliás, já mereceu numerosos estudos em todo o Brasil, o mais recente deles assinado pela antropóloga Maria Aparecida Lopes Nogueira, autora de "Ariano Suassuna, o cabreiro tresmalhado" (editora Palas Athena), no qual ela analisa minuciosamente a tragédia pessoal presente na literatura de Suassuna.

2. Lançado há quase 30 anos, "A Pedra do Reino" passou duas décadas fora de catálogo. Alguma restrição de sua parte?

3. **ARIANO SUASSUNA**: Não, nenhuma. O que houve foi que minha editora, a José Olympio, passou por dificuldades. Então, apesar de o livro estar na época vendendo bem, ficou por mais de 20 anos fora de catálogo. Não houve nenhuma grande revisão do livro, que permanece com a mesma estrutura e algumas pequenas modificações.

4. O poeta João Cabral de Melo Neto dizia que, na idade madura, jamais escreveria de novo "Morte e vida severina", afirmando que seu poema mais famoso foi um arroubo de juventude. Hoje o senhor escreveria "A Pedra do Reino" com o mesmo ímpeto?

5. **SUASSUNA**: Com certeza. Mantive todo o livro nessa edição. E lhe digo como já disse mais de uma vez: se me dissessem que iam queimar todos os livros e só me dessem o direito de salvar uma obra, salvaria "A Pedra do Reino".

6. No sertão de sua infância os descendentes e parentes próximos vingavam com a morte o assassinato de entes queridos. O seu pai foi assassinado por divergências políticas. Escrever "A Pedra do Reino" foi sua melhor vingança?

7. **SUASSUNA**: Foi mais do que uma vingança. Foi uma forma de evitar o crime e buscar a redenção.

8. O senhor teve essa percepção ao escrever o livro ou só depois tomou consciência de que "A Pedra do Reino" foi uma forma de manter viva a imagem, o rosto, a presença do seu pai?

9. **SUASSUNA**: Só uma década depois entendi que o que escrevi tinha sido uma busca daquela redenção. E hoje acho que é isso mesmo. Mas não percebi isso quando publiquei o livro em 1971. É a descoberta do rei que nunca morre. O livro é dedicado a meu pai e a mais doze pessoas. É como se ele representasse para mim aquela figura tão importante do tempo em que eu assistia às cavalhadas de menino. Então, meu pai é o imperador a quem o livro é dedicado. E os doze outros são os cavaleiros, os pares dele. Tanto que entre eles encontram-se Euclides da Cunha, Antônio Conselheiro, José Lins do Rego e até Leandro Gomes de Barros, o maior autor de folhetos de cordel do Nordeste. Por esse motivo, concluí minha dedicatória a João Suassuna, santos, mártires, poetas, profetas e guerreiros do meu mundo mítico do sertão.

10. Depois de ter o pai assassinado, o senhor cresceu ouvindo falar mal dele, que representaria o rural, o atrasado. O urbano é que era o progresso. Seu esforço foi para fazer uma inversão desses valores?

11. **SUASSUNA**: Eu realmente sentia muito isso. Essa visão de que as forças rurais que ele liderava eram o atraso, o obscurantismo, o mal. E as outras representavam o bem e o progresso. "A Pedra do Reino" foi uma das armas que usei para reagir contra essa visão estreita.

12. "A Pedra do Reino" foi encarada como um marco da ficção nordestina depois do ciclo regionalista da década de 30. Apesar de abordar o mundo famélico e mágico do sertão, ele teria uma mensagem universal?

13. **SUASSUNA:** Eu o fiz com a intenção de ser universal. Se eu o consegui ou não, é difícil determinar porque só o tempo vai dizer. Mas realmente acredito que o ser humano é o mesmo em todos os lugares e em todos os tempos. Então, se em "A Pedra do Reino" consegui tocar na vida, na história do homem nordestino, estou tocando, também, nos problemas dos homens de todos os lugares do mundo.

LINS, Letícia. A redenção de Suassuna. *In: Jornal O Globo, Prosa & Verso*, p. 1-2. Rio de Janeiro, 11/06/2005.

5. **Julgue as assertivas a seguir, com base no sentido do texto II:**

I. Ariano Suassuna, em entrevista, explica as razões de ter escrito o romance ***A Pedra do Reino*** e deixa claro que seus objetivos eram redimir seu pai e universalizar o Nordeste.

II. Não é possível entender a atribuição de Letícia Lins ao universo descrito por Ariano Suassuna, em ***A Pedra do Reino***, como famélico e mágico, justamente por serem duas expressões antagônicas semanticamente.

III. Segundo Suassuna, os santos, mártires, poetas, profetas e guerreiros de um mundo mítico seriam recursos criados por ele para reverter a ideia de que o Nordeste das cavalhadas representaria o obscurantismo, o mal e o atraso.

IV. O romance ***A Pedra do Reino*** é uma homenagem de Ariano Suassuna a seu pai e conta com uma pesquisa histórica e com a influência regional, reproduzindo a alma nordestina e diversos problemas universais.

6. **Com base nos aspectos linguísticos e gramaticais do texto II, julgue os itens seguintes:**

I. Sem que se promovesse prejuízo gramatical ou desvio semântico, o trecho "**A obra do autor, aliás, já mereceu numerosos estudos em**

todo o Brasil" (1º parágrafo) poderia ser reescrito como ***A obra do autor, inclusive, já mereceu numerosos estudos em todo Brasil.***

II. A palavra "**que**", empregada em "**Não houve nenhuma grande revisão do livro, que permanece com a mesma estrutura e algumas pequenas modificações**" (3º parágrafo), deve ser classificada como conjunção subordinativa que estabelece relação de causa e consequência entre as orações que liga.

III. A palavra "**se**" é conjunção tanto em "**Se eu o consegui ou não, é difícil determinar porque só o tempo vai dizer**" quanto em "**Então, se em 'A Pedra do Reino' consegui tocar na vida, na história do homem nordestino, estou tocando, também, nos problemas dos homens de todos os lugares do mundo**", excertos do último parágrafo; porém, apenas no segundo excerto, ela apresenta valor semântico, que é de causa.

IV. O pronome relativo contido no trecho "**Então, meu pai é o imperador a quem o livro é dedicado**" (9º parágrafo) exerce a mesma função sintática do termo grifado em "**É a descoberta <u>do rei</u> que nunca morre**" (9º parágrafo).

7. **Considerando o período "*Ali, em 1836, uma seita tentou fazer ressurgir o rei Dom Sebastião, transformado em lenda em Portugal depois de desaparecer na Batalha de Alcácer-Quibir, quando tentava converter mouros em cristãos no Marrocos.*" (1º parágrafo), julgue os itens seguintes:**

I. Podem ser identificadas quatro orações no período em análise, sendo uma delas subordinada adjetiva explicativa e outras duas subordinadas adverbiais temporais, além da principal.

II. Exercem funções sintáticas distintas os termos "**de desaparecer**" e "**de Alcácer-Quibir**".

III. Está correto afirmar que a locução verbal "**tentava converter**" é transitiva direta predicativa.

IV. Há, no período em destaque, quatro adjuntos adverbiais de lugar e três de tempo, sendo dois destes oracionais.

Texto III: Pantum

Olavo Bilac

1. Quando passaste, ao declinar do dia,
2. Soava na altura indefinido arpejo:
3. Pálido, o sol do céu se despedia,
4. Enviando à terra o derradeiro beijo.

5. Soava na altura indefinido arpejo...
6. Cantava perto um pássaro, em segredo;
7. E, enviando à terra o derradeiro beijo,
8. Esbatia-se a luz pelo arvoredo.

9. Cantava perto um pássaro em segredo;
10. Cortavam fitas de ouro o firmamento...
11. Esbatia-se a luz pelo arvoredo:
12. Caíra a tarde; sossegara o vento.

13. Cortavam fitas de ouro o firmamento...
14. Quedava imoto o coqueiral tranquilo...
15. Caíra a tarde. Sossegara o vento.
16. Que mágoa derramada em tudo aquilo!

17. Quedava imoto o coqueiral tranquilo...
18. Pisando a areia, que a teus pés falava,
19. (Que mágoa derramada em tudo aquilo!)
20. Vi lá embaixo o teu vulto que passava.

21. Pisando a areia, que a teus pés falava,
22. Entre as ramadas flóridas seguiste.
23. Vi lá embaixo o teu vulto que passava...
24. Tão distraída! – nem sequer me viste!

Entre as ramadas flóridas seguiste,
E eu tinha a vista de teu vulto cheia.
Tão distraída! – nem sequer me viste!
E eu contava os teus passos sobre a areia.

Eu tinha a vista de teu vulto cheia.
E, quando te sumiste ao fim da estrada,
Eu contava os teus passos sobre a areia:
Vinha a noite a descer, muda e pausada...

E, quando te sumiste ao fim da estrada,
Olhou-me do alto uma pequena estrela.
Vinha a noite, a descer, muda e pausada,
E outras estrelas se acendiam nela.

Olhou-me do alto uma pequena estrela,
Abrindo as áureas pálpebras luzentes:
E outras estrelas se acendiam nela,
Como pequenas lâmpadas trementes.

Abrindo as áureas pálpebras luzentes,
Clarearam a extensão dos largos campos;
Como pequenas lâmpadas trementes
Fosforeavam na relva os pirilampos.

Clarearam a extensão dos largos campos...
Vinha, entre nuvens, o luar nascendo...
Fosforeavam na relva os pirilampos...
E eu inda estava a tua imagem vendo.

Vinha, entre nuvens, o luar nascendo:
A terra toda em derredor dormia...

51. E eu inda estava a tua imagem vendo,

52. Quando passaste ao declinar do dia!

BILAC, Olavo; LAJOLO, Marisa (org.). ***Olavo Bilac: melhores poemas*****. 1ª ed. São Paulo: Global Editora, 2012.**

8. **Com base no sentido do texto III, julgue os itens subsequentes:**

I. Depreende-se, sobretudo da última estrofe, que o eu lírico continua a pensar, até o raiar do dia seguinte, na mulher que passou, distraída, perto dele.

II. Em "**Soava na altura indefinido arpejo...**" (5º verso) e em "**Cortavam fitas de ouro o firmamento...**" (10º verso), podem ser identificadas metáfora e metonímia, respectivamente.

III. Está correto afirmar que o poema é representativo do Parnasianismo, o que pode ser comprovado não só pelo nome do autor, mas também pela recorrência do uso de figuras de linguagem, pelos versos decassílabos e pela rima alternada empregados no texto.

IV. É possível depreender já do título do poema o tom lamentoso que é corroborado pelo verso "**Que mágoa derramada em tudo aquilo!**" (16º verso).

9. **Julgue as assertivas seguintes, considerando os aspectos sintáticos do texto III:**

I. O fato de trazer uma especificação do núcleo a que se refere torna o termo "**de teu vulto**", contido no verso "**Eu tinha a vista de teu vulto cheia.**" (29º verso), adjunto adnominal.

II. A forma verbal contida em "**Olhou-me do alto uma pequena estrela,**" (37º verso) deve ser classificada como transitiva indireta apenas.

III. Considerando-se que o sujeito não se constitui como fator de próclise, o verso "**E outras estrelas se acendiam nela,**" (39º verso) deveria, para adequar-se à norma-padrão, ser reescrito como ***E outras estrelas acendiam-se nela***, ainda que isso fosse comprometer a estrutura estilística do verso.

IV. No verso "**Pisando a areia, que a teus pés falava,**" (21º verso), a forma verbal em destaque funciona como advérbio de modo do último verbo contido no verso anterior.

10. Com base nos aspectos linguísticos e gramaticais do texto III, julgue os itens a seguir:

I. Em "**Vinha a noite, a descer, muda e pausada**" (35º verso), apesar da separação, equivocada, por vírgulas, tem-se locução verbal, com noção de aspecto permansivo, equivalente a ***vinha descendo***.

II. A forma verbal destacada em "**Esbatia-se a luz pelo arvoredo:**" (11º verso) é pronominal e foi empregada com o sentido de ***delir***.

III. Está correto afirmar que "**imoto**" (14º verso), "**tranquilo**" (14º verso) e "**Sossegara**" (15º verso) pertencem ao mesmo campo semântico.

IV. No verso "**Fosforeavam na relva os pirilampos.**" (44º verso), o vocábulo destacado é um neologismo constituído por base metafórica pela comparação implícita com a chama do fósforo que também clareia.

SIMULADO 25

Texto I: Jorge Amado e Paraíso

Mário Vargas Llosa

1. Estive em Salvador, Bahia, em 1982, para a festa dos 70 anos de Jorge Amado, e fiquei maravilhado com o entusiasmo com que a gente do povo o festejava. Eu sabia que ele era uma figura popular na terra que sua fantasia e sua prosa tornaram famosa no mundo todo, mas nunca imaginei que esse prestígio e carinho tivessem raízes em todos os segmentos sociais, a começar pelos mais pobres, onde é improvável que leiam seus livros. Pensei: "Estranha terra original, em que os escritores são tão famosos quanto os jogadores de futebol."

2. Mas não eram os escritores: era Jorge Amado. Nada exagero. Aquela comemoração começou no mercado central da cidade, onde ele era reconhecido por todo mundo e onde vendedores de peixe ou de rapadura, compradores de hortaliças, malabaristas ou fiscais municipais se aproximavam para lhe dar os parabéns. O mais surpreendente foi descobrir que o romancista conhecia essa multidão de admiradores pelo nome e sobrenome, pois tratava cada pessoa por "tu" e "senhor" e, com cada qual, tinha uma lembrança a partilhar.

3. Que os baianos se sintam felizes por ter alguém como Jorge Amado (nascido num lugarejo do interior, Ferradas, na Fazenda Auricídia, em 1912, e que vive seus 85 anos com soberba saúde de corpo e de espírito), é apenas um ato de justiça. E não só pela vasta obra literária que saiu de sua fértil imaginação; também porque Jorge Amado acrescenta, ao seu talento de criador de histórias, uma humanidade generosa e franca, propiciada a

mancheias, e cria a seu redor, onde quer que esteja, um clima cálido e estimulante que, para quem tem a sorte de desfrutá-la, o reconcilia com a vida e o faz pensar que, apesar de tudo, os homens e as mulheres deste planeta talvez sejam melhores do que aparentam.

4. Conheci-o como leitor quando era estudante universitário, na Lima dos anos 50, e lembro inclusive os dois primeiros livros seus que li: seu romance de juventude, *Cacau*, e sua biografia romanceada do líder comunista brasileiro, figura mítica da época, Luís Carlos Prestes, *O Cavaleiro da Esperança*. Naqueles anos — os da guerra fria no mundo e das ditaduras militares na América Latina, não esqueçamos que sua imagem pública e sua obra literária se identificavam com a ideia do escritor militante, que usa a pena como arma para denunciar as injustiças sociais, as tiranias e a exploração, e para ganhar adeptos para o socialismo.

5. Os escritos do Jorge Amado de então, como os de seus contemporâneos hispano-americanos da época — o Pablo Neruda de Canto Geral ou o Miguel Ángel Asturias de Week-End na Guatemala, Vento Forte e O Papa Verde —, pareciam animados por um ideal cívico e moral (revolucionário é a palavra indispensável), ao mesmo tempo estético. Amiúde, como nos livros citados, aquele prejudicava este último. O que então salvou Jorge Amado da armadilha em que caíram muitos escritores latino-americanos "engajados", que se tornaram, como queria Stalin, "engenheiros de almas", ou seja, meros propagandistas, foi que em seus romances políticos um elemento intuitivo, instintivo e vital vencia sempre o ideológico e destruía os esquemas racionais. Ainda assim, com a perspectiva trazida pelo tempo e pelos cataclismos históricos que nestas décadas serviram para mostrar as ilusões e os mitos que enfeitavam o socialismo real, aqueles escritos seus perderam a combatividade e o frescor que eles tinham quando minha geração os leu com avidez. Em outras palavras, envelheceram.

6. Mas o primeiro a percebê-lo foi o próprio Jorge Amado que, mesmo sem o escândalo de um rompimento nem os traumas que destruíram tantas carreiras literárias antes com a elegante discrição e a constante fleuma com que sempre circulou pela vida, deu meia-volta em sua literatura, despolitizando-a, expurgando-a de pressupostos ideológicos e tentações pedagógicas, abrindo de par em par para outras manifestações da vida, começando pelo humor e terminando nos prazeres do corpo e nos jogos do intelecto. Tendo começado a escrever em sua adolescência como um escritor maduro quase um velho — Jorge Amado começou logo a rejuve-

nescer, com histórias deliciosas: *Dona Flor e Seus Dois Maridos, Gabriela, Cravo e Canela, Tereza Batista Cansada de Guerra, Tieta do Agreste, Farda Fardão Camisola de Dormir* (deliciosa sátira sobre intrigas entre acadêmicos, menos divulgada que as outras, apesar de seu humor sutil e de sua devastadora crítica à cultura burocratizada, e as que vieram depois, num curioso desrespeito à cronologia mental — algo que, como escritor, fez dele uma espécie de Dorian Grey, um romancista que, livro após livro, brinca, se diverte e se exibe como menino genial, com suas travessuras verbais, sensuais e anedóticas, em verdadeiras festas narrativas. [...]

7. Nos anos 70, quando, cheio de temor mas também de emoção, iniciei a aventura de escrever *A Guerra do Fim do Mundo,* romance baseado em Euclides da Cunha e na Guerra de Canudos, pude experimentar na própria carne a generosidade de Jorge Amado (e, claro, de Zélia, a maravilhosa companheira, anarquista graças a Deus). Sem a ajuda de Jorge, que dedicou muito tempo e energia dando-me conselhos, recomendando-me e apresentando-me a amigos citarei, entre tantos, Antônio Celestino, Renato Ferraz e o historiador José Calazans —, nunca eu teria conseguido percorrer o sertão baiano e penetrar nos labirintos de Salvador. Ali pude ver de perto como Jorge Amado aproveita o tempo dando uma ajuda a quem se aproxima, desdobrando-se, em detrimento de seu trabalho, para facilitar as coisas e abrir as portas para quem pinta, compõe, esculpe, dança ou escreve; a sabedoria com que cultiva a amizade e evita esses esportes — as intrigas, as rivalidades, os boatos — que amarguram a vida de tantos escritores; sua inabalável simplicidade de pessoa que não parece haver entendido que, no entanto, a vaidade e a pompa também são deste mundo e infalivelmente afligem os que alcançam uma fama como a que ele conquistou.

8. Quando jovem, eu brincava com um amigo adivinhando quais escritores de nosso tempo entrariam no céu, se ele existisse. Iniciamos umas listas muito rigorosas, cuja elaboração nos dava um trabalho dos diabos, e o pior é que, cedo ou tarde, os habilitados achavam um jeito para que os tirássemos dali. Em minha lista atual, feita há muito tempo, resta um só nome. E aposto como nenhuma pessoa que tenha conhecido e lido Jorge Amado seja capaz de removê-lo da lista.

VARGAS LLOSA, Mario. Parceiros de viagem (depoimento). ***In: Cadernos de Literatura Brasileira: Jorge Amado.*** **Rio de Janeiro: Instituto Moreira Salles, 1997.**

1. **Considerando o sentido do texto I e seus aspectos linguísticos, julgue os itens a seguir:**

I. É possível afirmar que o sentido expresso pelo título do texto só é compreendido, plenamente, após a leitura do oitavo parágrafo.

II. A função da linguagem predominante no texto é a emotiva, em razão de, além de escrever em primeira pessoa, o autor expor sua opinião, com afetividade, sobre Jorge Amado e sobre a obra deste.

III. No trecho "**iniciei a aventura de escrever *A Guerra do Fim do Mundo*, romance baseado em Euclides da Cunha e na Guerra de Canudos**" (7º parágrafo), empregou-se figura de linguagem denominada metonímia.

IV. A reescritura do excerto "**Amiúde, como nos livros citados, aquele prejudicava este último**" (5º parágrafo) como ***Frequentemente, como nos livros citados, aquele prejudicava este***, além de não acarretar alteração de sentido, ainda promoveria maior coerência ao trecho.

2. **Com base nos aspectos linguísticos e gramaticais do texto I, julgue os itens seguintes:**

I. Em "**Os escritos do Jorge Amado de então, como os de seus contemporâneos hispano-americanos da época**" (5º parágrafo), a sinonímia e a elipse foram empregadas como mecanismos de coesão.

II. A palavra "**onde**", empregada em "**a começar pelos mais pobres, onde é improvável que leiam seus livros**" (1º parágrafo), está em desacordo com a prescrição gramatical, visto que o referido pronome relativo, por não se referir a local físico, deveria ser substituído por ***entre os quais***.

III. As formas verbais empregadas no gerúndio, em "**deu meia-volta em sua literatura, despolitizando-a, expurgando-a de pressupostos ideológicos e tentações pedagógicas, abrindo de par em par para outras manifestações da vida**" (6º parágrafo), constituem orações subordinadas adverbiais que poderiam ser desenvolvidas com sentido de consequência.

IV. Em "**Estive em Salvador, Bahia, em 1982, para a festa dos 70 anos de Jorge Amado, e fiquei maravilhado**" (1º parágrafo), a vírgula posposta a "**Jorge Amado**" deveria ser suprimida, a fim de que se adequasse o trecho à norma-padrão da língua e de que se promovesse maior coerência.

3. **Julgue as assertivas subsequentes, com base nos aspectos sintáticos do texto I:**

I. O período "**Estive em Salvador, Bahia, em 1982, para a festa dos 70 anos de Jorge Amado, e fiquei maravilhado com o entusiasmo com que a gente do povo o festejava**" (1º parágrafo) é composto por três orações, as quais apresentam, respectivamente, predicados nominal, nominal e verbal.

II. Em "**Ali pude ver de perto como Jorge Amado aproveita o tempo dando uma ajuda a quem se aproxima**" (7º parágrafo), a locução verbal "**pude ver**" deve ser classificada como transitiva direta, sendo o vocábulo "**como**" classificado como adjunto adverbial de modo.

III. No excerto "**Eu sabia que ele era uma figura popular na terra <u>que</u> sua fantasia e sua prosa tornaram famosa no mundo todo**" (1º parágrafo), o pronome relativo em destaque exerce função de objeto direto, diferentemente de seu antecedente, que se classifica como adjunto adverbial.

IV. Em "**Jorge Amado acrescenta, ao seu talento <u>de criador</u> <u>de histórias</u>, uma humanidade generosa e franca**" (3º parágrafo), os termos em destaque, apesar de terem referentes distintos, exercem a mesma função sintática.

4. **Considerando os aspectos linguísticos e gramaticais do texto I, julgue os itens a seguir:**

I. A preposição "**para**", em "**nestas décadas serviram <u>para</u> mostrar as ilusões e os mitos**" (5º parágrafo) e em "**dando uma ajuda a quem se aproxima, desdobrando-se, em detrimento de seu trabalho,**

para facilitar as coisas" (7º parágrafo), introduz orações adverbiais empregadas com o mesmo sentido.

II. Em "**cuja elaboração nos dava um trabalho dos diabos**" (8º parágrafo), a expressão "**dos diabos**" deve ser classificada como advérbio de intensidade, assim como a palavra "**Nada**", empregada em "**Nada exagero.**" (2º parágrafo).

III. Nos excertos "**Que os baianos se sintam felizes por ter alguém como Jorge Amado**" (3º parágrafo) e "**e que vive seus 85 anos com soberba saúde de corpo e de espírito**" (3º parágrafo), as palavras em destaque devem ser classificadas, respectivamente, como conjunção integrante e pronome relativo.

IV. No trecho "**(e, claro, de Zélia, a maravilhosa companheira, anarquista graças a Deus)**" (7º parágrafo), o vocábulo "**claro**" deve ser classificado, morfologicamente, como interjeição, assim como a expressão "**graças a Deus**".

Texto II: Terras do Sem Fim

Jorge Amado

1. Uma voz assim tão cheia e sonora espanta todos os outros ruídos da noite. Do forte velho que ela vem e se espalha sobre o mar e a cidade. Não é bem o que ela diz que bole com o coração dos homens. É a melodia doce e melancólica que faz as conversas serem em surdina, baixinho. No entanto, a letra desta velha canção diz que a desgraçada é a mulher que vai com um homem do mar. Sorte boa ela não terá, infeliz destino é o seu. Seus olhos não pararão jamais de chorar, e cedo murcharão de tanto se alongarem para o mar, esperando a chegada de uma vela. A voz do negro cobre a noite. O velho Francisco conhece essa música e esse mundão de estrelas que se reflete no mar. Senão, de que valeriam quarenta anos passados em cima de um saveiro! E não é só as estrelas que ele conhece. Conhece também todas as coroas, as curvas, os canais da baía e do rio Paraguaçu, todos os portos daquelas bandas, todas as músicas que por ali são cantadas. Os moradores daquele pedaço de rio e do cais são seus amigos, e há até quem diga que uma vez, na noite, em que salvou toda a tripulação de um barco de pesca, viu o vulto de Iemanjá, que se mostrou a ele como prêmio. Quando se fala nisso (e todo jovem mestre de saveiro pergunta ao velho Francisco se é ver-

dade), ele somente sorri e diz: - Se fala muita coisa neste mundo, menino.. Assim, ninguém sabe se é verdade ou não. Bem que poderia ser. Iemanjá tem caprichos e se havia alguém que merecesse vê-la e amá-la era o velho Francisco, que estava na beira do cais desde ninguém sabe quando. Ainda melhor, porém, que todas as coroas, os viajantes, os canais, ele conhece as histórias daquelas águas, daquelas festas de Janaína, daqueles naufrágios e temporais. Haverá história que o velho Francisco não conheça?

2. Quando a noite chega, ele deixa a sua casa pequena e vem para a beira do cais. Atravessa a lama que cobre o cimento, entra pela água, e pula para a proa de um saveiro. Então pedem que ele conte histórias, conte casos. Não há quem saiba de casos como ele.

3. Hoje vive de remendar vela, do que lhe dá Guma, seu sobrinho. Tempo houve, porém, em que teve três saveiros que os ventos da tempestade levaram. Não puderam foi com o velho Francisco. Sempre voltou para o seu porto e o nome dos seus três saveiros estão tatuados no seu braço direito junto com o nome de seu irmão que ficou numa tempestade também. Talvez um dia escreva ali o nome de Guma, se der um dia na cabeça de Iemanjá amar o seu sobrinho. A verdade é que o velho Francisco ri disso tudo. Destino deles é esse: virar no mar. Se ele não ficou também, é que Janaína não o quis, preferiu que ele a visse vivo e que ficasse para conversar com os rapazes, ensinar remédios, contar histórias. E de que vale ter ficado assim, remendando velas, olhando pelo sobrinho, feito uma coisa inútil, sem poder mais viajar porque seus braços já cansaram, seus olhos não distinguem mais na escuridão? Melhor teria sido se houvesse ficado no fundo da água com o "Estrela da Manhã", seu saveiro mais rápido, e que virou na noite de São João. Agora ele vê os outros partirem e não vai com eles. Fica olhando para Lívia, igual a uma mulher, tremendo nas tempestades, ajudando a enterrar os que morrem. Faz muito tempo que cruzou pela última vez a baía, a mão no leme, os olhos atravessando a escuridão, sentindo o vento no rosto. Correndo com seu saveiro ao som da música distante.

4. Hoje um negro canta também. Diz que destino ruim é o das mulheres dos marítimos. O velho Francisco sorri. Sua mulher ele enterrou, o médico disse que fora do coração. Morreu de repente numa noite em que ele chegava da tempestade. Ela se atirou nos seus braços e quando ele reparou ela não se bulia mais, estava morta. Morreu de alegria de ele voltar, o médico disse que foi do coração. Quem ficou naquela noite foi Frederico, o pai de Guma. Corpo que ninguém encontrou porque ele morrera para salvar

Francisco e por isso fora com Iemanjá para outras terras muito lindas. Foi o seu irmão e a sua mulher numa só noite. Então ele criou Guma dentro do seu saveiro, dentro do mar, para que ele não tivesse medo.

AMADO, Jorge. *Mar Morto*. São Paulo: Companhia das Letras, 2008.

5. **Julgue as assertivas a seguir, com base no sentido do texto II:**

I. A voz forte de Francisco, tio de Guma, cobre a noite e espanta os outros ruídos, porque é cheia e sonora, repleta de uma melodia "**doce e melancólica**" (1º parágrafo).

II. Em razão de já ter os braços cansados e de não distinguir mais os caminhos na escuridão, Francisco vive às expensas de Guma.

III. Depreende-se do texto que Francisco apenas tatuará o nome de Guma no braço direito, quando este morrer.

IV. Segundo o narrador do texto, o corpo do pai de Guma nunca foi encontrado, porque havia morrido, para salvar o irmão.

6. **Com base nos aspectos linguísticos e gramaticais do texto II, julgue os itens seguintes:**

I. A função poética foi empregada no texto, de modo pontual, e pode ser exemplificada com a linguagem conotativa presente no trecho "**Seus olhos não pararão jamais de chorar, e cedo murcharão de tanto se alongarem para o mar, esperando a chegada de uma vela**" (1º parágrafo).

II. Em "**Destino deles é esse: virar no mar**" (3º parágrafo), empregou-se o sinal de dois-pontos, a fim de conferir maior expressividade ao texto.

III. Em "**se der um dia na cabeça de Iemanjá amar o seu sobrinho**" (3º parágrafo) e em "**Quem ficou naquela noite foi Frederico, o pai de Guma**" (4º parágrafo), a figura de linguagem empregada foi o eufemismo.

IV. A prosopopeia foi o mecanismo estilístico empregado em "**Quando a noite chega**" (2º parágrafo) e em "**Tempo houve, porém, em que teve três saveiros que os ventos da tempestade levaram**" (3º parágrafo).

7. Considerando os aspectos gramaticais do texto II, julgue os itens a seguir:

I. Em "**Quando se fala nisso**" (1º parágrafo) e em "**Se fala muita coisa neste mundo, menino...**" (1º parágrafo), a palavra "**se**" apresenta a mesma classificação.

II. As formas verbais presentes em "**Morreu de repente numa noite em que ele chegava da tempestade**" (4º parágrafo) são intransitivas, seguidas de adjuntos adverbiais.

III. Estaria de acordo com a norma culta da língua a flexão da forma verbal "**é**", presente em "**E não é só as estrelas que ele conhece.**" (1º parágrafo), na terceira pessoa do plural.

IV. No trecho "**Destino deles é esse: virar no mar**" (3º parágrafo), o pronome "**esse**" foi empregado em desacordo com a norma-padrão, no que diz respeito à coesão, já que apresenta função catafórica.

Texto III: Ficaram-me as penas

Cassiano Ricardo

O pássaro fugiu, ficaram-me as penas
da sua asa, nas mãos encantadas.
Mas, que é a vida, afinal? Um voo, apenas.
Uma lembrança e outros pequenos nadas.

Passou o vento mau, entre açucenas,
deixou-me só corolas arrancadas...
Despedem-se de mim glórias terrenas.
Fica-me aos pés a poeira das estradas.

A água correu veloz, fica-me a espuma.
Só o tempo não me deixa coisa alguma
até que da própria alma me despoje!

12. Desfolhados os últimos segredos,

13. quero agarrar a vida, que me foge,

14. vão-se-me as horas pelos vãos dos dedos.

RICARDO, Cassiano. *Um Dia Depois do Outro*. São Paulo: Companhia Editora Nacional, 1947.

8. Com base nos aspectos estilísticos e no sentido do texto III, julgue os itens subsequentes:

I. Está correto afirmar que o tema do texto III é a perplexidade decorrente da constatação da passagem do tempo e da brevidade da vida.

II. É possível identificar, no poema, certas características simbolistas, tanto estéticas quanto conteudistas, sendo estas bem exemplificadas pelos versos "**Só o tempo não me deixa coisa alguma / até que da própria alma me despoje!**" (10º e 11º versos).

III. Nos versos "**Mas, que é a vida, afinal? Um voo, apenas. / Uma lembrança e outros pequenos nadas.**" (3º e 4º versos), o eu lírico atribui pouca importância à vida, ao compará-la a "**pequenos nadas**".

IV. Assim como se pode identificar metáfora empregada no verso "**Mas, que é a vida, afinal? Um voo, apenas.**" (3º verso), o eufemismo está contido em "**até que da própria alma me despoje!**" (11º verso).

9. Julgue as assertivas seguintes, considerando os aspectos linguísticos e gramaticais do texto III:

I. A palavra "**me**" exerce funções sintáticas distintas nos versos "**O pássaro fugiu, ficaram-<u>me</u> as penas**" (1º verso) e "**deixou-<u>me</u>** só corolas arrancadas..." (6º verso).

II. O verso quarto é composto por dois predicativos, coordenados por adição, relacionados ao sujeito contido no verso anterior.

III. Os termos "**das estradas**" (8º verso) e "**dos dedos**" (14º verso) exercem a mesma função sintática, do mesmo modo que os termos "**de mim**" (7º verso) e "**da própria alma**" (11º verso) também apresentam a mesma função sintática.

IV. As orações "**Passou o vento mau**" (5º verso) e "**A água correu veloz**" (9º verso) exemplificam o mesmo tipo de predicado e apresentam verbo com a mesma transitividade.

10. **Com base nos aspectos linguísticos e gramaticais do texto III, julgue os itens a seguir:**

I. Tem-se partícula expletiva no verso "**Vão-se-me as horas pelos vãos dedos**" (14º parágrafo).

II. A classe gramatical das palavras em destaque é a mesma, em "**Uma lembrança e outros pequenos nadas.**" (4º verso).

III. A expressão "**glórias terrenas**" (7º verso) é antônimo contextual de "**a poeira das estradas**" (8º verso).

IV. É possível identificar sentido ambíguo no emprego da palavra "**encantadas**" (2º verso), que pode ser considerada adjunto adnominal tanto de "**mãos**" quanto de "**penas**", por hipálage.

SIMULADO 26

Texto I: Lima Barreto – Triste Visionário

Lilia Moritz Schwarcz

1. Foi no dia 13 de maio de 1881 que nasceu Afonso Henriques de Lima Barreto. Nos mesmos dia e mês da abolição da escravidão no Brasil, mas exatos sete anos antes. Aí estava uma coincidência de datas que para o futuro escritor faria toda a diferença: a ideia de liberdade significava um divisor de águas não só para a história do país como para o projeto literário que Lima pretendeu realizar. Segundo ele, o fim do cativeiro e a conquista da liberdade eram troféus difíceis de guardar, sobretudo numa nação que admitiu escravos em todo o seu território durante quatro longos séculos. A data de nascimento no caso dele era, portanto, mero acaso; mas, quem sabe, premonição.

2. Maio era também conhecido como o mês das flores; o mês sagrado para a poesia, conforme o futuro escritor gostava de lembrar. O dia 13 caiu numa sexta-feira; dia de sorte para alguns (e Lima sempre pensou dessa maneira), de azar para outros. O menino viria ao mundo numa casa modesta situada na rua Ipiranga, número 18, no atual bairro de Laranjeiras, "arrabalde" da região central do Rio de Janeiro. O nome da rua, diz a lenda, vinha do rio Ipiranga: aquele em que d. Pedro I decretou a independência e fundou o Império. O termo tem origem na língua tupi, juntando-se o "y", de "rio" ou "água", com "piranga", que significa "vermelho". Nas cercanias, um rio, de nome Carioca ou da Cabocla, descia a serra formando um campo verde, cuja fertilidade logo

atraiu os colonizadores. O nome era também uma corruptela do tupi Cariboca — "casa do homem branco" —, ou representava quiçá uma alusão a um peixe muito frequente nos rios da região.

3. A área começou a ser mais povoada a partir do século XVII, com a construção de habitações às margens do rio Carioca — chácaras bastante rústicas e espaçadas que tinham como vocação abastecer a cidade de verduras, laranjas e outros gêneros —, mas no final do XIX é que o bairro ganhou algumas moradias mais luxuosas de fidalgos e famílias abonadas. A vizinhança foi assim adquirindo uma população diversa. No Oitocentos já moravam por lá o visconde de São Venâncio, a "mulata Úrsula Maria de Bonsucesso", os Lisboa e a duquesa de Cadaval — viúva de um primo de d. João VI, cuja propriedade pertencera ao comendador Soler, que embelezou muito a casa, depois ocupada pela bela e poderosa Eufrásia Teixeira Leite, a futura noiva do abolicionista Joaquim Nabuco. Havia também a chácara do Viana, famosa pelo cultivo de flores raras usadas pelos cavalheiros na botoeira do paletó. Fazia tempo que elas serviam de verdadeiros sinaleiros para as moças namoradeiras que, na época dos vice-Reis, eram muitas vezes mantidas iletradas mas continuavam capazes de "ler" e decifrar esse tipo de linguagem e de convenção social.

4. Com o tempo, o rio Carioca foi canalizado e construiu-se uma praça de touros com sessões aos domingos. Também se multiplicaram belas casas de campo, bem plantadas no centro de grandes terrenos, com portões vistosos, varandas e escadarias imponentes, árvores frutíferas e cercas com flores entrelaçadas a trepadeiras. Na verdade, havia de tudo, desde residências modestas e de um só cômodo, até anúncios de uma mansão na rua Ipiranga, 29, com "jardim de frente e fundos. [...] água dentro, tanque para lavar, banheiro de mármore, latrina patente, com gás em toda a casa, contando duas salas, quatro saletas, sete quartos, quarto para engomar, despensa, cozinha, água e um pequeno terraço". O aluguel desta última era elevado, 130$, mas as chaves ficavam mesmo "na venda próxima".

5. Por conta dessa formação social um tanto variada, o bairro congregava um pouco de tudo. Famílias abastadas ostentavam chácaras espaçosas ou por vezes optavam pelos chalets, de influência inglesa, um tipo de residência de padrões regulares mas que não economizava nos detalhes inscritos nos fartos e bastante artificiais materiais externos: azulejos, vidros, pedras, e até esculturas ou chafarizes pequenos. Podiam-se encontrar por lá, ainda, as primeiras habitações de classe média, as quais acomodavam um florescente funcionalismo público atrelado à capital e que costumava preferir morar nas assim chamadas

vilas, localizadas nos arredores da região central da corte e depois capital da República. Também em fins do século XIX apareceram as primeiras fábricas têxteis. Em Laranjeiras, por exemplo, ainda no ano de 1880, instalaram-se estabelecimentos como a Companhia de Fiações e Tecidos Aliança, que ficava no final da rua General Glicério.

SCHWARCZ, Lilia Moritz. *Lima Barreto: Triste Visionário*. São Paulo: Companhia das Letras, 2017.

1. **Considerando os aspectos estilísticos e o sentido do texto I, julgue os itens a seguir:**

I. Pode-se afirmar que o primeiro parágrafo do texto foi construído por meio de um paradoxo, em razão de se expor o fato de que o significado da data de nascimento de Lima Barreto seria, ao mesmo tempo, fundamental para seu projeto estético e mero acaso.

II. Nos excertos "**A data de nascimento no caso dele era, portanto, mero acaso; mas, quem sabe, premonição**" (1º parágrafo) e "**ou representava quiçá uma alusão a um peixe muito frequente nos rios da região**" (2º parágrafo), as expressões "**quem sabe**" e "**quiçá**" representam uma relativização da autora do texto, a qual prefere não se comprometer com as afirmações que realiza.

III. Em "**mas continuavam capazes de 'ler' e decifrar esse tipo de linguagem e de convenção social**" (3º parágrafo), a forma verbal "**ler**" e a expressão "**esse tipo de linguagem**" referem-se ao fato de, mesmo sem educação formal, algumas moças serem capazes de identificar as flores que compunham o traje dos rapazes de maior proeminência social.

IV. Apesar de se tratar de texto referencial, denotativo e com a predominância de linguagem objetiva, a palavra em destaque em "**as quais acomodavam um <u>florescente</u> funcionalismo público atrelado à capital**" (5º parágrafo) foi empregada conotativamente.

2. **Com base nos aspectos linguísticos e gramaticais do texto I, julgue os itens seguintes:**

I. Em "**Segundo ele, o fim do cativeiro e a conquista da liberdade eram troféus difíceis de guardar**" (1º parágrafo) e em "**o mês sagrado para a poesia, conforme o futuro escritor gostava de lembrar**" (2º parágrafo), os vocábulos destacados pertencem à mesma classe gramatical.

II. Não alteraria o sentido do trecho "**com a construção de habitações às margens do rio Carioca — chácaras bastante rústicas e espaçadas que tinham como vocação abastecer a cidade de verduras, laranjas e outros gêneros —**" (3º parágrafo), se o travessão posposto ao vocábulo "**Carioca**" fosse substituído por dois-pontos, desde que fossem feitas as devidas adaptações no referido excerto.

III. Em "**Nos mesmos dia e mês da abolição da escravidão no Brasil**" (1º parágrafo), a expressão "**Nos mesmos**" poderia ser empregada no singular, assim como a forma verbal "**moravam**", em "**No Oitocentos já moravam por lá o visconde de São Venâncio, a "mulata Úrsula Maria de Bonsucesso", os Lisboa e a duquesa de Cadaval**" (3º parágrafo).

IV. A locução verbal "**foi adquirindo**", presente em "**A vizinhança foi assim adquirindo uma população diversa**" (3º parágrafo), apresenta aspecto permansivo, com valor durativo.

3. **Julgue as assertivas subsequentes, com base nos aspectos sintáticos do texto I:**

I. No trecho "**Também em fins do século XIX apareceram as primeiras fábricas têxteis**" (5º parágrafo), a forma verbal "**apareceram**" deve ser classificada como transitiva direta, assim como "**havia**", em "**Havia também a chácara do Viana**" (3º parágrafo).

II. Em "**situada na rua Ipiranga, número 18, no atual bairro de Laranjeiras, 'arrabalde' da região central do Rio de Janeiro**" (2º parágrafo), o termo em destaque deve ser classificado como aposto especificativo, assim como o termo "**do Rio de Janeiro**".

III. Em "**sobretudo numa nação que admitiu escravos em todo o seu território durante quatro longos séculos**" (1º parágrafo), dever-se-ia inserir uma vírgula obrigatória após a palavra "**território**", a fim de separar adjuntos adverbiais coordenados entre si.

IV. Os termos destacados em "**a ideia de liberdade significava um divisor de águas** não só para a história do país como para o projeto literário que Lima pretendeu realizar" (1º parágrafo) exercem a mesma função sintática.

4. Considerando os aspectos linguísticos e gramaticais do texto I, julgue os itens a seguir:

I. Em "**varandas e escadarias imponentes, árvores frutíferas e cercas com flores entrelaçadas a trepadeiras**" (4º parágrafo), não haveria alteração de sentido e estaria de acordo com a norma padrão se a preposição destacada fosse substituída por ***com***.

II. Em "**Havia também a chácara do Viana, famosa pelo cultivo de flores raras usadas pelos cavalheiros na botoeira do paletó**" (3º parágrafo), a preposição "**por**", contida nas contrações em destaque, é relacional e introduz termos de mesma função sintática.

III. O trecho "**O menino viria ao mundo numa casa modesta situada na rua Ipiranga**" (2º parágrafo), para que estivesse de acordo com a prescrição gramatical, deveria ser reescrito como ***O menino veio ao mundo numa casa modesta situada na rua Ipiranga***.

IV. No trecho "**O aluguel desta última era elevado, 130$, mas as chaves ficavam mesmo 'na venda próxima'**" (4º parágrafo), o vocábulo "**mesmo**" deve ser classificado como advérbio de afirmação.

Texto II: A Cartomante

Lima Barreto

1. Não havia dúvida que naqueles atrasos e atrapalhações de sua vida, alguma influência misteriosa preponderava. Era ele tentar qualquer coisa, logo tudo mudava. Esteve quase para arranjar-se na Saúde Pública; mas, assim que obteve um bom "pistolão", toda a política mudou. Se jogava no bicho, era sempre o grupo seguinte ou o anterior que dava. Tudo parecia mostrar-lhe que ele não devia ir para adiante. Se não fossem as costuras da mulher, não sabia bem como poderia ter vivido até ali. Há cinco anos que não recebia vintém de seu trabalho. Uma nota de dois mil-réis, se alcan-

çava ter na algibeira por vezes, era obtida com auxílio de não sabia quantas humilhações, apelando para a generosidade dos amigos.

2. Queria fugir, fugir para bem longe, onde a sua miséria atual não tivesse o realce da prosperidade passada; mas, como fugir?

3. Onde havia de buscar dinheiro que o transportasse, a ele, a mulher e aos filhos? Viver assim era terrível! Preso à sua vergonha como a uma calceta, sem que nenhum código e juiz tivessem condenado, que martírio!

4. A certeza, porém, de que todas as suas infelicidades vinham de uma influência misteriosa, deu-lhe mais alento. Se era "coisa feita", havia de haver por força quem a desfizesse. Acordou mais alegre e se não falou à mulher alegremente era porque ela já havia saído. Pobre de sua mulher! Avelhantada precocemente, trabalhando que nem uma moura, doente, entretanto a sua fragilidade transformava-se em energia para manter o casal.

5. Ela saía, virava a cidade, trazia costuras, recebia dinheiro, e aquele angustioso lar ia se arrastando, graças aos esforços da esposa.

6. Bem! As coisas iam mudar! Ele iria a uma cartomante e havia de descobrir o que e quem atrasavam a sua vida.

7. Saiu, foi à venda e consultou o jornal. Havia muitos videntes, espíritas, teósofos anunciados; mas simpatizou com uma cartomante, cujo anúncio dizia assim: "Madame Dadá, sonâmbula, extralúcida, deita as cartas e desfaz toda espécie de feitiçaria, principalmente a africana. Rua etc.".

8. Não quis procurar outra; era aquela, pois já adquirira a convicção de que aquela sua vida vinha sendo trabalhada pela mandinga de algum preto mina, a soldo do seu cunhado Castrioto, que jamais vira com bons olhos o seu casamento com a irmã.

9. Arranjou, com o primeiro conhecido que encontrou, o dinheiro necessário, e correu depressa para a casa de Madame Dadá.

10. O mistério ia desfazer-se e o malefício ser cortado. A abastança voltaria à casa; compraria um terno para o Zezé, umas botinas para Alice, a filha mais moça; e aquela cruciante vida de cinco anos havia de lhe ficar na memória como passageiro pesadelo.

11. Pelo caminho tudo lhe sorria. Era o sol muito claro e doce, um sol de junho; eram as fisionomias risonhas dos transeuntes; e o mundo, que até ali lhe aparecia mau e turvo, repentinamente lhe surgia claro e doce.

12. Entrou, esperou um pouco, com o coração a lhe saltar do peito.
13. O consulente saiu e ele foi afinal à presença da pitonisa. Era sua mulher.

SCHWARCZ, Lilia Moritz (Org.). *Contos completos de Lima Barreto*. São Paulo: Companhia das Letras, 2010.

5. Julgue as assertivas a seguir, com base no sentido do texto II:

I. É possível afirmar que a crítica social está presente ao longo do conto *A Cartomante* e que é característica presente, também, em outras obras do autor.

II. No sétimo parágrafo, na descrição psicológica de Madame Dadá, empregou-se o paradoxo, exemplificado pelos vocábulos "**sonâmbula**" e "**extralúcida**". Por meio desse recurso estilístico, o autor ainda atribui ironia ao trecho.

III. A antítese é o recurso estilístico empregado na composição do 11º parágrafo do texto, já que o autor estabelece uma oposição entre o estado de espírito do protagonista do conto e o do restante do mundo ao seu redor.

IV. Pode-se afirmar que o protagonista, por ser o único personagem anônimo do texto, representa o brasileiro comum da época, sem pretensões, sem prestígio e sem perspectiva de vida.

6. Com base nos aspectos linguísticos e gramaticais do texto II, julgue os itens seguintes:

I. Pode-se afirmar que uma incoerência do texto é evidenciada quando o protagonista se endivida, com a finalidade de, supostamente, encontrar uma solução abstrata para sua vida.

II. O vocábulo "**teósofos**" (7º parágrafo) tem origem grega e latina, o que constitui um caso de hibridismo; além disso, foi empregado com sentido de filósofos da educação.

III. Em **"Pelo caminho tudo lhe sorria"** (11º parágrafo) e em **"Era o sol muito claro e doce"** (11º parágrafo), empregou-se, respectivamente, prosopopeia e sinestesia.

IV. Pode-se afirmar que há, ao final do conto, a elucidação de um mistério, promovida pela saída do consulente da sala da pitonisa.

7. Considerando os aspectos gramaticais e linguísticos do texto II, julgue os itens a seguir:

I. Em **"Arranjou, com o primeiro conhecido que encontrou, o dinheiro necessário"** (9º parágrafo), o pronome relativo exerce a mesma função sintática que o termo a que se refere.

II. No trecho **"e o mundo, que até ali lhe aparecia mau e turvo, repentinamente lhe surgia claro e doce"** (11º parágrafo), a justificativa para a ocorrência de próclise dos pronomes em destaque é a mesma.

III. A expressão **"a soldo"**, presente em **"a soldo do seu cunhado Castrioto, que jamais vira com bons olhos o seu casamento com a irmã"** (8º parágrafo), poderia ser substituída por ***a mando***, ou por ***por ordem***, sem prejuízo de sentido para o referido trecho.

IV. Em **"e se não falou à mulher alegremente era porque ela já havia saído"** (4º parágrafo) e em **"A abastança voltaria à casa"** (10º parágrafo), o sinal indicativo de crase foi empregado pelas mesmas razões.

Texto III: A uma estrela

Lúcio Cardoso

1. Meu domínio é o do sonho,
2. minha alegria é a do céu que a tormenta obscurece,
3. meu futuro é aquele que amanhece à luz do desespero.
4. Só tu saberás o segredo da minha predestinação.
5. Só tu saberás a extensão de tantas caminhadas,
6. só tu conhecerás a casa humilde em que morei.

7. Quem saberia romper o sortilégio que me cerca,
8. ó sol vermelho, aurora dos agonizantes.
9. Mas não reflitas nunca o gesto que condena.
10. Ai, este país é o da eterna aridez!
11. Se da altura a estrela não baixar o olhar ao pântano,
12. maior será a sua impiedade que o seu esplendor.

13. E só tu Vésper, só tu aplacarás o meu desejo,
14. só tu poderás depositar, nesta carne crispada,
15. o beijo que nas trevas dá ao sono a serenidade do
16. repouso.

CARDOSO, Lúcio. *Novas Poesias*. Rio de Janeiro: José Olympio, 1944

8. **Com base nos aspectos estilísticos e no sentido do texto III, julgue os itens subsequentes:**

I. Pode-se depreender do texto III que, para o eu lírico, não se deve replicar com o mal todo gesto negativo recebido durante a vida na terra.

II. Para o eu lírico, só com a chegada da noite, com a presença de Vésper, será possível acalmar seu desejo, em razão da serenidade que, possivelmente, Vésper trará para que ele tenha sono reparador.

III. O verso "**Quem saberia romper o sortilégio que me cerca,**" (7º verso) poderia ser reescrito, sem prejuízo do sentido original, como ***Quem saberia romper com a má-sina que me cerca***, o que evidencia certo pessimismo do eu lírico em relação à vida.

IV. A antítese é a figura de linguagem que serve de base para o verso "**Se da altura a estrela não baixar o olhar ao pântano**" (11º verso).

9. **Julgue as assertivas seguintes, considerando os aspectos linguísticos e gramaticais do texto III:**

I. O verso “**Se da altura a estrela não baixar o olhar ao pântano**” (11º verso) exemplifica, com a palavra “**estrela**”, coesão referencial anafórica por substituição hiperonímica.

II. Considerando-se o trecho “**só tu aplacarás o meu desejo**” (13º verso), está correto afirmar que, caso fosse reescrito como ***o meu desejo só será aplacado por ti***, a palavra em destaque permaneceria com a mesma classe gramatical e com o mesmo valor semântico.

III. Apesar de apresentarem a mesma classe gramatical, as palavras destacadas em “**Só tu saberás a extensão de tantas caminhadas**” (5º verso) e em “**Quem saberia romper o sortilégio que me cerca**” (7º verso) desempenham funções sintáticas diferentes.

IV. Em “**ó sol vermelho, aurora dos agonizantes**” (8º verso), o termo em destaque renomeia o termo que o antecede, sendo, portanto, aposto explicativo.

10. **Com base nos aspectos linguísticos e gramaticais do texto III, julgue os itens a seguir:**

I. Em razão de a locução verbal contida no verso “**só tu poderás depositar, nesta carne crispada**” (14º verso) ser bitransitiva, o termo que lhe é subsequente não deveria vir isolado por vírgulas.

II. Sem que se promovesse alteração relevante de significado, o primeiro verso poderia ser reescrito como ***Meu domínio é do sonho***.

III. O período constituído pelos versos “**Se da altura a estrela não baixar o olhar ao pântano, / maior será a sua impiedade que o seu esplendor**” (11º e 12º verso) é composto por subordinação e apresenta três orações, sendo a primeira subordinada adverbial condicional.

IV. Apesar da distinta pontuação empregada em relação aos termos “**ó sol vermelho**” (8º verso) e “**Vésper**” (13º verso), eles desempenham a mesma função sintática.

SIMULADO 27

Texto I: Augusto e a Árvore

Hélio Pólvora

1. Sei de cor aquele soneto do velho Augusto dos Anjos sobre a árvore que um pai malvado quer derrubar a todo custo, e que um filho sensível tenta proteger. "Meu pai, por que sua ira não se acalma? / Não vê que em tudo existe o mesmo brilho? Deus pôs alma nos cedros, no junquilho; / Esta árvore, meu pai, possui minh'alma!".

2. Mas a árvore cai "ao golpe do machado bronco". O moço, abraçado a ela, também morre. Aparentemente, um belo soneto ecológico. Tudo indicaria que Augusto dos Anjos, sendo poeta profundo, tinha algo de visionário, e profetizou a época do movimento ecológico. Eu também pensava assim. Mas eis que um pesquisador, desencavando papéis, demonstra que a literatura, bem menos que simples sonho, é mero compartimento da realidade.

3. O nome do pesquisador literário é Galdino Matos Siqueira, paraibano, da mesma terra que viu nascer Augusto. Segundo ele, o rapaz Augusto, que era um feixe de nervos tangido pela busca permanente da Beleza, ensimesmado e sonhador, apaixonou-se por uma moça retirante, uma espécie de Gabriela de Jorge Amado. E o pai, um patriarca dos sertões, ou a mãe, com sentimentos racistas e sociais, teria impedido o conúbio de forma violenta. Surrada, a moça abortou e teria morrido.

4. Nesse caso, se verdadeira a interpretação, a árvore no soneto famoso é a metáfora. Augusto utilizou a metáfora poética para fazer a denúncia. O moço

triste que "se abraçou com o tronco / e nunca mais se levantou da terra" é ele. A mãe (devia ser ela, porque Augusto dedica três sentidos sonetos ao pai, e da mãe não fala uma vez sequer) não teria matado apenas o amor de Augusto; matou-o, também, para a vida. O *Eu e Outras Poesias*, publicado no Rio de Janeiro, para onde se mudou o poeta, é o seu testamento. À morte espiritual do poeta, que sobrevivia como professor primário, advém, em Leopoldina, Minas Gerais, onde foi dirigir uma escola, a morte do corpo. "E nunca mais se levantou da terra!", assim termina o soneto.

5. Um outro poeta, o Soares Feitosa, passou-me um e-mail do Ceará, dando conta de tal descoberta, que me desconcertou, para não dizer que estarreceu. Enquanto espero mais informações sobre o resultado da pesquisa, que certamente virá a lume com todos os pormenores e provas documentais, assinada por Galdino de Matos Siqueira, ponho-me a pensar nos mistérios que o texto literário esconde, disfarça, dissimula. O velho Machado de Assis, preocupado com a sua condição de mulato pobre, na sociedade ornamental e rica do final do século passado no Rio de Janeiro, era inimigo de confissões autobiográficas. Escondeu o quanto pôde, torceu, virou pelo avesso. Chegou a escrever tão bem que, na opinião dos seus contemporâneos, não era negro; era grego. A cor da pele e a gagueira desapareciam nas entrelinhas dos símbolos e metáforas.

6. Um irmão de Augusto, Alexandre dos Anjos, morou no Rio de Janeiro. Era advogado, representava os interesses do Copacabana Palace Hotel. Solteirão, tinha lá apartamento cativo, o porteiro o saudava, os empregados o tratavam bem. Alcancei-o já idoso, magro como o irmão, mas de inteligência viva. Para combater a solidão, convidava-me, vez por outra, a almoçar com ele, aos domingos, perto da piscina. E conversávamos quase sempre sobre Augusto dos Anjos.

7. Nunca lhe arranquei uma informação nova e significativa. Alexandre dos Anjos tinha orgulho do irmão Augusto dos Anjos, mas nada dizia que já não estivesse nos livros dos biógrafos e críticos, ou que não constituísse matéria normal. O Augusto que repontava das suas lembranças era o poeta sofrido, azarado, de sensibilidade ferida por uma realidade brutal. Somente isso.

8. Alexandre morreu pouco depois. Levou consigo algum segredo, se é que o tinha. Era homem fino, de maneiras corretas. Passo arrastado, ombros curvados. Já estava muito velho, talvez não quisesse mexer no fundo das gavetas onde são sepultados esqueletos. Se segredo houvesse, demonstrou

invulgar resistência, porque nos velhos é o passado que conta: o tempo retroage, o passado se impõe e sobrepõe como realidade atual. E é penoso resistir-lhe.

PÓLVORA, Hélio. Augusto e a árvore. *Jornal de Poesia*. Disponível em: http://www.jornaldepoesia.jor.br/augusto19.html

1. **Considerando os aspectos estilísticos e o sentido do texto I, julgue os itens a seguir:**

I. Infere-se do final do texto que, para Hélio Pólvora, o passado sempre se sobrepõe ao presente; por isso, no caso de Alexandre dos Anjos, considerou incomum que este preferisse não falar sobre o irmão poeta.

II. Com a frase "**Chegou a escrever tão bem que, na opinião dos seus contemporâneos, não era negro; era grego.**" (5º parágrafo), pretendeu-se atribuir à obra de Machado de Assis beleza e, mesmo, perfeição.

III. A fim de que se tornasse mais claro, livre de redundância ou de qualquer possibilidade de leitura ambígua, o período "**Um outro poeta, o Soares Feitosa, passou-me um e-mail do Ceará, dando conta de tal descoberta, que me desconcertou, para não dizer que estarreceu.**" (5º parágrafo) deveria ser reescrito como ***Outro poeta, o Soares Feitosa, estando no Ceará, passou-me um e-mail, informando-me de tal descoberta, que me desconcertou, para não dizer que me estarreceu.***

IV. Em "**Mas a árvore cai 'ao golpe do machado bronco'.**" (2º parágrafo), além da personificação, pode-se identificar o uso da hipálage como recurso estilístico.

2. **Com base nos aspectos linguísticos e gramaticais do texto I, julgue os itens seguintes:**

I. A palavra "**se**", contida em "'**E nunca mais se levantou da terra!**'" (4º parágrafo) e em "**Levou consigo algum segredo, se é que o tinha.**" (8º parágrafo), apresenta classificação morfológica diferente: parte integrante do verbo e conjunção subordinativa condicional, respectivamente.

II. As preposições que iniciam as locuções em destaque no trecho "**Sei de cor aquele soneto do velho Augusto dos Anjos**" (1º parágrafo) são nocionais, apesar de introduzirem termos diferentes.

III. As palavras "**estarreceu**" e "**desconcertou**", ambas contidas no quinto parágrafo, foram formadas pelo mesmo processo.

IV. Em "**O Eu e Outras Poesias, publicado no Rio de Janeiro, para onde se mudou o poeta, é o seu testamento.**" (4º parágrafo), a palavra em destaque deve ser classificada como pronome relativo indefinido.

3. **Julgue as assertivas subsequentes, com base nos aspectos relativos à pontuação do texto I:**

I. A fim de separar termos coordenados entre si de mesma função sintática, deveria ter sido empregada uma vírgula depois da palavra "**sempre**", no período "**E conversávamos quase sempre sobre Augusto dos Anjos.**" (6º parágrafo).

II. A vírgula empregada em "**que um pai malvado quer derrubar a todo custo, e que um filho sensível tenta proteger.**" (1º parágrafo) deveria ser retirada, para que o trecho se tornasse correto quanto à pontuação.

III. Não se pode afirmar que a vírgula empregada em "**Era homem fino, de maneiras corretas.**" (8º parágrafo) apresenta, como justificativa, a separação de adjuntos adnominais coordenados entre si.

IV. Faltou uma vírgula obrigatória no período "**O velho Machado de Assis, preocupado com a sua condição de mulato pobre, na sociedade ornamental e rica do final do século passado no Rio de Janeiro, era inimigo de confissões autobiográficas.**" (5º parágrafo).

4. **Considerando os aspectos sintáticos do texto I, julgue os itens a seguir:**

I. No período "**Nunca lhe arranquei uma informação nova e significativa.**" (7º parágrafo), a forma verbal bitransitiva "**arranquei**" é um dos núcleos do predicado verbo-nominal que compõe o trecho.

II. A fim de que se tornasse correto quanto à regência verbal, o período **"À morte espiritual do poeta, que sobrevivia como professor primário, advém, em Leopoldina, Minas Gerais, onde foi dirigir uma escola, a morte do corpo."** (4º parágrafo) deveria ser reescrito como ***A morte espiritual do poeta, que sobrevivia como professor primário, advém, em Leopoldina, Minas Gerais, onde foi dirigir uma escola, da morte do corpo.***

III. Os períodos **"Era advogado, representava os interesses do Copacabana Palace Hotel."** (6º parágrafo) e **"Solteirão, tinha lá apartamento cativo, o porteiro o saudava, os empregados o tratavam bem."** (6º parágrafo) são compostos apenas por coordenação, e as orações coordenadas são assindéticas.

IV. Em **"Para combater a solidão, convidava-me, vez por outra, a almoçar com ele, aos domingos, perto da piscina."** (6º parágrafo), há um desvio de regência verbal, que poderia ser corrigido, caso o período fosse reescrito como ***Para combater a solidão, convidava-me, vez por outra, para almoçar com ele, aos domingos, perto da piscina.***

Texto II: Uma galinha

Clarice Lispector

1. Era uma galinha de domingo. Ainda viva porque não passava de nove horas da manhã. Parecia calma. Desde sábado encolhera-se num canto da cozinha. Não olhava para ninguém, ninguém olhava para ela. Mesmo quando a escolheram, apalpando sua intimidade com indiferença, não souberam dizer se era gorda ou magra. Nunca se adivinharia nela um anseio. Foi pois uma surpresa quando a viram abrir as asas de curto voo, inchar o peito e, em dois ou três lances, alcançar a murada do terraço. Um instante ainda vacilou — o tempo da cozinheira dar um grito — e em breve estava no terraço do vizinho, de onde, em outro voo desajeitado, alcançou um telhado. Lá ficou em adorno deslocado, hesitando ora num, ora noutro pé. A família foi chamada com urgência e consternada viu o almoço junto de uma chaminé. O dono da casa lembrando-se da dupla necessidade de fazer esporadicamente algum esporte e de almoçar vestiu radiante um calção de banho e resolveu seguir o itinerário da galinha: em pulos cautelosos alcançou o telhado onde esta hesitante e trêmula escolhia com urgência outro rumo.

A perseguição tornou-se mais intensa. De telhado a telhado foi percorrido mais de um quarteirão da rua. Pouco afeita a uma luta mais selvagem pela vida a galinha tinha que decidir por si mesma os caminhos a tomar sem nenhum auxílio de sua raça. O rapaz, porém, era um caçador adormecido. E por mais ínfima que fosse a presa o grito de conquista havia soado. Sozinha no mundo, sem pai nem mãe, ela corria, arfava, muda, concentrada. Às vezes, na fuga, pairava ofegante num beiral de telhado e enquanto o rapaz galgava outros com dificuldade tinha tempo de se refazer por um momento. E então parecia tão livre.

2. Estúpida, tímida e livre. Não vitoriosa como seria um galo em fuga. Que é que havia nas suas vísceras que fazia dela um ser? A galinha é um ser. É verdade que não se poderia contar com ela para nada. Nem ela própria contava consigo, como o galo crê na sua crista. Sua única vantagem é que havia tantas galinhas que morrendo uma surgiria no mesmo instante outra tão igual como se fora a mesma.

3. Afinal, numa das vezes em que parou para gozar sua fuga, o rapaz alcançou-a. Entre gritos e penas, ela foi presa. Em seguida carregada em triunfo por uma asa através das telhas e pousada no chão da cozinha com certa violência. Ainda tonta, sacudiu-se um pouco, em cacarejos roucos e indecisos.

4. Foi então que aconteceu. De pura afobação a galinha pôs um ovo. Surpreendida, exausta. Talvez fosse prematuro. Mas logo depois, nascida que fora para a maternidade, parecia uma velha mãe habituada. Sentou-se sobre o ovo e assim ficou respirando, abotoando e desabotoando os olhos. Seu coração tão pequeno num prato solevava e abaixava as penas enchendo de tepidez aquilo que nunca passaria de um ovo. Só a menina estava perto e assistiu a tudo estarrecida. Mal porém conseguiu desvencilhar-se do acontecimento despregou-se do chão e saiu aos gritos:

5. — Mamãe, mamãe, não mate mais a galinha, ela pôs um ovo! Ela quer o nosso bem!

6. Todos correram de novo à cozinha e rodearam mudos a jovem parturiente. Esquentando seu filho, esta não era nem suave nem arisca, nem alegre nem triste, não era nada, era uma galinha. O que não sugeria nenhum sentimento especial. O pai, a mãe e a filha olhavam já há algum tempo, sem propriamente um pensamento qualquer. Nunca ninguém acariciou uma cabeça de galinha. O pai afinal decidiu-se com certa brusquidão: — Se você

mandar matar esta galinha nunca mais comerei galinha na minha vida! — Eu também! jurou a menina com ardor. A mãe, cansada, deu de ombros.

7. Inconsciente da vida que lhe fora entregue, a galinha passou a morar com a família. A menina, de volta do colégio, jogava a pasta longe sem interromper a corrida para a cozinha. O pai de vez em quando ainda se lembrava: "E dizer que a obriguei a correr naquele estado!" A galinha tornara-se a rainha da casa. Todos, menos ela, o sabiam. Continuou entre a cozinha e o terraço dos fundos, usando suas duas capacidades: a de apatia e a do sobressalto.

8. Mas quando todos estavam quietos na casa e pareciam tê-la esquecido, enchia-se de uma pequena coragem, resquícios da grande fuga — e circulava pelo ladrilho, o corpo avançando atrás da cabeça, pausado como num campo, embora a pequena cabeça a traísse: mexendo-se rápida e vibrátil, com o velho susto de sua espécie já mecanizado.

9. Uma vez ou outra, sempre mais raramente, lembrava de novo a galinha que se recortara contra o ar à beira do telhado, prestes a anunciar. Nesses momentos enchia os pulmões com o ar impuro da cozinha e, se fosse dado às fêmeas cantar, ela não cantaria mas ficaria muito mais contente. Embora nem nesses instantes a expressão de sua vazia cabeça se alterasse. Na fuga, no descanso, quando deu à luz ou bicando milho — era uma cabeça de galinha, a mesma que fora desenhada no começo dos séculos.

10. Até que um dia mataram-na, comeram-na e passaram-se anos.

MORICONI, Ítalo. *Os Cem Melhores Contos Brasileiros do Século*. Rio de Janeiro: Editora Objetiva, 2001.

5. **Julgue as assertivas a seguir, com base no sentido do texto II:**

I. Considerando a frase que introduz o texto, "**Era uma galinha de domingo.**" (1º parágrafo), a expressão "**de domingo**" indica que a ave fora escolhida para servir, especificamente, de alimento no dia da família, domingo.

II. É possível depreender do desenvolvimento proposto no texto, por meio da descrição do animal, que não há nenhuma característica que diferencie a galinha, senão sua função de alimentar a família.

III. Pode-se afirmar, com base na comparação presente no segundo parágrafo, que a perspectiva em relação ao galo, para o senso comum, é muito superior, indicando que a discussão de gênero está intrínseca, mesmo em tópicos banais como um incidente doméstico.

IV. A suposta maternidade protege a galinha e preserva sua vida momentaneamente; sua falta de brilho e de importância fez, entretanto, as pessoas sentirem-se desimpedidas de, enfim, matá-la, o que não aconteceria se o referido animal cantasse, ou se fosse imponente como o galo.

6. **Com base nos aspectos linguísticos e gramaticais do texto II, julgue os itens seguintes:**

I. A locução adjetiva "**de domingo**", presente em "**Era uma galinha de domingo.**" (1º parágrafo), poderia ser substituída pelo adjetivo ***domingueira***, sobretudo se considerado o sentido de casualidade implícito no texto.

II. Em "**Um instante ainda vacilou — o tempo da cozinheira dar um grito —**" (1º parágrafo), a expressão isolada pelos travessões pode ser classificada como coloquialismo, exemplo típico de textos narrativos de pequenas aventuras domésticas.

III. No período "**Ainda tonta, sacudiu-se um pouco, em cacarejos roucos e indecisos.**" (3º parágrafo), os termos em destaque apresentam funções sintáticas distintas.

IV. Em "**numa das vezes em que parou para gozar sua fuga**" (3º parágrafo) e em "**Mas logo depois, nascida que fora para a maternidade, parecia uma velha mãe habituada.**" (4º parágrafo), as preposições em destaque são nocionais e foram empregadas com sentido de finalidade.

7. **Considerando os aspectos gramaticais e estilísticos do texto II, julgue os itens a seguir:**

I. No período "**Continuou entre a cozinha e o terraço dos fundos, usando suas duas capacidades: a de apatia e a do sobressalto.**" (7º parágrafo), as locuções adjetivas em destaque exercem a mesma função sintática, que é diferente do termo de que as referidas locuções fazem parte.

II. Caso o período "**É verdade que não se poderia contar com ela para nada.**" (2º parágrafo) fosse reescrito como ***A verdade é que não se poderia contar com ela para nada***, seria promovida alteração tanto sintática quanto morfológica e semântica.

III. É nocional de causa a preposição empregada em "**De pura afobação a galinha pôs um ovo.**" (4º parágrafo).

IV. Em "**Mal porém conseguiu desvencilhar-se do acontecimento**" (4º parágrafo), a palavra "**Mal**" deve ser classificada como advérbio e apresenta sentido de tempo no período em que foi empregada.

Texto III: A ilha de Cipango

Augusto dos Anjos

Estou sozinho! A estrada se desdobra
Como uma imensa e rutilante cobra
De epiderme finíssima de areia...
E por essa finíssima epiderme
Eis-me passeando como um grande verme
Que, ao sol, em plena podridão, passeia!

A agonia do sol vai ter começo!
Caio de joelhos, trêmulo... Ofereço
Preces a Deus de amor e de respeito
E o ocaso que nas águas se retrata
Nitidamente reproduz, exata,
A saudade interior que há no meu peito.

Tenho alucinações de toda a sorte...
Impressionado sem cessar com a Morte

E sentindo o que um lázaro não sente,
Em negras nuanças lúgubres e aziagas
Vejo terribilíssimas adagas,
Atravessando os ares bruscamente.

Os olhos volvo para o céu divino
E observo-me pigmeu e pequenino
Através de minúsculos espelhos.
Assim, quem diante duma cordilheira,
Pára, entre assombros, pela vez primeira,
Sente vontade de cair de joelhos!

Soa o rumor fatídico dos ventos,
Anunciando desmoronamentos
De mil lajedos sobre mil lajedos...
E ao longe soam trágicos fracassos
De heróis, partindo e fraturando os braços
Nas pontas escarpadas dos rochedos!

Mas de repente, num enleio doce,
Qual se num sonho arrebatado fosse,
Na ilha encantada de Cipango tombo,
Da qual, no meio, em luz perpétua, brilha
A árvore da perpétua maravilha,
A cuja sombra descansou Colombo!

Foi nessa ilha encantada de Cipango,
Verde, afetando a forma, de um losango,
Rica, ostentando amplo floral risonho,
Que Toscanelli viu seu sonho extinto

41. E como sucedeu a Afonso Quinto
42. Foi sobre essa ilha que extingui meu sonho!

43. Lembro-me bem. Nesse maldito dia
44. O gênio singular da Fantasia
45. Convidou-me a sorrir para um passeio.
46. Iríamos a um país de eternas pazes
47. Onde em cada deserto há mil oásis
48. E em cada rocha um cristalino veio.

49. Gozei numa hora séculos de afagos,
50. Banhei-me na água de risonhos lagos,
51. E finalmente me cobri de flores...
52. Mas veio o vento que a Desgraça espalha
53. E cobriu-me com o pano da mortalha,
54. Que estou cosendo para os meus amores!

55. Desde então para cá fiquei sombrio!
56. Um penetrante e corrosivo frio
57. Anestesiou-me a sensibilidade
58. E a grandes golpes arrancou as raízes
59. Que prendiam meus dias infelizes
60. A um sonho antigo de felicidade!

61. Invoco os Deuses salvadores do erro.
62. A tarde morre. Passa o seu enterro!...
63. A luz descreve ziguezagues tortos
64. Enviando à terra os derradeiros beijos.
65. Pela estrada feral dois realejos
66. Estão chorando meus amores mortos!

E a treva ocupa toda a estrada longa...
O Firmamento é uma caverna oblonga
Em cujo fundo a Via-Láctea existe.
E como agora a lua cheia brilha!
Ilha maldita vinte vezes a ilha
Que para todo o sempre me fez triste!

DOS ANJOS, Augusto. *Eu*. Rio de Janeiro, 1912

8. **Com base nos aspectos estilísticos e no sentido do texto III, julgue os itens subsequentes:**

I. Pode-se inferir do texto que a referência a Colombo (36º verso), a Toscanelli (40º verso) e a Afonso Quinto (41º verso) tem o objetivo de associar os infortúnios do eu lírico ao malogro vivenciado pelas referidas personagens históricas na frustração de encontrar a ilha maravilhosa.

II. Está correto afirmar que o poema é sobre a temática lírico-amorosa, mais especificamente sobre as tristezas relacionadas às desventuras amorosas, o que pode ser comprovado, por exemplo, pelos versos "**E cobriu-me com o pano da mortalha, / Que estou cosendo para os meus amores!**" (53º e 54º versos) e "**Estão chorando meus amores mortos!**" (66º verso).

III. É possível depreender da primeira estrofe a zoomorfização tanto do caminho trilhado, o qual é representado por uma cobra "**de epiderme finíssima de areia**" (3º parágrafo), quanto do próprio eu lírico.

IV. Com o verso "**E sentindo o que um lázaro não sente,**" (15º parágrafo), o eu lírico pretende expressar que o sentimento que tem em relação a si é ainda mais desafortunado e infausto do que aquele típico de um leproso.

9. **Julgue as assertivas seguintes, considerando os aspectos linguísticos e gramaticais do texto III:**

I. É bitransitiva a forma verbal contida no verso "**Os olhos volvo para o céu divino**" (19º verso).

II. Caso os versos "**Mas de repente, num enleio doce, / Qual se num sonho arrebatado fosse,**" (31º e 32º versos) fossem reescritos como ***Porém de chofre, num envolvimento doce, / Como se num sonho fosse arrebatado***, não seria promovida alteração do sentido original.

III. Em "**E observo-me pigmeu e pequenino**" (20º verso), a palavra em destaque é pronome reflexivo, com função de objeto direto, seguido de dois predicativos do objeto coordenados por adição.

IV. O pronome relativo contido no verso "**Que Toscanelli viu seu sonho extinto**" (40º verso) exerce função sintática diferente daquela exercida por seu referente.

10. Com base nos aspectos linguísticos e gramaticais do texto III, julgue os itens a seguir:

I. O verso "**Assim, quem diante duma cordilheira,**" (22º verso) exemplifica emprego de pronome relativo sem antecedente.

II. Pode-se depreender, sobretudo da terceira e da sexta estrofes, a influência do Romantismo no poema de Augusto dos Anjos, especialmente no que concerne ao sofrimento e ao desejo de evadir-se da realidade, tão típicos da segunda geração desse movimento literário.

III. Sabendo-se que o verbo existir é intransitivo, o verso "**Em cujo fundo a Via-Láctea existe.**" (69º verso) é composto, respectivamente, pelos termos seguintes: adjunto adverbial de lugar, sujeito simples e verbo intransitivo.

IV. Está correto afirmar que o último verso do texto III apresenta predicado verbo-nominal e verbo transitivo direto predicativo.

SIMULADO 28

Texto I: Parques, Praças e Jardins

Felipe Fortuna

1. Por aqui a primavera tem sido falada com muito entusiasmo. A primavera é como um alívio para o atleta, um copo d'água para o sedento e – para todos – uma luz na escuridão. Garanto que, até a sua chegada, foram mais de quatro meses de frio e de vento. Cada um de nós lia as ameaças sobre o aquecimento global com uma pitada de inveja, ávidos para que a catástrofe também nos atingisse logo. A senhora Talbott, minha vizinha, tentou consultar-me no elevador sobre o significado do efeito estufa, como se se tratasse de um produto a ser importado. Dei-lhe uma resposta incompleta não só porque saí no segundo andar, mas também porque vinha da rua e me apressava para entrar em casa, onde a temperatura é ambiente e o ambiente é tropical. "O efeito estufa, minha senhora, está adiado para os próximos Jogos Olímpicos" – foi a minha última frase, e a porta se fechou.

2. Agora as flores se abrem, ouve-se muito o maravilhoso verbo to bloom (florescer) ser conjugado de várias maneiras, especialmente no present continuous, como se fosse uma longa explosão de cores e de aromas. Que maravilha se os tempos desse verbo, com sua gorda sonoridade, continuassem todo o tempo! E agora também surge aquilo que Londres tem de melhor – seus parques, suas praças, seus recantos e seus jardins. Aqui ao lado o Hyde Park oferece novas folhas e novas paletas, à procura de um artista que deseje reinventar o fauvismo. Ao norte avisto o Regent's Park

com o seu pequeno lago, agora a exibir os pequenos patos e os pequenos cisnes que fazem o anúncio vital do mês de abril. Tudo parece nascer. E nasce pequeno, insisto, porque a vida não se impõe com força de uma hora para outra, mas com delicadeza. Cruzo uma ponte sobre o Tâmisa e chego a Battersea, outro parque, outras descobertas. Estou agora no sul, mas sei que no leste encontrarei Victoria Park, e em cada ponto cardeal haverá um parque nessa cidade à espera das pessoas que, em atitude humilde, querem apenas tirar os sapatos, sentar ou deitar na grama e olhar.

3. Falo dos prazeres públicos desses parques abertos a todos, dia e noite. Mas há também prazeres reclusos e reservados como o das praças londrinas que servem somente aos seus moradores. Cercadas por grades altas, bem tratadas por jardineiros fiéis, tão centenárias quanto tudo o mais na cidade, essas praças são chamadas de communal gardens – jardins comunitários nos quais só entram os moradores munidos de uma chave. Comunitários, sim, mas um tanto exclusivos: fazem parte da paisagem ambiental e – sobretudo – da paisagem social de Londres, com sua obsessão pela divisão de classes. Criam no cidadão desprovido do direito de entrar a sensação de que o paraíso está bem ali, bastando saltar para dentro. Muitos dos que viram Notting Hill hão de lembrar quando Julia Roberts e Hugh Grant, na calada da noite, conseguiram transpor os altos limites de uma praça do bairro. A atriz americana (no papel de atriz americana) foi quem teve a ideia de partir para a pequena infração, atraindo o namorado e convencendo-o a também pular. Já o ator inglês (no papel de namorado inglês) relutou antes de cometer desajeitadamente a mesma falta, talvez acossado por fantasmas vitorianos e por um senso de educação intransferível. Uma vez lá dentro, porém, sugere-se que viveram em idílio – confirmado na cena final do filme, quando a atriz americana está grávida e sua cabeça repousa no colo do marido que lê na mesma praça, talvez, onde cometeram o pecado original.

4. Como a de muitas pessoas, a minha vida em Londres está marcada pelos jardins comunitários. Aqui do meu lado esquerdo, enquanto escrevo, vejo o gramado e as árvores altíssimas de Bryanston Square. "São plátanos", me disse outro dia a mesma senhora Talbott, especialista em botânica, como de praxe entre os que nascem aqui. E a palavra inglesa para plátano – plane – rapidamente me transmite uma confusão linguística, quando começo a pensar na plaina do carpinteiro e em avião. A primavera é assim mesmo, muito numerosa. E dentro da praça instalaram bancos de madeiras que ostentam placas de metal com os nomes daqueles que já se foram, mas

amavam passar o tempo nela. Para os britânicos, a primavera é delightful, deliciosa e desfrutável.

5. Há dez anos, eu morei na praça ao lado, Montagu Square, mais estreita, onde em algum momento foi possível colher cogumelos. Se o turista estiver interessado em conhecer por onde estiveram os Beatles nessa cidade, terá de ir aos sábados à mesma praça, e um guia apontará a casa que, numa noite de 1968, foi invadida pela polícia, que prendeu John Lennon e sua mulher por porte de drogas. A praça, no entanto, está mais associada ao ambiente primaveril: guardo comigo um livro que conta a história da sua construção e traz uma lista dos jardineiros que lá trabalharam, desde 1850!

6. Covent Garden é principalmente uma praça, antes de ser lugar da ópera. Mas Leicester Square é mesmo uma praça para os cinéfilos e para a perambulação mais relaxada, um pouco à maneira da Cinelândia de décadas atrás. Na maioria dos parques, contudo, se encontra aquele sonho – um jardim florido – do qual Nelson Rodrigues havia sido destituído, como lemos, por causa da preferência de Burle Marx por plantas e folhas. Londres, e não a Aldeia Campista, seria o verdadeiro paraíso do cronista.

7. Mas nem tudo são flores: o poeta já havia escrito que "abril é o mais cruel dos meses", e eu confirmei o seu diagnóstico quando li nos jornais que haviam encontrado no país o primeiro cisne morto pela gripe aviária. A primavera mal começou, ainda sentimos frio, e desde já nos atinge a notícia mais invernal. Maio será melhor.

FORTUNA, Felipe. *Parques, Praças e Jardins. In:* Jornal do Brasil. Rio de Janeiro, 06/05/2006.

1. **Considerando os aspectos estilísticos e o sentido do texto I, julgue os itens a seguir:**

I. Infere-se do texto que Londres, espaço descrito pelo autor, apresenta, em sua paisagem, uma perspectiva socioeconômica separatista, uma vez que algumas de suas praças, apesar de comunitárias, são restritas àqueles que possuem acesso a elas, por serem moradores de suas proximidades.

II. Para o autor, a primavera é um refrigério para quem viveu um inverno rigoroso como o inglês, por isso mesmo é capaz de defini-la como "**deliciosa e desfrutável**" (4º parágrafo).

III. O texto I deve ser considerado uma crônica por diversas razões, mas, em especial, pelas associações feitas pelo autor em relação às praças e aos parques descritos.

IV. Ao afirmar que "**A primavera é assim mesmo, muito numerosa**" (4º parágrafo), o autor remete às inúmeras referências possíveis que a estação permite que sejam feitas, seja com a paisagem seja com a linguagem, por exemplo.

2. **Com base nos aspectos linguísticos e gramaticais do texto I, julgue os itens seguintes:**

I. Em "**Agora as flores se abrem, ouve-se muito o maravilhoso verbo to bloom (florescer) ser conjugado de várias maneiras**" (2º parágrafo), a palavra "**se**" deve ser classificada, respectivamente, como parte integrante do verbo e pronome apassivador.

II. A expressão "**um tanto**" é formada por artigo e por pronome indefinido e apresenta, em "**Comunitários, sim, mas um tanto exclusivos**" (3º parágrafo), valor adverbial de intensidade.

III. Em "**Aqui do meu lado esquerdo, enquanto escrevo, vejo o gramado e as árvores altíssimas de Bryanston Square.**" (4º parágrafo), o advérbio "**Aqui** " é dêitico e compõe trecho que evidencia o emprego pontual da função metalinguística da linguagem.

IV. O vocábulo "**mal**", destacado em "**A primavera <u>mal</u> começou, ainda sentimos frio, e desde já nos atinge a notícia mais invernal**" (7º parágrafo), deve ser classificado, morfologicamente, como advérbio de tempo, assim como a palavra "**ainda**" e a expressão "**desde já**", presentes no mesmo trecho.

3. **Julgue as assertivas subsequentes, com base nos aspectos sintáticos do texto I:**

I. Em "**quando li nos jornais que haviam encontrado no país o primeiro cisne morto pela gripe aviária.**" (7º parágrafo), as formas verbais "**li**" e "**haviam encontrado**" devem ser classificadas como transitivas diretas apenas, seguidas de adjuntos adverbiais.

II. O vocábulo "**vida**", empregado na oração "**a minha vida em Londres está marcada pelos jardins comunitários.**" (4º parágrafo), exerce função sintática de núcleo do sujeito, assim como a locução "**cada um de nós**" em "**Cada um de nós lia as ameaças sobre o aquecimento global**" (1º parágrafo).

III. No trecho "**Falo dos prazeres públicos <u>desses parques</u> abertos <u>a todos</u>, dia e noite**" (3º parágrafo), os termos destacados exercem função de adjunto adnominal e de complemento nominal, respectivamente.

IV. O período "**Tudo parece nascer.**" (2º parágrafo) é formado por apenas uma oração, na qual há predicado verbal, cujo núcleo se constitui pela locução verbal intransitiva "**parece nascer**".

4. Considerando os aspectos linguísticos e gramaticais do texto I, julgue os itens a seguir:

I. A vírgula empregada em "**Dei-lhe uma resposta incompleta não só porque saí no segundo andar, mas também porque vinha da rua**" (1º parágrafo) não tem justificativa na norma culta da língua e, portanto, deveria ser retirada, a fim de que o período se tornasse correto no que se refere à pontuação.

II. Em "**Comunitários, sim, mas um tanto exclusivos: fazem parte da paisagem ambiental e – sobretudo – da paisagem social de Londres**" (3º parágrafo) e em "**Mas nem tudo são flores: o poeta já havia escrito que 'abril é o mais cruel dos meses'**" (7º parágrafo), o sinal de dois-pontos foi empregado, com o objetivo de anunciar aposto.

III. No excerto "**<u>E</u> dentro da praça instalaram bancos de madeiras**" (4º parágrafo), o vocábulo em destaque não funciona como conjunção, porque é um marcador discursivo, o que se pode afirmar também da palavra "**Mas**", presente em "**<u>Mas</u> nem tudo são flores**" (7º parágrafo).

IV. Em "**Londres, e não a Aldeia Campista, seria o verdadeiro paraíso do cronista**" (6º parágrafo), o vocábulo "**cronista**" retoma, por substituição hiperonímica, o termo "**Nelson Rodrigues**", mecanismo de coesão por meio do qual se evita a repetição de vocábulo

Texto II: Dom Casmurro
Capítulo LVI
Um seminarista

Machado de Assis

1. Tudo me ia repetindo o diabo do opúsculo, com as suas letras velhas e citações latinas. Vi sair daquelas folhas muitos perfis de seminaristas, os irmãos Albuquerques, por exemplo, um dos quais é cônego na Bahia, enquanto o outro seguiu Medicina e dizem haver descoberto um específico contra a febre amarela. Vi o Bastos, um magricela, que está de vigário em Meia-Ponte, se não morreu já; Luís Borges, apesar de padre, fez-se político, e acabou senador do império.... Quantas outras caras me fitavam das páginas frias do *Panegírico*! Não, não eram frias; traziam o calor da juventude nascente, o calor do passado, o meu próprio calor. Queria lê-las outra vez, e lograva entender algum texto, tão recente como no primeiro dia, ainda que mais breve. Era um encanto ir por ele; às vezes, inconscientemente, dobrava a folha como se estivesse lendo de verdade; creio que era quando os olhos me caíam na palavra do fim da página, e a mão, acostumada a ajudá-los, fazia o seu ofício...

2. Eis aqui outro seminarista. Chamava-se Ezequiel de Sousa Escobar. Era um rapaz esbelto, olhos claros, um pouco fugitivos, como as mãos, como os pés, como a fala, como tudo. Quem não estivesse acostumado com ele podia acaso sentir-se mal, não sabendo por onde lhe pegasse. Não fitava de rosto, não falava claro nem seguido; as mãos não apertavam as outras, nem se deixavam apertar delas, porque os dedos, sendo delgados e curtos, quando a gente cuidava tê-los entre os seus, já não tinha nada. O mesmo digo dos pés, que tão depressa estavam aqui como lá. Esta dificuldade em pousar foi a maior obstáculo que achou para tomar os costumes do seminário. O sorriso era instantâneo, mas também ria folgado e largo. Uma coisa não seria tão fugitiva como o resto, a reflexão; íamos dar com ele, muita vez, olhos enfiados em si, cogitando. Respondia-nos sempre que meditava algum ponto espiritual, ou então que recordava a lição da véspera. Quando ele entrou na minha intimidade pedia-me frequentemente explicações e

repetições miúdas, e tinha memória para guardá-las todas, até as palavras. Talvez esta faculdade prejudicasse alguma outra.

3. Era mais velho que eu três anos, filho de um advogado de Curitiba, aparentado com um comerciante do Rio de Janeiro, que servia de correspondente ao pai. Este era homem de fortes sentimentos católicos. Escobar tinha uma irmã, que era um anjo, dizia ele.

4. — Não é só na beleza que é um anjo, mas também na bondade. Não imagina que boa criatura que ela é. Escreve-me muita vez, hei de mostrar-lhe as cartas dela.

5. De fato, eram simples e afetuosas, cheias de carícias e conselhos. Escobar contava-me histórias dela, interessantes, todas as quais vinham a dar na bondade e no espírito daquela criatura; tais eram que me fariam capaz de acabar casando com ela, se não fosse Capitu. Morreu pouco depois. Eu, seduzido pelas palavras dele, estive quase a contar-lhe logo, logo, a minha história. A princípio fui tímido, mas ele fez-se entrado na minha confiança. Aqueles modos fugitivos cessavam quando ele queria, e o meio e o tempo os fizeram mais pousados. Escobar veio abrindo a alma toda, desde a porta da rua até ao fundo do quintal. A alma da gente, como sabes, é uma casa assim disposta, não raro com janelas para todos os lados, muita luz e ar puro. Também as há fechadas e escuras, sem janelas, ou com poucas e gradeadas, à semelhança de conventos e prisões. Outrossim, capelas e bazares, simples alpendres ou paços suntuosos.

6. Não sei o que era a minha. Eu não era ainda casmurro, nem dom casmurro; o receio é que me tolhia a franqueza, mas como as portas não tinham chaves nem fechaduras, bastava empurrá-las, e Escobar empurrou-as e entrou. Cá o achei dentro, cá ficou, até que...

ASSIS, Machado de. *Obras Completas de Machado de Assis.* vol. I. Rio de Janeiro: Nova Aguilar, 1994.

5. **Julgue as assertivas a seguir, com base no sentido do texto II:**

I. Pode-se depreender do texto II certa crítica de Machado à mistura entre política e religião.

II. Ezequiel Escobar é descrito pelo narrador como alguém que, embora fosse sempre escorregadio, tinha, também, um sorriso largo e um gosto pela reflexão.

III. No final do texto, Bentinho, agora mais velho, apresenta uma reflexão sobre a própria "**alma**" e conclui que, nem sempre, foi uma pessoa reclusa como naquele momento, bastando que o outro soubesse como acessar sua amizade, para dela desfrutar.

IV. Está correto afirmar que, por meio do quarto parágrafo, é explicitada a polissemia relativa à palavra "**anjo**", contida no parágrafo anterior.

6. **Com base nos aspectos linguísticos e gramaticais do texto II, julgue os itens seguintes:**

I. Em "**Vi sair daquelas folhas muitos perfis de seminaristas**" (1º parágrafo), a locução verbal grifada, além de evidenciar o sujeito elíptico, é completada, respectivamente, por objeto indireto e por objeto direto.

II. Os vocábulos grifados no trecho "**Quantas outras caras me fitavam das páginas frias do *Panegírico*!**" (1º parágrafo) apresentam mesma classificação morfossintática, mas valores semânticos distintos.

III. No trecho "**A da gente, como sabes, é uma casa assim disposta**" (5º parágrafo), a palavra em destaque apresenta a mesma classificação das contidas em "**Era um rapaz esbelto, olhos claros, um pouco fugitivos, como as mãos, como os pés, como a fala, como tudo**" (2º parágrafo).

IV. Faltaram duas vírgulas obrigatórias no trecho "**mas como as portas não tinham chaves nem fechaduras, bastava empurrá-las, e Escobar empurrou-as e entrou**" (6º parágrafo).

7. **Considerando os aspectos gramaticais e estilísticos do texto II, julgue os itens a seguir:**

I. A expressão "**esta faculdade**", presente em "**Talvez esta faculdade prejudicasse alguma outra**" (2º parágrafo), estabelece coesão anafórica com o núcleo "**memória**", devendo, portanto, ser reescrita como ***essa faculdade***, a fim de manter a correção gramatical.

II. Em "**tais eram que me fariam capaz de acabar casando com ela**" (5º parágrafo), a palavra "**que**" deve ser classificada como conjunção subordinativa e introduz oração com sentido de consequência.

III. No excerto "**é uma casa assim disposta, não raro com janelas para todos os lados, muita luz e ar puro**" (5º parágrafo), o termo em destaque deve ser classificado como aposto explicativo.

IV. Em "**e tinha memória para guardá-las todas**" (2º parágrafo), a palavra "**todas**" foi empregada com sentido de "**completamente**", podendo, dessa forma, ser classificada como advérbio de modo.

Texto III: Soneto da felicidade

Odylo Costa Filho

Não receies, amor, que nos divida
um dia a treva de outro mundo, pois
somos um só, que não se faz em dois
nem pode a morte o que não pode a vida.

A dor não foi em nós terra caída
que de repente afoga mas depois
cede à força das águas. Deus dispôs
que ela nos encharcasse indissolvida.

Molhamos nosso pão quotidiano
na vontade de Deus, aceita e clara,
que nos fazia para sempre num.

E de tal forma o próprio ser humano
mudou-se em nós que nada mais separa
o que era dois e hoje é apenas um.

FILHO, Odylo Costa. *Cantigas incompletas*. Rio de Janeiro: José Olympio, 1971.

8. **Com base nos aspectos estilísticos e no sentido do texto III, julgue os itens subsequentes:**

I. Depreende-se do texto III que a concepção de felicidade está associada à ideia de indivisibilidade das pessoas que se amam, mesmo depois da morte de ambas.

II. Pode-se identificar, no poema, influência tanto do Simbolismo quanto do Romantismo.

III. Por meio da metáfora contida nos versos "**Molhamos nosso pão quotidiano / na vontade de Deus, aceita e clara,**" (9º e 10º versos), o eu lírico pretende significar que pautou sua vida com sua amada pelas regras pré-estabelecidas pela sociedade católico-burguesa vigente ao seu tempo.

IV. O primeiro verso evidencia emprego da função fática da linguagem, bem como o da função emotiva, a qual é, inclusive, predominante no texto.

9. **Julgue as assertivas seguintes, considerando os aspectos linguísticos e gramaticais do texto III:**

I. A palavra "**que**" empregada nos versos "**Não receies, amor, que nos divida**" (1º verso) e "**somos um só, que não se faz em dois**" (3º verso) deve ser classificada, respectivamente, como conjunção integrante e conjunção subordinativa causal.

II. As palavras em destaque no verso "**que ela nos <u>encharcasse</u> <u>indissolvida</u>**" (8º verso) foram formadas pelo mesmo processo.

III. A fim de que se tornasse correto quanto às regras de concordância verbal, o último verso deveria ser reescrito como ***o que eram dois e hoje é apenas um.***

IV. O advérbio grifado em "**mudou-se em nós que nada <u>mais</u> separa**" (13º verso) expressa sentido de tempo.

10. **Com base nos aspectos linguísticos e gramaticais do texto III, julgue os itens a seguir:**

I. Em "**nem pode a morte o que não pode a vida.**" (4º verso), o pronome relativo exerce a mesma função sintática de seu referente.

II. Os termos "**em nós**" (5º verso) e "**na vontade de Deus**" (10º verso) desempenham a mesma função sintática nos versos em que estão inseridos.

III. Na oração "**pois somos um só**" (2º e 3º versos), o predicado é nominal, e, além do verbo de ligação, podem ser identificados dois termos cujas classes gramaticais são pronome indefinido e palavra denotativa de exclusão.

IV. Nas locuções "**das águas**" (7º verso) e "**de Deus**" (10º verso), as preposições são nocionais e apresentam o mesmo valor semântico.

SIMULADO 29

Texto I: A Nova Califórnia

Lima Barreto

1. Ninguém sabia donde viera aquele homem. O agente do correio pudera apenas informar que acudia ao nome de Raimundo Flamel, pois assim era subscrita a correspondência que recebia. E era grande. Quase diariamente, o carteiro lá ia a um dos extremos da cidade, onde morava o desconhecido, sopesando um maço alentado de cartas vindas do mundo inteiro, grossas revistas em línguas arrevesadas, livros, pacotes... Quando Fabrício, o pedreiro, voltou de um serviço em casa do novo habitante, todos na venda perguntaram-lhe que trabalho lhe tinha sido determinado.

2. — Vou fazer um forno, disse o preto, na sala de jantar.

3. Imaginem o espanto da pequena cidade de Tubiacanga, ao saber de tão extravagante construção: um forno na sala de jantar! E, pelos dias seguintes, Fabrício pôde contar que vira balões de vidros, facas sem corte, copos como os da farmácia — um rol de coisas esquisitas a se mostrarem pelas mesas e prateleiras como utensílios de uma bateria de cozinha em que o próprio diabo cozinhasse.

4. O alarme se fez na vila. Para uns, os mais adiantados, era um fabricante de moeda falsa; para outros, os crentes e simples, um tipo que tinha parte com o tinhoso.

5. Chico da Tirana, o carreiro, quando passava em frente da casa do homem misterioso, ao lado do carro a chiar, e olhava a chaminé da sala de jantar a fumegar, não deixava de persignar-se e rezar um "credo" em voz baixa; e, não fora a intervenção do farmacêutico, o subdelegado teria ido dar um cerco à casa daquele indivíduo suspeito, que inquietava a imaginação de toda uma população.

6. Tomando em consideração as informações de Fabrício, o boticário Bastos concluíra que o desconhecido devia ser um sábio, um grande químico, refugiado ali para mais sossegadamente levar avante os seus trabalhos científicos.

7. Homem formado e respeitado na cidade, vereador, médico também, porque o doutor Jerônimo não gostava de receitar e se fizera sócio da farmácia para mais em paz viver, a opinião de Bastos levou tranquilidade a todas as consciências e fez com que a população cercasse de uma silenciosa admiração a pessoa do grande químico, que viera habitar a cidade.

8. De tarde, se o viam a passear pela margem do Tubiacanga, sentando-se aqui e ali, olhando perdidamente as águas claras do riacho, cismando diante da penetrante melancolia do crepúsculo, todos se descobriam e não era raro que às "boas noites" acrescentassem "doutor". E tocava muito o coração daquela gente a profunda simpatia com que ele tratava as crianças, a maneira pela qual as contemplava, parecendo apiedar-se de que elas tivessem nascido para sofrer e morrer.

9. Na verdade, era de ver-se, sob a doçura suave da tarde, a bondade de Messias com que ele afagava aquelas crianças pretas, tão lisas de pele e tão tristes de modos, mergulhadas no seu cativeiro moral, e também as brancas, de pele baça, gretada e áspera, vivendo amparadas na necessária caquexia dos trópicos.

10. Por vezes, vinha-lhe vontade de pensar qual a razão de ter Bernardin de Saint-Pierre gasto toda a sua ternura com Paulo e Virgínia e esquecer-se dos escravos que os cercavam...

11. Em poucos dias a admiração pelo sábio era quase geral, e, não o era, unicamente porque havia alguém que não tinha em grande conta os méritos do novo habitante.

12. Capitão Pelino, mestre-escola e redator da Gazeta de Tubiacanga, órgão local e filiado ao partido situacionista, embirrava com o sábio. "Vocês hão

de ver, dizia ele, quem é esse tipo... Um caloteiro, um aventureiro ou talvez um ladrão fugido do Rio."

13. A sua opinião em nada se baseava, ou antes, baseava-se no seu oculto despeito vendo na terra um rival para a fama de sábio de que gozava. Não que Pelino fosse químico, longe disso; mas era sábio, era gramático. Ninguém escrevia em Tubiacanga que não levasse bordoada do Capitão Pelino, e mesmo quando se falava em algum homem notável lá no Rio, ele não deixava de dizer: "Não há dúvida! O homem tem talento, mas escreve: um outro, 'de resto'..." E contraía os lábios como se tivesse engolido alguma cousa amarga. Toda a vila de Tubiacanga acostumou-se a respeitar o solene Pelino, que corrigia e emendava as maiores glórias nacionais. Um sábio... Ao entardecer, depois de ler um pouco o Sotero, o Cândido de Figueiredo ou o Castro Lopes e de ter passado mais uma vez a tintura nos cabelos, o velho mestre-escola saía vagarosamente de casa, muito abotoado no seu paletó de brim mineiro, e encaminhava-se para a botica do Bastos a dar dous dedos de prosa. Conversar é um modo de dizer, porque era Pelino avaro de palavras, limitando-se tão-somente a ouvir. Quando, porém, dos lábios de alguém escapava a menor incorreção de linguagem, intervinha e emendava. "Eu asseguro, dizia o agente do Correio, que..." Por aí, o mestre-escola intervinha com mansuetude evangélica: "Não diga 'asseguro', Senhor Bernardes; em português é 'garanto'."

14. E a conversa continuava depois da emenda, para ser de novo interrompida por uma outra. Por essas e outras, houve muitos palestradores que se afastaram, mas Pelino, indiferente, seguro dos seus deveres, continuava o seu apostolado de vernaculismo. A chegada do sábio veio distraí-lo um pouco da sua missão. Todo o seu esforço voltava-se agora para combater aquele rival, que surgia tão inopinadamente.

15. Foram vãs as suas palavras e a sua eloquência: não só Raimundo Flamel pagava em dia as suas contas, como era generoso — pai da pobreza — e o farmacêutico vira numa revista de específicos seu nome citado como químico de valor.

MORICONI, Ítalo. *Os Cem Melhores Contos Brasileiros do Século*. Rio de Janeiro: Editora Objetiva, 2001.

1. **Julgue as assertivas a seguir, com base no sentido do texto I:**

I. Considerando-se apenas a leitura do segundo parágrafo, o período que o compõe deveria ser reescrito como – ***Vou fazer um forno na sala de jantar, disse o preto***, a fim de que se desfizesse qualquer possibilidade de sentido ambíguo.

II. Apesar de, inicialmente, a população de Tubiacanga ter visto, com desconfiança, a presença do novo morador, pode-se afirmar que, em pouco tempo, todas as pessoas da cidade passaram a ter afeição e admiração por Raimundo Flamel.

III. No trecho "**cismando diante da penetrante melancolia do crepúsculo**" (8º parágrafo), apesar de o sentido de "**melancolia**" estar relacionado a "**crepúsculo**", refere-se, na verdade, a "**químico**", palavra empregada no final do parágrafo anterior.

IV. Sem que se promovesse alteração do sentido original, o trecho "**porque era Pelino avaro de palavras**" (13º parágrafo) poderia ser reescrito como ***porque era Pelino perdulário de palavras***.

2. Com base nos aspectos linguísticos e gramaticais do texto I, julgue os itens seguintes:

I. No trecho **Capitão Pelino, mestre-escola e redator da Gazeta de Tubiacanga, órgão local e filiado ao partido situacionista**" (12º parágrafo), as vírgulas foram empregadas com a mesma finalidade.

II. Para que estivesse adequado à norma-padrão, o trecho "**Ninguém sabia donde viera aquele homem.**" (1º parágrafo) deveria ser reescrito como ***Ninguém sabia donde veio aquele homem.***

III. As locuções adjetivas presentes em "**A chegada do sábio veio distraí-lo um pouco**" (14º parágrafo) e em "**e o farmacêutico vira numa revista de específicos seu nome citado como químico de valor.**" (15º parágrafo) desempenham a mesma função sintática em relação ao núcleo a que se referem.

IV. Para que estivesse de acordo com a correção gramatical, no trecho "**vinha-lhe vontade de pensar qual a razão de ter Bernardin de Saint-Pierre gasto toda a sua ternura com Paulo e Virgínia**" (10º parágrafo), a forma verbal "**gasto**", no particípio irregular, deveria ser substituída pela sua correspondente no particípio regular.

3. **Considerando os aspectos gramaticais do texto I, julgue os itens a seguir:**

I. Em "**Por aí, o mestre-escola intervinha com mansuetude evangélica:**" (13º parágrafo), o vocábulo "**mansuetude**" foi empregado como sinônimo de ***serenidade*** e é formado por derivação sufixal.

II. Considerando a norma culta no que se refere à regência, também estaria correta a escrita do trecho "**e fez com que a população cercasse de uma silenciosa admiração a pessoa do grande químico**" (7º parágrafo) como ***e fez que a população cercasse com uma silenciosa admiração a pessoa do grande químico***.

III. É diferente a função sintática exercida pelo pronome relativo e por seu antecedente no trecho "**pois assim era subscrita a correspondência que recebia.**" (1º parágrafo).

IV. Também estaria de acordo com a prescrição gramatical, no que se refere à concordância, a reescritura do trecho "**Foram vãs as suas palavras e a sua eloquência:**" (15º parágrafo) como ***Foi vã a sua eloquência e as suas palavras***.

4. **Com base nos aspectos linguísticos e gramaticais do texto I, julgue os itens seguintes:**

I. Se o trecho "**a maneira pela qual as contemplava**" (8º parágrafo) fosse reescrito como ***a maneira como as contemplava***, seria mantido o sentido original, mas haveria alteração de classe gramatical.

II. Em "**o subdelegado teria ido dar um cerco** à casa **daquele indivíduo suspeito**" (5º parágrafo), os termos em destaque desempenham funções sintáticas distintas.

III. A fim de que se tornasse correto gramaticalmente, o trecho "**A sua opinião em nada se baseava, ou antes, baseava-se no seu oculto despeito**" (13º parágrafo) deveria ser reescrito como ***A sua opinião em nada se baseava, ou, antes, se baseava no seu oculto respeito***.

IV. Sem que se promovesse desvio gramatical ou alteração do sentido original, o trecho "**que inquietava a imaginação de toda uma população.**" (5º parágrafo) poderia ser reescrito como ***que inquietava a imaginação da cidade inteira***.

Texto II: O feitiço do Bruxo

Ferreira Gullar

1. Uma rápida escaramuça encrespou o meio literário quando alguém afirmou que o romance *Dom Casmurro*, de Machado de Assis, não era lá essa obra-prima que se diz que é. Ao ler alguma coisa a respeito, perguntei-me se não poderia essa crítica ter algum fundamento, e fui conferir.

2. Fazia quase 20 anos que não relia o romance e, muito embora minha opinião sobre ele fosse a consagrada, alimentava, machadianamente, a hipótese de vê-la desmentida. Não é que eu tenha restrições ao Bruxo do Cosme Velho, mas é que, a exemplo dele, não gosto de mistificações, a verdade deve ser dita, ainda que doa um pouco. Assim, investido de total isenção, iniciei a minha releitura e, logo no primeiro parágrafo, já estava de novo enfeitiçado por sua irreverência bem-humorada. Depois de contar como ganhara o apelido de dom Casmurro, que decidira usar como título do livro, alude à hipótese de que o autor do apelido venha a julgar-se também autor do livro, e arremata: "Há livros que apenas terão isso de seus autores; alguns, nem tanto".

3. Como não pretendo meter-me em polêmicas alheias nem fazer uma reavaliação crítica do famoso romance, vou tentar dividir com você, leitor, as alegrias que a dita releitura me proporcionou. Mesmo que já tenha lido o romance – o que é bem provável –, não deixará de reler com prazer trechos como este: "Ia entrar na sala de visitas, quando ouvi proferir o meu nome e escondi-me atrás da porta. A casa era a da rua de Mata-cavalos, o mês novembro, o ano é que é um tanto remoto, mas não hei de trocar as datas à minha vida só para agradar às pessoas que não amam histórias velhas; o ano era de 1857".

4. Como o leitor bem sabe, Bentinho, já então velho e casmurro, imaginou preencher sua solidão escrevendo talvez sobre jurisprudência, filosofia e política, mas logo desistiu e pensou em escrever uma "História dos Subúrbios", de que abriu mão por lhe faltarem documentos e datas. Restou-lhe, então,

escrever sobre sua própria vida, o que implicaria contar a história de um amor nascido na adolescência, quando conheceu a menina Capitu e os dois se apaixonaram; um puro amor de crianças, que começou no quintal da casa e se alimentou dos sorrisos e olhares da menina que, segundo o agregado da família, José Dias, tinha "uns olhos de cigana, oblíqua e dissimulada".

5. Mas a Bentinho era difícil encontrar a definição para aqueles olhos: "Olhos de ressaca? Vá, de ressaca. É o que me dá a ideia daquela feição nova. Traziam um não sei que fluido misterioso e enérgico, uma força que arrastava para dentro como a vaga que se retira da praia, nos dias de ressaca. Para não ser arrastado, agarrei-me às outras partes vizinhas, às orelhas, aos braços, aos cabelos espalhados pelos ombros; mas tão depressa buscava as pupilas, a onda que saía delas vinha crescendo, cava e escura, ameaçando envolver-me, puxar-me, tragar-me".

6. E, de fato, tragou-o. Tanto que tudo fez para se livrar do seminário e se entregar definitivamente à paixão de sua vida. Os ciúmes que ela lhe despertava desvaneceram-se quando os dois juraram que haveriam de se casar e viver juntos o resto de sua vida. Casaram-se e lhes nasceu um filho a que deram o nome de Ezequiel, em homenagem a Ezequiel Escobar, o melhor amigo do casal. Só que, à medida que o menino crescia, mais se parecia com o amigo e não com o pai. Bem, todo mundo já conhece essa história e, se a relembro aqui, é por ser ela a matéria amarga com que Machado inocula seu pessimismo.

7. *Dom Casmurro* é um livro triste que nos faz rir de nossa própria fragilidade e nos encanta por sua qualidade literária. Se é verdade que toda a obra de Machado está marcada pelo ceticismo e pela ironia, neste romance, o desencanto parece atingir seu ápice. A traição de Capitu não é uma traição qualquer: ela trai o puro amor de sua vida, a que jurara fidelidade. Aqui, o ceticismo de Machado revela-se implacável e irremissível. Que Marcela traia Brás Cubas, é compreensível; que Virgília traia Lobo Neves, é corriqueiro, mas, ao levar Capitu a trair Bentinho, Machado nos deixa em total desamparo. Não obstante, depois de tudo, nenhuma mulher levou Bentinho a esquecer Capitu, segundo ele, "a primeira amada" de seu coração. E por que? "Talvez porque nenhuma tinha olhos de ressaca e de cigana oblíqua e dissimulada." À pergunta de se a Capitu que o traiu já estava na menina da rua de Mata-cavalos, responde que sim, estava, como a fruta na casca. E conclui o livro com estas palavras ressentidas,

mas desabusadas: "A minha primeira amiga e o meu maior amigo, tão extremosos ambos e tão queridos também, quis o destino que acabassem juntando-se e enganando-me... A terra lhes seja leve. Vamos à 'História dos Subúrbios'."

8. A releitura de *Dom Casmurro* levou-me a reler *Memórias Póstumas de Brás Cubas*, não menos amargas, mas das quais tiro para o leitor uma frase que o faça rir: "E eu, atraído pelo chocalho de lata que minha mãe agitava diante de mim, lá ia para a frente, cai aqui, cai acolá; e andava, provavelmente andava mal, mas andava, e fiquei andando".

9. Pessimismos à parte, poucos escritores alcançaram, como Machado, tanta graça e mestria na arte de escrever.

GULLAR, Ferreira. *O feitiço do Bruxo. In:* Folha de São Paulo, 30/04/2006.

5. **Considerando os aspectos estilísticos e o sentido do texto II, julgue os itens a seguir:**

I. De acordo com Ferreira Gullar, *Dom Casmurro* é, para o próprio Machado de Assis, o livro em que seu ceticismo é mais evidente.

II. Apesar de estar escrito em terceira pessoa e de voltar-se para o referente, no caso a obra de Machado de Assis, não se pode afirmar que a função da linguagem predominante no último parágrafo é a referencial.

III. Ao definir os olhos de Capitu como "**de cigana oblíqua e dissimulada**" (7º parágrafo), conforme transcreve Ferreira Gullar no quarto parágrafo, Bentinho, já velho e casmurro, procura atribuir a ela as iniciativas que o levaram a sair do seminário e a se casar.

IV. Empregou-se o recurso estilístico denominado paradoxo no trecho "**Dom Casmurro é um livro triste que nos faz rir da nossa própria fragilidade**" (7º parágrafo).

6. **Considerando os aspectos sintáticos do texto II, julgue os itens subsequentes:**

I. Os verbos "**poderia**" e "**ter**", presentes em "**perguntei-me se não poderia essa crítica ter algum fundamento, e fui conferir.**" (1º parágrafo), constituem locução verbal de transitividade direta, e apenas o termo "**algum fundamento**" é seu complemento.

II. No trecho "**vou tentar dividir com você, leitor, as alegrias que a dita releitura me proporcionou.**" (3º parágrafo), o termo "**leitor**" deve ser classificado como predicativo, razão pela qual está isolado por vírgulas na oração em que está inserido.

III. Em "**não era lá essa obra-prima que se diz que é**" (1º parágrafo), as palavras grifadas apresentam a mesma classe gramatical, mas exercem funções sintáticas diferentes.

IV. Os substantivos próprios desempenham, no primeiro parágrafo, função de adjunto adnominal e de predicativo do sujeito, respectivamente.

7. Julgue as assertivas subsequentes, com base nos aspectos gramaticais do texto II:

I. Em "**quando conheceu a menina Capitu e os dois se apaixonaram**" (4º parágrafo) e em "**Casaram-se e lhes nasceu um filho**" (6º parágrafo), os vocábulos em destaque devem ser classificados, respectivamente, como parte integrante do verbo, sem função sintática, e como pronome reflexivo, com função de objeto indireto.

II. No trecho "**mas não hei de trocar as datas à minha vida só para agradar às pessoas que não amam histórias velhas; o ano era de 1857.**" (3º parágrafo), o sinal grave indicativo de crase poderia ser retirado, sem prejuízo gramatical ou de sentido, em razão de ser facultativo nas duas ocorrências.

III. Em "**A traição de Capitu não é uma traição qualquer: ela trai o puro amor de sua vida, a que jurara fidelidade.**" (7º parágrafo), a preposição "**de**", nas duas ocorrências, é nocional e introduz termos de mesma função sintática.

IV. O excerto "**quando conheceu a menina Capitu e os dois se apaixonaram**" (4º parágrafo), para que estivesse de acordo com a norma-padrão da língua no que diz respeito à colocação pronominal, deveria ser reescrito como ***quando conheceu a menina Capitu e os dois apaixonaram-se.***

8. Com base na pontuação empregada no texto II, julgue os itens a seguir:

I. Considerando-se o emprego dos travessões no trecho "**Mesmo que já tenha lido o romance – o que é bem provável –, não deixará de reler com prazer trechos como este:**" (3º parágrafo), a vírgula deveria ser suprimida, para que o trecho se tornasse correto quanto à pontuação.

II. Em "**Um puro amor de crianças, que começou no quintal da casa**" (4º parágrafo), a vírgula deveria ser suprimida, em razão de a oração iniciada pelo pronome relativo especificar o núcleo do sujeito da oração anterior.

III. Pode-se afirmar que a vírgula presente em "**uma força que arrastava para dentro como a vaga que se retira da praia, nos dias de ressaca.**" (5º parágrafo) é facultativa, em razão de isolar adjunto adverbial no final da oração.

IV. A fim de que se tornasse correto quanto ao emprego da pontuação, o período "**Ao ler alguma coisa a respeito, perguntei-me se não poderia essa crítica ter algum fundamento, e fui conferir.**" (1º parágrafo) deveria ter sido escrito sem a última vírgula, já que a última oração é coordenada sindética aditiva e tem o mesmo sujeito da oração anterior.

Texto III: Elegia de Taormina

Murilo Mendes

1. A dupla profundidade do azul
2. Sonda o limite dos jardins
3. E descendo até à terra o transpõe.
4. Ao horizonte da mão ter o Etna
5. Considerado das ruínas do templo grego,
6. Descansa.

Ninguém recebe conscientemente
O carisma do azul.
Ninguém esgota o azul e seus enigmas.

Armados pela história, pelo século,
Aguardando o desenlace do azul, o desfecho da bomba,

Nunca mais distinguiremos
Beleza e morte limítrofes.
Nem mesmo debruçados sobre o mar de Taormina.

Ó intolerável beleza,
Ó pérfido diamante,
Ninguém, depois da iniciação, dura
No teu centro de luzes contrárias.

Sob o signo trágico vivemos,
Mesmo quando na alegria
O pão e o vinho se levantam.
Ó intolerável beleza
Que sem a morte se oculta.

MENDES, Murilo. *Poesias, 1925/1955*. Rio de Janeiro: J. Olympio, 1959.

9. **Julgue as assertivas seguintes, considerando os aspectos linguísticos e gramaticais do texto III:**

I. Segundo o autor do texto III, em razão da guerra, no caso, a Segunda Guerra Mundial, nem mesmo em Taormina, pequena cidade da Sicília, será mais possível distinguir morte e beleza.

II. Depreende-se dos dois últimos versos que, em Taormina, a beleza é intolerável, porque traz a imagem da morte sub-reptícia.

III. Por meio da metonímia empregada no 21º verso, o eu lírico contrapõe a alegria oriunda da religiosidade à tragédia do mundo.

IV. Está correto afirmar que a função referencial é mais bem exemplificada pela terceira estrofe do poema, que é aquela em que se descreve o contexto da história.

10. **Com base nos aspectos linguísticos e gramaticais do texto III, julgue os itens a seguir:**

I. Sem que se promovesse alteração gramatical e semântica, o verso "**E descendo até à terra o transpõe.**" (3º verso) poderia ser reescrito como ***E, quando desce até a terra, transpõe-no.***

II. A preposição "**por**", contida nas duas contrações grifadas no verso "**Armados pela história, pelo** século" (10º verso), introduz termos integrantes, sendo, portanto, relacional.

III. **É parte integrante do verbo o vocábulo** "**se**" contido no último verso, diferentemente do sublinhado em "**O pão e o vinho se levantam**" (21º verso).

IV. As locuções adjetivas "**do azul**" (1º verso) e "**dos jardins**" (2º verso) exercem a mesma função sintática, o que não ocorre com "**do azul**" (11º verso) e "**da bomba**" (11º verso), os quais desempenham outra função sintática.

SIMULADO 30

Texto I: Literatura Feminina: modos de enterrar

Adriana Lisboa

1. Parece incrível que o tema "literatura feminina" continue a receber essa atenção quase obsessiva em nosso meio literário. É comum entre as escritoras um grande mal-estar diante dessa espécie de subgênero, essa parte que lhes caberia no latifúndio (patriarcal falocêntrico etc.) literário. A maioria delas preferiria enterrar a categoria.

2. Mas o tema continua dando pano para manga. Poucos foram os críticos que conseguiram, por exemplo, receber a antologia organizada por Luiz Ruffato, *25 mulheres que estão fazendo a nova literatura brasileira,* sem cair na tentação de buscar a tal "voz feminina" em meio às autoras — que apenas têm em comum o fato de serem mulheres escrevendo em diversos lugares do Brasil contemporâneo, e ponto final. Se o projeto editorial favorece a impressão equivocada, cabe ao leitor — que é autônomo — escapar a ela e buscar não a inexistente unidade, mas a saudável diferença.

3. Recentemente, o editor de um website cultural chegou a afirmar que três escritoras presentes num debate na última Flip (Festa Literária Internacional de Paraty) confirmaram a existência da literatura feminina através das leituras que fizeram no evento: a primeira dedicou o livro a uma irmã gêmea imaginária. A segunda teceu loas a uma poeta cigana. A terceira (e autora deste artigo) leu um trecho passado numa cozinha. Segundo essa lógica,

poderíamos concluir: se os livros fossem dedicados a um irmão imaginário, louvassem um poeta cigano e fossem passados, digamos, numa borracharia, ou em frente à churrasqueira, caracterizariam uma literatura masculina?

4. Os critérios pecam por uma lamentável falta de rigor nessa discussão — como aliás em várias outras que têm circulado pelo meio literário. É impressionante que o espaço da crítica, já tão carente de vozes sérias, esteja abrindo os braços e as pernas para "impressões de leitura" inadmissivelmente levianas e superficiais (e, ao mesmo tempo, arrogantemente taxativas). Como já foi dito, se hoje há um escritor em cada esquina, há pelo menos uns dez críticos literários. Mas isso é pano para outra manga. E é preciso registrar a essencial contribuição de nomes como Beatriz Resende ao debate, defendendo a existência de um olhar literário especificamente feminino, mas ao mesmo tempo refutando todos os estereótipos sexistas (Beatriz aponta inclusive para o desdobramento do entrave numa "literatura pós-feminismo"). Bem-vindas as divergências: trata-se, neste caso, de discussão criativa. No outro, de blablablá inconsistente.

5. A primeira e mais óbvia refutação da existência de uma literatura feminina vem desse contraponto rasteiro: jamais se falou de uma literatura masculina. É como se essa última fosse, então, uma espécie de a priori, conjunto dominante no qual se inscrevem subgêneros: o feminino, o gay, o negro — além de masculino, o grande cânone literário é, naturalmente, branco. Isso faz pensar nos patriarcas de antigamente, que não se incomodavam que suas esposas tivessem "amiguinhas" (ou seja, amantes), porque o sexo entre mulheres não era considerado sexo.

6. Para recorrer a critérios literários (e não a generalizações da época da vovó, como a de que cozinha é lugar de mulher), o que seria, então, essa tal literatura feminina? Há pelo menos dois ângulos a se analisar. O primeiro a definiria através de uma leitura "de conteúdo". Literatura feminina seria aquela que tematiza "assuntos femininos" tais como a maternidade, a sexualidade da mulher, a afetividade do ponto de vista "delas" — a profusão de aspas é inevitável.

7. Mas de que diabos vale, então, a escrita de ficção? Não se deve esperar que bons autores e autoras tenham inventividade e talento suficientes para falar com competência do Outro — seja o outro país, a outra classe social, o outro tempo ou o outro sexo? O que dizer dos homens que se saíram maravilhosamente bem na tarefa de narrar experiências de mulheres?

8. Ainda: a sexualidade de uma gueixa japonesa, de uma stripper carioca ou de uma afegã mutilada pela clitoridectomia, a maternidade de uma ativista do Greenpeace, as monjas budistas do Nepal, as retirantes nordestinas — seriam as experiências dessas mulheres, quando usadas como temas de obras literárias, passíveis de reunião numa categoria "o feminino"? Diz Rosa Montero: "Quero escrever sobre o gênero humano, mas por acaso cinquenta e um por cento da Humanidade são do sexo feminino."

9. Com isso, passamos a um segundo viés de análise da questão: o "feminino" na literatura estaria não na temática, mas na maneira de narrar, marcando uma coloração específica do texto, uma espécie de olhar privilegiado pelas mulheres. Mas como definir esse olhar? Como encontrar, fora do terreno da pura abstração, a unidade necessária para caracterizá-lo, se mesmo em nossa época e entre as fronteiras do nosso país a experiência de ser mulher é absolutamente heterogênea? Segundo alguns, essa dicção feminina apontaria para o lírico, o elíptico, o intimista etc. Aceitando esse critério, muitos senhores que conheço deveriam, então, reivindicar o rótulo de literatura feminina para sua obra. Além do que, essa divisão recorre a estereótipos, a uma polarização irreal entre o Feminino e o Masculino — homens são de Marte, mulheres são de Vênus.

10. Quando começamos a descascar com seriedade a cebola, não parece sobrar muita coisa capaz de sustentar essa discussão. Deveríamos dar um passo adiante e ver se vale a pena desdobrá-la, aprofundá-la ou simplesmente enterrá-la. Mas, sobretudo, que o debate se fundamente em critérios aceitáveis, em valores literários, que se apoie não em impressão mas em reflexão. Escritores de ambos os sexos merecem ser lidos pela qualidade literária do que fazem, isentos de rótulos. No caso das mulheres, essa é a única forma de honrar o lugar que vêm conquistando, a duríssimas penas, numa História que quase sempre quis relegá-las ao lugar de coadjuvantes. Do contrário, seguiremos todas sendo Amélias boazinhas, e simplesmente substituindo pela prótese de silicone o velho sutiã.

LISBOA, Adriana. Literatura feminina: modos de enterrar. *Jornal O Globo*, Rio de Janeiro (RJ), p. 6 - 6, 05/03/2005.

1. **Considerando os aspectos estilísticos e o sentido do texto I, julgue os itens a seguir:**

I. Pode-se inferir do texto que categorizar uma obra como feminina e associá-la a aspectos característicos do mundo feminino é improdutivo para a literatura brasileira, tendo em vista que, além de esses elementos não serem particularidade das mulheres, as obras, em geral, devem ser classificadas pelo seu conteúdo e pela sua qualidade literária.

II. É evidente, no texto, que a categorização de uma literatura feminina situa as escritoras em uma posição de inferioridade, o que fica comprovado pela ironia empregada no trecho **"essa parte que lhes caberia no latifúndio (patriarcal falocêntrico etc.) literário."** (1º parágrafo).

III. No texto, argumentativo e escrito em terceira pessoa predominantemente, verifica-se emprego de tom informal pela autora, o que fica claro em razão de serem empregadas perguntas retóricas, comentários de natureza particular e expressões coloquiais.

IV. A ideia contida na frase **"A maioria delas preferiria enterrar a categoria."** (1° parágrafo) é justificada pelo trecho **"É comum entre as escritoras um grande mal-estar diante dessa espécie de subgênero"**, presente no mesmo parágrafo.

2. **Com base nos aspectos linguísticos e gramaticais do texto I, julgue os itens seguintes:**

I. É possível afirmar que, no sétimo parágrafo, o emprego dos pontos de interrogação não caracteriza a existência de dúvidas; eles são empregados como estratégia retórica, para guiar o raciocínio do interlocutor.

II. O termo "**rasteiro**", presente em "**A primeira e mais óbvia refutação da existência de uma literatura feminina vem desse contraponto rasteiro.**" (5º parágrafo), foi empregado conotativamente e poderia ser substituído no texto, sem prejuízo para sua correção e sem alteração de seu sentido original, por ***ordinário***.

III. Nos excertos **"sem cair na tentação de buscar a tal 'voz feminina' em meio às autoras"** (2º parágrafo) e **"ou em frente à churrasqueira"** (3º parágrafo), o emprego do acento indicativo de crase deve-se à mesma razão; entretanto, apenas no primeiro trecho, o acento poderia ser retirado, sem prejuízo gramatical.

IV. No terceiro parágrafo, os dois-pontos foram empregados com a mesma justificativa: introduzir termo explicativo.

3. **Julgue as assertivas subsequentes, com base nos aspectos sintáticos do texto I:**

I. O termo "**por uma lamentável falta de rigor**", na frase "**Os critérios pecam por uma lamentável falta de rigor nessa discussão**" (4° parágrafo), tem base adverbial, modifica o sentido do verbo e apresenta valor semântico de causa.

II. No último parágrafo do texto, no trecho "**E é preciso registrar a essencial contribuição de nomes como Beatriz Resende ao debate,**" (4º parágrafo), a expressão destacada complementa o sentido do substantivo abstrato "**contribuição**", devendo, por isso, ser classificada, sintaticamente, como complemento nominal.

III. Não se pode afirmar que, em "**Do contrário, seguiremos todas sendo Amélias boazinhas**" (10º parágrafo), o adjetivo "**boazinhas**" exerce função sintática de predicativo.

IV. Em razão de ser classificada como adverbial reduzida de gerúndio, a oração "**escrevendo em diversos lugares do Brasil contemporâneo**" (2º parágrafo) deveria ser antecedida por uma vírgula, a fim de que estivesse isolada de sua principal.

4. **Considerando os aspectos linguísticos e gramaticais do texto I, julgue os itens a seguir:**

I. O vocábulo "**se**", presente em "**O que dizer dos homens que se saíram maravilhosamente bem na tarefa de narrar experiências de mulheres?**" (7º parágrafo), deve ser classificado como pronome reflexivo, com função de objeto direto.

II. Em "**se hoje há um escritor em cada esquina, há pelo menos uns dez críticos literários.**" (4º parágrafo), os vocábulos em destaque são classificados como pronomes indefinidos e exercem a mesma função sintática no referido trecho.

III. No excerto "**Do contrário, seguiremos todas sendo Amélias boazinhas**" (10º parágrafo), as formas verbais "**seguiremos**" e "**sendo**" compõem uma locução verbal, empregada com aspecto permansivo.

IV. Considerando o trecho "**Mas, sobretudo, que o debate se fundamente em critérios aceitáveis**" (10° parágrafo), é possível inferir que o agente da forma verbal passiva foi suprimido, com finalidade de exprimir indeterminação.

Texto II: Quarto de despejo

Maria Carolina de Jesus

19 de maio

1. Deixei o leito as 5 horas. Os pardais já estão iniciando a sua sinfonia matinal. As aves devem ser mais felizes que nós. Talvez entre elas reina amizade e igualdade. [...] O mundo das aves deve ser melhor do que dos favelados, que deitam e não dormem porque deitam-se sem comer.

2. ...O que o senhor Juscelino tem de aproveitável é a voz. Parece um sabiá e a sua voz é agradável aos ouvidos. E agora, o sabiá está residindo na gaiola de ouro que é o Catete. Cuidado sabiá, para não perder esta gaiola, porque os gatos quando estão com fome contempla as aves nas gaiolas. E os favelados são os gatos. Tem fome.

3. ...Deixei de meditar quando ouvi a voz do padeiro:

4. — Olha o pão doce, que está na hora do café!

5. Mal sabe ele que na favela é a minoria quem toma café. Os favelados comem quando arranjam o que comer. Todas as famílias que residem na favela têm filhos. Aqui residia uma espanhola Dona Maria Puerta. Ela comprou um terreno e começou economizar para fazer a casa. Quando terminou a construção da casa os filhos estavam fracos do pulmão. E são oito crianças.

6. ...Havia pessoas que nos visitava e dizia:

7. — Credo, para viver num lugar assim só os porcos. Isto aqui é o chiqueiro de São Paulo.

8. ...Eu estou começando a perder o interesse pela existência. Começo a revoltar. E a minha revolta é justa.

9. ...Lavei o assoalho porque estou esperando a visita de um futuro deputado e ele quer que eu faça uns discursos para ele. Ele disse que pretende conhecer a favela, que se for eleito há de abolir as favelas.

10. ...Contemplava extasiada o céu cor de anil. E eu fiquei compreendendo que eu adoro o meu Brasil. O meu olhar posou nos arvoredos que existe no início da rua Pedro Vicente. As folhas moviam-se. Pensei: elas estão aplaudindo este meu gesto de amor a minha Patria. [...] Toquei o carrinho e fui buscar mais papéis. A Vera ia sorrindo. E eu pensei no Casemiro de Abreu, que disse: "Ri criança. A vida é bela". Só se a vida era boa naquele tempo. Porque agora a época esta apropriada para dizer: "Chora criança. A vida é amarga".

11. ...Eu ando tão preocupada que ainda não contemplei os jardins da cidade. É epoca das flores brancas, a cor que predomina. E o mês de Maria e os altares devem estar adornados com flores brancas. Devemos agradecer Deus, ou a Natureza que nos deu as estrelas para adornar o céu, e as flores para adornar os prados e as várzeas e os bosques.

12. Quando eu seguia na Avenida Cruzeiro do Sul ia uma senhora com um sapato azul e uma bolsa azul. A Vera disse-me:

13. — Olha mamãe. Que mulher bonita! Ela vai no meu carro.

14. É que a minha filha Vera Eunice diz que vai comprar um carro só para carregar pessoas bonitas. A mulher sorrio e a Vera prosseguiu:

15. — A senhora é cheirosa! Percebi que a minha filha sabe bajular. A mulher abriu a bolsa e deu-lhe 20 cruzeiros.

16. ...Aqui na favela quase todos lutam com dificuldades para viver. Mas quem manifesta o que sofre é só eu. E faço isto em prol dos outros. Muitos catam sapatos no lixo para calçar. Mas os sapatos já estão fracos e aturam só 6 dias. Antigamente, isto é de 1950 até 1956, os favelados cantavam. Faziam batucadas. 1957, 1958, a vida foi ficando causticante. Já não sobra dinheiro para eles comprar pinga. As batucadas foram cortando-se até extinguir-se. Outro dia eu encontrei um soldado. Perguntou-me:

17. — Você ainda mora na favela?

18. — Por quê?

19. — Porque vocês deixaram a Rádio Patrulha em paz.

20. — É o dinheiro que não sobra para a aguardente.

21. ...Deitei o João e a Vera e fui procurar o José Carlos. Telefonei para a Central. Nem sempre o telefone resolve as coisas. Tomei o bonde e fui. Eu não sentia frio. Parece que o meu sangue estava a 40 graus. Fui falar com a Polícia Feminina que me deu a notícia do José Carlos que estava lá na rua Asdrubal Nascimento. Que alívio! Só quem é mãe é que pode avaliar.

22. ...Eu dirigi para a rua Asdrubal Nascimento. Eu não sei andar a noite. A fusão das luzes desvia-me do roteiro. Preciso ir perguntando. Eu gosto da noite só para contemplar as estrelas cintilantes, ler e escrever. Durante a noite há mais silencio.

23. Cheguei na rua Asdrubal Nascimento, o guarda mandou-me esperar. Eu contemplava as crianças. Umas choravam, outras estavam revoltadas com a interferência da Lei que não lhes permite agir a sua vontade. O José Carlos estava chorando. Quando ouviu a minha voz ficou alegre. Percebi o seu contentamento. Olhou-me. E foi o olhar mais terno que eu já recebi até hoje.

24. ...As oito e meia da noite eu já estava na favela respirando o odor dos excrementos que mescla com o barro podre. Quando estou na cidade tenho a impressão que estou na sala de visita com seus lustres de cristais, seus tapetes de veludos, almofadas de cetim. E quando estou na favela tenho a impressão de que sou um objeto fora de uso, digno de estar num quarto de despejo.

JESUS, Maria Carolina de. *Quarto de despejo: diário de uma favelada.* 10 ed. São Paulo: Editora Ática, 1992.

5. **Julgue as assertivas a seguir, com base no sentido do texto II:**

I. Depreende-se do texto II que, em razão de morar na favela e de ser desprovida de bens, a autora se sente deslocada, como se fosse algo que devesse estar num quarto de despejo.

II. Ao comparar o mundo das aves com o dos favelados, a autora ressalta que este é pior, porque, além da falta de liberdade, não há fartura na alimentação.

III. Pode-se afirmar que o uso da intertextualidade tem o objetivo de fundamentar a crítica social, a qual, no décimo parágrafo, é feita por meio da antítese.

IV. Em "**Cuidado sabiá, para não perder esta gaiola, porque os gatos quando estão com fome contempla as aves nas gaiolas.**" (2º parágrafo), pode ser identificado discurso indireto livre.

6. **Com base nos aspectos linguísticos e gramaticais do texto II, julgue os itens seguintes:**

I. A supressão da preposição "**de**", em destaque em "**E quando estou na favela tenho a impressão de que sou um objeto fora de uso, digno de estar num quarto de despejo.**" (24º parágrafo) manteria a correção gramatical e o sentido original do texto.

II. Além do sujeito e do verbo intransitivo, todos os demais termos contidos em "**Aqui na favela quase todos lutam com dificuldades para viver**" (16º parágrafo) são adjuntos adverbiais.

III. Nos trechos "**Mas quem manifesta o que sofre é só eu**" (16º parágrafo) e "**Eu gosto da noite só para contemplar as estrelas cintilantes, ler e escrever**" (22º parágrafo), as palavras em destaque têm o mesmo valor semântico de exclusão, mas apresentam classificações morfológicas diferentes.

IV. A palavra "**que**" empregada no trecho "**– É o dinheiro que não sobra para a aguardente.**" (20º parágrafo) é expletiva e poderia ser retirada sem prejuízo gramatical e semântico para o período.

7. **Considerando os aspectos gramaticais e estilísticos do texto II, julgue os itens a seguir:**

I. Em "**Lavei o assoalho porque estou esperando a visita de um futuro deputado**" (9º parágrafo), a conjunção em destaque liga as orações coordenadas, estabelecendo entre elas relação de explicação.

II. As palavras "**aproveitável**" e "**agradável**", ambas contidas no segundo parágrafo, foram formadas por derivação parassintética.

III. No trecho "**o guarda mandou-me esperar**" (23º parágrafo), a locução verbal é intransitiva, e o vocábulo "**me**" deve ser classificado como parte integrante do verbo auxiliar.

IV. O pronome relativo em destaque no período **"E foi o olhar mais terno <u>que</u> eu já recebi até hoje"** (23º parágrafo) exerce função sintática distinta daquela que seu referente apresenta.

Texto III: Lembrança rural

Cecília Meireles

Chão verde e mole. Cheiros de selva. Babas de lodo.
A encosta barrenta aceita o frio, toda nua.
Carros de bois, falas ao vento, braços, foices.
Os passarinhos bebem do céu pingos de chuva.

Casebres caindo, na erma tarde; Nem existem
na história do mundo. Sentam-se à porta as mães descalças.
É tão profundo, o campo, que ninguém chega a ver que é triste.
A roupa da noite esconde tudo, quando passa...

Flores molhadas. Última abelha. Nuvens gordas.
Vestidos vermelhos, muito longe, dançam nas cercas.
Cigarra escondida, ensaiando na sombra rumores de bronze.
Debaixo da ponte, a água suspira, presa...

Vontade de ficar neste sossego toda a vida:
bom para ver de frente os olhos turvos das palavras,
para andar à toa, falando sozinha,
enquanto as formigas caminham nas árvores...

MEIRELES, Cecília. *Obra poética*. Rio de Janeiro, Ed. Nova Aguilar. 1983. p. 161.

8. **Com base nos aspectos estilísticos e no sentido do texto III, julgue os itens subsequentes:**

I. Pode-se depreender da segunda estrofe certa crítica social, em que o eu lírico, de maneira sutil, denuncia o descaso com a pobreza e com a forme.

II. Pode-se identificar metonímia no verso "**Cigarra escondida, ensaiando na sombra rumores de bronze**" (11º verso).

III. Não seria promovida alteração do sentido original se o 13º verso fosse reescrito como ***Vontade de ficar neste sossego a vida toda***, o que não se poderia afirmar em relação à reescrita seguinte: ***Vontade de ficar neste sossego toda vida***.

IV. É possível identificar emprego da prosopopeia tanto em "**bom para ver de frente os olhos turvos das palavras**" (14º verso) quanto em "**enquanto as formigas caminham nas árvores...**" (16º verso).

9. **Julgue as assertivas seguintes, considerando os aspectos linguísticos e gramaticais do texto III:**

I. Os termos relacionados aos núcleos "**Chão**", "**Cheiros**" e "**Babas**", todos contidos no primeiro verso, exercem a mesma função sintática.

II. Em "**Os passarinhos <u>bebem</u> do céu pingos de chuva.**" (4º verso), a forma verbal em destaque é bitransitiva e compõe predicado verbal apenas.

III. A fim de que se tornasse correto quanto ao emprego da pontuação, o verso "**É tão profundo, o campo, que ninguém chega a ver que é triste.**" (7º parágrafo) deveria ser reescrito sem as vírgulas, a fim de que o sujeito não fosse separado do predicado.

IV. No trecho "**Sentam-se à porta as mães <u>descalças</u>**" (6º verso), o adjetivo destacado exerce função de predicativo do sujeito, o que torna o predicado da referida oração verbo-nominal.

10. **Com base nos aspectos linguísticos e gramaticais do texto III, julgue os itens a seguir:**

I. O pronome demonstrativo contido em "**Vontade de ficar neste sossego toda a vida**" (13º verso) está corretamente empregado, em razão de estabelecer coesão dêitica.

II. A classificação morfológica da palavra "**que**" é diferente nas duas ocorrências, em "**É tão profundo, o campo, que ninguém chega a ver que é triste.**" (7º parágrafo).

III. Os termos "**à toa**", "**sozinha**" e "**nas árvores**", presentes nos versos "**para andar à toa, falando sozinha, / enquanto as formigas caminham nas árvores...**" (15º e 16º versos), modificam os verbos a que se referem e, por isso, desempenham a mesma função sintática.

IV. A preposição "**para**" contida nos versos "**bom para ver de frente os olhos turvos das palavras, / para andar à toa, falando sozinha**" (14º e 15º versos) é relacional e introduz termos de mesma função sintática.

GABARITOS DOS SIMULADOS

SIMULADO 1

Questão 1

I. E: ao longo do texto, são mencionadas, apenas, escritoras de contos, de modo que escritoras de crônicas e de romances da literatura não entram no grupo citado pelo autor.

II. C: a contradição estabelecida pelo emprego do vocábulo "**mambembe**" consiste no fato de a pesquisa feita e de as estatísticas alcançadas serem relevantes para o âmbito literário, e não irrelevantes ou insignificantes, como sugere o sentido da referida palavra.

MAMBEMBE – substantivo masculino Brasileirismo
4 pejorativo. indivíduo insignificante ou malvestido, pobre

III. E: não há metonímia no trecho; tem-se prosopopeia, que consiste no fato de o projeto, inanimado, cumprir uma tarefa.

IV. C: a coesão catafórica está presente no emprego do pronome "deste", que faz referência ao nome do livro, mencionado logo em seguida. A referência ao título do livro no qual e sobre o qual se está escrevendo constitui a metalinguagem.

Questão 2

I. E: a vírgula foi necessária e empregada para separar oração subordinada adverbial causal reduzida de gerúndio e anteposta à principal. Além disso, o trecho é constituído por duas orações: ***pois parece que se trata.***

II. E: o termo "**25 mulheres que estão fazendo a nova literatura brasileira**" é aposto nominativo de "**volume**", núcleo do objeto direto. Há, apenas, um adjunto adnominal, que é o artigo definido "**o**", empregado antes do núcleo.

III. E: a primeira vírgula é, de fato, facultativa, já que o termo "**para quem não gosta de números**" é objeto indireto. A segunda vírgula é proibida, pois o referido objeto indireto não deve vir isolado por vírgulas, mesmo deslocado.

IV. C: além do sentido condicional, a referida oração também poderia ser desenvolvida como temporal: *quando se conhece a amostra.*

Questão 3

I. E: no primeiro trecho, a palavra **se** é parte integrante do verbo, sem função sintática, portanto. No segundo trecho, tem-se pronome reflexivo com função de objeto direto.

> **RADICAR – verbo**
>
> 2 *t.d.bit. e pron. (prep.: em, entre); fig.* infundir ou estabelecer(-se) de maneira profunda; enraizar(-se), consolidar(-se)
>
> ‹*aquela família radica a solidariedade*› ‹*r. a paz entre os povos*› ‹*alguns cultos africanos radicaram-se em nosso país*›
>
> **POSICIONAR – verbo**
>
> 1 *t.d.bit. e pron. (prep.: em)* colocar(-se) numa determinada posição ‹*p. uma peça de xadrez (no tabuleiro)*›
>
> ‹*p.-se na primeira fila do teatro*›
>
> 2 *pron. (prep.: contra, em)* assumir uma opinião, tomar partido, declarar sua posição quanto a determinado fato ou situação
>
> ‹*p.-se contra as reformas pretendidas pelo governo*›

II. E: como o primeiro "**que**" acompanha o substantivo "**conclusões**", ele deve ser classificado como pronome adjetivo interrogativo; o segundo "**que**" funciona, realmente, como conjunção integrante.

III. E: o primeiro "**como**" é preposição acidental, e o segundo é conjunção subordinativa comparativa, usada no lugar do sintagma "**por exemplo**".

IV. E: a palavra "**que**", a qual antecede o pronome apassivador "**se**", exerce função de núcleo do sujeito.

Questão 4

I. E: tem-se coesão dêitica, já que o texto escrito se encontra presente no próprio livro em questão, de modo que o pronome "**estes**" está correto.

II. E: Com as expressões que indicam percentagens, o verbo pode ficar no plural ou no singular, conforme o caso, já que a concordância pode ser feita com o número percentual ou com o substantivo a que ele se refere, conforme Nílson Teixeira, em *Gramática da Língua Portuguesa para Concursos.*:

- No seu Estado, 75% da população ganha menos de dois salários-mínimos (concorda com população).

- No seu Estado, 75% da população ganham menos de dois salários-mínimos (concorda com 75%).
- Somente 1% dos candidatos consegue passar nos exames (concorda com 1%).
- Somente 1% dos candidatos conseguem passar nos exames (concorda com candidatos).
- Oitenta e três por cento dos inscritos votaram (concorda com percentual e com substantivo no plural).

III. E: tem-se crase obrigatória em expressões adverbias de base feminina.

IV. C:

> **TOMO – substantivo masculino**
>
> **1** BIBLIOLOGIA divisão editorial de uma obra, determinada pelo(s) autor(es) ou em concordância com este(s), e que pode ou nnão corresponder a um volume do trabalho impresso

Questão 5

I. C: há referência à barca de Caronte, responsável por levar as almas ao submundo, na mitologia grega.

II. E: a narradora-personagem apenas constata que a fé da personagem é responsável pela resignação desta; não se pode afirmar, entretanto, que aquela atesta a importância da fé.

III. E: existe, de fato, uma oposição entre o início e o final do texto; não há, entretanto, indícios textuais de que a narradora tenha recuperado sua fé.

IV. E: não se pode afirmar que a mãe do menino estava impassível; já que a criança, para ela, estava apenas dormindo; o que pode ser comprovado com o trecho "— **Acordou o dorminhoco!**" (35º parágrafo).

Questão 6

I. E: o termo "**quente**" foi empregado metaforicamente, portanto não há sinestesia.

> **QUENTE – adjetivo de dois gêneros**
>
> **6** *p.metf.* que irradia calor, entusiasmo, ardor; ardente, cálido ‹*discurso q.*›
>
> 7 (*a 1789*) *p.metf.* caracterizado pela sensualidade ‹*a mulata dança o q. lundu*› ‹*o pai reclamou dos beijos q. da filha no namorado*

II. C:

> **INTERJEIÇÃO – substantivo feminino**
>
> palavra ou sintagma que, ger. sem combinar-se gramaticalmente com elementos de oração, forma frase que exprime uma emoção, uma sensação, uma ordem, um apelo, um chamamento etc. (p.ex.: *psiu!*, *oh!*, *coragem!*, *meu Deus!*)

III. C: a caracterização, por meio dos termos "**caráter**" e "**certa dignidade**", que deveria ser feita em relação à mulher é transposta para sua roupa.

IV. E: "**devia ver**" classifica-se como locução verbal transitiva direta; "**deixei cair**", entretanto, são verbos de orações diferentes, que se classificam como transitivo direto (deixar o xale) e intransitivo (cair).

Questão 7

I. E: o termo "**ao seu lado**" não deve ser classificado com adjunto adverbial, mas, sim, como adjunto adnominal, tendo em vista que mantém relação com o termo "**banco**" (o qual estava ao seu lado), e não com a forma verbal "**Sentei-me**".

II. C: na primeira ocorrência, a palavra "**que**" vem antecedida pelo advérbio "**tão**", o que evidencia a estrutura consecutiva; na segunda, retoma o substantivo a que se refere, constituindo-se como pronome relativo; na terceira ocorrência, tem-se conjunção integrante, a qual introduz oração subordinada substantiva objetiva direta.

III. E: o primeiro termo funciona como predicativo de "**manto**", enquanto o segundo termo é adjunto adnominal de "**pontas**".

IV. E: o período é composto apenas por subordinação, e suas orações devem ser classificadas como:

"**ao ouvir o som débil da minha afirmativa**" – oração subordinada adverbial temporal reduzida de infinitivo;

"**sem saber por quê**" – oração subordinada adverbial concessiva;

"**perturbei-me**" – oração principal.

Questão 8

I. C: de fato, não há alteração de ordem gramatical ou semântica, mas a alteração é primordial para a manutenção das rimas dos versos (**escondida/vida; minha/sozinha**).

II. C: conforme se pode depreender da última estrofe.

III. E: a princípio, os versos não são idênticos, de modo que essa repetição parcial pode ser justificada apenas para contemplar a rima na primeira estrofe.

IV. C: conforme se depreende da 3ª estrofe.

Questão 9

I. E: há hipérbato, devido à inversão dos termos sintáticos, mas não há prosopopeia. A "**melancolia roda**" pode ser considerada metonímia, com a referência ao ciclo de sentimento para representar os ciclos do eu lírico.

II. E: tem-se predicado nominal apenas, já que a forma verbal "**andar**" foi empregada como predicativa.

> **ANDAR - verbo**
>
> **17** *pred.* estar, sentir-se ou viver (em determinado estado ou condição) ‹*ando muito doente*› ‹*ela anda preocupada*›
>
> ‹*ele anda meio esquisito*›
>
> **18** *pred.* existir, estar ‹*o bem e o mal devem a. separados*›
>
> **19** *pred.* apresentar (certa condição não permanente); estar ‹*com a aproximação dos festejos, andava tudo muito desorganizado*›

III. C: ambas as formas verbais são classificadas como intransitivas.

> **CHEGAR - verbo**
>
> **5** *int.* aparecer concretamente; vir, sobrevir, começar, dar-se ‹*o prêmio chegou acompanhado de elogios*› ‹*o sucesso do ator finalmente chegou*›
>
> **DESAPARECER – verbo**
>
> **1** *int.* deixar de estar visível, de estar à vista; perder-se dos olhos; sumir
>
> ‹*acenamos até o carro d. na estrada*

IV. E: na primeira ocorrência, a preposição é relacional e introduz objeto indireto; na segunda, tem-se preposição nocional, introduzindo adjunto adverbial de finalidade.

> **VIR - verbo**
>
> **1** *t.i.int. e pron. (prep.: a, até, de, para)*

encaminhar-se ou ser transportado (alguém ou algo) de um determinado lugar para

(o lugar em que estamos no momento dessa ação, ou para suas proximidades) *‹quando ele chegou a Santos, veio direto à nossa casa› ‹a encomenda virá de avião› ‹cansada, vinha-se para meu colo e dormia›*

Questão 10

I. C: há elipse, no primeiro caso, do sujeito ("**eu**") e do verbo "**ter**" (chamada zeugma) e, no segundo caso, há elipse da palavra "**dia**".

II. E: a função do pronome relativo é de sujeito, a de seu antecedente, "**Fases**" é de objeto direto do verbo "**tenho**", empregado no verso anterior.

III. E: na acepção de "ir ter com alguém", o verbo é pronominal e exige a preposição "**com**".

> **ENCONTRAR - verbo**
>
> **6** *t.d.,t.i. e pron. (prep.: com)* ir ter com alguém *‹iam e. a moça› ‹encontrou com o rapaz na esquina› ‹foram e.-se com ela›*

IV. E: são 4 orações no total, pois a oração principal, apesar de estar incompleta, seria "**Eu tenho fases no secreto calendário**", e as **três** subordinadas adjetivas restritivas são: "**que vão**" e "**(que) vêm**", ambas contidas no 8º verso, e "**que um astrólogo arbitrário inventou para meu uso.**" (10º e 11º verso).

SIMULADO 2

Questão 1

I. E: a relação feita pelo autor é entre Machado e a montanha (o Corcovado). Não há essa relação com o Cristo.

II. C: conforme expresso no trecho "**E suas matas e águas atraíram os que queriam fugir do bulício da cidade, entre os quais os jovens imperadores Pedro I e D. Leopoldina, os primeiros a cavalgarem pelas faldas do morro**" (3º parágrafo).

III. C:

> **BULÍCIO – substantivo masculino**
>
> **1** agitação de muita gente em movimento ou em desordem
>
> **2** o ruído que causa tal movimentação ou desordem
>
> **sinônimos**
>
> buliço; ver sinonímia de *assuada* e *movimentação*

IV. E: não se pode inferir essa informação com base no texto, pois ela constitui uma extrapolação.

Questão 2

I. E: não só o trecho, mas também várias outras passagens foram escritas no presente histórico, o que não promove incoerência.

II. E: a substituição promoveria alteração do sentido original.

> **FALDA – substantivo feminino**
>
> **2 base (de colina, serra etc.); aba, fralda, sopé**

III. E: tem-se, respectivamente, predicativo e sujeito.

IV. C: o diminutivo não foi empregado para indicar o tamanho do trem, mas com um tom de afetividade.

Questão 3

I. E: o termo "**cercado pelos amigos**" classifica-se como predicativo, e não como adjunto adverbial, como os dois termos antepostos a ele.

II. E: o emprego da preposição "**a**" regida pelo verbo está previsto e de acordo com a norma culta.

> **OBRIGAR – verbo**
>
> **1** *t.d.bit. e pron. (prep.:a)* submeter(-se) a uma imposição legal ou moral
>
> *‹o contrato obrigava locatário e locador› ‹a lei obriga-o a pagar pensão ao filho› ‹obrigou-se a reparar os danos que causara ao sócio›*

III. E: tem-se pronome apassivador, com o sujeito da frase posposto.

IV. E: após a preposição **até** o emprego do sinal grave é facultativo. Haveria crase, se a locução prepositiva "**até a**" tivesse sido empregada.

Questão 4

I. C: tem-se a elipse do vocábulo "**estrada**", no sintagma "**a primeira *estrada* eletrificada do Brasil**".

II. E: na última ocorrência, no parágrafo 6, os dois-pontos indicam uma citação, e não uma explicação, como nos trechos seguintes.

1) "divulgar seu evangelho e anunciar a moral das sociedades modernas: "Ouvistes que foi dito aos: Amai-vos uns aos outros" (2º parágrafo)

2) "Em pouco tempo as formas da rocha sugeriram denominação mais apropriada: se o morro lembrava uma corcova" (3º parágrafo)

3) "o futuro presidente da Academia Brasileira de Letras afirmou: Por que obrigar a Cristo a ser o grande guarda-noturno desta Sodoma incorrigível?" (5º parágrafo)

III. C: na acepção em que foi empregada a forma verbal "**gastar**", a preposição "**com**" deveria ser, realmente, substituída pela preposição ***em***.

> **GASTAR – verbo**
>
> **1** *bit.int. (prep.: em)*
>
> fazer gasto de, despender (dinheiro); desembolsar *‹gastou muitos dólares (em roupas finas)› ‹gastava sem fazer excessos›*
>
> **2** *t.d.bit.int. (prep.: em)*
>
> gastar perdulariamente; esbanjar, dilapidar, malbaratar, dissipar *‹gastou a herança (em jogo, mulheres e bebidas)› ‹gasta muito quando vai às compras›*

IV. E: trata-se de coesão dêitica; o pronome correto, portanto, é "**esta**", de fato.

Questão 5

I. C: o emprego de um narrador-personagem, testemunha do fato narrado, e a narração que acompanha o desenrolar dos acontecimentos suscita a curiosidade o leitor.

II. E: apesar de espavorido, o capelão controla seu medo e consegue acompanhar o diálogo entre os santos.

III. C: o narrador-personagem narra esse processo, conforme se verifica no último parágrafo.

IV. C: a catacrese foi empregada, pontualmente, com a expressão "**pé da igreja**", para significar "junto da igreja".

> **ao pé de**
>
> **1** junto de, perto de ‹*aconchegou-se ao pé da lareira*›

Questão 6

I. C: o pronome retoma "**espantoso**", presente no período anterior.

II. E: mesmo que ligadas pela conjunção "**e**", há, entre as orações, sentido de oposição; a vírgula foi empregada corretamente, portanto.

III. C: a oração poderia ser desenvolvida como ***se aparecesse na igreja sem mais defesa que as duas mãos***.

IV. C:

> **LOBRIGAR - verbo**
>
> **1** *t.d.* enxergar com dificuldade na escuridão ou penumbra; ver a custo; entrever ‹*lobrigamos o atalho por entre vastos arbustos*›

Questão 7

I. E: nesse caso, como não há sentido de "**completamente**", o vocábulo funciona como pronome indefinido mesmo. Outro indício de que a referida palavra não foi empregada como advérbio é o fato de estar no plural, pois advérbios são invariáveis.

II. C: como não há fator de próclise, o pronome oblíquo também pode estar enclítico ao verbo auxiliar.

III. E: não há locução verbal. Tem-se, com esses dois verbos, duas orações, uma principal e outra subordinada substantiva subjetiva (*Basta que se considere*)

IV. E: tem-se preposição nocional, que introduz adjunto adverbial de causa.

Questão 8

I. E: tem-se pronome pessoal oblíquo, com função de objeto indireto, e parte integrante do verbo, sem função sintática.

> **ACONTECER – verbo**
>
> **1** *t.i.int. (prep.: a, com)*
>
> ser ou tornar-se realidade no tempo e no espaço, seja como resultado de uma ação, ou constituindo o desenvolvimento de um processo ou a modificação de um estado de coisas, ou envolvendo ou afetando (algo ou alguém).
>
> *‹aconteceu-nos o que ninguém esperava› ‹não acontecem mais fatos como aquele›* ‹o eclipse aconteceu na hora prevista› ‹este ano a festa acontecerá em outro local› ‹seguiu a carreira de músico, como aconteceu com seus irmãos›
>
> **RECOLHER – verbo**
>
> **1** *pron. (prep.: a, em, para)*
>
> deixar o lugar onde estava, para ir abrigar-se, deitar-se, repousar, ficar sozinho etc. num local privado (tb. fig.)
>
> *‹quando a noite começou a cair, recolheram-se a seus aposentos› ‹uma vez por ano, recolhe-se em retiro no Mosteiro de São Bento› ‹riu amarelo e recolheu-se à sua insignificância›*

II. C: o pronome tem função de sujeito, mesma função que o núcleo "**ideia**" desempenha na oração em que está inserido.

III. E: trata-se de conjunção subordinativa integrante, não adverbial condicional.

IV. E: quando o vocábulo "**casa**" **não é especificado, não se emprega o acento grave.**

Questão 9

I. E: a locução "**a reboque**" expressa ***de modo dependente***.

> **A REBOQUE DE**
>
> **1** ligado voluntariamente a alguém ou a algo; atrelado *‹deixou-se ficar a r. dos acontecimentos› ‹anda a r. do guru›*

II. E: a forma verbal "**acreditaria**" apresenta os seguintes elementos mórficos: radical "**acredit-**", vogal temática "**-a-**", desinência modo-temporal

"**-ria**" (futuro do pretérito do indicativo). Não há desinência número pessoal na terceira pessoa do singular, quando o verbo está no futuro do pretérito.

III. E: a locução tem mesmo sentido de oposição; trata-se, no entanto, de locução prepositiva, e não conjuntiva como descrito no enunciado.

IV. E: o artigo é dispensável, tendo em vista que já há elemento modificador do substantivo, que é o adjetivo "**inevitável**", o qual serve para especificá-lo.

Questão 10

I. C: os três termos em destaque funcionam como complementos nominais, sendo que o primeiro complementa o núcleo "**consequência**", e os dois outros completam o sentido do núcleo "**convergência**".

II. E: a conjunção deslocada "**então**" realmente deveria ser isolada, por vir deslocada, mas o advérbio "**inclusive**" é de pequeno corpo, sem obrigatoriedade de ser isolado, portanto.

III. E: apenas a forma verbal "**julgavam**" está na voz reflexiva. "**Apegavam**" está na voz ativa, e a partícula "**se**" deve ser classificada como parte integrante do verbo.

> **APEGAR - verbo**
>
> **1** *bit. e pron. (prep.: a)* fazer sentir ou sentir apego; afeiçoar(-se) *‹o bom ambiente apegou-o ao emprego› ‹apegou-se logo à nova babá›*
>
> **JULGAR - verbo**
>
> **5** *t.d.,t.d.pred. e pron.* supor(-se), imaginar(-se), considerar(-se), pensar
>
> *‹julgou que ele lhes daria uma resposta afirmativa› ‹não é o resultado que esperavam, julgaram-no injusto›*
>
> *‹ela se julga mais inteligente do que realmente o é›*

IV. E: trata-se de vírgula obrigatória, por separar termos de mesma função sintática coordenados entre si, no caso, adjuntos adverbias, respectivamente, de conformidade e de tempo.

SIMULADO 3

Questão 1

I. C: além das perspectivas objetivas, há, também, a subjetiva, como a de Almeida Fischer, presente no quinto parágrafo.

II. C: isso pode ser percebido em razão das referências feitas ao longo de todo o texto.

III. C: tanto Almeida Fischer quanto Luís Martins consideram que a Lapa "**foi quartel-general de malandros e vagabundos de toda ordem**" (5º parágrafo), apesar de este ter afirmado que nunca presenciou nada relativo a essa descrição, durante os anos em que frequentou o lugar.

IV. E: segundo Moacyr Andrade, ao final do quarto parágrafo, Noel Rosa "**Deu para a mitificação do lugar contribuição semelhante àquela aportada pelos intelectuais, dezenas deles**", o que significa que não foi uma retratação superior à feita por outros compositores.

Questão 2

I. E: a perspectiva do autor do texto é centrada na função referencial, em razão de privilegiar a apresentação os fatos.

II. E: o uso do referido adjetivo, por expressar juízo de valor, evidencia emprego da função emotiva. A citação da obra de Mário Lago, por sua vez, evidencia o uso das funções referencial e metalinguística, mas não poética.

III. C: essa associação está presente, realmente, no título e ao longo de todo o texto, principalmente no início do segundo parágrafo.

IV. E: conforme o trecho "**O espaço físico era exíguo, o que não guardava relação com as dimensões da vida que ali se vivia**" (3º parágrafo), prova-se o contrário.

> **EXÍGUO – adjetivo**
>
> **1** que tem pequenas proporções; pequeno, apertado, acanhado ‹escritório e.›

Questão 3

I. E: tanto o primeiro quanto o segundo termo exercem função de objeto **indireto**. Apesar de o pronome oblíquo "**lhe**" ter sentido de posse, seguimos as orientações do professor Celso Cunha, que, em sua *Nova gramática do português contemporâneo* (2013), defende que todo pronome ***lhe*** desempenha função de objeto direto.

> **REFERIR – verbo**
>
> **4** *bit. e pron. (prep.: a)* fazer menção a; reportar(-se), aludir(-se) *‹os mestres referiram atos exemplares aos alunos› ‹ele se refere à viagem›*
>
> **CONTESTAR – verbo**
>
> **5** *t.i.int. (prep.:a)* dizer como resposta; replicar, responder *‹c. a uma arguição› ‹c. a acusações› ‹correspondência a c.›*

II. C: ocorre elipse do sujeito "**Noel Rosa**", presente no período anterior. A hiperonímia está em um **lugar**, que renomeia "**Lapa**", e a substituição pronominal refere-se ao pronome demonstrativo "**àquela**", que substitui "**contribuição**".

III. E: "aportar" significa "trazer".

> **APORTAR – verbo**
>
> **1** *t.i.int. (prep.: em)*; MAR chegar a, entrar em (porto ou qualquer ponto da costa); fundear, ancorar *‹aportaram na costa brasileira›*
>
> *‹enfim, aportaram›*
>
> **2** *bit. (prep.:em)*; MAR; *frm.* trazer ou levar (alguém ou algo) para (um porto) *‹aportou os sobreviventes em Santos›*

IV. E: as preposições presentes no trecho introduzem, respectivamente, adjunto adnominal, complemento nominal e adjunto adnominal.

Questão 4

I. E: na primeira ocorrência, a palavra "**como**" deve ser classificada como preposição acidental; na segunda, trata-se, realmente, de conjunção comparativa.

II. E: como é uma expressão de caráter estilístico, haveria alteração, caso fosse retirada, pois a ênfase que ela confere ao trecho seria perdida.

III. E: nos dois casos, a palavra "**Mas**" funciona como conjunção coordenativa adversativa, já que estabelece relação de oposição com o conteúdo dos períodos anteriores.

IV. C: a preposição poderia, inclusive, ser substituída pela locução prepositiva ***de acordo com***.

Questão 5

I. E: no primeiro caso, a autora apresenta a afeição com a qual o autor da obra *Aparência do Rio de Janeiro*, Gastão Cruls, relata e descreve a cidade; diferentemente de "**fascínio maravilhoso**", que expressa os sentimentos da própria autora sobre o Rio de Janeiro.

II. E: além da metonímia presente em "**vozes que cantaram**" e "**mãos que levantam**", o trecho "**mais criação das vozes que as cantaram, do que das mãos que levantaram as casas, ou as gentes que as povoaram.**" constitui gradação. No segundo trecho, a expressão "**olho seguro de artista**" constitui metáfora, já que expressa a perspectiva e a perspicácia características de um artista.

> **OLHO – substantivo masculino**
>
> **4** *fig.* inteligência penetrante; compreensão exata; sagacidade, perspicácia

III. E: a palavra "**funerária**" especifica o sentido de "**lápide**" a que se refere o autor.

> **LÁPIDE – substantivo feminino**
>
> **1** pedra com inscrição que comemora algum fato ou que celebra a memória de alguém
>
> **2** laje que cobre o túmulo

IV. C: o escritor e editor Karl Baedeker foi responsável por criar um guia de viagem no formato "bolso", com ilustrações que dão lugar a muitos mapas das cidades e dos locais visitados.

Questão 6

I. E: o termo é adjunto adnominal e apresenta sentido de restrição/especificação de seu núcleo "**mapa**".

II. E: tem-se verbo transitivo indireto, e a palavra "**me**" exerce função de objeto indireto.

ADMIRAR – verbo

3.1 *t.i.int. (prep.: a)*

causar (algo) espanto, assombro em (alguém); espantar, surpreender ‹*admira aos pais o comportamento precoce dos filhos*› ‹*não admira que ela prefira o mais rico*›

III. E: na primeira ocorrência, a palavra "**se**" deve ser classificada como pronome reflexivo recíproco, com função de objeto direto; na segunda ocorrência, trata-se, realmente, de parte integrante do verbo.

> **ENTREMATAR – verbo**
>
> *pron.* matar-se ou tentar matar-se reciprocamente
>
> **LIVRAR – verbo**
>
> **1** *t.d.bit. e pron. (prep.:de)* tirar ou sair do cativeiro; pôr(-se) em liberdade; libertar(-se)
>
> ‹*o juiz expediu ordem para que o livrassem (da prisão)*› ‹*o detento iludiu o guarda e se livrou*›
> **2** *bit. e pron. (prep.:de)* desvencilhar(-se) de situação difícil ou perigosa; pôr(-se) a salvo; defender(-se), salvar(-se)
>
> ‹*livrou a criança de atropelamento, agarrando-a pelo braço*› ‹*a grande custo, o país livrou-se da inflação desenfreada*›

IV. E: o pronome presente na contração está correto, já que estabelece de coesão dêitica.

Questão 7

I. C: a substituição da expressão original "**novas perspectivas**" por ***perspectivas novas***, realmente, não promove alteração significativa no trecho.

II. E: ao retirar a preposição, "**todo**" vira adjetivo, alterando o sentido do trecho, que foi empregado como locução adverbial.

> **DE TODO** – *locução adverbial (sXIII)* de modo total; inteiramente, completamente, de todo em todo ‹*disse que, quanto a compromissos, estava de t. livre*›
>
> **TODO – adjetivo**
>
> **1** a que não falta nenhuma parte; inteiro, completo, total ‹*t. o dia foi de chuva*› ‹*t. a família se reuniu ali*› ‹*ele comeu o bolo t.*›

III. E: as referidas palavras apresentam sentidos diferentes.

TRESDOBRADO – adjetivo

multiplicado por três; tresdobre, triplicado

TRANSBORDADO – verbo

1 *t.d.,t.i.int. (prep.:de)* fazer sair ou sair fora das bordas ‹*as chuvas transbordaram o rio*› ‹*a água transbordou do tanque*›

‹*encheu tanto o copo, que a cerveja transbordou*›

2 *t.i. (prep.:de); fig.* ter em excesso, estar repleto ‹*sentia o peito a t. de angústia*› ‹*o estádio transbordava de gente*›

IV. C: a vírgula posposta ao vocábulo "**consigo**" deveria ser retirada, pois separa objeto direto ("**não um miserável guia da capital**") de seu verbo ("**conduzindo**"). Além disso, deve-se inserir uma vírgula, para isolar oração subordinada adjetiva explicativa depois de nome próprio.

CONDUZIR – verbo

6 *t.d.* trazer ou levar; transportar, carregar ‹*c. a braços um ferido*› ‹*c. um automóvel num vagão de trem*›

Questão 8

I. E: não há como defender que o pessimismo do eu lírico seja extremo, nem que decorra da consciência acerca da pequenez humana, mas, apenas, da impossibilidade de os instantes sublimes, belos, serem eternos.

II. C: o uso do pronome dêitico "**esta**" pode ser entendido como referência à própria poesia, ou à própria vida do eu lírico.

III. E: o eu lírico não nega o sublime, apenas reitera a efemeridade do sublime, em detrimento da constância de sentimentos mais humanos, como o pranto.

IV. E: de acordo com a tendência determinista que, de fato, existe no poema, a vida, porque não é eterna, é associada ao pranto. Apenas se a vida fosse eterna, é que essa tristeza seria transformada em um "**sol**", eterna, completa.

Questão 9

I. C: ambos desempenham função de predicativo do sujeito, respectivamente, dos núcleos "**carne**" e "**vida**".

II. E: trata-se de verbo transitivo indireto predicativo, em que "**do amor e do sonho**" figuram como objetos indiretos, e "**esta renda serena de**

espera, / um sol sobre dunas e limpo mar, imóvel, / alto, completo, eterno, /não o pranto humano." (10º ao 13º verso) como predicativos desses objetos.

> **FAZER – verbo**
>
> **11.4** t.d.pred. e t.i.pred. (prep.: de) transformar (alguém ou algo) em
>
> *‹queria fazê-la sua mulher› ‹f. de um capitão um comandante› ‹que fez você de seu filho?› ‹havia de f. do filho um herói›*

III. C: "**de que é leve a nossa carne**" (8º verso) é a primeira oração subordinada substantiva completiva nominal, a qual vem coordenada por adição com "**e triste a nossa vida corporal**" (8º e 9º versos), ambas com verbo de ligação (sendo este elíptico na segunda oração e predicativo do sujeito ("**leve**" e "**triste**", respectivamente).

IV. C: as duas primeiras são adjuntos adnominais, e "**da morte**" é complemento nominal do substantivo "**intuição**".

Questão 10

I. E: na primeira ocorrência, tem-se conjunção coordenativa aditiva; na segunda, a referida conjunção é coordenativa adversativa.

II. E: "**samambaia**" é de origem tupi apenas, o que inviabiliza sua classificação como hibridismo. "**bater**", por sua vez, exemplifica, de fato, derivação imprópria.

> **SAMAMBAIA – substantivo feminino**
>
> tupi çama-mbai no sentido de 'trançado de cordas', alusão à trama confusa dessas plantas sociais, invasoras [TupGN];

III. E: não há como atribuir o adjetivo "**alto**" ao núcleo "**mar**". Assim sendo, o próprio contexto dissolve qualquer possibilidade de duplo sentido, de modo que os adjetivos se referem ao núcleo "**sol**".

IV. E: tanto no verso 1 quanto no verso 3, a classificação da palavra é conjunção subordinativa condicional; no sexto verso, entretanto, a classificação é de pronome apassivador.

SIMULADO 4

Questão 1

I. C: evidencia-se, nas referidas passagens, o desleixo que Arduíno tinha com a própria aparência.

II. C: a intenção do autor é mostrar que ele só lida com gramática, ao longo do dia inteiro, processo que é indicado pela sequência das palavras "**Almoçando**", "**jantando**" e "**ceando**".

III. C: há paradoxo entre "**grave**", "**austero**", com "**duas rugas profundas**" e "**sereno**". Também pode ser identificado paradoxo entre "**sereno**" e "**trovejando**".

IV. C: o sentido de grande quantidade de recursos está na palavra "**arsenal**", e a dificuldade do processo é indicada pelo adjetivo "**complicado**", o qual a antecede.

> **ARSENAL – substantivo masculino**
>
> 3 *p.ext.* grande quantidade de qualquer coisa; conjunto

Questão 2

I. E: tem-se locução adverbial de base feminina apenas no primeiro caso. No segundo, o sinal de crase é obrigatório para evitar ambiguidade, de modo a indicar o sentido ***de manhã até a noite***.

II. C: conforme o Dicionário Houaiss Eletrônico, o uso de ambas as preposições está correto.

> **PRESTAR ATENÇÃO A OU EM**
>
> olhar, ouvir, sentir (algo) com atenção aumentada, concentrada ‹preste *a.* ao (ou no) que ele está dizendo›

III. E: no trecho, está incorreto o emprego do pronome "**lhe**", o qual deveria ser substituído por "**o**", já que o verbo "**pôr**", na acepção em que foi empregado, é transitivo direto e indireto, sendo este introduzido pelas preposições ***em*** e ***para***. Como foi escrito, o trecho fica incorreto, com dois objetos indiretos.

> **PÔR – verbo**

1 *bit. (prep.: em, para)* dispor (algo) em certa posição ou direção ‹*p. a palma das mãos para baixo*› ‹*p. o bico do avião para cima*› ‹*a onça pôs os olhos num quati*›

IV. E: o sentido de ***conversar, manter palestra*** é denotativo.

PALESTRAR – verbo

1 *t.i.int. (prep.: com, sobre)* manter palestra, conversar ‹os passageiros palestravam com o comandante› ‹as visitas palestravam na sala›

Questão 3

I. E: o termo "**a mim**" é objeto indireto, não devendo, portanto, ser isolado por vírgulas do verbo que ele complementa, ainda que deslocado.

II. C: a vírgula empregada é estilística e, portanto, opcional. No trecho, ela isola o predicativo "**horrorizados**", que estaria em sua posição habitual, conferindo ao trecho maior dramaticidade.

III. C: o termo "**súplice**" deve ser classificado como predicativo do sujeito, assim como a locução adjetiva "**de joelho**".

SÚPLICE – adjetivo de dois gêneros

1 que suplica; suplicante, suplicatório ‹*trata-se de um pedido s. ou de uma ameaça?*›

2 que está em atitude de quem implora ou suplica; prostrado, humilde ‹*rojou-se s. aos pés dela*›

3 que exprime súplica ‹*s., seu olhar pedia compreensão*› ‹*ergueu os braços súplices a pedir clemência*›

DE JOELHOS

1 com os joelhos em terra; ajoelhado, em joelhos

2 *fig.* humilhado, vencido

IV. E: tem-se, depois dos dois-pontos, oração com sentido de consequência, de desdobramento do fato mencionado na oração anterior.

Questão 4

I. C: trata-se de uma expressão explicativa, que renomeia e torna mais claro o sentido do advérbio "**aí**".

II. E: tem-se preposição nocional, que introduz adjunto adverbial de causa. Dona Ninita sente-se desprezada por causa do modo como o marido a trata.

III. E: tem-se, no segundo caso, o que descreve Celso Cunha, na página 505 (2016): "colocado junto do verbo principal, o gerúndio expressa de regra uma ação simultânea, correspondente a um adjunto adverbial de modo". O referido advérbio está entre vírgulas, porque foi empregado no interior da locução verbal incoativa "**começou a manusear**".

IV. E: não há locução verbal; o verbo ***fazer*** é transitivo direto, e ***sorrir*** é intransitivo. A segunda oração poderia ser desenvolvida como "**fazer que as mulheres sorrissem**".

> **FAZER – verbo**
>
> **2.2** *t.d.* produzir por meio de atividade intelectual ou labor artístico; criar, compor ‹*f. uma canção*› ‹*à noite, fez-lhe um poema*›
>
> **SORRIR – verbo**
>
> **1** *t.d.int. e pron.* dar sorriso, rir sem fazer ruído e executando somente ligeira contração muscular da boca e dos olhos; rir(-se) ‹*sorriu o seu melhor sorriso*› ‹*ao vê-lo s.(-se) ela também sorriu*›

Questão 5

I. C: tem-se metáfora, pois há comparação implícita entre carta de navegação – mapa detalhado do mar – e a exposição do relacionamento.

II. E: no referido trecho, fica claro que a narradora acha que o personagem a ama, embora, mesmo ele tendo falado, não demonstre isso ao longo do texto.

III. E: a "**nova situação**" refere-se ao fato de o personagem ter-se casado novamente, informação presente no final do primeiro parágrafo.

IV. C: há, realmente, antítese evidenciada pelo emprego dos antônimos "**tudo**" e "**nada**".

Questão 6

I. C:

> **ESTOURAR – verbo**
>
> **12** *t.d.; fig.* ultrapassar limites (ger. subjetivos) ‹*e.* a paciência›

II. E: mesmo com o contexto, ainda há ambiguidade em relação ao sujeito do verbo "**Pensava**".

III. C: os dois-pontos antecipariam uma enumeração de alguns elementos explicativos do vocábulo "**rotina**".

IV. E: a palavra "**amontoar**" foi formada por derivação parassintética, já que "**enganar**" é palavra primitiva.

> **ENGANAR:** lat.vulg. *inganno,as,āvi,ātum,āre no sentido de 'escarnecer, zombar, ludibriar', de gannĭo,is,īre no sentido de 'latir, ganir (o cão), regougar (a rapousa), chilrear, gorjear (as aves), murmurar, lamentar, grunhir', prov. pelo esp. engañar (1220-1250); ver engan-
>
> **AMONTOAR:** a- + montão sob a forma radical desnasalizada *monto-* + -ar

Questão 7

I. E: o pronome relativo "**que**" exerce função de sujeito e retoma o pronome demonstrativo "**o**", presente na contração "**ao**", o qual, por sua vez, exerce função de objeto indireto.

II. E: tem-se preposição nocional e relacional, respectivamente, introduzindo adjunto adverbial de modo e objeto indireto.

> **FALAR – verbo**
>
> 7 *t.d.bit. (prep.: com)* entrar em acordo; combinar, ajustar ‹foi exatamente o que se falou (com ele)›

III. C: a substituição deve ocorrer em razão de o pronome exercer função de objeto direto, e não indireto.

> **ABRAÇAR – verbo**
>
> **1** *t.d. e pron.* envolver (algo ou alguém) com os braços, mantendo-o junto ao peito; cingir com os braços; dar abraços recíprocos
>
> *‹o pai abraçou o filho› ‹as crianças abraçaram-se ao pai› ‹felizes com o sucesso, os sócios abraçaram-se uns aos outros›*

IV. E: há voz ativa, com verbo intransitivo. A palavra "**se**" deve ser classificada como parte integrante do verbo.

> **SURPREENDER – verbo**
>
> **4** *t.d.int.* e *pron.* causar ou ter surpresa, espanto, pasmo; espantar(-se), admirar(-se)

‹aqueles fatos não o surpreendiam› ‹o que ele fez não surpreende› ‹não surpreende que todos estejam tão bem› ‹já não se surpreende com mais nada›

Questão 8

I. C: verifica-se que se trata de um sonho logo na primeira estrofe.

II. C: verifica-se, no verso, inversão da ordem sintática natural, a qual seria ***o bando dos pássaros despertados.***

III. C:

RAMARIA – substantivo feminino

m.q. rama (no sentido de ‹conjunto de ramos›)

IV. C: verifica-se a predominância da função poética da linguagem, o que se pode afirmar, inclusive, pela escola parnasiana à qual o poema pertence.

Questão 9

I. C: o adjetivo "**ansioso**" rege as preposições **de**, **por** e **para**, de modo que as duas formas estariam corretas.

II. C: as referidas orações subordinadas devem ser classificadas como adverbiais temporais reduzidas, respectivamente, de gerúndio e de infinitivo.

III. C: como se tem verbo no "**infinitivo solto**" (Celso Cunha, 2013, p.325), tanto a próclise quanto a ênclise estão corretas.

IV. E: a forma verbal "**ir**", na segunda pessoa do singular do imperativo afirmativo, conjuga-se como "**vai**", ou seja, retirada do presente do indicativo, sem o "**-s**" final.

Questão 10

I. C: tanto a preposição "**para**" quanto "**a**" possuem o sentido de deslocamento em direção a.

IR – verbo

1 *t.i.int. e pron. (prep.: a, até, de, em, para)* deslocar-se de um lugar a outro *‹fui sem pressa, caminhando a seu lado› ‹vai-se daqui ao teatro a pé› ‹ir a cavalo ou de caminhão› ‹a lancha vai a uma boa velocidade›*

‹foi no cinema e gostou do filme› ‹foi-se, margeando o rio›

II. E: tem-se sentido de adição mesmo.

III. E: tem-se conjunção coordenativa explicativa e conjunção subordinativa causal, respectivamente.

IV. E: tem-se advérbio de intensidade, o qual potencializa o sentido do adjetivo "**feliz**".

COMO - advérbio

3.2 intensidade: com que intensidade, a que ponto, quão, quanto ‹- *C. cheira bem a sua caldeirada!*› ‹*c. foi vaga a sua negativa*›

SIMULADO 5

Questão 1

I. C: essa afirmação é corroborada pelo fato de ter sido uma criança a ter criado essa expressão, no caso, Chica, a filha do autor.

II. E: fica claro, no texto, que o autor acredita em vidas passadas, mas não se pode afirmar que ele é religioso.

III. C: como gênero que retrata fatos cotidianos, a crônica apresenta, realmente, aproximação com a linguagem oral, como é o caso da repetição das expressões "**Claro**" e "**pode ser**", como recursos expressivos.

IV. C: especialmente na palavra "**tocante**", que foi empregada não no sentido original de *comovente*, mas no de *entediante*.

> **TOCANTE – adjetivo de dois gêneros**
>
> que [1]toca
>
> **2** *(1789)* que enternece, que comove, que emociona *‹foi um discurso t.›*

Questão 2

I. C: são objetos indiretos os termos "**do Rio de Janeiro a Berlim**" e "**no que as companhias aéreas chamam de 'classe econômica**"

> **VIAJAR – verbo**
>
> **1** *int.* fazer uma viagem ou viagens *‹tudo o que ganho, guardo para v.›*
>
> **1.1** *t.i. (prep.: de, para)* deslocar-se de um lugar a outro *‹viajou do Rio de Janeiro para Fortaleza›*

II. C: todos exercem função de predicativo do sujeito.

III. C:

> **CONTER – verbo**
>
> **2** *t.d. e pron.* exercer controle sobre (alguém, algo, ou si mesmo); não deixar que se manifeste; reprimir(-se), refrear(-se)
>
> *‹c. gastos› ‹não conteve as lágrimas, ao rever a filha› ‹conteve-se, para não agredi-lo›*

IV. C: ambos desempenham função de adjuntos adnominais.

Questão 3

I. C:

-GNO-

elemento de composição (radical)

1)do v.lat. *cognosco,is,ōvi,ĭtum,cognoscĕre* ‹conhecer pelos sentidos, ver; saber, ter conhecimento de

4) rad. semiculto *ignor-* (sXIV), do v.lat. *ignōro,as,āvi,ātum,āre* ‹ignorar, desconhecer›

II. C: tem-se sentido de afetividade e de desimportância, respectivamente.

III. E: "**levantei**" é composto por radical + VT + DNP, "**arrepanhei**" e "**encaminhei**" são compostos por prefixo + radical + VT + DNP.

ARREPANHAR – verbo

t.d. e pron. m.q. arrepanhar

orig.contrv.; prov. *a-* + *repanhar* (por *reapanhar*); ver *apanh-*

IV. C: tem-se derivação regressiva.

DEVANEIO – substantivo masculino

regressiva do v. esp. *devanear*

EMBARQUE – substantivo masculino

regressiva de embarcar

Questão 4

I. E: embora a substituição seja possível, "**ambas**" deve ser classificado como numeral, não como pronome, de acordo com Celso Cunha (2013) p. 395.

II. E: o termo "**de peito erguido**" exerce função de adjunto adverbial, mas "**para a saída**" é objeto indireto; sendo assim, não se deve inserir apenas uma vírgula, mas duas, para isolar o adjunto adverbial de modo, o qual se encontra deslocado.

ENCAMINHAR – verbo

1 *t.d.bit. e pron. (prep.: a, até, para)* mostrar, indicar (a outrem ou a si mesmo) o caminho a seguir; conduzir(-se), dirigir(-se), orientar(-se) ‹*encaminharam-no* (*à casa dos pais*)› ‹*encaminhou-se para a biblioteca*›

III. C: nas duas ocorrências, trata-se de pronome demonstrativo (aquilo).

IV. E: a forma equivalente ao pretérito mais-que-perfeito "**participara**" seria "**tinha participado**", e não "**tenha participado**", que equivale ao presente composto do subjuntivo.

Questão 5

I. C: a expressão "**luz úmida**" estabelece uma mistura entre os sentidos da visão e do tato.

II. E: "**ermo**" significa vazio.

> **ERMO – adjetivo**
>
> **1** que está só ou desacompanhado; solitário ‹*tinha a vida e. de um anacoreta*›
>
> adjetivo e substantivo masculino *(1540)*
>
> **2** diz-se de ou lugar desabitado, deserto ‹*nunca vira uma vila tão e. àquela hora*› ‹*para lá do capão, a mata era um e. sombrio*›

III. E: apesar de a expressão "**tombando**" ser denotativa, há eufemismo, pois é uma suavização, um modo de dizer, de maneira mais atenuada, que pessoas iram morrendo.

> **TOMBAR – verbo**
>
> **12** *int.* perder a vida; morrer ‹*tombou na frente de batalha*›

IV. C: há metonímia pontualmente em "**vista insone**", expressão em que se emprega o sentido de parte ("**vista**") pelo todo (pessoa).

Questão 6

I. E: apesar de, no trecho, ser classificada como advérbio de tempo, a referida contração é composta, realmente, pela preposição "**em**" com o pronome demonstrativo "**isto**".

II. E: quando empregado como adjetivo, o verbo com duplo particípio deve ser usado em sua forma irregular, o que inviabiliza a forma reescrita.

III. C: trata-se de advérbio de negação e de conjunção aditiva, respectivamente.

IV. C:

> **CONTRAFORTE – substantivo masculino**
>
> **composto de** *contra- + forte*
>
> **1** CONSTR reforço de muro ou muralha

Questão 7

I. E: no trecho "**a poucos quilômetros do lugar escolhido para o duplo movimento - de vanguarda e retaguarda**", o termo "**de vanguarda e retaguarda**" exerce função de adjunto adnominal do núcleo "**movimento**". Já "**quando a lua despontou por cima dos contrafortes da serra do Medeiro**" é oração subordinada adverbial temporal no período em que se insere.

II. E: o verbo tem como sujeito simples o termo posposto "**as primeiras cargas cerradas do bombardeio inimigo.**"

III. C: além dessa, a referida oração poderia ter sido escrita como "**que fechavam o cenário da luta**", com o verbo concordando com o vocábulo "**montanhas**".

IV. E: a mudança de classe gramatical e de função sintática – de adjetivo e predicativo para advérbio e adjunto adverbial de modo - promove alteração de sentido original.

Questão 8

I. E: o tema do poema de Conceição Evaristo é o fazer poético, mais especificamente o tipo de poema que se faz, o qual define o sujeito.

II. E: há diversas outras referências a esse interlocutor, que pode ser entendido como a Academia tradicional, o crítico, ou ainda o leitor, de modo mais geral.

III. C: a palavra "**fogo**" estabelece com a palavra ***poema*** relação de comparação

IV. E: não se pode afirmar que o primeiro verso se relacione ao fazer poético necessariamente, mas à arte, de forma mais genérica.

Questão 9

I. E: além de não haver referência direta ao texto como poema, não há modéstia, mas referência ao conteúdo crítico (duro) dessa escrita.

II. E: a primeira preposição é nocional de posse; a segunda é relacional e introduz complemento nominal do substantivo "**desenho**", que é deverbal.

III. C: a primeira, que, inclusive, poderia ser substituída por dois-pontos, separa o aposto explicativo do termo a que se refere; a segunda separa apostos explicativos coordenados entre si.

IV. C: no primeiro verso, tem-se marcador discursivo; no verso 4, a mesma palavra deve ser classificada como advérbio de afirmação.

SIM – advérbio

2 exprime uma reiteração de algo afirmado *‹é preciso, s., liquidar esse assunto já›*

5 quando, após interrupção, se emprega para retomar ou pedir que se retome o assunto, tem o valor aproximado de *bem* ou *ora* *‹s., ele não é nenhuma flor, mas também não é o capeta que você pinta›*

Questão 10

I. E: como o verbo da oração adjetiva restritiva (**"fazes"**) é transitivo indireto predicativo, o pronome relativo retoma o termo **"O desejo-desenho"** (objeto direto do verbo **"incendiando"**, presente no 7º verso), deve ser classificado como predicativo do objeto indireto **"de mim"**.

FAZER – verbo

11.4 *t.d.pred. e t.i.pred. (prep.: de)* transformar (alguém ou algo) em *‹queria fazê-la sua mulher› ‹f. de um capitão um comandante› ‹que fez você de seu filho?› ‹havia de f. do filho um herói›*

II. E: tem-se verbo intransitivo, e a palavra **"te"** classifica-se como parte integrante.

APRAZER – verbo

t.i.int. e pron. (prep.: a, com, de, em) causar ou sentir prazer; contentar(-se); agradar(-se), deleitar(-se); prazer

muito me apraz tornar a vê-lo› ‹poucas são as opiniões que aprazem› ‹apraz-se em ficar o tempo todo diante da televisão›

III. E: o referido verbo é, na acepção em que foi empregado, transitivo indireto, com o **"me"** funcionando como seu objeto indireto.

ARDER – verbo

Conforme Francisco Fernandes (2003), p.92, o referido verbo é transitivo indireto na acepção de **"causar ardência"**.

IV. E: como modifica o verbo, tem-se advérbio de inclusão.

ATÉ – advérbio

3 também, inclusive, mesmo, ainda *‹come de tudo,a. carne crua› ‹é ladrão, traficante e a. assassino›*

SIMULADO 6

Questão 1

I. C: no segundo parágrafo, mantém-se a ideia apresentada no primeiro, relativa à disseminação da escrita e à sua aplicação no cotidiano, o que fica claro em "**hoje a escrita não é mais domínio dos escrivães e dos eruditos**" (2º parágrafo), para, a partir do terceiro parágrafo, ocorrer o questionamento sobre a definição de escrita.

II. E: segundo a autora, a definição de escrita é difícil, justamente porque dependeria do contexto e dos elementos que a ela estão relacionados.

III. E: não se pode afirmar, com base no texto, que todas as pessoas têm acesso à escrita, embora esse acesso se tenha ampliado grandemente. Além disso, também não se pode asseverar que haja, no texto, relação de causa e consequência entre modernização e acesso à escrita.

IV. C: embora haja função referencial da linguagem, ela está a serviço da função metalinguística, que é a predominante no texto.

Questão 2

I. C: os dois termos classificam-se como sujeito, e os verbos a que estão relacionados são intransitivos.

> **BASTAR – verbo**
>
> **1** *t.i.int. (prep.: a, para)* ser bastante ou suficiente; ser tanto quanto o necessário
>
> *‹basta-lhe o mínimo para viver› ‹poucas coisas bastam às pessoas não ambiciosas› ‹sua força não basta para nos tirar daqui›*
>
> *‹não basta ser bonito, tem de ser rico› ‹basta seguir em frente e chegará ao metrô›*
>
> **SUBJAZER – verbo**
>
> **1** *t.i.int. (prep.: a)*
>
> estar situado debaixo, jazer por debaixo *‹essa camada de rocha subjaz a outra› ‹neste solo subjazem muitas riquezas›*
>
> **2** *t.i.int. (prep.: a); fig.*

existir, embora não se manifeste visivel ou sensivelmente de modo claro; estar subjacente ‹*uma intenção malévola subjaz às suas demonstrações de cortesia*› ‹*o eu lírico subjaz nos poemas a par dos seus autores*›

II. C: todos têm o mesmo objeto direto, inclusive, que é o termo "**a escrita**".

ENTENDER – verbo

1 *t.d.* perceber ou reter pela inteligência; compreender, captar ‹*entendiam o que queriam dizer, mesmo sem saber a língua*›

2 *t.d.* captar a intenção de; perceber a razão de ‹*não entendeu o critério de promoção da empresa*›

3 *t.d.* ter conhecimento de; conhecer, saber ‹*ele fala e entende espanhol*›

PRATICAR – verbo

1 *t.d.* levar (algo) a efeito, pôr em prática; fazer, realizar ‹*p. o bem; p. um crime*› ‹*esse é o laboratório onde ele pratica suas pesquisas*›

ENSINAR – verbo

1 *t.d.,t.i.,bit. (prep.: a)*

repassar a (alguém) conhecimentos práticos ou teóricos, instruções, informações sobre (matéria, assunto, arte, técnica, dúvida etc.); doutrinar, lecionar ‹*nasceu para e. matemática*› ‹*e. a ler e a escrever*› ‹*ensinou o filho a dirigir*›

III. E: o período é composto apenas por subordinação, apresentando, respectivamente, oração principal ("**Responder a essa questão é uma tarefa difícil**") e oração subordinada adverbial causal ("**porque a atividade de escrita envolve aspectos de natureza variada (linguística, cognitiva, pragmática, sócio-histórica e cultural**").

IV. C: os dois termos são classificados como adjuntos adnominais.

Questão 3

I. C: o trecho posposto ao sinal de dois-pontos é uma explicação para a generalização da leitura.

II. E: tem-se preposição acidental, que equivale à locução prepositiva "**na qualidade de**", e não conjunção.

III. C: como o referido termo é advérbio de situação de pequeno corpo, a pontuação é facultativa, mesmo que ele esteja deslocado.

IV. C: o pronome "**nos**" exerce função de sujeito da forma verbal "**pensar**" (sujeito do infinitivo).

Questão 4

I. E: haveria alteração de sentido de *meio* para *modo*.

II. E: não há incoerência no trecho, já que o termo deve ser classificado como objeto direto pleonástico da forma verbal "**sabemos**".

III. E: o plural de "**escrivão**" é apenas "**escrivães**".

> **ESCRIVÃO – substantivo masculino**
>
> **gramática**
>
> pl.: *escrivães*; fem.: *escrivã*; fem.pl.: *escrivãs*

IV. C: a retirada da vírgula após o vocábulo "**aula**" está correta, já que há termos, e não orações; apesar disso, como se trata de termos com valor de alternância, devem ser empregadas as conjunções em pares (seja...seja; ou... ou), para que seja mantido o paralelismo.

Questão 5

I. C: sim, pois há uma referência bíblica à jornada dos Reis Magos em direção ao local de nascimento de Jesus.

II. C: a afirmação pode ser comprovada com o excerto "**E enquanto todos ansiavam angustiadamente por um milagre, Gaspar, Melquior e Baltazar já estavam satisfeitos de todos os milagres que se realizam cada dia**" (3º parágrafo).

III. C: os Reis Magos deparam-se com uma criança que não era um milagre, o que se coaduna com a ideia de que os verdadeiros milagres consistem nas coisas ordinárias, comezinhas da vida.

IV. E: embora tenha sido empregado com sentido conotativo, não se pode afirmar que há eufemismo. São três adultos.

> **MADURO – adjetivo**
>
> 4 *fig.* que já passou da mocidade; adulto

Questão 6

I. C: no referido trecho, "**nascimento, glória, crucificação e morte**" são representativos da vida de Cristo.

II. C:

> **AUGÚRIO – substantivo masculino**
>
> **1** *ant.* profecia feita pelos áugures, sacerdotes romanos, a partir do canto e voo das aves
>
> **2** *p.ext.* aquilo que é pressagiado; agouro, profecia, vaticínio

III. E: tem-se metáfora, já que, para haver comparação, deve estar presente um elemento coesivo de valor comparativo.

IV. C: não se pode, com base apenas no texto, inferir se os reinos pertencem aos três reis conjuntamente, ou se cada rei tem um reino.

Questão 7

I. E: tem-se aposto explicativo do numeral "**três**".

II. C: os dois são parte integrante do verbo.

> **ENCONTRAR – verbo**
>
> **10** *pron. (prep.: em, entre, sob)* estar em determinado lugar, condição, situação ou estado; achar-se, situar-se, localizar-se *‹no tórax encontram-se os pulmões e o coração› ‹o país encontrava-se sob domínio estrangeiro› ‹encontramo-nos num período de grandes transformações›*
>
> **PÔR – verbo**
>
> **28.1** *pron. (prep.: em)* colocar-se tentativa ou ficticiamente; imaginar-se, supor-se *‹ponha-se no meu lugar e dê a sua opinião›*

III. C: a forma verbal "**fez**" é transitiva direta predicativa, e a palavra "**se**" deve ser classificada como objeto direto.

> **FAZER – verbo**
>
> **11.4** *t.d.pred. e t.i.pred. (prep.: de)* transformar (alguém ou algo) em ‹queria fazê-la sua mulher›
>
> ‹*f.* de um capitão um comandante› ‹que fez você de seu filho?› ‹havia de *f.* do filho um herói›

IV. C:

“**imaginar**” – oração subordinada substantiva subjetiva reduzida de infinitivo;

“**para crer**” – oração subordinada adverbial final reduzida de infinitivo;

“**Pois é preciso**” – oração principal, com o vocábulo “**Pois**” empregado como marcador discursivo.

Questão 8

I. E: para começar, os verbos não estão no imperativo, mas no subjuntivo. Além disso, não há um conjunto de instruções sendo dadas ao leitor, para que o texto fosse configurado como injuntivo.

II. E: conforme o verso “**Que eu entenda ainda que tarde, agora sem ti**” (16º verso), percebe-se que essa compreensão ainda é importante.

III. E: é possível depreender o sentido de ser homem de uma única mulher dali para frente, por isso os relacionamentos devem ficar no passado, conforme o verso 4.

IV. C: claro que não há uma crítica à poesia, mas apenas uma referência ao fato de que ela diz respeito a cada um, não sendo hereditária.

Questão 9

I. C: os três são adjuntos adnominais dos núcleos a que se referem.

II. E: o referido verbo, na oração em que está inserido, é bitransitivo, sendo o “**me**” objeto direto e o termo “**com pormenores de relações passadas**” o objeto indireto.

> **ABORRECER – verbo**
>
> 2 *t.d. e pron.* causar ou sofrer desgosto ou contrariedade; desgostar(-se)
>
> ‹discussões estúpidas sempre o aborreciam› ‹aborreceu-se muito com o procedimento errado do filho›

III. C: no referido trecho, a forma verbal “**faça**” tem, como complemento, a oração subordinada substantiva objetiva direta que lhe é subsequente (“**despertarem crenças**”). Nesta oração, a forma verbal concorda, no plural, com o sujeito a que se refere, no caso, “**crenças**”.

IV. E: no segundo verso, há alteração tanto semântica quanto sintática, pois, no texto original, “**tua**” funciona como adjunto adnominal, e “**te**”, na versão reescrita, deve ser classificado, conforme a perspectiva de Celso Cunha, como objeto indireto.

Questão 10

I. E: "**envelope**" é a palavra primitiva e deu origem ao verbo **envelopar**, conforme expresso na p. 117 da ***Nova Gramática do Português Contemporâneo*** (2016), em que o substantivo, caso seja um objeto ou substância, é considerado a palavra primitiva.

II. C: na primeira ocorrência, tem-se preposição nocional de finalidade, nas outras duas ocorrências, por introduzir objetos indiretos, elas devem ser classificadas como relacionais.

III. E: os versos poderiam ser ligados por uma conjunção coordenativa explicativa, pois o verso 11 não exerce nenhuma função sintática em relação a nenhum termo do verso 10.

IV. E: trata-se de um "prefixo conjuncional", peculiar ao subjuntivo, conforme Celso Cunha (2016), p. 481.

SIMULADO 7

Questão 1

I. E: não há ironia. Haveria ironia se a palavra usada fosse ***cortesia***, já que ironia significa dizer o oposto do que se pensa.

II. C: a metalinguagem está no aposto explicativo, e a referencial está na definição.

III. C: conforme a afirmativa, a criança tem olhos atentos e limpos para o espetáculo do mundo.

IV. E: o que se quer retratar, com referência ao porteiro de determinado prédio, é a incapacidade de se notar algo ou alguém que se vê recorrentemente. Isso pode ser verificado no trecho "**Há pai que nunca viu o próprio filho**" (5º parágrafo), em que se deixa claro que não se trata de uma visão preconceituosa.

Questão 2

I. C: como está intercalada, a oração subordinada adverbial deve vir isolada.

II. E: é objeto indireto o termo "**no seu lugar**". Além disso, a expressão adverbial "**um dia**" é de pequeno corpo, o que torna opcional o emprego das vírgulas.

III. C: o referido termo, "**pontualíssimo**", classifica-se como predicativo do sujeito

IV. E: tem-se conjunção coordenativa aditiva. Além disso, como ela liga orações de mesmo sujeito, o uso da vírgula antes dela é proibido.

Questão 3

I. E: tem-se expressão adverbial de base feminina, com sinal de crase de uso obrigatório.

II. E: é partícula expletiva a palavra "**que**" contida no trecho citado.

III. C: não há paradoxo no trecho, pois há dois sentidos para o verbo no trecho (ver e compreender).

VER – verbo

1 *t.d.int.* perceber pela visão; enxergar ‹*viu a luz acesa*› ‹*o cego não vê*›

1.1 *t.d. e pron.* olhar para (alguém, algo ou si próprio); contemplar(-se) ‹*v. paisagens*› ‹*V. os desenhos*› ‹*via-se demoradamente no espelho*

1.2 *t.d.int.* distinguir ou alcançar com a vista; avistar, divisar, enxergar ‹*ao fim da estrada, viram a fazenda*› ‹*possuía terras até onde se pode v.*›

4 *t.d.* tomar conhecimento de, descobrir, entender, dar-se conta ‹*depois de ler vários parágrafos, vi a importância do assunto*› ‹*demorei, mas acabei vendo a resposta que deveria dar-lhe*› ‹*já viu o que aconteceria se ela não tivesse vindo?*›

IV. E: as duas expressões são adjuntos adnominais, ambas com o mesmo valor de especificação.

Questão 4

I. E: a substituição pela palavra "**sempre**" promoveria alteração de sentido, já que significa muitas vezes, mas não "**todo dia**".

SEMPRE – advérbio

1 na totalidade do tempo; eternamente, perpetuamente ‹*Deus será s. pelos pobres*›

2 a cada instante, sem exceção; constantemente, continuamente ‹*s. morou no subúrbio*›

3 muito frequentemente; geralmente, habitualmente, ordinariamente ‹*ela compra s. as suas roupas em brechós*›

II. E: nos dois casos, a palavra funciona como conjunção subordinativa comparativa, sendo que, no primeiro, se tem a locução "**como se**".

III. E: "**última**" funciona como adjetivo, e não como numeral, por não indicar posição precisa em determinada ordem.

IV. C: o objeto indireto "**lhes**" passaria, a reescritura, a funcionar como adjunto adnominal, o que promoveria alteração semântica também.

Questão 5

I. E: há, de fato, intertextualidade, mas a referência ao Poeta, no 10º parágrafo, é ao escritor Luís Guimarães Júnior (1845-1898), no poema "**Visita**

a casa paterna", em sua última estrofe: "**Jorrou-me em ondas... Resistir quem há-de? / Uma ilusão gemia em cada canto, / Chorava em cada canto uma saudade.**"

II. E: embora se possa afirmar que o narrador inclui o interlocutor, não se pode asseverar que um diálogo (ou uma tentativa) é estabelecido.

III. E: tem-se metonímia, tendo em vista que quem geme e chora é a pessoa que apresenta essas emoções.

IV. C:

> **INQUEBRANTÁVEL – adjetivo**
>
> **1** que não se pode quebrantar; inflexível, sólido ‹vontade *i.*› ‹palavra *i.*› ‹amor *i.*› ‹amizade *i.*› ‹caráter *i.*›
>
> prov. lat.medv. *crepantāre, de *crepā*re no sentido de 'fazer um som, crepitar, estalar; abrir, rachar-se, quebrar-se'
>
> **QUEBRAR – verbo**
>
> lat. *crepo*,as,*ŭi,ĭtum,ā*re no sentido de 'fazer um som, estrondar, estalar, crepitar; abrir-se, rachar-se, fender-se, romper-se, rasgar-se com estrondo

Questão 6

I. C: o adjetivo "**convencido**" rege as preposições "***a, com*** e ***de***", segundo Francisco Fernandes, no *Dicionário de Regimes de Substantivos e Adjetivos.*

II. C: a oração reduzida "**mais tarde revelados**" poderia, inclusive, ser desenvolvida como ***mais tarde quando foram revelados***.

III. C: não há alteração de sentido na substituição de "**felizes anos**" para ***anos felizes.***

IV. C: para estabelecer coesão dêitica, emprega-se o pronome "**este**" e suas variações, sempre indicativos do tempo e do espaço presentes.

Questão 7

I. E: a vírgula antes da conjunção "**e**" está em desacordo com a norma, visto que introduz oração coordenada aditiva com mesmo sujeito da oração anterior.

II. C: tem-se predicativo em ambos os casos, sendo que o primeiro tem, como referente, o termo "**banco**", e o segundo refere-se ao núcleo "**colóquios**".

III. E: nos parágrafos 2, 6 e 8, os termos isolados pelos travessões consistem em comentários de natureza particular do autor; na última ocorrência, entretanto, os travessões foram empregados para isolar uma explicação.

IV. E: o referido termo exerce função de predicativo.

Questão 8

I. C: o que pode ser comprovado com o verso 32, "**Vejo tudo outra vez com uma nitidez que me cega para o que há aqui...**".

II. E: o verso seguinte desfaz essa ambiguidade e torna claro que o emprego, no verso 41, foi do verbo durar.

III. E: o tempo, possivelmente da infância, era mais feliz porque "**Eu tinha a grande saúde de não perceber coisa nenhuma**" (6º verso).

IV. C:

> **CERTO – adjetivo**
> **6** conveniente ou conforme com alguma norma ou padrão; correto, adequado ‹o modo *c.* de comer é com os talheres›

Questão 9

I. C: "**esperanças**" é núcleo do objeto direto que completa o verbo "**ter**", do mesmo modo que o pronome relativo em relação à forma verbal "**tinham**".

II. C: o pronome é objeto direto do verbo "**acho**" e retoma as afirmações que antecedem o referido verso.

III. E: no texto original, o referido verso está na voz ativa.

IV. E: o primeiro termo exerce função de predicativo do sujeito, e o segundo, de adjunto adverbial de modo, já que estabelece relação com a forma verbal "**ter trazido**".

Questão 10

I. C: no trecho, há a ideia de que a casa treme por causa das lágrimas do eu lírico.

II. C: a reescritura está correta, considerando que deveria ser inserida uma vírgula, para isolar dois adjuntos adverbiais, respectivamente, de tempo e de modo, coordenados entre si.

III. E: não há interjeição, o termo deve ser classificado como vocativo.

IV. C: as referidas classificações das preposições como nocional e relacional estão corretas, já que o termo "**da alma**" se classifica como adjunto adnominal com sentido de posse; já o termo oracional "**de se encontrar ali outra vez**" é complemento nominal e, portanto, vem introduzido por preposição relacional.

SIMULADO 8

Questão 1

I. C: essa ambiguidade deve-se ao fato de os sintomas do problema de saúde do narrador terem-se iniciado no mesmo dia do primeiro contato com o mendigo. Além disso, verifica-se que, ao se afastar do trabalho e, consequentemente, do mendigo, o narrador começa a sentir-se ótimo, conforme o 15º parágrafo.

II. C: a descrição "**Ele era mais alto do que eu, forte e ameaçador.**" (16º parágrafo) transforma-se em "**então vi que era um menino franzino, de espinhas no rosto e de uma palidez tão grande que nem mesmo o sangue, que foi cobrindo a sua face, conseguia esconder.**" (18º parágrafo), após o narrador perceber que, morto, o mendigo não poderia mais oferecer perigo.

III. E: não há metonímia, já que o hálito sentido pelo narrador representa a parte, ou seja, o hálito mesmo, ser ter sido usada para representar o homem como um todo

IV. E: apesar de, na reescritura, não se ter promovido alteração do sentido original, faltou uma vírgula obrigatória, a fim de separar o termo adverbial "**Durante alguns minutos**", que está deslocado.

EXTENUADO – adjetivo

que se extenuou; esgotado, exaurido

Questão 2

I. C:

CHEGAR – verbo

1 *t.i.int. (prep.: a, em)* alcançar ou tocar (certo ponto no espaço ou no tempo)

<a saia chega ao chão> <a água derramada chegou no tapete da sala> <o noite foi chegando>

1.1 *t.i.int. (prep.: a, de, em)*

atingir o termo de uma trajetória em (algum lugar) ou vindo de (um lugar); concluir percurso de ida e/ou de vinda

‹*chegou hoje* (*da Europa*)› ‹*c. a casa*› ‹*c. em casa*› ‹*a flecha não chegou ao alvo*› ‹*o avião chegou antes da hora*›

II. E: ambas devem ser classificadas como transitivas indiretas.

FALAR - verbo

15 *rg.mt.* (prep.: com, de) dizer, comentar

‹falam que ele fugiu› ‹falou do assunto› ‹falou com a mãe que a irmã foi reprovada›

CONCORDAR - verbo

1 *t.d.bit.* (prep.: com) pôr de acordo ou em harmonia; conciliar, congraçar

‹não conseguindo *c.* seus interesses, desistiram› ‹sabe *c.* os acessórios com a roupa›

III. C: os termos "**cínico e vingativo**" têm a função de qualificar o rosto; desse modo, a vírgula que o antecede poderia ser substituída por dois-pontos, sem prejuízo gramatical ou semântico para o trecho.

IV. E: a palavra foi empregada com sentido de comparação, já que introduz uma oração subordinada adverbial comparativa com verbo em elipse.

Questão 3

I. E: como a conjunção "**e**" é subordinativa consecutiva, a vírgula torna-se obrigatória.

II. E: as vírgulas, que são obrigatórias, isolam aposto explicativo.

III. E: tem-se oração subordinada adverbial temporal, a qual poderia ser desenvolvida como ***Enquanto se mantinha ao meu lado***.

IV. C: o termo "**no meu escritório**" deve ser classificado como objeto indireto, de modo que não há obrigatoriedade de vírgula que isolasse termos de mesma função sintática, coordenados entre si.

Questão 4

I. C: no primeiro caso, tem-se verbo transitivo direto e indireto ("**pedir**"); no segundo, o verbo ("**estreitar**") é transitivo direto apenas.

PEDIR – verbo

1 *t.d.bit.int. (prep.: a)* solicitar que conceda; rogar; fazer pedidos *‹p. aumento salarial› ‹pediu-lhe dinheiro emprestado› ‹tem o mau hábito de p.›*

ESPREITAR – verbo

1 *t.d.int.* observar ocultamente e com atenção; espiar, espionar, vigiar *‹e. a caça› ‹passou horas espreitando, até o animal sair da toca›*

2 *t.d.int.* ficar de tocaia; emboscar *‹o ladrão espreitou o porteiro e o rendeu› ‹a polícia ficou espreitando até o sequestrador aparecer›*

II. C:

ATÉ – preposição

1 expressa um limite posterior de tempo *‹ficará a. dezembro› ‹não esperou a. você decidir-se›*

2 expressa um limite espacial, o término de uma distância ou de uma superfície *‹o terreno vai a. a cerca› ‹trace uma linha a. o canto›*

‹venha a. aqui› ‹o homem foi a. a Lua› ‹do Rio a. São Paulo há muitas cidades›

III. E: tem-se objeto indireto.

VOLTAR – verbo

1 *t.i.bit.int.* (prep.: a, de, para)

vir ou ir (de um ponto ou local) para (o ponto ou local de onde partira ou no qual antes estivera); regressar, retornar ‹voltei do trabalho para casa› ‹partiu para nunca mais *v.*›

IV. C: tem-se adjunto adnominal nas três ocorrências.

Questão 5

I. C: a necessidade de modelar as palavras, de modo que expressem fielmente os pensamentos, leva-a, consequentemente, a escrever cada vez menos palavras.

II. E: não há função fática, porque ela "fala" consigo mesma, em uma espécie de reflexão.

III. E: tem-se apenas antítese entre os vocábulos "**mais**" e "**menos**".

IV. C: há, no referido excerto, mistura entre a audição e o tato, a qual configura o recurso estilístico conhecido como sinestesia.

Questão 6

I. E: tem-se interjeição, já que não se trata de um chamamento.

II. E: apenas a forma verbal "**é**" é expletiva; a palavra "**que**", por sua vez, introduz oração subordinada substantiva subjetiva e, por isso mesmo, deve ser classificada como conjunção integrante.

III. E: a preposição é nocional e introduz adjunto adverbial de meio.

IV. C: a forma verbal precisa concordar em número com o núcleo do sujeito a que se refere, no caso, "**uso**".

Questão 7

I. C: tanto na primeira quanto na terceira ocorrência, o pronome relativo "**que**" retoma o sentido do pronome demonstrativo "**o**", o qual os antecede. Na segunda ocorrência, a palavra "**que**" liga as orações e estabelece entre elas relação de comparação.

II. C: tem-se adjunto adnominal nos dois casos.

III. E: a palavra "**Como**" é advérbio interrogativo de modo, pois modifica a locução verbal "**começar a anotar**"; por sua vez, a palavra "**Que**" funciona como núcleo do objeto direto da locução verbal "**posso escrever**".

IV. E: na acepção em que foi empregada, a forma verbal "**existia**" é intransitiva.

> **INVENTAR - verbo**
>
> **1** *t.d.* descobrir, criar (algo concreto ou abstrato, ainda não conhecido ou não concebido) ou descobrir (modo, maneira nova, original de se fazer alguma coisa) ‹*os chineses inventaram a pólvora*› ‹*i. um método mais prático*›
>
> **SABER - verbo**
>
> **2** *t.d.* ter conhecimentos específicos (teóricos ou práticos) ‹*s. álgebra*› ‹*s. computação*›
>
> **3** *t.d.* estar convencido de; ter a certeza de (coisas presentes e futuras); prever; pressentir ‹*sabia que seria premiado*› ‹*sabia que ainda nos encontraríamos*›
>
> **EXISTIR - verbo**
>
> **1** *int.* ter existência real, ter presença viva; viver, ser ‹*penso, logo existo*› ‹*outro como ele jamais existirá*›
>
> **1.1** *int.* estar presente como realidade subjetiva, particular ‹*isso só existe em sua imaginação*›

Questão 8

I. E: não há evidências de que o desejo de morrer prevalece em relação ao desejo de viver, ao contrário, o eu lírico pondera sobre tudo o que ele perderia, se morresse.

II. C: nesse caso, o adjetivo "**triste**" continuaria a exercer função de adjunto adnominal, sem que se promovesse alteração do sentido original.

III. C: o hipérbato está na inversão do verbo com o adjunto adverbial de causa ("**de saudades**"), e a hipérbole está no exagero de afirmar que a mãe morreria de saudades.

IV. E: límpida significa clara, transparente, e louçã significa bela, viçosa.

> **LÍMPIDO – adjetivo**
>
> **1** que é claro, puro e transparente ‹um *l.* regato› ‹uma atmosfera *l.*›
>
> **LOUÇÃ – adjetivo**
>
> **3** *fig.* cheio de frescor e brilho, agradável à vista; belo, viçoso ‹natureza louçã›

Questão 9

I. E: tem-se verbo transitivo direto, com o termo "**em meu futuro**" funcionando como adjunto adverbial de situação.

> **PRESSENTIR – verbo**
>
> **1** *t.d.* sentir com antecedência ‹*p. a dor de cabeça*›
>
> **2** *t.d.* perceber, sentir ao longe ou antes de ver ‹*p. o perigo*›
>
> **3** *t.d.* adivinhar por indícios; pressagiar, antever, prever ‹*p. o desastre*›
>
> **4** *t.d.* ter suspeitas de; desconfiar ‹*pressentiu a traição do marido*›

II. C: são objetos indiretos os termos "**me**" e "**no peito**".

> **BATER – verbo**
>
> **1.4** *t.d.,t.i.int.* (prep.: em)
>
> castigar fisicamente; surrar ‹batem seu lombo todo santo dia› ‹*b.* no filho já era um hábito› ‹briga bem e gosta de *b.*›

III. E: com a reescritura, não se desenvolveu a oração subordinada adverbial, que, realmente, é temporal. Para desenvolver a referida oração, ela deveria ser reescrita como ***enquanto chorasse essas coroas***.

IV. C: o antecedente do referido pronome é o sujeito "**essa dor da vida**", cujo núcleo também será o sujeito da frase em que o pronome está inserido.

Questão 10

I. C: o tempo verbal foi empregado para garantir a métrica dos versos, que são todos decassílabos.

II. C: o sentido de afã é desvelo, trabalho cuidadoso.

> **AFÃ – substantivo masculino**
>
> **1** trabalho intenso, penoso; faina, lida ‹seu *a.* diário não deixava tempo para o lazer›

III. E: no verso 13, a preposição "**de**" foi empregada como nocional de especificação, introduzindo adjunto adnominal; no verso 3, ela é nocional de causa, introduzindo adjunto adverbial.

IV. C: pronomes indefinidos de função adjetiva, empregados em frases exclamativas.

SIMULADO 9

Questão 1

I. E: não é possível afirmar que se trata da opinião do japonês ou de uma consideração do próprio narrador, como parece mais evidente, no final do 6º parágrafo.

II. C: a mesma ironia também pode ser encontrada no trecho "**Mero preconceito, manter excelentes fontes de proteína escandalosamente ignoradas, a exemplo de ratos, baratas e gente morta de causas não contagiosas, como propôs outro inglês, cujo nome agora esqueci.**" (6º parágrafo)

III. C: com essa interlocução, configura-se a busca de contato, a necessidade de que o canal esteja funcionando perfeitamente, características da referida função da linguagem.

IV. C:

PASSADIO – substantivo masculino

comida habitual; vivenda

Questão 2

I. E: embora as expressões tenham sido isoladas por esse motivo, não necessariamente esse tipo de comentário é marca do discurso oral.

II. C: o referido pronome pessoal estabelece relação de substituição referencial anafórica com a palavra "**homens**", que está no período imediatamente anterior, "**Mas vamos ter fé nos homens**", no mesmo parágrafo.

III. E: o adjetivo anteposto ao substantivo tem sentido de "admirável"; quando posposto, tem sentido de bravo, irritadiço.

> **BRAVO – adjetivo**
>
> **4** que se irrita facilmente; de mau gênio; brabo, irritadiço, irascível ‹*não o provoque, ele é muito b.*›
>
> **11** digno de admiração; notável, celebrado, insigne ‹*um b. orador*›

IV. C: tem-se elipse dos termos "**malucos**", depois de "**havia diversos**", e "**sabor**", depois de "**o pior**", respectivamente.

Questão 3

I. C: embora promovesse alteração de sentido, estaria correta a reescritura, quanto às regras de concordância nominal, pois essa seria feita, de forma atrativa, com o termo mais próximo.

II. E: o referido adjunto adverbial modifica o termo posposto, "**ignoradas**", o qual, inclusive, é predicativo do objeto direto, que tem, como núcleo, a palavra "**fontes**".

III. E: tem-se, respectivamente, conjunção subordinativa integrante e conjunção subordinativa condicional.

IV. E: ambas são classificadas como transitivas diretas.

> **VER – verbo**
>
> **1** *t.d.int.* perceber pela visão; enxergar *<viu a luz acesa> <o cego não vê>*
>
> **1.1** *t.d. e pron.* olhar para (alguém, algo ou si próprio); contemplar(-se) *<v. paisagens> <v. os desenhos> <via-se demoradamente no espelho>*
>
> **CAUSAR - verbo**
>
> *t.d.bit. (prep.: a)* ser causa de; originar, motivar, provocar *<o excesso de peso causou o naufrágio> <causou ao filho um grande desgosto>*

Questão 4

I. E: tem-se adjunto adnominal, com sentido de especificação, e objeto indireto, respectivamente.

> **PRONTIDÃO – substantivo feminino**
>
> **em prontidão**
>
> m.q. de prontidão
>
> **de prontidão**
>
> em estado de alerta e preparado para agir; em prontidão
>
> **ENTRAR – verbo**
>
> 7 *t.i. (prep.: em)* começar a estar em (um estado, uma situação, uma atividade)
>
> *<a paciente entrou em convulsão> <os herdeiros entraram na posse dos bens paternos> <e. em êxtase, em transe> <o mosto da cerveja entrou em fermentação> <entramos em concorrência com eles>*

II. E: os referidos termos exercem função de aposto explicativo.

III. C: o pronome relativo "**que**" exerce função de sujeito da forma verbal "**traz**", assim como o termo que o antecede, "**o problema da fome**" é o sujeito do verbo "existiria", presente na oração principal.

IV. C: os dois são complementos nominais.

Questão 5

I. E: não há atribuição de ações humanas aos bosques em "**alegrar**", pois quem se alegra de ver os bosques é o cronista, ou o homem, em geral.

II. C: a locução prepositiva "**em direção a**" equivale, semanticamente, à preposição "**para**".

> **EM DIREÇÃO A**
>
> no rumo de, dirigindo-se para; na direção de ‹*a passeata vinha em d. ao centro*›

III. C: para perceber a redundância, basta escolher um dos dois termos para retirar da frase e constatar que o sentido da frase permanece inalterado.

IV. E: em "**diga e afirme**", o sentido é de dizer e de defender, mas não há qualquer ideia de progressão nisso.

Questão 6

I. E: como se tem infinitivo solto, tanto a próclise quanto a ênclise à forma verbal "**conduzir**" estariam de acordo com a prescrição gramatical.

II. C: a coesão exofórica é chamada também dêitica, aquela que situa quem fala no tempo e no espaço, fazendo, portanto, referência a algo que está fora do texto.

III. E: na primeira ocorrência, tem-se, realmente, preposição relacional, que introduz agente da passiva, o que se comprova pela ocorrência da locução verbal "**fosse domado**", a qual se encontra na voz passiva; na segunda ocorrência, tem-se, entretanto, preposição nocional, a qual introduz adjunto adverbial de causa.

IV. C: trata-se de um caso de regência, de fusão de dois "**as**", sendo, no caso, uma preposição e um artigo definido.

Questão 7

I. E: tem-se conjunção subordinativa adverbial temporal, equivalendo a "**logo que**".

MAL – conjunção

30 imediatamente após o instante em que; assim que, logo que, mal que ‹*m. se viu na rua, chamou um táxi e fugiu para bem longe*›

II. E: o termo "**da Tijuca**" exerce função de adjunto adnominal, enquanto "**Rodrigo de Freitas**" tem função de aposto especificativo.

III. E: tem-se parte integrante do verbo.

APROXIMAR – verbo

1 t.d.bit. *e* pron. *(prep.: de)* pôr(-se), tornar(-se) próximo, no espaço ou no tempo; avizinhar(-se), achegar(-se), apropinquar(-se)

‹*aproximou os lábios para beijá-lo*› ‹*o ataque aproximou o início do conflito*› ‹*aproximou as mãos do rosto do filho*› ‹*ordenaram-lhe que não se aproximasse do local*› ‹*aproximava-se o dia de seu aniversário*›

IV. C: no referido trecho, a palavra "**como**" equivale à locução prepositiva "**na qualidade de**" e introduz predicativo do objetivo, sendo, de fato, preposição acidental.

Questão 8

I. C: tem-se antítese apenas, devido à oposição entre as palavras "**construção**" e "**desmoronamento**".

II. C: além da evidência desse descompasso nos versos finais do poema, a relação metapoética também pode ser considerada característica da literatura pós-modernista, atualmente chamada literatura contemporânea.

III. C: tem-se crítica ao Romantismo, nos dois primeiros versos, e ao Parnasianismo, no terceiro verso.

IV. E: não se pode afirmar, categoricamente, que o "**convite**" **é endereçado aos leitores de um modo geral.**

Questão 9

I. E: a referida palavra deve ser classificada como advérbio de exclusão, por modificar o verbo que a antecede.

APENAS – advérbio

1 com dificuldade, a custo, mal ‹*brando, o vento a. move a copa das árvores*›
2 somente, unicamente, exclusivamente ‹*referia-se a. ao amigo*›

II. E: tem-se advérbio de negação nas duas ocorrências.

NEM – advérbio

2 exprime negação:

2.1 não ‹*n. pense em fazer isso*›

2.2 sequer, ao menos ‹*n. um bocado de pão havia na casa*›

III. C: o referido pronome substitui o nome de quem pratica a ação, que, no caso é realizada de forma recíproca, um em relação ao outro. Nem o eu lírico leva o destino a sério, nem este leva o eu lírico a sério também.

IV. C: na primeira palavra, é possível perceber que houve uma formação paulatina, com acréscimo de prefixo e de sufixo (re- + nascer + -ndo). Diferentemente da formação da segunda palavra, que, para ser formada, teve acréscimo de prefixo e de sufixo simultaneamente (en- + costa + -ar - de cost(i/o)-)

Questão 10

I. E: na acepção em que foi empregado, tem-se verbo intransitivo.

ROLAR – verbo

3 t.i.int. *e* pron. (*prep.: em, por*)

cair, dando voltas sobre si ‹*as contas do colar rolaram pelo chão*› ‹*com a chuva forte, as pedras rolaram*›

II. E: o verbo "**desenha**" está relacionado apenas ao termo "**um par de asas**". O termo "**grades**" relaciona-se ao verbo "**sou**".

III. E: tem-se coesão dêitica, referindo-se ao roteiro / poema feito neste momento de sua vida.

IV. C: a palavra "**onde**" exerce mesmo função de adjunto adverbial de lugar e retoma o termo "**a areia**", presente no verso anterior, que tem função de predicativo do sujeito.

SIMULADO 10

Questão 1

I. E: não se pode inferir do texto que os comerciantes se aproveitam das compras natalinas, para aumentar o preço dos produtos.

II. E: tem-se perífrase, quando se emprega todo o trecho "**um Meninozinho envolto em pobres panos, deitado numas palhas, há cerca de dois mil anos, num abrigo de animais, em Belém**" em lugar de Jesus.

III. C: o diminutivo foi empregado para transmitir uma ideia de carinho, o que se adequa ao contexto, em que "**Meninozinho**" faz referência ao menino Jesus em seu nascimento.

IV. C:

> **INSIDIOSO – adjetivo**
>
> 1 *que arma insídias; que prepara ciladas; enganador, traiçoeiro, pérfido.*
>
> 2 *fig.* que parece benigno, mas pode ser ou tornar-se grave e perigoso (diz-se de mal, enfermidade etc.)
>
> ‹a febre tifoide é uma doença i.›

Questão 2

I. C: o emprego das reticências estaria correto e não promoveria alteração de sentido, já que "Como os outros sinais melódicos, as reticências têm certo valor pausal. (*Nova Gramática do Português Contemporâneo*. p. 676).

II. E: no primeiro caso, a expressão "**nestes dias**" é anafórica e faz referência aos dias de compras de Natal.

III. C: as duas palavras foram formadas por derivação prefixal e sufixal. Além disso, as duas apresentam a vogal de ligação "**-i-**", também denominada infixo.

des –	necess –	i –	dade		in –	útil –	i –	dade
prefixo	radical	VL	sufixo		prefixo	radical	VL	sufixo

IV. E: não se pode afirmar que houve ironia, tendo em vista que se quis dizer, exatamente, que as caixas de papelão e os papeis para embrulho não têm serventia.

Questão 3

I. C: nas duas ocorrências, os pronomes relativos exercem função de sujeito da oração.

II. E: tem-se parte integrante do verbo.

> **REVESTIR – verbo**
>
> **1** *t.d.bit.* (prep.: com) vestir mais uma vez; vestir de novo *‹vestiu e revestiu a roupa› ‹r. o menino com outra camisa›*
>
> **2** *t.d. e pron.* (prep.: com, de) vestir(-se), paramentando-se *‹r. um traje de gala› ‹o padre revestiu-se da estola›*
>
> **3** *t.d. e pron.* (prep.: com, de) cobrir(-se) com adornos, ornamentos; adornar(-se), ornar(-se), enfeitar(-se)
>
> *‹as flores revestiam-na› ‹em todas as ocasiões festivas, revestia-se de joias›*
>
> **4** *t.d.bit.* (prep.: de) aplicar revestimento em (determinada superfície); cobrir, envolver, recobrir
>
> *‹tecido que reveste os estofados› ‹r. de pastilhas a fachada do edifício›*
>
> **4.1** *t.d.* tornar firme, estável, resistente (alguma coisa), aplicando(-lhe) um revestimento
>
> *‹r. um muro que estava caindo›*

III. E: os termos em destaque exercem função de sujeito composto, e "**todos**" classifica-se como aposto resumitivo. O termo que funciona como predicativo é "**suscetíveis**".

IV. C: o período é, realmente, composto por subordinação, com as seguintes orações:

Não devemos também oferecer nada de essencialmente necessário ou útil (oração principal)

pois a graça destes presentes parece (oração subordinada adverbial causal em relação à primeira e oração principal em relação à próxima;

consistir na sua desnecessidade e inutilidade (oração subordinada substantiva subjetiva).

Questão 4

I. E: a palavra é classificada como conjunção nas duas ocorrências.

NEM – conjunção

1 serve para ligar palavras e orações negativas, indicando:

1.1 *conj.adt.* conexão, ligação

1.1.1 e não, e sem, e ninguém, e nunca ‹*não chorou n. reclamou da dor*› ‹*ficou só, sem pai n. mãe*› ‹*ninguém sabe o dia de amanhã n. o pode adivinhar*› ‹*nunca saiu do Brasil n. de sua cidade natal*›

II. C: não haveria desvio gramatical ou de sentido, pois o sinal indicativo de crase é facultativo antes de pronomes possessivos no singular.

III. E: os verbos presentes nos excertos regem tanto a preposição "**a**" quanto a preposição "**de**".

ESCAPAR – verbo

1 *t.i.* (prep.: a, de) livrar-se de situação perigosa, dolorosa, humilhante, desagradável etc.; libertar-se, safar-se

‹*escapou ao perigo saindo pela janela*› ‹*escapou do convite constrangedor por puro acaso*›

FUGIR – verbo

1 *t.i.int. e pron.* (prep.: a, de, para)

escapar(-se), desviar(-se) precipitadamente de (perigo, pessoa ou coisa ameaçadora, desagradável ou tentadora)

‹*f. às tentações, f. dos credores*› ‹*viu que o esperavam e fugiu*› ‹*ele se fugiu daqui para nunca mais voltar*›

IV. E: tem-se preposição relacional e nocional, respectivamente, iniciando complemento nominal e adjunto adnominal com sentido de especificação.

Questão 5

I. E: como o pronome se refere ao computador, este é mencionado já a partir do segundo parágrafo do texto.

II. C: a partir do segundo parágrafo, o autor faz alusão aos problemas dos computadores comuns à época.

III. E: não se pode afirmar que há contradição no trecho, porque Zuenir Ventura ser equilibrado ratifica o fato de o computador ser realmente capaz de irritar qualquer pessoa, inclusive a mais equilibrada.

IV. E: há outros exemplos, como no trecho "**ele travou de vez e não voltou a dar sinal de vida**" (6º parágrafo).

Questão 6

I. E: não há, no trecho original, desvio de concordância, já que se pode depreender o sentido de alguma pessoa entre as demais.

II. C: na primeira ocorrência, a palavra "**como**" classifica-se como conjunção subordinativa conformativa; na segunda, como conjunção subordinativa comparativa.

III. E: o termo "**no Leblon**" deve ser classificado como aposto especificativo.

IV. E: o termo "**da eterna vigilância**" especifica o núcleo "**termo**"; tem-se, portanto, adjunto adnominal.

Questão 7

I. C: como a palavra não consta no dicionário, tem-se exemplo de neologismo, que foi formado, por meio de justaposição, pelas palavras "**cata**" + **milho**" + "**grafar**"

II. C:

APARVALHADO – adjetivo

que se aparvalhou

3 que é ou se encontra desorientado; desnorteado, atrapalhado

Aparvalhar > a- + parvo + -alho + -ar

III. C:

TRESVARIADO – adjetivo

que se tresvariou; alucinado, desvairado, tresloucado

TRESLOUCADO – adjetivo

que ou quem é desprovido de razão, falto de juízo; louco, desvairado

TRES - prefixo

da prep. lat. trans <além de, para lá de; depois de;

4) 'mudança, transformação': transfigurar, transformar, transmudar

IV. C: a locução "**somos obrigados conviver**" está na voz passiva e é transitiva indireta, completada pelo termo "**com a qual**", que, por sua vez, retoma "**esta máquina demoníaca**".

Questão 8

I. E: pode-se inferir do texto que o eu lírico e o rei de que ele se lembra são pessoas diferentes.

II. C: conforme se verifica na última estrofe do poema.

III. E: não há antonomásia nos referidos versos, mas apóstrofe.

> **APÓSTROFE - substantivo feminino**
>
> **1** LIT, RET interrupção súbita do discurso que o orador ou o escritor faz, para dirigir-se a alguém ou a algo, real ou fictício (p.ex.: a seguir, *leitor amigo*, contarei a história tal como sucedeu)
>
> **2** LING palavra ou sintagma nominal que compõe um enunciado, indicando o destinatário da mensagem (p.ex.: bom-dia, *doutor*; *você*, venha cá; *meu Deus*, que devo fazer?

IV. C: há uma ambiguidade sintática, em que o termo "**esse rei**" pode ser classificado tanto como sujeito como objeto direto.

Questão 9

I. C: cada uma tem uma classificação morfológica diferente, sendo a 1ª conjunção integrante, a 2ª, pronome apassivador e a 3ª, parte integrante do verbo.

II. E: trata-se de conjunção subordinativa causal, em razão, inclusive, de introduzir oração subordinada.

III. C:

> **ESFUMADO – adjetivo**
>
> **2** que se desfez como que em fumo
>
> der. parassintético de fumo no sentido de 'fumaça'
>
> **ESPANTALHO – substantivo masculino**
>
> espantar sob a f. rad. espant- + -alho; AGC prefere derivar de espanto; ver pav-

IV. E: há alomorfia apenas em "**vedes**", em que o radical do verbo "**ver**" passa de "**v-**" para "**ved-**".

Questão 10

I. E: o referido pronome tem função de adjunto adverbial de meio, e o termo antecedente "**isso tudo**" exerce função de objeto direto da forma verbal "**cobre**".

II. E: a referida forma verbal concorda com o sujeito a que se refere, que é "**tempo de infância**" (1º verso).

III. C: o termo "**de andar vestido em túnica vermelha**" exerce função de adjunto adnominal do núcleo do sujeito "**culpa**".

IV. C: o termo "**em túnica vermelha**" equivale a um modo de vestir-se.

SIMULADO 11

Questão 1

I. C: há uma releitura da frase bíblica "**Aos pobres pertence o Reino dos Céus**".

II. C: conforme se verifica durante todo o texto, mas, principalmente, no último período "**Quem tem sido mesquinho é um certo tipo humano, representante dos grupos sociais que se apoderaram dos recursos naturais e procederam a uma divisão injusta e desigual.**".

III. C: conforme se pode verificar nos parágrafos 1, 2 e 3.

IV. C: embora as palavras não sejam antônimas, apresentam sentido de oposição no contexto em que foram inseridas, corroborando as ideias de excesso e de escassez, respectivamente.

Questão 2

I. E: no trecho original, o termo "**as suas ideias**" funcionam como aposto explicativo. Para que isso se mantivesse, o travessão deveria ser substituído por dois-pontos, e a estrutura deveria permanecer a mesma.

II. E: conforme Antônio Houaiss, não há qualquer alteração do sentido.

> **TERMINAR – verbo**
>
> **8** *t.d. e t.i. (prep.: com)* tornar sem efeito; pôr fim; interromper, romper, suspender *‹o ciúme levou-o a t. (com) o noivado›*

III. E: tem-se preposição relacional, a qual introduz oração com função sintática de complemento nominal do adjetivo "**suficientes**".

IV. E: nos dois casos, tem-se parte integrante do verbo.

> **CONCENTRAR – verbo**
>
> **1** *t.d.bit. e pron. (prep.: em)* fazer convergir ou convergir (o disperso ou separado) para (um centro ou ponto); reunir(-se) *‹os espelhos côncavos concentram os raios do sol› ‹concentrou no rio da Prata as tropas de assalto›*
>
> *‹as descargas elétricas simultâneas concentram-se no polo negativo do aparelho›*

2 *t.d.bit. e pron. (prep.: em)* apresentar(-se) [algo] em grande número, quantidade ou intensidade em

(alguém ou alguma coisa); acumular(-se) ‹*Macunaíma, personagem de Mário de Andrade, concentra as qualidades*

e defeitos dos brasileiros› ‹*o presidente concentra em si todos os poderes*› ‹*algas microscópicas concentram-se na superfície do mar*›

APODERAR – verbo

1 *t.d.; pouco usado.* dar posse ou domínio de ‹*o fazendeiro apoderou as terras*›

2 *pron. (prep.:de)* tomar posse ou domínio de (bem, propriedade, objeto de valor etc.); apossar-se, assenhorear-se ‹*apoderou-se dos bens da esposa*› ‹*os guerreiros apoderaram-se da cidade indefesa*›

Questão 3

I. E: em ambos os casos, há sujeito paciente.

II. E: as vírgulas que isolam o trecho "**no outro extremo**" são obrigatórias, em razão de haver advérbio intercalado na referida oração.

III. E: apenas "**definitivamente**" pode ser classificado como advérbio de afirmação, pois "**exatamente**" funciona como advérbio de modo, de maneira exata.

IV. E: a oração "**terminar com esta tremenda desigualdade social**" é subordinada substantiva subjetiva.

Questão 4

I. C: o adjetivo "**ricos**", que se refere ao substantivo "**países**", é potencializado em relação aos demais países do mundo. Não há relação de comparação.

II. E: a reescritura promoveria desvio de regência ("**a noção de que**" é o correto).

III. E: o pronome estabelece coesão anafórica, retomando os pares antitéticos que configuram a desigualdade social, no período anterior.

IV. C: mesmo depois da locução adjetiva "**de fome**", o fato de o adjetivo "**sombrio**" estar no masculino remete à concordância com o núcleo a que se refere, no caso, o substantivo "**mapa**".

Questão 5

I. C: há, também, a referência ao ato de Jesus lavar os pés de seus apóstolos, antes da Última ceia, assim como a própria refeição não deixa de constituir uma simbologia cristã, confirmada pela ideia de dividir o pão.

II. E: a função emotiva é predominante no texto, e a função poética está a seu serviço.

III. E: há, apenas, polissíndeto.

IV. C: a metáfora foi empregada na comparação implícita entre a estação de trem vazia e o ambiente em que se encontra o narrador, o qual se vê sozinho, em razão de estar rodeado de pessoas estranhas.

Questão 6

I. E: em ambas as ocorrências, a palavra "**E**" deve ser classificada como conjunção coordenativa aditiva.

II. C: no sentido de querer bem, o referido verbo é transitivo indireto.

> **QUERER – verbo**
>
> **8** *t.i.,t.i.pred. e pron. (prep.: a)* ter simpatia, amizade ou afeto por *‹queria muito aos pais› ‹queremos a essa criança como nosso filho› ‹os dois querem-se demais›*

III. E: tem-se palavra denotativa de exclusão, em razão de "**só**" modificar o substantivo "**dona de casa**".

IV. E: o termo "**à sala**" deve ser classificado como objeto indireto.

> **PASSAR – verbo**
>
> **10** *t.i.bit.int. (prep.: a, para)* mudar (de um lugar para outro) [falando de pessoa ou coisa] *‹passou para trás do biombo, escondendo-se›*
>
> *‹passa da sala à cozinha e volta› ‹passou a senhora de idade para a frente dos outros na fila›*

Questão 7

I. C: há elipse da forma verbal "**gastar**", no excerto "**com quem não queríamos** (gastar)".

II. C:

> **AOS POUCOS – locução adverbial**

mesmo que pouco a pouco

III. C: trata-se de emprego metafórico.

HOLOCAUSTO – substantivo masculino

1 sacrifício, praticado pelos antigos hebreus, em que a vítima era inteiramente queimada

1.1 *p.met.* a vítima assim sacrificada

2 *p.ext.* sacrifício, expiação ‹*oferecer o próprio filho em h.*›

3 *fig.* ato de abnegar-se; renúncia, abnegação

IV. C: com a repetição do substantivo "**barbas**", a autora promove a ampliação da quantidade de milho sobre a mesa.

Questão 8

I. C: essa percepção torna-se possível, principalmente, se for considerada a relação efêmera entre sonho e fumaça.

II. C: além de repetir a estrutura "**Longe de ti**", há a anteposição deste termo adverbial em relação aos demais termos da oração, o que configura o hipérbato.

III. E: apesar de o sentido ser esse de tempo incomum, o verso que expressa melhor essa ideia é "**Há dias sem calor, beirais sem ninhos**" (4º verso).

IV. C:

SUSURRO – substantivo masculino

2 leve ruído de voz(es) de pessoa(s) que fala(m) baixo; murmúrio, cochicho ‹*um s. de vozes vinha da sala ao lado*›

DOLENTE – adjetivo

1 que sente e/ou expressa dor; lamentoso, magoado, queixoso ‹*alma d.*› ‹*versos d.*› ‹*gemidos d.*›

2 *fig.* semelhante à expressão de dor ‹*som d.*

DORIDO – adjetivo

1 que tem e/ou expressa alguma dor (física ou moral)

2 próprio ou oriundo da dor

3 que causa pena, compaixão; doloroso, lamentável

4 suscetível de sentir dor, por se magoar facilmente; sensível

Questão 9

I. E: "**caminho**" é a palavra primitiva, e **caminhar** é derivada por sufixação.

CAMINHAR - verbo

caminho + -*ar*; ver *caminh*-; f.hist. sXV *caminhar*, sXV *camjnhar*

II. E: tem-se preposição nocional de lugar.

ENTRE – preposição

2 intervalo numa série; através de ‹*a areia escorria e. os seus dedos*›

III. E: a palavra "**invoco**" é composta pelos morfemas seguintes: "**in**" – prefixo; "**voc**" – radical e "**o**" – DNP; por sua vez, a palavra "**foge**" **é formada por** "**fog**" – radical (alomorfe) e "**e**" – VT (alomorfe).

IV. C: "**invernosas**" e "**cariciosas**" exemplificam essa particularidade, pois os substantivos ***inverno*** *e* ***carícias***, com o acréscimo de sufixos passam a ser adjetivos.

Questão 10

I. C: a referida vírgula separa objetos diretos da forma verbal "**Há**", os quais vêm coordenados entre si.

II. E: os dois termos são, na verdade, adjetivos e exercem função de predicativos nas orações em que se inserem. As orações, de fato, apresentam classificações distintas, sendo a primeira subordinada adjetiva restritiva e a segunda subordinada adverbial temporal.

III. E: no primeiro caso, a referida preposição introduz um complemento nominal do advérbio "**longe**"; no segundo caso, o termo introduzido pela preposição "**de**" é adjunto adverbial de causa, o qual completa o adjetivo "**dolentes**".

IV. C: ambos são formados por determinantes ("**dois**" e "**tuas**"), núcleos ("**velhos**" e "**mãos**") e modificadores ("**pobrezinhos**" e "**doces**") e exercem, respectivamente, função de predicativo do sujeito e de sujeito simples.

SIMULADO 12

Questão 1

I. E: não se pode afirmar, apenas por causa do vocativo, que o remetente da carta não tinha estudos.

II. E: embora haja referências a outras religiões no 5º parágrafo, não se pode afirmar que pessoas que tivessem outras crenças não fossem para o céu, em que o autor expresse preconceito em relação às outras religiões.

III. E: há referências aos presidentes Floriano Peixoto e Hermes da Fonseca e ao almirante Custódio de Melo, um dos responsáveis pela Revolta da Armada; esse conhecimento, no entanto, não é necessário para a compreensão completa do texto.

IV. C:

> **BÍBLIA – adjetivo e substantivo de dois gêneros** *brasileirismo; informal*
>
> **8** *por metonímia.* que ou aquele que professa uma religião protestante ou evangélica; crente, protestante, evangélico *‹o namorado dela é b.› ‹nossos vizinhos bíblias viajaram› ‹os bíblias estão cantando na praça›*

Questão 2

I. E: embora o emprego da preposição "**em**" esteja correto, deve haver uma vírgula para separar adjuntos adverbiais coordenados entre si, de modo que o correto seria "**residente que foi em vida, na Boca do Mato, no Méier**"

> **RESIDENTE – substantivo**
>
> **1** que ou quem reside ou habita (em determinado local) *‹estrangeiros r. no Brasil› ‹os r. de uma casa›*

II. C:

> **VASCONÇO – substantivo**
>
> **1** m.q. basco
>
> **2** *fig.* linguagem confusa, ininteligível ou afetad

III. E: trata-se de palavra denotativa de designação, a qual modifica o pronome "**la**". Conforme Celso Cunha (2016), "**tais palavras não devem ser**

incluídas entre os advérbios. Não modificam o verbo, nem o adjetivo, nem outro advérbio. São, por vezes, de classificação extremamente difícil. Por isso, na análise, convém dizer apenas: 'palavra ou locução denotadora de exclusão, de realce, de retificação'".

IV. E: a referida locução verbal apresenta, como objeto indireto, o termo "**para ela**"; o termo "**de forma alguma**" deve ser classificado como adjunto adverbial de negação.

> **CONTRIBUIR – verbo**
>
> **1** *t.i. (prep.: em)* colaborar na execução de; cooperar, concorrer *‹a equipe contribuiu no levantamento de dados› ‹contribuiu muito no projeto com sua longa experiência›*
>
> **2** *t.i. (prep.: para)* ter parte em (determinado resultado); colaborar, concorrer *‹o desemprego contribuiu para tamanho desalento›*

Questão 3

I. C: tem-se objeto indireto nas duas ocorrências.

> **DAR – verbo**
>
> **1** pôr na possessão (de):
>
> **1.1** *bit. (prep.: a)* ceder, entregar, oferecer (algo de que se desfruta ou de que se está na posse), sem pedir contrapartida *‹d. dinheiro a um necessitado› ‹d. presentes a familiares›*
>
> **1.2** *bit. (prep.: a)* oferecer como presente ou brinde a *‹deu de aniversário ao sobrinho uma gravata›*
>
> **EXPLICAR – verbo**
>
> **2** *t.d.bit. (prep.: a)* fazer entender, expor, explanar *‹e. um projeto› ‹o maestro explicou aos músicos como executar a peça›*
>
> **4** *t.d.bit. (prep.: a)* dar explicação (no sentido de ‹aula particular›) *‹e. matemática (a um aluno)*

II. E: "**esperava gozar**" não é locução verbal, mas constitui oração principal e oração subordinada substantiva objetiva direta.

III. E: "**substituído**" faz parte da locução verbal na voz passiva analítica "**foi substituído**".

IV. E: trata-se de voz passiva sintética, o verbo é transitivo direto, e o "**se**" é pronome apassivador.

LEVAR – verbo

1 *t.d.bit. (prep.: a, para)* transportar (seres animados ou coisas) a (determinado lugar); carregar, conduzir

‹*veio até cá levando uma rede nos ombros*› ‹*o ônibus levou-o à cidade*› ‹*levou a encomenda à casa do cliente*›

1.1 *t.d.bit. (prep.: a, para); p.ext.* ser portador de, portar (algo concreto ou abstrato)

para dar ou entregar a; trazer ‹*levava uma carta de apresentação (para o empregador)* › ‹*levou(-lhes) boas notícias dos parentes*›

2 *bit. (prep.: a, para)* servir de meio de transporte de ‹*o aqueduto levava água à cidade*›

Questão 4

I. C: palavras cognatas são aquelas que apresentam o mesmo radical.

DÚLCIDO - adjetivo

que se caracteriza pela doçura; brando, meigo, suave

regr. ou red. de *dulcidão*, prov. por interpretar-se como aum. o *-ão* da term. *-idão*; ver *doc(e)-*

II. C: as referidas orações são, realmente, subordinadas adverbiais causais e poderiam ser desenvolvidas como ***Visto que fui enterrado no cemitério de Inhaúma e já que meu enterro veio do Méier***.

III. E: a vírgula deveria ser inserida, a fim de marcar o sentido explicativo, e não restritivo, da oração adjetiva.

IV. E: a preposição "**de**" é nocional e introduz adjunto adnominal de especificação, já a preposição "**por**", contida na contração "**pela**", é relacional e introduz agente da passiva.

Questão 5

I. C: isso fica claro pela falta de necessidade de especificação do substantivo "**rio**" e pelo fato de ser chamado apenas assim já ser suficiente, conforme o período "**E era tudo**".

II. E: a perspectiva é a dos aguardenteiros contrabandistas, os quais vinham dos engenhos de Itambé e iam para o sertão. A fala evidenciava a surpresa diante do tamanho das terras do avô de Ricardo.

III. C: conforme se depreende de todo o primeiro parágrafo.

IV. E: o uso do pretérito imperfeito está adequado a todo o restante do parágrafo.

Questão 6

I. E: não há oração intercalada no trecho mencionado, de modo que a primeira vírgula serviria para isolar a oração adverbial final e a segunda vírgula para separar orações coordenadas aditivas, ligadas pela conjunção "**e**", com sujeitos diferentes.

II. E: "**aguardenteiros**" é formado por composição por aglutinação, com o acréscimo do sufixo **-eiro.** Já "**contrabandistas**" é formado por composição por justaposição, com o acréscimo do sufixo **-ista.**

> **CONTRABANDO – substantivo**
>
> it. *contrabbando* no sentido de ‹importação ou exportação de mercadorias, sem pagar direitos› derivado de(o) *contra-* + *bando*

III. E: o verbo "**chegar**" rege tanto a preposição "**a**" quanto a preposição "**em**", de modo que a substituição seria possível, mas não obrigatória.

> **CHEGAR – verbo**
>
> **1.1** *t.i.int. (prep.: a, de, em)* atingir o termo de uma trajetória em (algum lugar) ou vindo de (um lugar); concluir percurso de ida e/ou
>
> de vinda ‹*chegou hoje (da Europa)*› ‹*c. a casa*› ‹*c. em casa*› ‹*a flecha não chegou ao alvo*› ‹*o avião chegou antes da hora*›

IV. C: tem-se coesão referencial anafórica por substituição lexical, no caso, sinônimos contextuais.

Questão 7

I. E: tem-se predicado verbal apenas, e o termo "**bem próximo ao cercado**" classifica-se como adjunto adverbial de lugar.

> **CORRER – verbo**
>
> **22** *intransitivo; fig.* estender-se (no espaço) ‹*paralelamente à estrada, corria um renque de árvores*›

II. E: na primeira ocorrência, tem-se parte integrante do verbo, com verbo transitivo indireto pronominal. Já, na segunda ocorrência, a palavra "**se**" é, de fato, pronome apassivador.

> **COBRIR – verbo**
>
> **6** *bitransitivo e pronominal (prep.: de)* encher(-se), cumular(-se) *‹cobriu o filho de beijos› ‹as árvores cobriam-se de flores›*

III. E: o primeiro tem sentido de meio; o segundo, de modo.

IV. E: o sujeito da forma verbal "eram" é "estranhos", presente no período anterior, "**Ouvia então a conversa dos estranhos**". Sendo assim, a palavra "**que**" deve ser classificada como pronome relativo, que retoma "**aguardenteiros contrabandistas**" com função se sujeito.

Questão 8

I. C: principalmente na última estrofe, na referência à "**língua paralítica**".

II. C:

> **ABSCONSO – adjetivo**
>
> **1** que se encontra escondido; abscôndito, oculto

III. E: tem-se coesão lexical anafórica por substituição hiperonímica, em que "**luz**" substitui, de maneira mais ampla, o substantivo "**ideia**", presente no título do poema.

IV. C: nasce no sistema nervoso ("**psicogenética**"), chega ao "**encéfalo**", encaminha-se para as cordas vocais e "**esbarra**" na língua paralítica, acabando por não se efetivar.

Questão 9

I. E: a palavra "**Como**" é conjunção subordinativa comparativa, de modo que não poderia ser substituída pela conjunção "**conforme**", que tem sentido de conformidade.

II. C: com o adjetivo "**paralítica**", o eu lírico pretende denunciar uma linguagem passadista, a qual inviabiliza o estabelecimento de novos estilos e ideias.

III. E: "**de repente**" é locução adverbial de modo, "**quase**" é advérbio de intensidade e "**morta**" é predicativo do sujeito "**luz/ideia**"

IV. E: mulambo significa fraco, sem determinação.

MOLAMBO - substantivo masculino *B*

quimb. *mulambo* no sentido de ‹pano atado entre as pernas›; f.hist. a1789 *molambos*, 1826 *mulambo*

1 pedaço de pano velho, roto e sujo; andrajo, farrapo

1.1 roupa velha e/ou em mau estado

2 *fig.; pej.* indivíduo sem força moral, determinação, firmeza

Questão 10

I. C: além do objeto indireto, "**às cordas da laringe**", o predicado da oração ainda apresenta quatro predicativos, que compõem o verso 11, no caso, "**Tísica, tênue, mínima, raquítica...**".

II. C: tanto "**sobre nebulosas**" (2º verso) quanto "**de incógnitas criptas misteriosas**" (3º verso) são objetos indiretos da referida forma verbal.

CAIR – verbo

1 *t.i.int. (prep.: a, de, em)* ir de cima para baixo, ir ao chão; tombar ‹*caiu da janela*› ‹*escorregou e caiu (ao chão)*›

2 *t.i.int. (prep.: em, sobre)* Precipitar-se sobre a terra; ocorrer (ger. falando de fenômenos meteorológicos)

III. E: o termo "**duma gruta**" **é objeto indireto do verbo cair**, e os outros dois termos são adjuntos adnominais, com sentido de especificação.

IV. C: "**a**" é objeto direto de "**constringe**" e renomeia **luz/ideia**, sujeito oculto da oração anterior.

CONSTRINGIR – verbo

1 *t.d.* fazer pressão; apertar, comprimir, espremer ‹*a faixa constringe-lhe demasiado o ventre*›

SIMULADO 13

Questão 1

I. E: não há apenas os conselhos da polícia no texto, há também do jornal e de um vendedor de loja. Além disso, não se pode afirmar que há discordância em relação a João Brandão, já que sua ideia é classificada apenas como "**inventiva**", conforme o último parágrafo.

II. E: verifica-se no trecho apenas metonímia, pontualmente em "**conspurcador das vestes amáveis**", em que "**vestes amáveis**" representa o Papai Noel

III. C:

> **CONSPURCADOR – adjetivo e substantivo masculino**
>
> **1** que ou aquele que (se) conspurca
>
> **2** que ou o que macula; difamador, caluniador
>
> **3** que ou o que perverte; corruptor, desvirtuador

IV. E: não se pode afirmar que as palavras são sinônimas, já que nem todo vigarista é punguista, batedor de carteira.

> **PUNGUISTA – adjetivo e substantivo de dois gêneros** *informal*
>
> **1** que ou o que pungueia; batedor de carteiras, carteirista, punga
>
> **VIGARISTA – adjetivo**
>
> **1** aquele que pratica o delito do conto do vigário ‹*o delegado enquadrou o v.*›
>
> **2** aquele que, através de um ato de má-fé, tenta ou consegue lesar ou ludibriar outrem,
>
> com o intuito de obter para si uma vantagem; embusteiro, trapaceiro, velhaco ‹*os v. vendiam falso vinho chileno*›

Questão 2

I. E: como se tem oração subordinada condicional, o pronome deve estar em posição proclítica; além disso, o referido verbo está no futuro do subjuntivo, e não no infinitivo.

II. E: o verbo "**disfarçar**" rege tanto a preposição "**em**" quanto a preposição "**de**".

> **DISFARÇAR – verbo**
>
> **4** *t.d.pred. e pron. (prep.: de, em)*
>
> colocar disfarce em, vestir(-se) de modo diferente para passar por outra pessoa; fantasiar(-se)
>
> ‹*o comandante mandou disfarçar os policiais (de boias-frias)*› ‹*os ladrões disfarçaram-se de carteiros*›

III. E: o sentido de oposição contido na expressão "**ao invés de**" não cabe no referido trecho.

IV. E: o pronome é anafórico, retomando o sentido do último período do terceiro parágrafo, de modo que deveria permanecer como foi empregado.

Questão 3

I. E: o termo "**o desamor**" deve ser classificado como objeto direto da forma verbal "**ensina**", que tem, como sujeito, o pronome relativo "**que**", que retoma o núcleo "**Natal**". Por sua vez, o termo "**o melhor**" funciona, de fato, como sujeito simples.

II. C: o termo "**pelos braços**" exerce função de adjunto adverbial de meio.

> **TRAVAR – verbo**
>
> **1** *t.d. e t.i. (prep.: de)* segurar com firmeza; agarrar, tomar ‹*t. (das) as mãos do pai*›
>
> **2** *t.i. (prep.: de)* pegar pelo punho; lançar mão; puxar, arrancar, empunhar ‹*t. do punhal*›

III. C: nos dois casos, tem-se oração subordinada adverbial de causa reduzida de particípio, de modo que poderiam ser desenvolvidas da seguinte maneira: ***"como estão afobados com a clientela"*** e ***"Como foram alertados pela imprensa"***.

IV. C: ambos exercem função de adjunto adnominal.

Questão 4

I. E: o trecho já é coerente, e o vocábulo "**o**", segundo Celso Cunha, p. 368, funciona como um elemento de ênfase à pergunta, não constituindo locução pronominal com o vocábulo "**que**".

II. E: tem-se parte integrante do verbo.

> **ACABAR – verbo**
>
> **1** *t.d.,t.i.int. e pron. (prep.: com)* levar a cabo, chegar ao fim; terminar *‹o aluno acabou o trabalho› ‹o policial acabou com a confusão› ‹a festa acabou›*

III. E: o verbo "**suspeitar**" não é abundante, estando, portanto, correto o emprego de "**suspeitados**".

IV. C:

> **LALAU – substantivo masculino**
>
> prov. do redobro da sílaba inicial de *ladrão*

Questão 5

I. C: conforme se verifica ao longo do texto, escrever e cuidar dos filhos são ações finitas na vida, enquanto "**amar não acaba**" (5º parágrafo).

II. C: há mesmo sentido de explicação do trecho "**Eu tenho medo de morrer**", inclusive porque o excerto é antecedido de dois-pontos.

III. C: as palavras "**sinal**", "**intuição**" e "**premonição**" pertencem ao campo semântico, relacionado a um presságio de um acontecimento futuro.

IV. E: conforme o final do primeiro parágrafo, só se recebe amor de volta às vezes, mas não há referência à forma como esse amor é recebido por ela.

Questão 6

I. E: a oração deve ser classificada como coordenada aditiva de mesmo sujeito da anterior, por isso a vírgula foi empregada incorretamente.

II. E: a forma verbal "**esperar**" é transitiva direta e indireta, sendo os termos "**em Deus**" e "**não viver do passado**", respectivamente, seu objeto indireto e objeto direto. Além disso, o termo "**do passado**" é introduzido mesmo por preposição relacional, já que exerce função de objeto indireto da forma verbal "**viver**".

> **VIVER - verbo**
>
> **4** *t.i. e pron. (prep.: de)*
>
> retirar sua subsistência de; ter como atividade produtiva; manter-se

‹*aqueles aborígenes vivem da caça*› ‹*nesta região, vive-se da indústria metalúrgica*› ‹*vivo do meu trabalho*›

4.1 *t.i. (prep.: de); fig.* manter-se à custa de ‹*muitas inimizades vivem de intrigas maldosas*›

III. E: tem-se locução conjuntiva comparativa "**como se**".

IV. E: tem-se advérbio com sentido de modo.

ENTÃO – advérbio

2 em tal caso, nessa situação ‹*o vizinho sendo simpático, e. não vai haver briga*›

Questão 7

I. C: no primeiro trecho, o pronome é parte integrante do verbo, sem função sintática; no segundo, é pronome oblíquo átono com função de objeto direto.

APRESSAR – verbo

1 *t.d.bit. e pron. (prep.: a, de, em)*

acelerar o ritmo com que (alguém, algo) executa uma ação ou acelerar o próprio ritmo de se mover ou agir; aviar(-se) ‹*a. a empregada*› ‹*a. o passo*› ‹*apressou-os na finalização da tarefa*› ‹*apressemo-nos (a voltar), que a noite cai*›

ESPERAR – verbo

3 *t.d.,t.i.int. (prep.: por)*

estar ou ficar à espera (de); aguardar ‹*esperava as visitas à porta da entrada*› ‹*espere por mim, volto logo*› ‹*só lhe restava esperar*›

II. E: o pronome tem função de sujeito e retoma termo com função de adjunto adnominal.

FAZER – verbo

3.2 *t.d.* combinar-se para formar; compor, constituir ‹*cores que fazem um conjunto harmonioso*›

III. E: "**restará**" foi empregado como transitivo indireto.

SOBRAR – verbo

3 *t.i.int. (prep.: a)*

subsistir como resto, sobra ou remanescente; permanecer, ficar, restar ‹*sobrara(-lhe) ainda algo de prudência*›

ESTAR – verbo

2 *t.i. (prep.: a, em)* encontrar-se (em certo momento ou lugar, transitoriamente)

‹*estamos numa época conturbada*› ‹*ninguém está em casa*› ‹*esteja lá às cinco*›

RESTAR – verbo

1 *t.i.int. (prep.: de)*

ficar, existir depois da destruição, da repressão ou da dispersão de pessoas ou coisas; remanescer ‹*isso é tudo que resta do edifício incendiado*› ‹*falarei aos poucos que aí restam*›

IV. E: "**Essa**" é pronome demonstrativo com função sintática de adjunto adnominal; "**toda**" deve ser classificado como advérbio, com função de adjunto adverbial de modo.

Questão 8

I. E: o último verso faz referência ao tempo da terra. Não haverá mais tempo, porque a morte terá chegado, e a luta já não se pode fazer.

II. E: do verso 7 ao 11, há predomínio da função apelativa.

III. E: embora "**a luz da perfeição**" exemplifique metáfora mesmo, em "**meus olhos verão**", há metonímia, e não prosopopeia.

IV. E: não há essa ideia de incapacidade atribuída pelo eu lírico ao seu humano.

Questão 9

I. C: a acepção em que o verbo foi empregado é de desmanchando-se, sumindo.

ESFACELAR - verbo

pron.; fig. ficar em ruínas; desfazer-se, desmantelar-se ‹*o sistema penitenciário esfacelou-se*›

II. E: "**encher**" foi formada por derivação parassintética; "**esfacelando**" por derivação sufixal e "**desperta**" por derivação prefixal e sufixal.

ENCHER – verbo

lat. *implĕo,es,ēvi,ētum,ēre* no sentido de ‹encher, atestar, saturar; carregar; engordar, cevar; saciar, fartar; concluir, rematar; executar; seguir, imitar; fecundar'; ver *plen(i)-*

ESFACELAR - verbo

esfácelo + -ar; ver *esfacel(o)-*; f.hist. 1858 *esphacelár-se*

gangrena que se espalha por toda a espessura de um membro ou ataca todos os tecidos de um órgão

DESPERTAR - verbo

prov. *esperto* com troca do pref. *es-* por *des-*; ver *espert-*

III. E: tem-se conjunção subordinativa consecutiva, o que torna a vírgula obrigatória, em razão de a conjunção "**e**" não ter valor aditivo.

IV. E: o verbo auxiliar indica a ação no presente, e não em processo. Verbos como "manter", "permanecer", "continuar" indicariam o aspecto permansivo no trecho.

Questão 10

I. C: as duas são orações adjetivas restritivas.

II. C: no primeiro verso, ela introduz oração subordinada adverbial final; no segundo verso, a oração introduzida pela preposição "**pra**" é subordinada substantiva completiva nominal.

III. C: ambos são adjuntos adnominais.

IV. C: o sujeito é "**tu**", já que as referidas formas verbais se encontram no modo imperativo.

SIMULADO 14

Questão 1

I. C: conforme o trecho "***Poetisa, por exemplo, ridiculariza a mulher-poeta. Com Lygia, há o hábito de se escrever que ela é uma das melhores contistas do Brasil. Mas do jeitinho como escrevem parece que é só entre as mulheres escritoras que ela é boa. Erro. Lygia é também entre os homens escritores um dos escritores maiores.***" (2º parágrafo).

II. E: as motivações são duas: o amor à escrita e o reconhecimento e vontade de ser amada pelo leitor. Além disso, a autora mostra-se conformada com o fato de, caso uma falhe, haver a outra.

III. E: a referência de Lygia Fagundes Telles é aos artistas em geral, o que fica evidente do trecho "**O artista é um visionário.**" (5º parágrafo), não se refere, especificamente, a ela e à Clarice Lispector.

IV. E: não se pode concluir que Lygia Fagundes Telles se refere a Millôr Fernandes com base na leitura do trecho. Há uma informação extratextual, pois a autora faz referência aos versos finais do poema "Edifício Esplendor," de Carlos Drummond de Andrade.

Questão 2

I. C:

> **CHAVE – substantivo feminino**
>
> **5** *(1697) p.metf.* meio de acesso a algo (local, informação etc.); porta ‹*as c. do reino dos céus*› ‹*a c. da Bíblia*›
>
> **6** *p.metf.* aquilo que possibilita o acesso ao conhecimento, à compreensão, à elucidação de alguma coisa ‹*a c. dos sonhos*› ‹*a c. de um enigma*› ‹*a c. de um crime*› ‹*a c. de um dicionário*›

II. C: a relação metonímica consiste no emprego do nome da autora pelo de sua obra; e a metáfora está presente na definição, que traz uma comparação implícita.

III. E: não há paradoxo no referido trecho.

IV. E: tanto no 2º quanto no 16º parágrafo, parênteses e os travessões foram empregados para isolar uma explicação; nas outras ocorrências, os referidos sinais isolam comentários de natureza particular.

Questão 3

I. E: o termo "**de linguagem**" completa, necessariamente, com sentido de passividade, o substantivo "**renovação**", exercendo, portanto, função de complemento nominal; por sua vez, o termo "**de uma árvore**" especifica o substantivo "**retrato**", tendo, por isso, função de adjunto adnominal.

II. E: apesar de ter dois adjuntos adverbiais pospostos, a forma verbal "**percorre**" é transitiva direta e tem como complemento o pronome relativo "**que**".

> **PERCORRER - verbo**
>
> **3** *t.d.; p.ext., fig.(da acp. 1)* passar, atravessar (determinado período) ‹*esse trabalho percorre fases morosas*›

III. E: o referido pronome exerce função sintática de sujeito da forma verbal "**ouve**", a qual foi empregada na voz passiva sintética.

IV. C:

> **VALER - verbo**
>
> **10** *int.* ser conveniente, valer a pena; convir ‹*mais vale voltar do que continuarmos na chuva*› ‹*valeu ter comprado este carro?*›
>
> **RESTAR - verbo**
>
> **3** *int.* ficar de sobra; sobrar, sobejar ‹*restam muitas armas*›

Questão 4

I. E: no trecho original, tem-se voz ativa, com o "**se**" sendo classificado como parte integrante do verbo.

> **ORIGINAR - verbo**
>
> **2.2** *t.d. e pron. (prep.: de); p.ext.* fazer sair de (algo); derivar
>
> ‹*com a evolução, desapareceu o radical latino que originou o verbo 'comer'*› ‹*as hipóteses originaram-se da observação dos fenômenos*›
>
> **4** *pron. (prep.:de); fig.* ser consequência, efeito natural de; advir, proceder, redundar, resultar ‹*suas angústias originaram-se da falta de*
>
> *perspectivas profissionais*›

II. E: o termo "**a pena**" presente na expressão é objeto direto da forma verbal **valer**, sendo, portanto, proibido o uso da crase.

> **valer a pena** - *(1808-1809)* merecer o esforço, a preocupação; ser vantajoso, útil; compensar.

III. C:

> **ATRÁS – advérbio**
>
> **1** no lado oposto à face (nos humanos) ou ao focinho (nos animais) ‹*o vestido tem um laço atrás*› ‹*o cachorro ouviu um assovio mas não viu nada atrás*›
>
> **2** do lado oposto àquele que se vê ou de que se fala ‹*o posto de saúde fica logo ali atrás*
>
> **DETRÁS – advérbio**
>
> **1** na parte posterior, oposta à frente; atrás ‹*ali está o prédio da reitoria, e detrás, o dos alunos*›
>
> **2** em posição posterior, no espaço; depois, atrás ‹*primeiro veio a rainha, e detrás, o rei*›

IV. E: o emprego do verbo, originalmente, no pretérito mais-que-perfeito está de acordo com a norma, visto que indica ação que ocorreu antes de outra, também no passado.

Questão 5

I. E: há metonímia no trecho, em razão de a ação de sorrir ser atribuída à pessoa (todo), e não aos olhos e ao sorriso (parte).
II. E: com base no contexto, percebe-se que ambos se referem ao velho.
III. C:

> **INHO – sufixo**
>
> **1)** na linguagem afetiva, pode ocorrer a multiplicação do mesmo suf. dim.: *menino*:*menininho*:*meninozinho*:*menininhinho*:*menininhozinho*, a par de *gosto*: *gostinho*: *gostinhozinho* etc.;

IV. E: verifica-se a função poética da linguagem pelo uso, por exemplo, da figura de linguagem chamada prosopopeia ("**o mar rugia**"). Não se pode afirmar que a função emotiva está presente na descrição do mar, visto que, apesar de haver adjetivos relacionados ao "**mar**", não há informações sobre o impacto que isso provoca no emissor.

Questão 6

I. E: segundo Celso Cunha, p. 285 (2016), quando o adjetivo está antes do substantivo, concorda em gênero e em número com o substantivo mais próximo. Além disso, não se pode mencionar concordância atrativa quando se tem vírgula.

II. E: o verbo no gerúndio introduz oração adjetiva restrita; deve-se inserir, portanto, apenas uma vírgula, a fim de isolar os adjuntos adverbiais de lugar "**um pouco adiante**" e "**no meio da calçada**", os quais vêm coordenados entre si.

III. E: de acordo com Celso Cunha, p. 501 (2016), é normal o emprego do infinitivo não flexionado quando depende de verbos causativos (deixar, mandar, fazer) ou sensitivos (ver, ouvir, sentir) e vem imediatamente depois desses verbos ou apenas separado deles por seu sujeito, expresso por pronome oblíquo:

Deixas correr os dias como as águas do Paraíba!

Ninguém as vê brotar dentro da alma!

IV. E: conforme o dicionário Houaiss Eletrônico, "**palor**" significa ***palidez**, e não* **horror** ou **lugubridade**.

> **PALOR - substantivo masculino**
>
> m.q. palidez

Questão 7

I. C: o termo é aposto explicativo do núcleo substantivado "**dois**".

II. E: o pronome "**me**" exerce função de objeto direto; a palavra "**se**" deve ser classificada como parte integrante do verbo, sem função sintática.

> **RECONHECER – verbo**
>
> **1** *t.d.* conceber a imagem de (uma pessoa, uma coisa que se revê) ‹*r. um amigo de infância*›
>
> **2** *t.d.bit. (prep.: por)* distinguir (alguém ou algo) por certos caracteres ‹*r. alguém (pela voz)*›
>
> **JUSTIFICAR – verbo**
>
> **1** *t.d. e pron.* provar a inocência de outrem ou a própria; reconhecer(-se) como inocente; descarregar(-se) da culpa imputada ‹*suas ações justificam-no e atestam uma fidelidade absoluta à causa da qual seria supostamente um traidor*› ‹*acusado levianamente, justificou-se demolindo, uma a uma, as acusações*›

III. E: o termo "**rancoroso**" deve ser classificado como predicativo, enquanto os outros se classificam como adjuntos adnominais.

IV. E: o pronome tem função sintática de objeto direto, enquanto seu antecedente, "**esses bichinhos**", tem função de complemento nominal.

Questão 8

I. E: não se pode pensar em Deus, em razão do sentido dos versos "**sem pensar na colheita / porque muito tinha colhido / do que outros semearam**" (6º ao 8º verso).

II. C: a tentativa de estabelecer contato, por meio do emprego do vocativo "**Jovem**", exemplifica o emprego da função fática da linguagem. A função emotiva, por sua vez, está presente no foco conferido ao receptor da mensagem, por meio do emprego do verbo no imperativo e do uso do pronome de tratamento "**você**".

III. C: "**Mascarados**" são todos aqueles que fazem o bem, sem que precisem tirar a máscara e mostrar o rosto, ou seja, fazer propaganda de si.

IV. E: trata-se de verbo transitivo predicativo.

> **APANHAR - verbo**
>
> **20** *t.d.pred. e pron.* encontrar, achar (alguém ou a si mesmo) [em determinado estado, situação ou lugar]; flagrar, surpreender
>
> *‹apanhando-o desprevenido, o ladrão bateu sua carteira› ‹apanhou-se na Europa sem dinheiro›*

Questão 9

I. C: tem-se predicado verbo-nominal, com o núcleo verbal, que está no verbo de ação "**semeava**", e com o núcleo nominal no predicativo do sujeito "**tranquilo**".

II. E: "**vivas**" exerce a função de predicativo, já que se trata de uma característica transitória, e não inerente, do substantivo "**sementes**", enquanto "**da Paz**" e "**da Justiça**" são adjuntos adnominais, todos em relação ao núcleo "**sementes**".

III. C: o uso do verbo no gerúndio é uma adaptação feita no Brasil da estrutura portuguesa em que prevalece o infinitivo.

IV. C: nas duas construções, não há alteração das classes gramaticais (“**todo**” - adjetivo, “**o**” - artigo definido, “***dia***” - substantivo) nem das funções sintáticas desempenhadas por esses termos (“***o***” e “***todo***” - adjuntos adnominais e “**dia**” - núcleo do objeto direto).

Questão 10

I. E: as orações que compõem o período são as seguintes:

principal: “**Ele semeava tranquilo**”

adverbial causal / de modo**:** “**sem pensar na colheita**”

adverbial causal: “**porque muito tinha colhido**”

adjetiva restritiva: “**que outros semearam**”.

II. E: nos versos 10 e 11, a referida preposição é nocional de modo mesmo; entretanto, no verso 4, ela é relacional e introduz um predicativo do objeto.

III. C: o referido verbo tem, como objeto direto, o pronome relativo, o qual retoma o pronome demonstrativo contido na contração “**do**”.

> **COLHER - verbo**
>
> **1** *t.d.bit. (prep.: de, em)*
>
> tirar de (árvore, plantação, jardim etc.), separando de ramo ou haste (flores, frutos, folhas etc.); apanhar
>
> **2** *bit. (prep.: de, em)* retirar ou recolher (algo) de ‹*c. água do poço*›

IV. C: não há qualquer alteração de sentido, se a estrutura “**e a noite o apanhou ainda**” (3º verso) for reescrita como “**e a noite ainda o apanhou**”.

SIMULADO 15

Questão 1

I. C: conforme se depreende do 5º e do 6º parágrafos.

II. E: embora se possa inferir do texto que o que fica guardado na memória também fica guardado na alma, não se pode afirmar que uma equivale à outra, mas que uma contém a outra.

III. E: não há emprego de ironia, já que, para ficar de acordo com a norma-padrão, um revisor – responsável – efetivamente corrigiria "**estória**" para "**história**", conforme explicado no 4º parágrafo.

IV. E: não há sinestesia, pois o "**perfumada**" remete à intensificação, e não ao olfato.

> **PERFUMAR - verbo**
>
> **3** *t.d.; fig.* tornar (algo) mais suave, ameno, aprazível; suavizar *‹o amor da esposa perfumava sua vida›*

Questão 2

I. E: o pronome indefinido "**nada**" é núcleo de objeto direto seguido de adjunto adnominal "**sobre a história**".

> **SABER – verbo**
>
> **1** *t.d.,t.i.int. (prep.: de)*
>
> conhecer, ser ou estar informado; ter conhecimento de *‹s. o horário do voo› ‹não soube desse divórcio› ‹a mulher o traía e todos pensavam que ele não sabia›*
>
> **NADA**
>
> **pronome**
>
> **1** *pron.indef.* coisa nenhuma *‹passa o dia à toa, sem fazer nada*
>
> **2** *pron.indef.* alguma coisa *‹não quer comer nada.*
>
> **advérbio** *(sXIII)*
>
> **3** de modo nenhum, em grau nenhum *‹não é nada bobo› ‹não achei nada bom o seu estado›*

II. C:

O.P: **A gente quer**

O.S.Subs. objetiva direta **que os poemas sejam lidos de novo**

O.S. Adv. concessiva**: ainda que os saibamos de cor**

O.S. Adv. causal: **tantas foram as vezes**

O.S. Adj. restritiva: **que os lemos**

III. E: apesar de o pronome relativo exercer, realmente, função de sujeito, o termo "**com os gramáticos**" exerce função de complemento nominal, e não de adjunto adnominal

IV. E: a referida locução verbal compõe oração subordinada substantiva subjetiva em relação ao verbo da oração principal.

Questão 3

I. E: o termo "**efêmeras**" é, de fato, predicativo, no caso, do objeto direto "**as coisas**"; no segundo caso, as vírgulas isolam um adjunto adverbial de tempo.

II. C: na primeira ocorrência, tem-se a citação de Guimarães Rosa corrigida por um "**revisor responsável**"; na segunda, sinaliza-se a expressão em latim ***a posteriori***.

III. E: ambas são equivalente

> **LÁ – advérbio**
>
> **1** naquele lugar; ali; mais adiante; naquele país, naquela região, entre eles *<de lá, ele pode nos ver> <lá, os costumes são outros>*

IV. C: no primeiro trecho, tem-se conjunção subordinativa temporal, a qual introduz oração subordinada adverbial temporal. No segundo trecho, as conjunções são condicionais, introduzindo orações adverbiais condicionais.

Questão 4

I. E: tem-se pronome relativo na primeira ocorrência.

II. E: a preposição é relacional e introduz agente da passiva.

III. E: a mudança de preposição promoveria alteração de sentido, em que "**apressaria a corrigir**" passaria de locução verbal a duas orações, sendo a segunda com valor de finalidade.

> **APRESSAR - verbo**
>
> **1** *t.d.bit. e pron. (prep.: a, de, em)*

acelerar o ritmo com que (alguém, algo) executa uma ação ou acelerar o próprio ritmo de se mover ou agir; aviar(-se)

‹a. a empregada› ‹a. o passo› ‹apressou-os na finalização da tarefa› ‹apressemo-nos (a voltar), que a noite cai›

IV. E: tem-se verbo transitivo indireto.

VIVER – verbo

6 *t.i. (prep.: com)*

entreter relações; privar da companhia; conviver, frequentar

‹ele vive com a mãe› ‹no colégio, passou a v. com más companhias›

Questão 5

I. E: no 18º parágrafo, o autor é genérico, fazendo menção à política e à diplomacia no parágrafo 19.

II. C: conforme se verifica no 15º parágrafo

III. E: por meio da adjetivação da conversa, o autor estabelece diferenças entre esta e a imaginação, mas não confere escala de valores entre uma e outra.

IV. E: não era pouca efetividade o que ele queria comprovar, mas o caráter livre de palavras usadas sem pretensões maiores que o diletantismo do discurso ameno.

Questão 6

I. C: a estratégia de se valer de uma conversa, conforme o segundo parágrafo, com a finalidade de explicar o significado de uma conversa, exemplifica o emprego da metalinguagem. Além disso, o emprego do código linguístico para criticar o uso da linguagem também consiste em exemplificação da função metalinguística.

II. C: o emprego do modo imperativo do verbo, no 14º parágrafo, indica a tentativa de estabelecimento de comunicação com o interlocutor do texto, o que caracteriza a função conativa.

III. C: conforme o trecho "**A confidência é uma falsa sortida; o sorriso é uma verdadeira cilada**", no 18º parágrafo.

IV. C: a oposição entre "**causerie**" e "**conversa a dois**" fica evidente a partir do 12º parágrafo do texto.

Questão 7

I. E: a referida palavra é, no trecho, conjunção subordinativa comparativa. Na verdade, os termos que funcionam como predicativos do sujeito são "**fria e calculada**".

II. E: tem-se pronome reflexivo, com função de objeto direto.

> **INTRODUZIR – verbo**
>
> **1** *bit. (prep.: em, por)* fazer penetrar; enfiar, inserir ‹*i. uma chave numa fechadura*›
>
> **2** *t.d.bit. e pron. (prep.: em)* dirigir(-se) para dentro de qualquer área ou lugar
>
> ‹*introduziu o visitante (na sala)*› ‹*o germe introduz-se no organismo de diversas formas*›

III. E: trata-se, conforme Antônio Houaiss, de um soldado de infantaria.

> **ZUAVO – substantivo masculino**
>
> **1** soldado argelino, originário de uma tribo cabilda, pertencente a um corpo de infantaria ligeira da armada francesa, criado na Argélia em 1831 e caracterizado por um uniforme vistoso e colorido

IV. C: como a palavra se relaciona a um substantivo, "**profissão**", não deve ser classificada como advérbio, mas como palavra denotativa. Seria advérbio de inclusão, caso modificasse um verbo, um adjetivo ou outro advérbio.

> **MESMO – advérbio**
>
> **13.2** inclusão; inclusive, também ‹*m. seu irmão não acreditou que ele dizia a verdade*›

Questão 8

I. E: a expressão "**tête-à-tête**" é francesa, desse modo a regra de crase da língua portuguesa não se aplica.

> **TÊTE-À-TÊTE - advérbio**
>
> fr. *tête-à-tête* adv. (1549, 1560 *teste-à-teste*)
>
> 'cabeça a cabeça, face a face', subst. (1636) ‹situação de duas pessoas que se encontram juntas a sós ou que se isolam›

II. E: apenas a última vírgula deveria ser retirada, em razão de isolar termos coordenados pela conjunção "**e**"; a vírgula após a palavra "**calculada**" é facultativa, pois separa oração subordinada adverbial comparativa de sua principal.

III. E: de fato, "**conversa**" é substantivo derivado do verbo ***conversar***, *mas* ***proveito*** é palavra primitiva.

> **PROVEITO – substantivo masculino**
>
> lat. *profectus,us* no sentido de ‹adiantamento, progresso, aperfeiçoamento; bom êxito, bom resultado, proveito›,

IV. E: "**diáfano**" significa ***transparente***.

> **CINTILAR – verbo**
>
> **1** *int.* luzir com variações rápidas de brilho e de cor ‹*as estrelas cintilam*›
>
> **2** *int.* brilhar intermitentemente, como as estrelas ‹*o diamante cintila*
>
> **DIÁFANO – verbo**
>
> **1** que permite a passagem da luz; transparente, límpido
>
> **2** *fig.* muito magro, delicado
>
> **3** *fig.* que não possui substância; vago

Questão 9

I. C: com essa estrutura cruzada de partes semelhantes, até mesmo simétricas, o autor faz um paralelo entre o eu (eu lírico) e o tu (a amada).

II. C: o que pode ser comprovado pelo quinto verso, principalmente. No título, tem-se intertextualidade com Dante Alighieri, no canto I de ***A Divina Comédia***.

III. C: com a metáfora "**extremo caminho**", que remete à morte, corrobora-se o referido desenlace.

IV. C: conforme o verso "**Hoje segues de novo... Na partida**" (9º verso).

Questão 10

I. C: No primeiro caso, a função sintática do pronome relativo é de sujeito, e a do seu antecedente é de objeto direto. No segundo caso, o pronome relativo exerce função de objeto direto, e o antecedente de núcleo do adjunto adverbial de causa (tive a vista deslumbrada por causa da luz dos olhos da amada).

II. E: a forma verbal, na acepção em que foi empregada, é transitiva indireta, e seu complemento indireto é o termo "**na estrada / Da vida**".

> **PARAR - verbo**
>
> 7 *t.i.int. (prep.: em)* chegar (a determinado lugar, ponto, situação) ‹*nossa bagagem foi p. em Londres*› ‹*mas como essa menina foi parar lá?*› ‹*do jeito que as coisas vão, no que tudo isso vai parar*›

III. E: ambos são adjetivos e adjuntos adnominais empregados na mesma acepção de último, derradeiro, fazendo referência, possivelmente, à morte.

> **EXTREMO – adjetivo**
>
> **1** situado no ponto mais afastado; remoto ‹*vivia em ponto e. do território*›
>
> **2** que se manifesta com alto grau de intensidade ‹*o homem foi atingido por furor e.*›
>
> **3** que atingiu o ponto máximo ‹*prazer e., miséria e., velhice e.*›
>
> **4** anormal, muito grave ‹*situação e.*›
>
> **5** último, derradeiro ‹*encontrava-se no ponto e. de seu esforço*›

IV. E: o primeiro e o terceiro exercem função de predicativo do objeto, enquanto o segundo é predicativo do sujeito.

SIMULADO 16

Questão 1

I. E: justamente a relação de solidariedade entre autor e personagens é invulgar, o contrário de prosaica

II. C: esse raciocínio decorre da simplicidade do pastor.

III. E: há uma extrapolação, pois não há como comprovar, no texto, que esse suposto esquecimento ocorreria de fato.

IV. E: a estrutura é de gradação e, portanto, aditiva mesmo, por isso, inclusive, ocorre a ausência da vírgula.

Questão 2

I. E: sortilégio – vem de sorte / imponderável / acaso.

> **SORTILÉGIO - substantivo masculino**
>
> **1** ato de magia praticado por feiticeiro; feitiço, malefício, bruxaria ‹*socorreu-se dos s. da magia negra*›
>
> **2** *p.ext.* dote natural ou artificial que exerce atração, fascinação, sedução; ‹*não houve homem que resistisse a seus s. femininos*›

II. E: se houvesse, realmente, toda essa amizade e compreensão, o pastor não teria voltado para a sua cidade e abandonado o carneiro.

III. E: o carneiro não chegou ao poeta por meio da fama.

IV. C: conforme se constata no último período do texto: "**Ai, desta vez eu tinha certeza de que não se livraria do forno!**".

Questão 3

I. E: trata-se de objeto indireto, inclusive porque a frase está na voz ativa.

II. E: tem-se, claramente, o narrador pensando no que fazer com o "**problema gordo**" que o pastor lhe deixara.

III. E: tem-se metáfora no referido trecho, em que o narrador estabelece uma espécie de comparação entre as bolinhas de fezes que lembram as bolinhas de um rosário.

IV. C: no primeiro caso, o fato de a oração ser subordinada permite que se faça próclise à locução verbal; no segundo, como o verbo principal não se encontra no particípio, está correta a ênclise a ele.

Questão 4

I. E: trata-se de oração subordinada adverbial temporal, e não consecutiva.

II. E: a expressão "**Durante o dia**", estabelece coesão referencial anafórica, pois remete a um fato passado. Além disso, "**onde**" é pronome relativo, e não advérbio.

III. E: o primeiro termo é predicativo do objeto, e o segundo é adjunto adnominal, com sentido de especificação.

IV. C: no primeiro caso, tem-se conjunção subordinativa consecutiva; no segundo, pronome relativo.

Questão 5

I. C: conforme apresentado no 8º parágrafo

II. C: conforme no trecho: "**Quero apenas prevenir meu amigo leitor contra alguma conversão apressada, porque o fato é que as forças da terra muitas vezes se misturam com as forças do céu**" (1º parágrafo).

III. C: as forças do céu estariam reunidas para uma trapaça, o que vai de encontro ao que se pressupõe sobre algo celestial de fato.

IV. E: as coincidências, a princípio, não se mostravam oportunas, elas tornaram-se oportunas com a possibilidade da morte, que, na verdade, não houve.

Questão 6

I. E: não, necessariamente, há crítica a uma classe específica, mas a constatação de que há abuso da boa-fé das pessoas, o que independe de classe social.

II. C: conforme se depreende do 4º parágrafo.

III. E: os sócios na trapaça foram a mãe e o filho, e não irmãos.

IV. E: para comprovar essa intertextualidade, falta um indício escrito no próprio texto, o que evidenciaria a intencionalidade da própria autora.

Questão 7

I. C: ambas introduzem objeto indireto.

> **FAZER - verbo**
>
> **2.3** *t.d.bit. (prep.: contra, para)*
>
> urdir (um plano, uma ação, uma empresa); tramar ‹*mas o que é que essa gente anda fazendo* (*contra ele*)*?*›
>
> **PREVENIR - verbo**
>
> **3** *bit. (prep.: contra, de)* avisar, informar (alguém) com antecedência sobre algo; predispondo-o favorável ou desfavoravelmente a ‹*p. alguém de algum perigo*› ‹*preveniu-o de que o filme não era bom*› ‹*preveni-lo contra as falsas amizades*›

II. E: tem-se, respectivamente, conjunção subordinativa causal, advérbio de modo e conjunção subordinativa causal.

III. E: os gerúndios compõem orações subordinadas adjetivas restritivas, coordenadas entre si (*uma carta que chamasse e que dissesse que a velha estava morrendo*)

IV. E: a palavra "homem" foi empregada para significar que o filho era adulto.

> **HOMEM – substantivo masculino**
>
> **5** homem (acp. 4) que já atingiu a idade adulta; homem-feito ‹*quando ficou h., o pai o pôs para trabalhar*›

Questão 8

I. E: na verdade, quanto maior o amor e a dor, maior o encanto que ele sente pela amada.

II. C: o que se pode depreender do último verso ou do verso 10.

III. E: não há, no poema, referência a como a amada se sente em relação ao eu lírico.

IV. C: além da comparação, evidenciada pela conjunção "**como**", há metonímia na palavra "**peito**", que substitui coração.

Questão 9

I. E: ambas são conjunções subordinativas comparativas.

II. E: o primeiro faz parte da locução conjuntiva proporcional "**quanto mais**" e modifica o adjetivo "**intensa**"; o segundo é, realmente, advérbio de intensidade que modifica o verbo da frase em que está inserido.

III. C: ambas são conjunções subordinativas, mas a primeira liga orações, estabelecendo relação de comparação entre elas, e a segunda estabelece relação de consequência com o verbo de sua principal.

IV. E: no primeiro sintagma, a preposição é, realmente, nocional de posse; entretanto, no segundo sintagma, ela é relacional e introduz um complemento nominal do núcleo "**vago**".

Questão 10

I. E: tem-se verbo intransitivo, com o termo "**teu encanto**" funcionando como sujeito e "**na minha alma**", como adjunto adverbial de conformidade.

> **CRESCER – verbo**
>
> **3** *int.* aumentar, ger. de modo progressivo, a dimensão física (altura, estatura, comprimento, volume) *‹a menina crescia depressa›* *‹sua barba crescera bastante›* *‹cresce o arroz na panela›*

II. E: tem-se adjunto adverbial de conformidade e verbo de ligação.

III. C: tem-se objeto direto e predicativo do objeto na mesma sentença, relacionados ao verbo em destaque.

> **SABER – verbo**
>
> **10** *t.d.predicativo.* julgar, considerar, ter como *‹não o sabia desonesto›*

IV. E: o primeiro termo é adjunto adnominal do núcleo "**mistério**"; o segundo é predicativo do sujeito "**criança**", contido no verso anterior.

SIMULADO 17

Questão 1

I. C: a tese é reiterada com o argumento do valor terapêutico da literatura, o qual é desenvolvido ao longo dos parágrafos.

II. E: nesse caso, a ajuda é indireta, pois está na base da formação do médico, o que vai ter impacto, *a posteriori*, na vida do paciente.

III. C: essa afirmação pode ser ratificada pelo uso constante da primeira pessoa ao longo do texto.

IV. E: no texto, só há referência aos contos e, mais especificamente, aos contos de fadas.

"**Os contos de fadas, à diferença de qualquer outra forma de literatura, dirigem a criança para a descoberta de sua identidade. Os contos de fadas mostram que uma vida compensadora e boa está ao alcance da pessoa, apesar das adversidades**" (3º parágrafo).

Questão 2

I. C: há metonímia, pontualmente, no vocábulo "**palavra**", empregado com sentido de escrita, de texto, de modo geral.

> **PALAVRA – substantivo feminino**
>
> **5** *p.ext.* manifestação verbal escrita; declaração

II. C: conforme defende Antônio Houaiss, em *Dicionário Eletrônico*.

> **CAUSO** *Brasileirismo; informal*
>
> **4** narração ger. falada, relativamente curta, que trata de um acontecimento real; caso, história, conto ‹*quase todos gostam de ouvir um c.*› ‹*contador de causos de assombração*›

III. C: tem-se, nos dois casos, palavra denotativa de inclusão, com sentido de "**além disso**"

> **ALIÁS - advérbio**
>
> **1** de outro modo, de outra forma ‹*sempre ajudou o filho, a. seria mau pai se não o fizesse*›
>
> **2** além disso ‹*a., não era a primeira sujeira que ele fazia*›

IV. C: tem-se, nesse caso, coesão referencial anafórica por substituição por termo equivalente.

Questão 3

I. C: tem-se neologismo, formado por meio de composição por justaposição em ambos os casos.

II. E: como a estrutura que vem depois dos dois-pontos é de aposto explicativo, o emprego de artigo definido ou indefinido não promove incoerência no trecho.

III. E: como há fator de próclise e como o verbo principal se encontra no particípio, o pronome deveria vir antes da locução verbal ("**se tenha transformado**").

IV. C: como o referido verbo apresenta regência múltipla, a preposição "**a**" poderia ser empregada sem que fosse promovida alteração do sentido original e sem prejuízo gramatical.

> **AJUDAR – verbo**
>
> **1** *rg.mt. (prep.: a, em)*
>
> prestar socorro, assistência a (alguém ou a si mesmo); dar ajuda; auxiliar ‹*a. os pobres*› ‹*ajudou-a em suas tarefas*›
>
> ‹*fez tudo sem ninguém lhe a.*› ‹*todos queriam a.*› ‹*ele carecia de forças para se a.*›

Questão 4

I. C: a oração "**extrair novidades de poemas**" exerce função sintática de sujeito da forma verbal "**É**", de modo que a oração poderia ser reescrita, na ordem direta, como ***extrair novidades de poemas é difícil.***

II. E: o período é composto pelas seguintes orações:

Finalmente, é preciso: oração principal

dizer: O.S.S. subjetiva reduzida de infinitivo

que a literatura pode colaborar para a própria formação médica.: O.S.S. objetiva direta

III. E: tem-se adjunto adnominal e complemento nominal, respectivamente.

IV. E: o verbo é transitivo indireto, portanto a preposição e relacional e introduz objeto indireto.

COLABORAR – verbo

2 *t.i. (prep.: para)* ter ação efetiva para (certo desfecho, acontecimento, resultado etc.); concorrer, contribuir

‹tudo colaborava para o fracasso do empreendimento›

Questão 5

I. C: conforme se verifica no trecho “**a vida já não oferece acontecimentos, e sim comemorações.**” (1º parágrafo) e na exemplificação apresentada nos primeiros quatro parágrafos.

II. C: essa concordância fica evidente no último parágrafo do texto. Além disso, por meio do vocativo “**meu velho**”, empregado no 4º parágrafo, é possível depreender que o narrador “**já alcançou certo ponto**”.

III. E: Não se pode afirmar que há exagero na linguagem empregada. Há, no excerto, metáfora pontualmente em “**armazéns de lembranças**”’ – em que “**armazéns**” remete a um lugar em que se guardam as lembranças - e em “**caravanas em direção ao passado** – em que “**caravanas**” consiste em um grupo que realiza uma viagem ao passado, por meio da memória.

CARAVANA - substantivo feminino

1 grupo de peregrinos, de mercadores ou de viajantes que, por medida de segurança, se juntam para viajar pelo deserto

3 *p.ext.* grupo de pessoas que se reúnem para viajar, sair etc.

IV. E: além de não haver eufemismo, a expressão indica **céu.**

ASSENTO – substantivo masculino

10 espaço onde se permanece

ETÉREO - adjetivo

3 *fig.* que pertence à esfera celestial; divino. *‹abóbada e.› ‹beleza e.›*

Questão 6

I. E: o sinal de dois-pontos, posposto a um verbo de elocução, introduz discurso direto que tem função de objeto direto na oração.

II. E: tem-se predicado verbal, o verbo “**transformar**” é verbo transitivo direto e indireto, tendo “**em calendário**” como objeto indireto.

TRANSFORMAR – verbo

1 *t.d. e pron. (prep.: em)* fazer tomar ou tomar nova feição ou caráter; alterar(-se), modificar(-se)

‹as más companhias transformaram-no› ‹a sala transformou-se em outra com o novo arranjo dos móveis›

2 *bit. e pron. (prep.: em)* fazer passar ou passar de (um estado ou condição) [a outro]; converter(-se), transfigurar(-se)

‹a instituição transforma meninos de rua em indivíduos produtivos e responsáveis› ‹a lagarta transforma-se em borboleta›

III. E: trata-se de adjetivo, com função sintática de predicativo.

COITADO - adjetivo e substantivo masculino

1 que ou o que é infeliz; desventurado, inditoso, desditoso

IV. C: o pronome relativo exerce função sintática de objeto direto, e seu antecedente, "**de um papel**", é complemento nominal.

Questão 7

I. E: no primeiro e no segundo casos, tem-se preposição "**por**" relacional, que introduz agente da passiva; no terceiro, a preposição é nocional de causa.

II. E: apenas no primeiro período a vírgula isola adjuntos adverbiais coordenados entre si (de lugar e de finalidade, respectivamente); no segundo período, a vírgula é opcional e isola adjunto adverbial de causa no final da oração.

III. E: na verdade, a expressão refere-se ao que se sente durante todo o dia do aniversário: ***— A princípio você tem um sentimento rápido de que já viveu, no dia em que faz anos. A melancolia em estado latente é absorvida pela efusão dos amigos e pela justa porção de álcool que o indivíduo ingere em tais ocasiões. Mas o fenômeno está circunscrito ao espaço de algumas horas durante o ano inteiro."*** (4º parágrafo).

IV. C: são equivalentes os vocábulos "**patacoadas**" e ***tolice***, conforme o *Dicionário Houaiss Eletrônico.*

PATACOADA – substantivo feminino

1 dito ou ação ilógica; disparate, tolice

2 gracejo desabusado; brincadeira, chocarrice

3 vaidade ridícula; bazófia

Questão 8

I. C: o desejo do eu lírico é ficar com os ratos, lagartos, sol e chuvas ocasionais, imortais, conforme se depreende dos versos 29, 30 e 31.

II. C: **Papáverum Millôr** é o nome do livro em que está incluído este poema.

III. E: há ambiguidade na palavra "**claramente**", pois tanto é possível entender como *efetivamente* quanto como *de maneira clara.*

IV. E: pode-se identificar certo humor, promovido pelo sarcasmo, mas não se pode afirmar que há ironia.

Questão 9

I. E: não há prosopopeia em nenhum dos dois excertos, já que não se pode atribuir ações humanas ao "**tempo**" ou à árvore.

> **TEMPO - substantivo masculino**
>
> **1** duração relativa das coisas que cria no ser humano a ideia de presente, passado e futuro; período contínuo e indefinido no qual os eventos se sucedem ‹*só o t. o fará esquecer o grande amor*›

7 período indefinido e ger. prolongado no futuro ‹*o t. dirá se ele estava certo*›

II. C: todos os vocábulos relacionam-se com a ideia de morte, de fim da vida.

> **DETRITO – substantivo masculino**
>
> **2** sobra de qualquer substância; resíduo, resto ‹*detritos de uma demolição*› ‹*um d. de avantajadas proporções*›
>
> **2.1** MED resto orgânico ou inorgânico de uma substância ou resto de um tecido produzido por determinado uso ou remanescente depois deste, ou ainda fruto de um processo orgânico de desintegração

III. C: os referidos versos, poderiam ser reescritos como ***Não sairei, prometo, / porque estarei fenecendo normalmente / Em meu canteiro final.***

IV. C: os dois vocábulos são substantivos deverbais.

> **BUSCA – substantivo feminino**
>
> ato ou efeito de buscar
>
> **SOSSEGO – substantivo masculino**
>
> ato ou efeito de sossegar

Questão 10

I. C: embora houvesse alteração de sentido, a reescrita estaria correta, considerando que a concordância, na reescritura, seria atrativa e atribuiria o sentido do adjetivo apenas ao último substantivo, "**sol**".

II. E: tem-se parte integrante do verbo.

> **CHAMAR - verbo**
>
> **19** *(1837) pron.* ter por nome; ter sido batizado e/ou registrado (com tal nome) ‹*chamava-se Pedro*›

III. C: a referida palavra poderia, sem alteração do sentido original, ser substituída por qualquer outra conjunção subordinativa causal (porque, já que, porquanto).

IV. E: a vírgula foi empregada para indicar a elipse do verbo ser.

SIMULADO 18

Questão 1

I. E: segundo o narrador, o fato de D. Evarista não ser bonita era bom porque não o afastava de suas pesquisas, da ciência, conforme se lê em "**D. Evarista era mal composta de feições, longe de lastimá-Io, agradecia-o a Deus, porquanto não corria o risco de preterir os interesses da ciência na contemplação exclusiva, miúda e vulgar da consorte.**" (3º parágrafo).

II. C: como as palavras possuem equivalência semântica, as reescrituras não promoveriam prejuízo de sentido.

> **ROBUSTO – adjetivo**
>
> **1** de constituição física muito forte, resistente; potente, vigoroso
>
> Exs.: *touro r.*
>
> **MOFINO – adjetivo**
>
> 7 Regionalismo: Brasil.
>
> que está ou vive adoentado; enfermiço

III. E: o que o salvou foi o estudo da Ciência e, por acaso, da ciência psíquica.

IV. C: há ironia, pontualmente, em "**louros imarcescíveis**", já que o médico, modesto que era, não tinha a intenção de cobrir-se de louros que nunca murcham, a saber, glórias.

Questão 2

I. C: todos os prefixos têm sentido de negação.

inqualificável: *in- + qualificável*

imarcescível: lat. *immarcescibìlis,e* 'que não murcha', antônimo de marcescível

Inefável: *ineffabìlis,e* 'inexprimível, indizível'

II. E: a palavra "**então**" foi empregada como advérbio e, portanto, constitui-se como fator de próclise.

> **ENTÃO – advérbio**
>
> **1** nesse ou naquele momento *<ligou para o pai que não lhe retornou o chamado e.>*

2 em tal caso, nessa situação ‹*o vizinho sendo simpático, e. não vai haver briga*›

3 em momento futuro ‹*quando você ficar mais velho, aí e. compreenderá tudo*›

III. C: ambos exercem função de adjunto adnominal dos núcleos a que se referem.

IV. C: a primeira vírgula deve ser retirada, porque separa orações coordenadas sindéticas de mesmo sujeito coordenadas por adição pela conjunção "**e**". A vírgula anterior ao segundo "**e**" deve ser retirada porque as orações subordinadas adverbiais temporais, reduzidas de gerúndio, vêm ligadas pela conjunção, de modo que não podem ser, ao mesmo tempo, separadas por vírgula.

Questão 3

I. E: o vocábulo "**arroubo**" foi empregado como sinônimo de ***êxtase***.

ARROUBO – substantivo masculino

ato ou efeito de arroubar; êxtase, enlevo, arroubamento

II. C: o vocábulo "**admoestações**" foi empregado como sinônimo de ***repreensões***.

ADMOESTAÇÃO – substantivo feminino

ato ou efeito de admoestar

1 reprimenda que se faz a alguém sobre incorreção ou inconveniência de seu comportamento, sua maneira de ser etc.; advertência, repreensão

III. C: o vocábulo "**consorte**" foi empregado como sinônimo de ***cônjuge***.

CONSORTE – substantivo de dois gêneros

1.1 sócio, parceiro

2 *p.ext.* m.q. cônjuge ‹*que justificativas poderia ele dar à sua c.?*›

IV. E: o vocábulo "**longanimidade**" foi empregado como sinônimo de ***generosidade***.

LONGANIMIDADE – substantivo feminino

1 virtude de se suportar com firmeza contrariedades em benefício de outrem; magnanimidade, generosidade

Questão 4

I. C: tem-se predicativo nas três ocorrências.

II. C: há, realmente, equivalência entre o pretérito mais-que-perfeito simples, "**estudara**", e o pretérito mais-que-perfeito composto "**tinha estudado**".

III. E: a preposição é nocional, introduz adjunto adnominal e tem sentido de posse.

IV. E: com o vocábulo "**matéria**", o narrador retoma o caso da infertilidade da mulher de Simão Bacamarte.

Questão 5

I. E: há uma relação metafórica explorada pela autora, no trecho "**com sua infância impossível**", em que a infância é impossível porque não há na menina inocência.

II. C: há uma referência ao ato de compor a história sobre uma personagem, aparentemente, desinteressante.

III. C: todos os vocábulos aludem, no referido contexto e na acepção em que foram empregados, à cor vermelha.

IV. C: há hipálage, de fato, pois a caracterização presente no trecho se refere aos cabelos, que eram vermelhos, e não à criança.

Questão 6

I. E: "**com soluço**" é adjunto adverbial, tem-se, portanto, predicado verbal no primeiro caso. No segundo caso, o predicado é apenas nominal, com verbo de ligação.

II. E: o verbo é transitivo direto, com o pronome reflexivo (com valor de reciprocidade) "**se**" exercendo função de objeto direto.

> **OLHAR – verbo**
>
> **1** *t.d.,t.i. e pron. (prep.: em, para)* dirigir os olhos para (alguém, algo ou para si); ver-se mutuamente; mirar(-se), contemplar(-se), fitar(-se) ‹*olhava (para) a imagem, enquanto rezava*› ‹*olhou-se no espelho antes de sair*› ‹*olharam-se de relance*›

III. C: o referido período poderia ser reescrito como ***Mas ele foi mais forte que ela, visto que nem uma só vez olhou para trás.***

IV. E: tem-se pronome reflexivo e pronome apassivador, respectivamente.

DIZER - verbo

1 *t.d.,t.i.bit. (prep.: a, para, sobre)* expor através de palavras (alguma coisa) a (alguém); exprimir, enunciar

‹disse que desejava viajar› ‹havia muito a d. sobre aquele problema› ‹disse-lhe que saísse imediatamente› ‹passou horas dizendo aos estudantes como o Iluminismo influenciou alguns românticos›

2 *t.d.bit. (prep.: a, para); p.ext.* expressar (algo) sem utilizar a voz, através de gestos, olhares etc.

‹seus olhos diziam (ao mundo) sua tristeza›

SABER – verbo

1 *t.d.,t.i.int. (prep.: de)* conhecer, ser ou estar informado; ter conhecimento de

‹s. o horário do voo› ‹não soube desse divórcio› ‹a mulher o traía e todos pensavam que ele não sabia›

Questão 7

I. C: além dos predicativos mencionados, as orações apresentam os verbos de ação "**abriu**" e "**estacou**", o que torna os predicados verbo-nominais.

II. C: a palavra "**E**" poderia, sem prejuízo de sentido para o trecho, ser retirada, o que comprova o fato de ser marcador discursivo. Além disso, todas as orações do trecho são subordinadas:

"**como se não bastasse seu olhar submisso e paciente**" – oração subordinada adverbial causal

"**o soluço a interrompia de momento a momento**" – oração principal

"**abalando o queixo**" – oração subordinada adverbial consecutiva

"**que se apoiava conformado na mão**" – oração subordinada adjetiva restritiva

III. C: "**encabulamento**" vem de **encabular**, que foi formada por derivação prefixal e sufixal. Além disso, por se tratar de brasileirismo, há mesmo variação diatópica da linguagem.

ENCABULAMENTO - substantivo masculino

orig.contrv., prov. de [1]*en- + cabular*

ENCABULAR - verbo *Brasileirismo*

1 *t.d.int. e pron.* provocar ou sentir vergonha ou encabulação; acanhar(-se), vexar(-se) ‹*as grosserias do avô encabularam toda a família*› ‹*e.(-se) diante do auditório*›

IV. E: o período é composto por subordinação, mas apresenta as seguintes orações:

Sabe-se também - oração principal;

que eles se pediam - oração subordinada substantiva subjetiva

sem falar - oração subordinada adverbial concessiva reduzida de infinitivo

Questão 8

I. C: conforme os versos 8, 9 e 10 ou, ainda, 18 e 19.

II. E: tem-se metonímia na palavra **"leque"** que substitui vento.

III. E: não se pode falar em pessimismo, mas em conformidade do eu lírico em relação ao fato de que, diante da natureza, que é plena, a natureza humana é incompleta.

IV. C: de acordo com o eu lírico, a natureza que "se sabe a si mesma" é a que existe, independentemente da vontade ou da compreensão que o eu lírico possa ter dela. A outra natureza é a do homem, incompleta, falhada e, segundo ele mesmo, incapaz de perceber, com exatidão, a outra natureza, que é perfeita.

Questão 9

I. C: a forma verbal **"sabe"** foi empregada no sentido de ***conhecer*** o que requer uma complementação direta, a qual é, inicialmente, feita pelo pronome **"se"**. Assim sendo, o termo **"a si mesma"**, o qual faz nova menção ao termo **"se"** (que, por sua vez, retoma o sentido de **"natureza"**, contida no verso 1), é objeto direto pleonástico.

SABER – verbo

1 *t.d.,t.i.int. (prep.: de)*

conhecer, ser ou estar informado; ter conhecimento de ‹*s. o horário do voo*› ‹*não soube desse divórcio*› ‹*a mulher o traía e todos pensavam que ele não sabia*›

II. E: os dois termos exercem a mesma função de adjunto adnominal e representam, respectivamente, um tipo de pretensão e um tipo de privilégio (especificação).

III. E: a reescritura estaria em desacordo com a norma, pois, nesse caso em que o sujeito representa um nome que indica "**conjunto de coisas**" (Celso Cunha, p. 520, 2016), deve-se concordar com o predicativo.

IV. C: o sujeito das referidas formas verbais intransitivas é "**folha**".

> **VIVER – verbo**
>
> **5** *int.* continuar a existir; perdurar, permanecer ‹*até quando viverá o nosso amor?*›
>
> **CAIR – verbo**
>
> **1** *t.i.int. (prep.: a, de, em)* ir de cima para baixo, ir ao chão; tombar ‹*caiu da janela*› ‹*escorregou e caiu (ao chão)*›
>
> **SUMIR – verbo**
>
> **6** *t.i.int. (prep.: em, entre, por)* não se encontrar mais no lugar onde deveria estar; desaparecer, perder-se
>
> ‹*a jovem sumiu entre a multidão*› ‹*o mágico fez o tigre s.*› ‹*meu livro sumiu*›

Questão 10

I. E: "**quem**" deve ser classificado como pronome interrogativo.

II. E: a vírgula foi empregada para indicar a elipse do verbo ***ser***.

III. E: todos são adjuntos adnominais, mas "**fechada**" e "**sagrada**" referem-se ao mesmo núcleo "**arca**".

IV. E: o pronome "**me**" exerce função de objeto direto.

> **ESFACELAR – verbo**
>
> transitivo direto e pronominal
>
> **1** causar esfácelo a ou ter esfácelo; gangrenar(-se) Exs.: *e. a mão ferida esfacelou-se o ferimento*
>
> transitivo direto e pronominal
>
> **2** causar ou sofrer dano, destruição; arruinar(-se) Exs.: *a batida esfacelou o carro o barco esfacelou-se nas rochas*
>
> **CONTINUAR – verbo**
>
> transitivo direto e transitivo indireto

1 não interromper (o que se começou) Exs.: *c. uma viagem c. com o tratamento*

transitivo direto, transitivo indireto e intransitivo

2 dar ou ter seguimento após interrupção Exs.: *após o almoço, continuamos o trabalho continuarão com as aulas extras em agosto o artigo continua no fim da revista*

SIMULADO 19

Questão 1

I. E: não se pode afirmar que há predomínio da função emotiva da linguagem, em razão de não haver emprego da primeira pessoa.

II. C: o piano fechado a repetir as valsas do passado remete tanto ao fato de, nesse tempo pretérito, terem acontecido festividades quanto à ideia de que essas celebrações ainda estão presentes na memória, por meio da repetição.

III. C: embora se tenha empregado a terceira pessoa, é possível inferir que haja um relato pessoal, tendo em vista o fato de Vinicius de Moraes ser considerado um relevante poeta para a Literatura Brasileira.

IV. C: o sentimento de ternura e de carinho relativo à lembrança da família e da mocidade enseja uma comparação e uma ideia de superioridade do jardim materno em relação aos demais; entretanto essa caracterização não necessariamente é factual, o que se pode verificar pelo emprego do verbo "**parecer**".

Questão 2

I. C: pode-se depreender a morte do pai no trecho

II. E: no primeiro trecho, não há metonímia, porque "**as mãos maternas**" não são uma referência à mãe, são as suas mãos mesmo, não havendo, portanto, ideia de parte pelo todo.

No segundo trecho, há metonímia na referência ao nome do livro "**Tesouro da juventude**". No terceiro trecho, a atribuição da ação de dormir ao violão representa a prosopopeia.

III. C: a metáfora indica que tanto a casa materna quanto as outras casas apresentam similaridades.

IV. C:

> **DORIDO – adjetivo**
>
> **1** que tem e/ou expressa alguma dor (física ou moral)
>
> **2** próprio ou oriundo da dor
>
> **3** que causa pena, compaixão; doloroso, lamentável

Questão 3

I. E: o segundo termo, que completa o sentido de um adjetivo, exerce função de complemento nominal; sendo, portanto, integrante.

II. E: no segundo trecho, tem-se predicado verbo-nominal, tendo como núcleos "**dorme**" e "**encostado**".

> **PERSISTIR - verbo**
>
> **1** *t.i.int. (prep.: em)* demonstrar constância, insistência; perseverar
>
> ‹*há os que persistem em considerar o cinema uma arte*› ‹*a violência persiste*›
>
> **2** *pred.* continuar a ser (de uma certa maneira); conservar-se, perdurar
>
> ‹*os homens persistiam silenciosos*›
>
> **DORMIR - verbo**
>
> **8** *int.; fig.* estar em repouso, estar sossegado ‹*na calmaria, dormiam as águas, dormia o vento*›

III. C: tem-se predicativo do sujeito nos dois casos.

IV. E: a forma verbal "**há**" é impessoal transitiva direta; "**vibram**" é, por sua vez, intransitiva.

> **HAVER - verbo**
>
> **1** *t.d.* [impessoal] ter existência (material ou espiritual); existir ‹para ela, só há no mundo o neto› ‹não havia mulher que ele não desejasse› ‹haverá deuses, enquanto alguém neles acreditar› ‹quando há paixão, não raro o ciúme aparece›
>
> **VIBRAR - verbo**
>
> **1** *int; fig.* Fazer-se sentir intensamente (no espírito, na memória etc.) ‹as juras do namorado ainda vibram no coração de Berenice›

Questão 4

I. C: a palavra foi empregada com circunstância de tempo e poderia ser substituída por ***primeiramente***, sem prejuízo semântico.

> **PRIMEIRO – advérbio**
>
> **9** antes de qualquer outro, no tempo, espaço ou em importância ‹*saiu por último e chegou p.*› ‹*ele p. foi à farmácia, depois, ao açougue*

II. C: as preposições introduzem termos que podem ser entendidos como ***por causa do tato*** e ***por causa do tempo***.

III. E: tem-se advérbio, que modifica a locução adverbial de tempo "**aos domingos**"

> **MESMO – advérbio**
>
> **13** como vocábulo cujo papel vai além das relações sintático-semânticas contidas na oração, denota:
>
> **13.2** inclusão; inclusive, também ‹*m. seu irmão não acreditou que ele dizia a verdade*›

IV. C: ambos são pronomes reflexivos com valor de reciprocidade.

> **OLHAR – verbo**
>
> **1** *t.d.,t.i. e pron. (prep.: em, para)*
>
> dirigir os olhos para (alguém, algo ou para si); ver-se mutuamente; mirar(-se), contemplar(-se), fitar(-se)
>
> ‹*olhava (para) a imagem, enquanto rezava*› ‹*olhou-se no espelho antes de sair*› ‹*olharam-se de relance*›
>
> **AMAR – verbo**
>
> **1** *t.d. e pron.* demonstrar amor a; sentir grande afeição, ternura ou paixão por ‹*amava-o muito*› ‹*sempre se amaram*›

Questão 5

I. E: embora o narrador apresente a imprecisão temporal, o trecho em análise é temporalmente situado; além disso, a interpretação não é prejudicada.

II. C: "**Panzerdivisionen**" foi uma das divisões blindadas (tanques) do exército da Alemanha nazista durante a Segunda Guerra Mundial. Shelley é uma referência ao poeta inglês Percy Shelley.

III. E: embora haja, de fato, referência metalinguística, tem-se coesão referencial anafórica, que faz referência a uma tarde inventada, mas que seria pretérita.

IV. C: a metáfora foi empregada, pontualmente, em "**o vidro do meu devaneio**", em que o devaneio é comparado, em sua fragilidade, a um vidro.

Questão 6

I. C: "**poeta**" é empregado como hiperônimo de "**Shelley**", retomando-o por meio de coesão anafórica.

II. E: trata-se de marcador discursivo, que também não exerce função sintática.

III. E: tem-se aglutinação nos dois casos.

> **GRAMOFONE – substantivo**
>
> fr. *gramophone* (1901) ‹fonógrafo para discos›, formado pela inversão do ing. *phonogram*; ver *-fone* e *-grama*
>
> **ELETROLA – substantivo**
>
> *eletr(i/o)-* + *(vitr)ola*, ver *vitrola*

IV. C: tem-se "**se**" e "**era**" como partículas expletivas.

Questão 7

I. E: a forma verbal "**basta**" é transitiva indireta, tendo o pronome "**o**" como sujeito e "**para o meu sustento**" como objeto indireto. No caso do verbo **ganhar**, tem-se, como objeto direto, o pronome relativo "**que**".

> **BASTAR – verbo**
>
> **1** *t.i.int. (prep.: a, para)* ser bastante ou suficiente; ser tanto quanto o necessário
>
> *‹basta-lhe o mínimo para viver ‹poucas coisas bastam às pessoas não ambiciosas›*
>
> *‹sua força não basta para nos tirar daqui›*
>
> *‹não basta ser bonito, tem de ser rico› ‹basta seguir em frente e chegará ao metrô›*

II. C: a forma verbal "**voltou**" tem como objetos indiretos o termo "**à mente**" e o pronome "**me**", empregado com sentido possessivo, conforme Celso Cunha, pág. 317 (2016).

> **VOLTAR – verbo**
>
> **3** *t.i. (prep.: a)* reviver, retornar através esp. da memória a (uma situação ou uma época passada)
>
> *‹v. à infância› ‹sonhando, volta ao velho casarão que não existe mais›*
>
> **4** *t.i. (prep.: a)* retornar a (um estado anterior); recobrar
>
> *‹depois da crise, voltou ao normal› ‹voltou a si com o remédio›*

III. E: tem-se oração subordinada adjetiva restritiva reduzida de infinitivo, sem uso de vírgula, portanto.

IV. E: trata-se de predicativo do sujeito.

Questão 8

I. E: embora a função poética esteja presente, não é a predominante, mas, sim, a referencial, em razão de haver descrição da máscara de Graciliano Ramos, em terceira pessoa.

II. C: no contexto em que está empregada, a palavra "**preclara**" pode ser substituída por ***insigne***.

> **PRECLARO – adjetivo**
>
> **1** de origem nobre; distinto, ilustre, insigne ‹*vem de p. estirpe*›
> **2** que se distingue pelo mérito, pelo saber; ilustre, notável, famoso ‹*p. mestre*›
> **3** de grande beleza; formoso, belo
>
> **INSIGNE – adjetivo**
>
> que é notável por suas obras ou feitos; destacado, famoso, ilustre

III. C: conforme se pode depreender dos versos da última estrofe.

IV. C: por meio das palavras "**pó**", "**pólen**", "**fibra**", "**pedra**", verifica-se gradação ascendente.

Questão 9

I. E: o emprego do pronome demonstrativo "**Isto**" está correto, porque a frase apresenta estrutura catafórica.

II. C: as duas primeiras locuções funcionam como complemento nominal dos substantivos abstratos "**afirmação**" e "**negação**", respectivamente. Já a última expressão é adjunto adnominal em relação ao seu núcleo.

III. E: não há paradoxo, pois o que o eu lírico pretende dizer é que, apesar de morto, Graciliano Ramos deixará frutos, os quais continuarão a pulsar por meio de suas obras.

IV. C: tem-se referência à escrita, especialmente nos versos 6 e 7, em que o eu lírico fala da paixão que Graciliano Ramos tinha pela escrita.

Questão 10

I. C: na primeira ocorrência, tem-se parte integrante do verbo, e na segunda, pronome apassivador.

II. C: tanto "**ora**" quanto "**longe**" são advérbios e, portanto, adjuntos adverbiais de tempo e de lugar, respectivamente.

III. C: o referido verbo apresenta os termos "**Isto**" e "**à escuta**" como objeto direto e indireto, respectivamente.

> **REVELAR – verbo**
>
> **1** *t.d.bit. e pron. (prep.: a, em)* tirar o véu a; deixar ver; tornar(-se) patente; mostrar(-se), manifestar(-se), desvelar(-se)
>
> *<as pesquisas eleitorais revelaram (ao povo carioca) quem seria o vencedor> <sua força de caráter revelou-se naquela situação difícil>*

IV. C: a preposição "**em**" presente na contração "**numa**" foi empregada em termo que apresenta sentido de causa.

SIMULADO 20

Questão 1

I. C: a menção à perspectiva de adquirir, no futuro, um celular evidencia um aspecto do tempo em que o texto foi escrito.

II. E: não se pode afirmar que o autor/narrador tenha resistência à tecnologia, inclusive, no início do sétimo parágrafo, ele afirma que acha o celular "**uma coisa útil**". Ele tem medo da falta de privacidade que o uso excessivo da tecnologia pode gerar.

III. C: entende-se o conceito de antonímia pelo contraste do tamanho e da força entre os animais comparados.

IV. C: o objetivo do autor é mostrar como ele se sente em relação ao comportamento da sociedade no que se refere ao uso do celular.

Questão 2

I. E: Na verdade, são períodos simples com orações absolutas. Além disso, há não só a oração subordinada adjetiva explicativa mencionada, mas também uma oração subordinada adjetiva restritiva "**que morreu?**" e outra subordinada adverbial temporal "**Chegava o mensageiro**", com a conjunção "**Quando**" em elipse.

II. E: não há verbo de ligação, o que existe, na verdade, é partícula expletiva de realce ("**É...que**").

III. E: o termo "**uma emergência**" funciona como sujeito simples, e a referida locução verbal é intransitiva.

> **SURGIR – verbo**
>
> 7 *int.* tornar-se visível; nascer, aparecer, despontar ‹*surge o sol*› ‹*as flores começam a s.*›

IV. E: na primeira ocorrência, tem-se advérbio de afirmação; na segunda, trata-se de advérbio de inclusão.

> **MESMO – advérbio**
>
> **14.1** de fato, de verdade; realmente ‹*foi m. uma notícia que alegrou a todos*›

13.1 uma espécie de limite; até, também ‹*m. as pessoas que se diziam amigas, agora lhe viram o rosto*›

13.2 inclusão; inclusive, também ‹*m. seu irmão não acreditou que ele dizia a verdade*›

Questão 3

I. E: nas três ocorrências, o "**se**" é pronome apassivador. Uma estratégia para se comprovar que o "**se**" é pronome apassivador é checar se todos os verbos são transitivos diretos e colocar as frases na voz passiva analítica, como ***Negócios não eram feitos por telefone; Mesmo porque ouvir o que era dito não era conseguido.***

II. E: o primeiro funciona como aposto explicativo do núcleo "**espetáculo**"; o segundo é objeto direto da forma verbal "**Penso**".

PENSAR – verbo

1 *t.d.,t.i.int. (prep.: em, sobre)*

submeter (algo) ao processo de raciocínio lógico; ter atividade psíquica consciente e organizada; exercer a capacidade de julgamento, dedução ou concepção; refletir sobre, ponderar, pesar ‹*pensei que corria perigo*› ‹*pensou nas suas palavras*› ‹*penso, logo existo*›

III. E: o trecho adversativo vem, na verdade, em seguida a esse trecho no texto, no caso "**É o meio**". O termo "**aquilo que é comunicado**" é aposto explicativo do núcleo "**mensagem**". O trecho completo modificado seria ***O que importa não é a mensagem, aquilo que é comunicado, mas é o meio, o fato de o celular estar sendo usado.***

IV. E: no período original, havia desvio de colocação pronominal, já que pronome pessoal reto "**elas**" não se constitui como fator de próclise.

Questão 4

I. E: como o termo "**à matinê**" é objeto indireto e "**aos domingos**", adjunto adverbial de tempo, não há obrigatoriedade de separação deles por vírgula.

IR – verbo

1 *t.i.int. e pron. (prep.: a, até, de, em, para)* deslocar-se de um lugar a outro ‹*fui sem pressa, caminhando a seu lado*› *‹vai-se daqui ao teatro a pé› ‹ir a cavalo ou de caminhão› ‹a lancha vai a uma boa velocidade› ‹foi no cinema e gostou do filme› ‹foi-se, margeando o rio›* ver o que se diz em GRAM/USO, no item **e)**, mais à frente

II. E: a vírgula depois desse termo é obrigatória, a fim de deixar claro que o termo "**próspera e progressista**" é predicativo em relação ao termo antecedente.

III. C: orações subordinadas adverbiais reduzidas são, obrigatoriamente, separadas por vírgula da principal, conforme defende Celso Cunha, na página 664 de sua gramática (2016).

IV. E: trata-se de uma vírgula obrigatória, a qual foi usada para deixar claro que o termo "**daqueles pesadões**" é um predicativo do objeto.

Questão 5

I. C: conforme o primeiro parágrafo, em que se evidencia que Picasso não recorre a fórmulas feitas.

II. C: conforme o quarto parágrafo, em que esse aspecto é discutido por meio de exemplificação.

III. E: "**silo**" significa fosso, e não túnel.

SILO – substantivo masculino

1 AGR fosso cavado na terra para depósito e conservação de cereais, forragem verde etc.

2 reservatório fechado, de construção acima ou abaixo do solo, próprio para armazenamento de material granuloso, como cereais,

cimento etc.

IV. E: tem-se objeto direto pleonástico, com dupla referência à arte feita pelo pronome oblíquo "**la**". O referido período poderia ser transformado em exemplo de anacoluto, caso fosse reescrito como **A arte, há que domar o artista como a um miúra.** Nesse caso, o termo destacado ("**A arte**") não teria mais a possibilidade de ser encaixado no período, tornando-se uma parte de destaque, de realce, mas não subordinada ao restante do trecho.

Questão 6

I. C: ambos desempenham função de complemento nominal, respectivamente, dos núcleos "**encontro**" e "**consequência**".

II. E: a expressão "**dar-se ao trabalho**" só é empregada com o sentido de realizar algo penoso, tedioso, o que não é o caso do sentido empregado no texto.

> **dar-se ao trabalho de**
>
> impor-se (algo tedioso, difícil, constrangedor etc.) ‹*deu-se ao t. de assisitir à conferência até o fim*›
>
> **dar-se o trabalho de**
>
> aplicar-se ao ato de, dedicar-se a, empenhar-se em ‹*deram-se o t. de pintar a casa*›

III. E: também haveria outras possibilidades, como os dois-pontos serem substituídos por ponto final, e o "**e**" passar a ser letra maiúscula; retirar os dois-pontos e isolar o trecho por parênteses, transformando-o em comentário de natureza particular.

IV. C: a oração "**beirando os noventa**" apresenta, de fato, sentido concessivo, o que pode ser colocado em contraposição com "**ainda sadio**", ou seja, apesar da idade avançada, o "**Velho Minotauro**" ainda está com saúde.

Questão 7

I. E: a referida locução verbal é transitiva indireta apenas, com duplo objeto indireto ("**lhe**" e "**da vida**"). O termo "**novos motivos**" funciona como sujeito simples.

> **ADVIR – verbo**
>
> **1** *t.i.int. (prep.: de)* vir depois, surgir como efeito de; provir, resultar ‹*da incompatibilidade entre o casal, adveio o divórcio*›
>
> ‹*consequências advirão*›
>
> **2** *t.i.int. (prep.: a, para)* ocorrer, suceder a; acontecer ‹*a sorte adveio-lhe repentinamente*› ‹*o desastre logo adveio*›

II. C: ao substantivar a forma verbal "**Encontrar**", exemplifica-se a derivação imprópria, com o sentido de **o ato de encontrar**". Assim sendo, o sujeito da oração é "**Encontrar uma fórmula**".

III. E: o referido verbo admite as preposições **com, de** e **em.**

> **COMPRAZER – verbo**
>
> **4** *pron. (prep.: com, de, em)* abandonar-se a uma autossatisfação; deleitar-se ‹*c.-se com a observação dos pássaros*›
>
> ‹*c.-se de um crime*›

IV. E: a forma verbal destacada é pronominal transitiva direta e indireta.

> **ATIRAR – verbo**
>
> **1** *t.d.bit. e pron. (prep.: a, em)* arremessar(-se), jogar(-se), arrojar(-se) com rapidez ‹*depois da briga, atirou o anel longe*› ‹*atirou o jarro ao chão*› ‹*atirou-se ao mar*›

Questão 8

I. E: na verdade, é possível pensar em um "**tu**" como representativo das lembranças.

II. E: tem-se metonímia, alguém imprimiu carinho nas frases.

III. E: no primeiro verso, tem-se metáfora (não há atenuação de sentido). Há eufemismo para a morte no verso 18, mais especificamente em "**instante derradeiro**".

IV. E: "**fresta**" é uma abertura feita para entrar luz; já "**folho**" é uma espécie de dobra, para resguardar algo, revestir, a fim de preservar, de esconder.

> **FOLHO – substantivo masculino**
>
> **1** babado franzido ou pregueado que se coloca em roupas, colchas, cortinas etc. ‹*saia de folhos*›
>
> **FOLHAR – verbo**
>
> **2** *(1697) t.d.* resguardar ou revestir, pondo (algo) em cima ou em redor de; folhear ‹*f. uma parede de azulejos*›

Questão 9

I. C: a primeira é palavra denotativa de exclusão, pois se refere ao substantivo "**espelho**"; a segunda é advérbio de exclusão, pois modifica o advérbio que lhe é subsequente.

II. E: a referida substituição promoveria alteração do sentido original e, por conseguinte, também haveria alteração gramatical.

III. E: como advérbios não modificam pronomes, conclui-se que, nas duas ocorrências, a palavra "**menos**" funciona como pronome indefinido, e, pelo mesmo motivo, "**muito**" é, também, pronome indefinido.

IV. E: os adjetivos "**nítida**" e "**imutável**" apesentam o mesmo referente, no caso "**a projeção da tua formosura**" e funcionam como predicativos do objeto; por sua vez, "**vívidas**" tem como referente o termo "**as frases**" e é predicativo do sujeito.

Questão 10

I. C: "**só então tu morrerás em mim**" - oração principal

"**mais do que eu**" - oração subordinada adverbial comparativa

"**Quando chegar o meu instante derradeiro**" - oração subordinada adverbial temporal

II. E: o referido termo pertence ao sintagma "**o meu instante derradeiro**", sendo, portanto, adjunto adnominal do núcleo "**instante**".

III. C: "**em mim**" é, realmente, objeto indireto do verbo "**morrer**", conjugado no penúltimo verso do texto.

> **MORRER - verbo**
>
> 4 *t.i.* *(prep.: em)*
>
> chegar ao fim de uma trajetória, de um percurso; acabar, finalizar *‹a trilha morria no encontro das rochas›* *‹o rio morria no mar›*

IV. C: o termo a que se refere o pronome desempenha função de adjunto adnominal ("**de tua beleza**"), e o pronome relativo "**que**" exerce função de objeto direto do verbo "**embalsamou**" (17º verso).

SIMULADO 21

Questão 1

I. E: no segundo trecho, o autor reproduz o pensamento do brasileiro de modo geral, dotado do que ele, ironicamente, chama de genialidade.

II. E: "**cueras**" tem sentido de valente, corajoso, destemido.

> **CUERA – adjetivo de dois gêneros e substantivo masculino** *B*
>
> **2** que ou aquele que apresenta destemor, valentia; corajoso
>
> **PARVO – adjetivo e substantivo masculino** *pej.*
>
> diz-se de, ou indivíduo tolo, pouco inteligente, apoucado, atoleimado

III. E: somente o "**pois**" é marcador discursivo. O "**então**" deve ser classificado como conjunção conclusiva.

IV. E: o pronome "**nós**" faz referência a "**toda a gente**" do Brasil, grupo no qual o narrador se inclui.

Questão 2

I. E: há apenas a citação de lugares do mundo, não há ideia de gradação ascendente ou descendente.

II. E: nesse contexto, o vocábulo "**universo**" pode representar todo o planeta, ideia expressa com a citação de diversas localizações. Tem-se ironia, assim como em todo o texto, e não hipérbole.

> **UNIVERSO – substantivo masculino**
>
> **3** a totalidade da Terra; o mundo; inicial por vezes maiúsc.

III. C: as palavras estabelecem sentido de oposição (frio e quente), no trecho em que foram empregadas.

IV. E: apesar de haver metonímia, em "**olhos de mestiços**" empregado em lugar pessoas mestiças, e gradação, na sequência "**proporções magnificentes, assustadoras, insuperáveis**", não há antonomásia no trecho, já que não há nomeação de alguém por meio de um apelido consagrado.

Questão 3

I. E: embora sujeito não seja fator de próclise, o pronome indefinido "**toda**" é; a colocação do pronome no trecho original, portanto, está correta.

II. C: "**embrulhado**" foi formada por derivação parassintética e "**palavreado**" foi formada por derivação sufixal.

> **EMBRULHADO - adjetivo**
>
> part. de *embrulhar*; ver *vol-*; f.hist. sXIII *envorulhado*, sXV *embrulhado;* lat.vulg. **invŏlūcrāre* der. de *involūcrum,ī* no sentido de ‹envoltório, toalha que serve para envolver'; ver *vol-*; f.hist. sXIII *envurullar*
>
> **PALAVREADO - substantivo masculino**
>
> part. substv. de *palavrear*; ver *palavr-*

III. E: como o termo "**estudiosas**" exerce função de adjunto adnominal do núcleo do objeto direto "**atenções**", e não de predicativo, o predicado da referida oração é verbal apenas.

IV. C: ambos são adjuntos adnominais, sendo "**de mestiços**" relacionado a "**olhos**" e "**tropicais**" relacionado a "**mestiços**".

Questão 4

I. E: tem-se parte da expressão expletiva "**É... que**" e conjunção coordenativa explicativa, respectivamente.

II. C: a vírgula foi empregada para isolar o predicativo, que, como termo explicativo, no trecho em que está inserido, deve ser separado do núcleo a que se refere, conforme Celso Cunha, p. 663 (2016).

III. C: "**Santo Deus**" e "**Eta nós**" exprimem o estado emocional do narrador do texto.

IV. C: a vírgula suprimida deveria ter sido empregada depois de "**Lado a lado**".

Questão 5

I. C: conforme se depreende, por exemplo, do 1º e do 4º parágrafos.

II. E: a esperteza do guaxinim leva-o a comer o caranguejo, já que ele usa a cauda como estratégia para deslocar sua presa para a areia fofa, em que se tornava impossível para ela correr, conforme descrito no final do 6º parágrafo.

III. C: há antítese na oposição entre voo curto, como os de Santos Dummont, e voo longo, como os de Sarmento Beires, major do Exército Português, pioneiro da aviação de seu país. A metáfora foi empregada, pontualmente, em "**voo de Santos Dumont**" e em "**voo de Sarmento Beires**".

IV. C: "**desgarrão**" é o mesmo que tranco, solavanco ou "**mucica**".

DESGARRÃO

adjetivo

1 que desgarra, que tira do rumo com violência ‹*vendaval d.*›

substantivo masculino

2 impulso violento; empurrão, esgarrão

MUCICA - substantivo feminino

1 *B* sacudidela na linha que segura alguma coisa (dado, esp., por pescador, quando o peixe morde a isca, mas tb. por quem empina uma pipa etc.)

2 *B, N.E.* m.q. rabiçaca (no sentido de ‹puxão na cauda da rês›)

3 *p.metf.; B; infrm.* contração muscular repentina, de caráter involuntário

FORMIDÁVEL - adjetivo de dois gêneros

2 que ultrapassa as dimensões usuais; colossal, gigantesco ‹*um caso de f. descaso das autoridades*›

Questão 6

I. E: o emprego do pronome "**este**" está correto, visto que se tem, no texto original, coesão dêitica.

II. C: em ambos os trechos, a referida preposição introduz complemento nominal. No primeiro caso, completa o adjetivo "**pobre**" e, no segundo, completa o advérbio "**depois**".

III. C: as vírgulas separam predicativos coordenados entre si.

IV. C: a oração "**lambendo o focinho**" poderia ser desenvolvida como ***Enquanto lambe o focinho.***

Questão 7

I. E: a primeira reescritura está incorreta, pois, como há fator de próclise, no caso a palavra negativa "**nem**", o pronome átono deve estar proclítico ao verbo auxiliar ou enclítico ao verbo principal, já que este não está no particípio.

II. E: a preposição "**por**" é essencial e introduz, nesse trecho, predicativo, do mesmo modo que a preposição "**como**" introduziria, sendo esta acidental de fato.

III. E: a palavra não é interjeição, mas onomatopeia – que representa o ruído feito pelo ferrão da pata do guaiamum no rabo do guaxinim –, sem classe gramatical e sem função sintática.

IV. C: ambos são adjuntos adnominais do núcleo do objeto direto "**olhos**".

Questão 8

I. C: conforme os versos 12, 13 e 14, em que o próprio eu lírico acha uma maravilha um eventual julgamento sem critério.

II. E: a vantagem de ter a cabeça "virada do avesso" é que, no mínimo, se escrevem versos, por isso não há ironia no trecho, já que ele, realmente, acha bom não ter o comum pensamento cartesiano.

III. E: na verdade, não é que todas as coisas sejam as mesmas, mas todas servem, igualmente, de tema para seus poemas. Ele acaba por modificar-se porque cada poema novo que ele produz promove reflexão e transformação.

IV. E: a referida palavra foi empregada, denotativamente, no sentido de fim, término de algo. A única acepção conotativa é para "**grande sofrimento, do ou angústia**", conforme em "**Foi uma morte viajar sem seus filhos**".

> **MORTE - substantivo feminino**
>
> **1** fim da vida, interrupção definitiva da vida humana, animal ou vegetal
>
> **3** ato ou efeito de matar
>
> **4** fim da existência de qualquer ser da natureza
>
> **4.1** cessação da luminosidade emitida por um corpo do espaço cósmico ‹*m. das estrelas*›
>
> **5** fim, término de qualquer coisa, ger. subjetiva, criada consciente ou inconscientemente pelo homem ‹*a m. de sua fama*› ‹*a m. das ilusões juvenis*›

6 o fim, o desaparecimento, freq. gradual, de qualquer coisa que se tenha desenvolvido por algum tempo ‹*m. da cultura popular*› ‹*m. de uma língua*› ‹*m. de uma civilização*›

7 *fig.* intenso sofrimento, grande dor e angústia ‹*foi uma m. viajar sem seus filhos*›

Questão 9

I. C: nas três ocorrências, tem-se pronome indefinido.

II. C: o verbo tem o termo "**da visão**" como objeto indireto, e o pronome "**me**" é classificado como parte integrante do verbo.

PERDER – verbo

11 *pron.* deixar de estar perceptível; sumir, desaparecer ‹*a estrada perdia-se no horizonte*› ‹*as vozes perdiam-se ao longe*›

III. C: tem-se pronome apassivador, índice de indeterminação do sujeito e conjunção subordinativa condicional, respectivamente, e nenhum exerce função sintática, realmente.

IV. E: tem-se adjunto adverbial de modo mesmo, relacionado ao sentido do verbo, apesar da derivação imprópria.

Questão 10

I. C: o primeiro "**que**" deve ser classificado como advérbio de intensidade e o segundo "**que**" como pronome relativo.

II. E: a preposição "**para**" é relacional e introduz objeto indireto.

OLHAR – verbo

1 *t.d.,t.i. e pron. (prep.: em, para)* dirigir os olhos para (alguém, algo ou para si); ver-se mutuamente; mirar(-se), contemplar(-se), fitar(-se) ‹*olhava (para) a imagem, enquanto rezava*› ‹*olhou-se no espelho antes de sair*› ‹*olharam-se de relance*›

III. E: "**mais**" tem sentido de cessação ou limite, quando acompanhado de negação.

MAIS – advérbio

2 exprime cessação ou limite, quando acompanhado de negação ‹*exausto, não aguentou m. caminhar*› ‹*não vale m. do que lhe foi* *proposto› ‹nunca m. retornou da Alemanha› ‹o seu namoro não é m. segredo›*

IV. E: em "**não sou o mesmo, e isto é o mesmo também afinal.**", tem-se adjetivo, que equivale a **igual**, com a palavra **homem** subentendida, e substantivo, respectivamente.

MESMO – adjetivo

1 de igual identidade; não outro *‹a m. testemunha foi chamada ao tribunal›*

2 que é exatamente igual a outro ou outros em forma, cor e/ou conteúdo; idêntico *‹consulta os m. dicionários que eu›*

3 que pouco difere em qualidades e características; semelhante *‹respondeu-lhe com o m. tom›*

MESMO – substantivo masculino

11 expressa a possibilidade de uma comparação de igualdade (ger. antecedido de artigo e seguido de *que* ou *do que*); igual a, como

‹isso é o m. que lhe dizer não›

SIMULADO 22

Questão 1

I. C: a subjetividade na apreensão da realidade é percebida por meio contraste entre a percepção que a velha tem da tapeçaria – gasta e, portanto, sem valor – e a do rapaz, que demonstra interesse pela arte ali presente.

II. E: embora "**touceira**" e "**capão**" sejam sinônimos, a substituição de "**escondida**" por "**disfarçada**" provoca certa alteração do sentido original.

> **TOUCEIRA – substantivo feminino**
>
> **1** grande touça
>
> **2** conjunto de plantas da mesma espécie que nascem muito próximas entre si, formando um tufo espesso; também pode ser constituído pelos diversos eixos de uma única planta ‹*t. de papiros*› ‹*t. de bambu*›
>
> **CAPÃO – substantivo masculino**
>
> **1** formação arbórea de pequena extensão, volume e composição variados, e de aspecto diverso da vegetação que a circunda; caapuã, capuão, capuão de mato, ilha de mato
>
> **2** m.q. bosque (no sentido de 'formação')

III. E: além da comparação, evidenciada pela conjunção "**como**", tem-se metonímia no trecho, com relação de parte (a barba) pelo todo (o homem, dono da barba).

IV. C: a conjunção precisa ligar termos ou orações e estabelecer entre eles uma relação de sentido, o que a palavra "**Mas**", empregada no referido trecho, não faz, visto que, inclusive, poderia ser retirada, sem prejuízo gramatical ou semântico.

Questão 2

I. E: há, de fato, ambiguidade, pois não fica claro quem fala, mas a velha não pode ser considerada a narradora da história. Tem-se narrador observador no texto.

II. C: a falta de empatia é revelada, inclusive, pelo bocejo mal disfarçado diante da fala do cliente, no último parágrafo.

III. E: a vendedora, de fato, não emprega a função conativa, mas também não há indícios de emprego da função fática.

IV. E: a expressão tem, no referido contexto, sentido de ***destruir***.

> **dar cabo de**
>
> **2** fazer desaparecer ou deixar de existir; extinguir, destruir, aniquilar ‹*deram c. dos ratos que infestavam a casa*›
>
> **3** concluir ação ou atividade exercida sobre ou em relação a (algo); levar a cabo ‹*deu c. do serviço rapidamente*›
>
> **4** estragar, escangalhar ‹*deu c. de toda a louça fina*›

Questão 3

I. E: "**embolorar**" foi formada por parassíntese (em + bolor + ar); "**esmaecido**" foi formada por derivação sufixal (esmae + cer), em que o radical significa "**perder as forças**", "**desbotar**".

> **esmaec- – elemento de composição**
>
> antepositivo, do fr.ant. *esmaïer* 'espantar-se, desfalecer', e este, por sua vez, do lat. **exmagāre* 'perder as forças'.

II. E: a primeira é, realmente, conjunção subordinativa integrante; a segunda, por sua vez, é partícula expletiva junto com a forma verbal "é".

III. E: como "**distraído**" não é predicativo, mas é adjunto adnominal do núcleo do objeto direto, o predicado tem apenas o verbo como núcleo, devendo ser classificado apenas como verbal.

IV. E: como há subordinação de ações no passado, a referida forma verbal deveria ficar no pretérito mais-que-perfeito mesmo.

Questão 4

I. E: o primeiro e o segundo termos são adjuntos adnominais e especificam os núcleos a que se referem, e o terceiro é agente da passiva.

II. E: o primeiro termo funciona como objeto indireto da forma verbal "**tirou**"; somente o segundo termo é adjunto adnominal do núcleo "**unha**".

> **TIRAR – verbo**

1 *t.d.bit. (prep.: de)* mudar (alguém ou algo) de lugar, fazendo(-o) sair de onde está ou fica; retirar ‹*abriu a gaveta e tirou os óculos*› ‹*preocupado, tirou seus soldados da linha de tiro*› ‹*mandou t. da estrada a pedra que despencara do morro*›

III. C: "**(A tapeçaria) parece**" – oração principal;

"**que hoje está mais nítida**" – oração subordinada substantiva predicativa.

IV. C: está correto pensar em tempo. Outras conjunções que poderiam ser empregadas no lugar de "**enquanto**" seriam **ao mesmo tempo que, durante o tempo em que, no tempo em que.**

Questão 5

I. C: como está expresso no trecho "**A despersonalização como a grande objetivação de si mesmo**" (1º parágrafo).

II. E: segundo a autora, não há paradoxo no quinto parágrafo; é preciso existir, ou agir, para se perceber que já não se existe mais ou que existe uma impossibilidade de não agir.

III. C: essa afirmação pode ser comprovada com o trecho "**A realidade é a matéria-prima, a linguagem é o modo como vou buscá-la – e como não acho.**" (6º parágrafo).

IV. C: conforme o último parágrafo, e principalmente o trecho "**Desisto, e terei sido a pessoa humana – é só no pior de minha condição que ela é assumida como meu destino.**"

Questão 6

I. E: no trecho, verifica-se paradoxo, pontualmente em "**só a mudez pronuncia**".

II. C: conforme o trecho "**E porque eu me despersonalizo a ponto de não ter o meu nome, respondo cada vez que alguém disser: eu.**" (4º parágrafo)

III. C: como o título do texto é "**em direção ao caminho inverso**", entende-se como próximas as palavras de campo semântico voltado à negação ou à oposição.

IV. C: a impossibilidade de se encontrar o sentido da vida, em alguma medida, justifica a busca do caminho inverso.

Questão 7

I. E: tem-se pronome relativo e conjunção subordinativa comparativa.

II. C: os termos classificam-se como adjuntos adnominais, pois especificam seus referentes.

III. C: tem-se, em ambas as ocorrências, verbo transitivo direto na voz passiva sintética e pronome apassivador.

> **EXPERIMENTAR – verbo**
>
> **2** *t.d.* submeter a provas psicológicas ou físicas ‹*fiz isso para experimentá-lo*› ‹*experimentava-os com pesados trabalhos*›
>
> **PREFERIR – verbo**
>
> **1** *t.d.bit. (prep.: a)* escolher (uma pessoa ou coisa) entre outras, abrindo mão de (algo); decidir-se por
>
> ‹*ele preferiu ficar solteiro*› ‹*preferiu pintar a ser médico*›

IV. C: o termo "**em nós**" deve ser classificado como objeto direto do verbo "**reconhecer**", portanto a vírgula foi empregada incorretamente, no trecho original.

> **RECONHECER – verbo**
>
> **3** *pron. (prep.: em)* distinguir a própria imagem e/ou traços morais em (alguém ou algo)
>
> ‹*reconheceu-se na determinação do neto*› ‹*reconheceram-se no retrato*›

Questão 8

I. C: isso fica evidente em razão da menção aos aspectos triviais do cotidiano e da obediência à agenda católica.

II. C: a dúvida do eu lírico indica que há diferenças entre as atitudes efetivas relativas à fé e os textos normativos.

III. C: no verso "**Em que outro brasil se escrevem cartas assim:**" (5º verso), o emprego da palavra "**brasil**" representa uma parte do Brasil, em relação ao todo, o que caracteriza metonímia.

IV. C: o interior, que é conservador e religioso, é uma referência de outras épocas, conforme se verifica na menção feita à morte do papa Pio XII, que ocorreu em 1958.

Questão 9

I. C: há elipse da expressão "**os foguetes**".

II. E: no trecho, não se verifica a intenção de criticar as mudanças de comportamento; objetiva-se, apenas, aludir à rotina, difícil de ser alterada.

III. C: nos três últimos versos, o eu lírico respeita uma tradição e evidencia uma norma de cortesia.

IV. E: não há ceticismo, mas a certeza de que as coisas não estão bem, estão inquietantes no presente, conforme o verso 25 "**Queria que tudo estivesse bem.**"

Questão 10

I. C: as preposições são nocionais de causa e introduzem adjuntos adverbiais, que modificam os verbos a que se referem.

II. C: o referido termo explica e substitui um termo "**hoje**", presente no verso anterior.

III. E: a substituição de "**do mesmo jeito**" por "**iguais**" promove alteração de sentido, em razão da alteração sintática. Além disso, a referida expressão presente no trecho original classifica-se como adjunto adverbial de modo, e não como predicativo.

IV. C: há equivalência gramatical e semântica entre os referidos vocábulos.

> **HUMILÍSSIMO – adjetivo**
> mesmo que humílimo

SIMULADO 23

Questão 1

I. C: essas características ficam mais evidentes em "**útil à sua cara pátria.**" e "**Os seus hábitos burocráticos faziam-no almoçar cedo; e, embora estivesse de férias, para os não perder, continuava a tomar a primeira refeição de garfo às nove e meia da manhã.**"

II. E: seu objetivo era recordar, a fim de organizar "**um sistema de cerimônias e festas**", conforme se depreende do trecho "**certas noções dos seus estudos anteriores, visto estar organizando um sistema de cerimônias e festas que se baseasse nos costumes dos nossos silvícolas e abrangesse todas as relações sociais**" (3º parágrafo).

III. E: faltavam ao país "**tempo e um pouco de originalidade**" (5º parágrafo).

IV. C: a forma verbal "**havia**" foi empregada no lugar de "***haveria***", sendo esta a mais condizente com o padrão formal da língua, conforme a página 470 do Celso Cunha (2016).

Questão 2

I. C: o primeiro tem valor de intensidade e modifica o adjetivo que lhe é subsequente; o segundo tem valor de tempo e modifica o verbo que o antecede. Ambos são advérbios.

> **MAIS – advérbio**
>
> **1** em maior quantidade ou com maior intensidade; em grau superior ‹*precisava estudar m.*› ‹*a cada dia, falava m. que o anterior*› ‹*amor m. forte que a morte*›
>
> **5** outra vez, nunca mais (em frases negativas) ‹*caiu e não se levantou m.*›

II. E: o primeiro exerce função de aposto explicativo, pois tem base substantiva e renomeia o termo anterior; o segundo exerce função de predicativo, visto que traz para o nome a que se relaciona uma qualidade.

III. C: a primeira é parte integrante do verbo; a segunda é pronome apassivador ("que fosse baseado")e a terceira é pronome reflexivo.

> **BASEAR – verbo**
>
> **2** *(1858) bit. e pron. (prep.: em)*

estabelecer as bases de; apoiar(-se), firmar(-se) ‹*baseou a defesa do réu nas declarações das testemunhas*› ‹*baseou-se em falsas informações*›

DISSIPAR – verbo

1 *t.d. e pron.* fazer desaparecer ou desaparecer; dispersar(-se), desfazer(-se), espalhar(-se) ‹*o sol dissipou a neblina*› ‹*a cerração já se dissipara*›

IV. E: tem-se verbo transitivo direto apenas, e o termo "**na coisa**" deve ser classificado como adjunto adverbial de situação.

VER – verbo

7 *t.d.* observar, notar, perceber, reparar ‹*na cozinha, vi que o jantar já estava pronto*› ‹*não vira que ela usava o vestido novo*›

7.**1** *t.d.* admitir como verdade, constatar, reconhecer, perceber ‹*você não vê que não gosto mais dele?*› ‹*não quer v. a realidade*›

Questão 3

I. C: o referido termo é objeto direto da forma verbal "**faziam**" e sujeito simples de "**almoçar**".

II. E: todos os três termos são complementos nominais.

III. E: não há dois fatores de próclise e, portanto, o correto seria "para não os perder" ou até "para não perde-los", devido ao "infinitivo solto", conforme Celso Cunha (2016), na página 325.

IV. C: o primeiro termo é complemento nominal do advérbio "**dentro**"; o segundo funciona como adjunto adnominal do substantivo "**impulsos**".

Questão 4

I. C: no primeiro caso, a referida palavra foi empregada com o sentido de "**provavelmente**"; no segundo caso, o sentido é de "**perfeitamente**".

BEM – advérbio

19 com nitidez ou clareza; distintamente, perfeitamente ‹*ficou b. entendido que não iríamos lá*› ‹*ver ou ouvir b. alguma coisa*›

26 com certeza ou provavelmente ‹*pode-se b. chamar a isso preguiça*›

II. E: para que houvesse correção gramatical, deveria ter sido empregada uma vírgula depois de "**casa**", a fim de separar advérbios de lugar coordenados entre si.

III. C: tanto em "**como também nos simples aspectos etnográficos e antropológicos. Recordava (é melhor dizer assim)**" (3º parágrafo) quanto em "**porque em si mesma (era a sua opinião) a grande pátria do Cruzeiro só precisava de tempo para ser superior à Inglaterra.**" (4º parágrafo), isola-se um comentário de natureza particular do narrador.

IV. C: dever-se-ia inserir uma vírgula após a conjunção coordenativa "**mas**", a fim de isolar o adjunto adverbial "**no que se referia à originalidade de costumes e usanças**".

Questão 5

I. E: a substituição do "**Este**" dêitico por ***Esse*** anafórico, sem referente, promove alteração no trecho.

> **ESTÚRDIO – adjetivo**
>
> **1** *MG, SP* que denota estranheza, esquisitice (diz-se de coisa ou pessoa); incomum, esquisito
>
> **ASSISADO – adjetivo**
>
> que age com siso; ajuizado, sensato, ponderado

II. E: na verdade, o narrador reflete sobre várias coisas, ao longo do texto, inclusive sobre a possível existência do diabo; há diversos perigos, portanto.

III. C: a expressão "**mói no asp'ro**", a qual pode ser entendida como "moer algo em uma superfície áspera, com atenção, sob o risco de ferir-se", pode ser relacionada, metaforicamente, ao trabalho difícil que não permite que haja divagações, sonhos, fantasias.

IV. E: a exemplificação é constituída por meio de uma parábola.

> **PARÁBOLA – substantivo feminino**
>
> **1** narrativa alegórica que transmite uma mensagem indireta, por meio de comparação ou analogia

Questão 6

I. E: "**trem do diabo**" é vocativo no trecho em destaque.

II. E: como a forma verbal "**diz**" é transitiva direta, o "**se**" é pronome apassivador, com sujeito simples, posposto ao verbo.

III. C: tem-se verbo predicativo, que indica mudança de estado.

> **VIRAR - verbo**
>
> **13** *t.d.pred.* assumir a forma ou a natureza de (outro); alterar-se (uma condição); converter-se em, transformar-se em
>
> ‹*muitos acreditam que o macaco virou homem*› ‹*desde quando água vira vinho?*›

IV. E: além de apresentarem o mesmo referente, no caso, "**raças**", também exercem funções sintáticas distintas, sendo "**tortas**" adjunto adnominal e "**horrorosas**" e "**venenosas**", predicativos do sujeito.

Questão 7

I. E: o primeiro vocábulo é, realmente, advérbio de modo, podendo ser escrito como ***francamente***, mas o segundo é adjetivo, com função de predicativo do sujeito.

II. E: o núcleo "**criminoso**" é acompanhado por um determinante, "**todo**", e por dois elementos modificadores, "**grave**" e "**feroz**". As palavras "**quase**" e "**mais**" **são advérbios.**

III. E: tanto o pronome quanto o seu antecedente desempenham a função de sujeito simples.

IV. C: a expressão remete ao barulho feito pelo balanço da rede, da qual o narrador, agora com tempo por causa da aposentadoria, pode desfrutar.

Questão 8

I. C: ao longo de todo o poema, o eu lírico pergunta-se sobre o que seria ele se não fosse tudo o que faz parte das construções poéticas.

II. E: não se tem destaque para a função apelativa, pois o eu lírico não tem por objetivo convencer o leitor de algo, mas apenas expressar suas reflexões.

III. E: não há contradição entre os termos "**partir**" e "**ficar**". O que o eu lírico pretende dizer é que ele sempre inicia seus poemas, expressando sua vontade de ficar, de permanecer na pátria, na vida, como o poeta, enfim, de compreender-se.

IV. E: ao longo do poema, depreende-se que a vida é a palavra, a escrita, o registro poético, conforme fica condensado na última estrofe.

Questão 9

I. C: os referidos adjuntos adnominais do núcleo "**fundo**" **são** "**o**", "**triste**" e "**da terra**".

II. E: quando a estrutura de sujeito, verbo de ligação e predicativo do sujeito permite leitura ambígua, vale a ordem em que os termos foram apresentados pelo autor, para a classificação, conforme Celso Cunha (2016), na página 176.

III. E: tem-se verbo transitivo indireto predicativo, em que "**do céu poderoso**" **é o objeto indireto e** "**a Língua**" seu predicativo.

> **FAZER – verbo**
>
> **11.4** *t.d.pred. e t.i.pred. (prep.: de)* transformar (alguém ou algo) em ‹*queria fazê-la sua mulher*› ‹*f. de um capitão um comandante*› ‹*que fez você de seu filho?*› ‹*havia de f. do filho um herói*›

IV. E: o primeiro termo é objeto indireto do verbo "**fazer**". O segundo, por sua vez, é complemento nominal realmente.

Questão 10

I. C: tem-se derivação prefixal e sufixal em todas as palavras.

> **INDELÉVEL - adjetivo de dois gêneros**
>
> lat. *indelebĭlis,e* no sentido de ‹que não pode ser apagado ou riscado›, de *in* + *delebĭlis* e este de *delēre* no sentido de ‹apagar, destruir›
>
> **DESFALECIMENTO - substantivo masculino**
>
> rad. de *desfalecer* com alt. da vogal temática *-e-* > *-i-* + *-mento*; ver *falec-*; f.hist.
>
> **DESCAMPADO - substantivo masculino**
>
> espanhol *descampado* (c1300); ver *camp-*; f.hist. c1537-1583 *descãpado*

II. E: na acepção em que foi empregado (remeter), o referido verbo é, realmente, transitivo indireto.

> **REMONTAR – verbo**

10 *t.i. (prep.:a,até)* volver, recuar (muito atrás no passado) ‹*r. à época dos fenícios*›

10.1 *pron. (prep.: a)* fazer menção a; referir-se ‹*um romancista que sempre se remontava a um passado distante*›

III. E: a referida oração é subordinada adverbial temporal, no caso, reduzida de gerúndio. Caso fosse desenvolvida, poderia ser escrita como ***E sempre que o encontrasse, o meu medo de não o reconhecer***.

IV. E: na versão original, havia desvio em "**E o encontrando**", visto que conjunção aditiva não é fator de próclise.

SIMULADO 24

Questão 1

I. C: trata-se de uma quase despedida, porque a coluna do autor não deixará de existir, apenas mudará de dia e de enfoque.

II. C: conforme o trecho "**cada vez mais a literatura se transforma para mim na rabeca que dá tom ao toque da minha vida.**", com o emprego da metáfora, pontualmente, em "**a literatura se transforma na rabeca**".

III. E: é possível perceber que Suassuna reconhece que não sabe lidar com essa tecnologia, mas tem quem o ajude nessa tarefa, o que evidencia a importância que o autor atribui a ela.

IV. C: a coesão dêitica está no emprego dos advérbios "**hoje**" e "**aqui**"; a hiponímia, em "**Cida**".

Questão 2

I. E: tem-se advérbio de intensidade que modifica o adjetivo "**dóceis**", no primeiro caso, e preposição acidental mesmo, no segundo caso.

II. C: além dos que estão pospostos ao verbo, "**como poeta**" também funciona como predicativo.

III. E: trata-se de oração subordinada adjetiva explicativa.

IV. C: o pronome e seu antecedente "**escritor**" exercem função de predicativos do sujeito.

Questão 3

I. E: a primeira vírgula isola adjunto adverbial deslocado; a segunda isola o predicativo, assim como a terceira e a quarta.

II. E: as duas primeiras vírgulas são, de fato, obrigatórias; a vírgula que antecede o advérbio "**aqui**" também é obrigatória, já que isola termos de mesma função sintática coordenados entre si, de modo que apenas a última vírgula é facultativa.

III. C: o termo pode ser equivalente a "**quando era menina**" ou "**em menina**". Além disso, a ideia de tempo passado está ratificada pela forma verbal "**tirei**".

IV. E: tem-se oração subordinada adverbial com sentido de comparação, com verbo em elipse.

Questão 4

I. E: a forma verbal "**escreve**" não admite preposição "**em**" na acepção em que foi empregada.

> **ESCREVER – verbo**
>
> **1** *t.d.* representar por meio de caracteres ou escrita *‹escreveu algumas palavras›*
>
> **2** *t.d.,t.i.int. (prep.: de, sobre)* expressar-se por meio de escrita *‹escreve um português corretíssimo› ‹escreveu de um amor perdido› ‹esse rapaz escreve muito bem›*

II. E: tem-se verbo transitivo indireto, com o "**me**" funcionando como parte integrante.

> **VALER – verbo**
>
> **11** *pron. (prep.: de)* contar com, servir-se de; utilizar *‹valeu-se do guarda-chuva para golpear o assaltante›*

III. C: o sentido entre as orações coordenadas é mesmo de conclusão, de modo que o trecho poderia ser reescrito como ***De minha parte, não sei tocar rabeca, portanto não mereço comentário tão belo e comovente.***

IV. C: o pronome "**me**" funciona como objeto direto da forma verbal "**ouvir**" e sujeito do verbo no infinitivo "**falar**", conforme Celso Cunha (2016) a página 501.

Questão 5

I. E: não se pode afirmar que o objetivo do autor é redimir, com o sentido de reabilitar, mas de torná-lo redentor.

II. E: não se pode afirmar que as duas expressões sejam antagônicas no trecho em que estão inseridas, visto que representam realidades nordestinas distintas, que não se excluem.

> **FAMÉLICO – adjetivo**
>
> que tem muita fome; faminto

III. C: conforme se pode depreender do 11º parágrafo.

IV. C: essa informação fica evidente no parágrafo 9º do texto.

Questão 6

I. E: "**aliás**" é partícula de retificação e "**inclusive**" é de inclusão; além disso, a retirada do artigo posposto ao pronome indefinido "**todo**" promove desvio gramatical.

> **ALIÁS – advérbio**
>
> **3** emprega-se em seguida a uma palavra proferida ou escrita por equívoco; ou melhor, digo ‹*estávamos em março, a., abril*›
>
> **INCLUSIVE – advérbio**
>
> **1** de modo inclusivo; sem exclusão, inclusivamente ‹*estudaremos até o capítulo V, i.*›
>
> **2** até, até mesmo ‹*é uma situação delicada e i. perigosa*›

II. E: tem-se pronome relativo, com função de sujeito.

III. C: na primeira ocorrência, tem-se conjunção integrante, a qual introduz oração subordinada substantiva objetiva direta em relação à forma verbal "**determinar**"; na segunda, conjunção subordinativa causal.

IV. E: o pronome exerce função de objeto indireto, e o segundo termo tem função de complemento nominal.

> **DEDICAR – verbo**
>
> **1** *bit. (prep.: a)* oferecer, destinar ao culto (de divindade); consagrar ‹*dedicou o altar ao santo de sua devoção*›
>
> **2** *bit. (prep.: a); p.ext.* destinar com afeição; oferecer com algumas palavras escritas; ofertar ‹*dedicou-lhe uma linda canção de amor*›

Questão 7

I. E: o referido período é constituído por 5 orações:

"**Ali, em 1836, uma seita tentou fazer**" – oração principal

"**ressurgir o rei Dom Sebastião**" – oração subordinada substantiva objetiva direta

"**transformado em lenda em Portugal**" – oração subordinada adjetiva explicativa

"**depois de desaparecer na Batalha de Alcácer-Quibir**" – oração subordinada adverbial temporal

"quando tentava converter mouros em cristãos no Marrocos." – oração subordinada adverbial temporal

II. C: o primeiro termo é complemento nominal; o segundo termo é adjunto adnominal.

III. E: tem-se locução verbal bitransitiva, em que "**mouros**" funciona como objeto direto, e "**em cristãos**" funciona como objeto indireto.

> **CONVERTER – verbo**
>
> 1 *bit. e pron. (prep.: em)* transformar ou transformar-se (alguém, uma coisa, um estado, uma forma etc.) em; mudar, transmudar
>
> *‹a educação que recebeu converteu-o num tímido› ‹o fogo converte a lenha em cinzas› ‹o riso converteu-se em pranto›*

IV. C: "**Ali**", "**em Portugal**", "**na batalha de Alcácer-Quibir**" e "**no Marrocos**" são os 4 adjuntos adverbiais de lugar, e "**em 1836**", "**depois de desaparecer na Batalha de Alcácer-Quibir**" e "**quando tentava converter mouros em cristãos**" são os 3 de tempo.

Questão 8

I. E: ele fica pensando na imagem da mulher durante um tempo, mas não se pode afirmar, com base no poema, que isso perdurou até o dia seguinte

II. E: no primeiro trecho, em "**na altura**", tem-se metonímia para "**céu**"; no segundo verso, tem-se metáfora em "**fitas de ouro**".

III. C: o cuidado com a construção do texto, o uso de figuras de linguagem e a seleção vocabular são evidências desse estilo literário.

IV. E: "**Pantum**" é um tipo de poema da Malásia constituído por uma série de quartetos, o qual não está associado à ideia de lamento.

> **PANTUM - substantivo masculino**
>
> tipo de poema composto em estrofes, oriundo da Malásia, constituído por uma série de quartetos em que o segundo e o quarto versos de um reaparecem como o primeiro e o terceiro do quarteto seguinte, até chegar ao último, que termina com o verso inicial do poema

Questão 9

I. E: o referido termo completa o adjetivo "**cheia**", sendo, portanto, complemento nominal.

II. C: o termo "**uma pequena estrela**" exerce função de sujeito simples, e o pronome "**me**" equivale a "**para mim**", sendo, portanto, objeto indireto.

OLHAR - verbo

3 *t.d. e t.i. (prep.: em, para)* fitar os olhos em; encarar ‹*olhou (para) o aluno de modo firme antes de repreendê-lo verbalmente*›

III. E: além de comprometer, realmente, a estrutura estilística do texto, o pronome indefinido "**outras**" é fator de próclise obrigatória.

IV. C: colocado junto do verbo principal, o gerúndio expressa uma ação simultânea, correspondendo a um adjunto adverbial de modo, conforme ensina Celso Cunha (2016), na página 505.

Questão 10

I. E: "**a descer**" é oração subordinada adjetiva explicativa reduzida de infinitivo, a qual poderia ser desenvolvida como ***que descia***.

II. E: trata-se de verbo transitivo direto, seguido de pronome reflexivo, com função de objeto direto e empregado na acepção de "**pôr em relevo**", "**destacar**".

ESBATER – verbo

1 *t.d.*; ART.PLÁST dar relevo a ‹*e. uma figura num baixo-relevo*› ‹*fez uso do claro-escuro para e. os objetos do quadro*›

2 *t.d.* tornar mais tênue; suavizar ‹*está muito forte essa cor; quero que esbatam o verde dessa parede*›

DELIR – verbo

1 *t.d.bit. (prep.: em)* dissolver, desfazer (alguma coisa) [em líquido] ‹*d. o açúcar (em água)*›

2 *t.d.* remover a intensidade da cor de; desbotar ‹*o tempo deliu a pintura*›

3 *t.d.bit. e pron. (prep.: de); fig.* fazer desaparecer ou desaparecer; apagar(-se), extinguir(-se)

‹*d. sentimentos (do coração)*› ‹*sua fama se deliu*›

III. C: todas as três palavras indicam ausência de movimento.

IMOTO – adjetivo

sem movimento; imóvel

IV. E: a palavra "**fosforear**" ou "**fosforejar**" vem, realmente, de fósforo, mas está dicionarizada, não constituindo, portanto, neologismo.

FOSFOREJAR – verbo

int. luzir como fósforo em chama; fosforear

SIMULADO 25

Questão 1

I. C: a referência ao vocábulo "**paraíso**", presente no título, é feita apenas no oitavo e último parágrafo, em "**entrariam no céu**".

II. C: apesar de haver função referencial, em razão das informações sobre a Bahia, sobre Jorge Amado e sobre sua obra, a presença da primeira pessoa e a subjetividade do narrador por meio dos posicionamentos pessoais tornam a função emotiva predominante.

III. C: no trecho "**romance baseado em Euclides da Cunha**", empregou-se o nome do autor em lugar do nome da obra, no caso *Os Sertões*.

IV. C: a retirada do vocábulo "**último**" desfaz a redundância presente no trecho, tendo em vista que o pronome "**este**" já faz referência ao último elemento citado. Além disso, o sentido dos vocábulos "**Amiúde**" e ***Frequentemente*** é o mesmo.

> **AMIÚDE – advérbio**
>
> repetidas vezes, com frequência, a miúdo ‹*visitava a. o amigo*›

Questão 2

I. E: tem-se, de fato, sinonímia em "**Os escritos**", termo que retoma ***obra literária***, mas não há elipse do termo "**escritos**", visto que ele foi renomeado pelo pronome demonstrativo "**os**", que antecede o termo "**de seus contemporâneos**". Além disso, ainda há a substituição por advérbio, em "**de então**", em referência à década de 1950.

II. E: a palavra "**onde**", de fato, foi mal-empregada; deveria, entretanto, ser substituída por ***nos quais***, já que se refere a "**segmentos sociais**".

III. C: o sentido de consequência fica evidente quando o trecho é reescrito como ***deu meia-volta em sua literatura, de modo que a despolitizou e a expurgou de pressupostos ideológicos e tentações pedagógicas, de maneira que abriu, de par em par, para outras manifestações da vida.***

IV. E: a vírgula isola adjunto adverbial de finalidade "**para a festa dos 70 anos de Jorge Amado**", portanto é facultativa.

Questão 3

I. E: tem-se predicado verbal (na oração principal "**Estive em Salvador, Bahia, em 1982, para a festa dos 70 anos de Jorge Amado**"), nominal (na oração coordenada sindética aditiva "**e fiquei maravilhado com o entusiasmo**") e verbal (na oração adjetiva restritiva "**com que a gente do povo o festejava**"), respectivamente.

II. C: a palavra "**como**" foi empregada com sentido de modo, equivalendo às expressões ***a forma que, a maneira que***, e introduz oração com função de objeto direto.

> **VER – verbo**
>
> **1** *t.d.int.* perceber pela visão; enxergar ‹*viu a luz acesa*› ‹*o cego não vê*›
>
> **1.3** *t.d.* estar presente a, testemunhar, assistir ‹*v. um desfile*› ‹*v. uma agressão*›

III. C: o pronome relativo, com função de objeto direto da forma verbal "**tornaram**", retoma o terno "**na terra**", que, no período em que se insere, tem função de adjunto adverbial.

> **TORNAR – verbo**
>
> 7 *(sXIII) t.d.pred.bit. e pron.* fazer passar ou passar de (um estado ou condição) [a outro]; converter(-se), transfigurar(-se), transformar(-se) ‹*a tinta tornou azul a água*› ‹*o estudo tornou os meninos maus em bons*› ‹*o céu tornara-se carregado*›

IV. E: tem-se adjunto adnominal, que especifica o vocábulo "**talento**", e complemento nominal do vocábulo "**criador**", respectivamente.

Questão 4

I. E: na primeira ocorrência, a preposição introduz objeto indireto; na segunda, oração subordinada adverbial final reduzida de infinitivo.

> **SERVIR – verbo**
>
> **12** *t.i.int. (prep.: a, de, para)* ser útil, conveniente ou apropriado para (determinado fim) ou para produzir (determinado efeito)
>
> ‹*que essa crítica favorável lhe sirva de estímulo para as próximas criações*› ‹*a violência serve para mantê-los sob cabresto*›
>
> ‹*nesse caso, qualquer desculpa serve*› ‹*um dispositivo que serve para limitar o número de chamadas dos telefones*›

II. E: a palavra "**nada**" deve ser classificada como pronome indefinido, e a expressão "**dos diabos**" classifica-se como locução adjetiva, visto que se relaciona ao substantivo "**trabalho**".

III. C: na primeira ocorrência, a conjunção integrante introduz oração subordinada substantiva subjetiva, tendo como oração principal "**é apenas um ato de justiça.**". No segundo trecho, tem-se pronome relativo, com o qual se retoma "**Jorge Amado**".

IV. E: o vocábulo "**claro**" deve ser classificado como advérbio, com sentido de ***evidentemente, claramente***. A expressão "**graças a Deus**", apesar de ter sido usada para fazer o trocadilho com o nome de uma obra de Zélia Gattai, pode ser entendida no trecho como interjeição mesmo.

> **CLARO – advérbio**
>
> **1** de maneira óbvia, evidente; manifestamente ‹*ficou e. constrangido com a situação*›
>
> **2** us. para indicar que quem fala se apoia em fatos ou razões para afirmar o que diz; é claro (que), sem dúvida, naturalmente ‹*ele e. não vai querer prejudicar ninguém*› ‹*vocês, e., já foram informados do que devem fazer*›

Questão 5

I. E: a voz que cobre a noite é a de outra pessoa, embora a música seja conhecida por Francisco, conforme se verifica no excerto "**A voz do negro cobre a noite. O velho Francisco conhece essa música e esse mundão de estrelas que se reflete no mar.**" (1º parágrafo).

II. E: não só às custas do sobrinho, mas também remendando velas, conforme o trecho "**Hoje vive de remendar vela, do que lhe dá Guma, seu sobrinho**" (3º parágrafo)

III. C: conforme o trecho "**Talvez um dia escreva ali o nome de Guma, se der um dia na cabeça de Iemanjá amar o seu sobrinho**" (3º parágrafo).

IV. C: conforme o fim do último parágrafo do texto.

Questão 6

I. E: embora haja sentido conotativo no trecho, a função poética está presente ao longo de todo o texto, e não de forma pontual apenas.

II. C: os dois pontos, como marca de uma pausa expressiva na frase, criam expectativa para a ideia seguinte; além disso, o sinal poderia, inclusive, ser substituído por vírgulas.

III. C: nos dois trechos, com uma linguagem menos impactante, há referência à morte.

IV. E: não se pode afirmar que houve, nos referidos trechos, atribuição de ações humanas à noite e ao vento. Este, na qualidade de fenômeno da natureza, poderia levar embarcações.

> **CHEGAR – verbo**
>
> **1.1.1** *int.* começar a acontecer ‹*vai c. o fim do dia, e a tarefa não se concluiu*›
>
> **LEVAR – verbo**
>
> **5** *t.d.* arrebatar com força; arrancar, fazer desprender-se ‹*uma ventania levou as roupas do varal e as folhas de zinco do barracão*›

Questão 7

I. E: como os verbos dos trechos são, respectivamente, intransitivo e transitivo direto, tem-se índice de indeterminação do sujeito, no primeiro caso, e pronome apassivador, no segundo.

> **FALAR – verbo**
>
> **1** *rg.mt. (prep.: a, sobre)* exprimir por meio de palavras
>
> ‹*falou(-lhes) a verdade*› ‹*pouco lhes falava*› ‹*já nos últimos tempos de sua vida, mal falava*›
>
> **2** *rg.mt. (prep.: a, sobre)* expor pensamentos; discorrer, conversar, contar
>
> ‹*falaram trivialidades*› ‹*passava horas, falando(-lhes) de suas aventuras*› ‹*no momento, recuso-me a f.*›

II. E: a forma verbal "**chegava**" é transitiva indireta, e não intransitiva.

> **CHEGAR – verbo**
>
> **1.1** *t.i.int. (prep.: a, de, em)*
>
> atingir o termo de uma trajetória em (algum lugar) ou vindo de (um lugar); concluir percurso de ida e/ou de vinda ‹*chegou hoje (da Europa)*› ‹*c. a casa*› ‹*c. em casa*› ‹*a flecha não chegou ao alvo*› ‹*o avião chegou antes da hora*›

III. E: a forma verbal "**é**" pertence à expressão "**é que**", que é expletiva e, portanto, não segue a estrutura gramatical da frase.

IV. C: como exerce mecanismo de coesão catafórica, o correto seria o emprego do pronome "**este**".

Questão 8

I. E: além dessa constatação, sobressai o quanto não ficamos com nada do que vivemos e o quanto isso causa pena, tristeza, conforme evidencia o título.

II. C: pode-se depreender a ideia de que alguma compreensão acerca do mistério da vida só advirá com a morte, quando o eu lírico se despojar de sua alma.

III. E: não é a vida que tem pouca importância, tanto que ele, no final do poema (13º verso), afirma que quer agarrá-la; as conquistas, ao longo da vida, é que valem pouco ou, mesmo, nada.

IV. C: no primeiro caso, a vida é comparada a um voo, para indicar a celeridade com que passa; no segundo caso, despojar-se da alma significa morrer.

Questão 9

I. E: tanto no primeiro quanto no segundo verso, a função sintática exercida pelo pronome "**me**" é de objeto indireto.

> **FICAR – verbo**
>
> **10** *t.i.int. (prep.: em, para)* subsistir como resto, remanescente, vestígio, traço; restar, conservar-se, sobrar
>
> <*o que nos ficou daquele dinheiro foi bem pouco*> <*após o acidente, ficou-lhe uma cicatriz no rosto*> <*os ladrões levaram tudo, nada fico*
>
> **DEIXAR – verbo**
>
> **23** *bit. (prep.: para)* transmitir em herança; legar <*o falecido deixou uma fortuna para a viúva*>
>
> **24** *bit. (prep.: para)* realizar a doação de; ceder, ofertar <*d. dinheiro para a instituição*>

II. C: "**Mas, que é a vida, afinal? Um voo, apenas.**" (3º verso), / "**Uma lembrança**" e "**outros pequenos nadas.**" (4º verso).

III. C: os dois primeiros são adjuntos adnominais; os dois últimos, objetos indiretos.

DESPEDIR-SE – verbo

8 *pron. (prep.: de)* ver, visitar pela última vez antes de se retirar *‹queria ainda uma vez d.-se daquela casa onde fora tão feliz›*

DESPOJAR-SE – verbo

1 *t.d.* espoliar (alguém) de seus pertences; roubar, saquear, defraudar *‹a tropa invadia residências, despojando os moradores›*

2 *bit. e pron. (prep.: de)* privar(-se) da posse; desapossar(-se) *‹o próprio filho despojou-a de seus bens› ‹é difícil d.-se de tudo que se tem›*

IV. E: apesar de os verbos serem mesmo intransitivos, o predicado da primeira oração é verbal, já que "**mau**" exerce função de adjunto adnominal de "**vento**", e não de predicativo, e o da segunda é verbo-nominal, com verbo de ação ("**correu**") e predicativo do sujeito ("**veloz**").

PASSAR – verbo

1 *t.d.,t.i.int. (prep.: por)* percorrer (distância no espaço); atravessar, transpor *‹p. a estrada para entrar na fazenda› ‹passaram pela cidade e prosseguiram para o norte› ‹vi o avião p. muito rápido›*

CORRER – verbo

1 *int.* imprimir (homem ou animal) grande velocidade ao deslocamento do corpo, através do contato rápido dos pés ou patas com o sol *‹mesmo cansado, o atleta corria› ‹com o estrondo, os animais correram assustados›*

1.1 *int.* deslocar-se no espaço velozmente (através de meios de transporte, especialmente os terrestres)

‹naquela pista, os carros sempre correm bastante›

Questão 10

I. E: tem-se parte integrante do verbo, que, nessa acepção, é pronominal.

IR – verbo

4 *pron.* deixar de manifestar-se ou de existir; dissipar-se, desaparecer *‹foi-se o entusiasmo› ‹com o tempo, foi-se toda a sua fortuna›*

‹foi-se o verão› ‹com aquele esguicho de ácido, foi-se a minha blusa›

II. E: "**outros**" é pronome indefinido e "**nadas**" é substantivo.

NADA – substantivo masculino *(sXIII)*

4 a negação da existência, a não existência; o que não existe; o vazio <*criar o n.*>

4.1 situação que precede a ou que se segue à existência <*viemos do n. e vamos para o n.*>

III. E: na verdade, o sentido de oposição está em "**Despedem-se**" (7º verso) e "**Fica-me**" (8º verso).

IV. E: de acordo com o sentido do texto, as penas da asa do pássaro, que representa o tempo que passou/fugiu, é que são ou podem ser consideradas mágicas, encantadas, misteriosas.

SIMULADO 26

Questão 1

I. E: não há paradoxo, tendo em vista que o nascimento do autor no mesmo dia da futura abolição da escravatura foi, de fato, mero acaso, o qual, no entanto, resultou nas referências à liberdade presentes em suas obras.

II. C: tanto a expressão "**quem sabe**" quanto "**quiçá**" remetem à falta de certeza quanto à precisão das informações.

> **QUIÇÁ – advérbio**
>
> possivelmente, mas não com certeza; talvez, porventura

III. C: embora fossem iletradas, elas conseguiam identificar as flores raras, portanto mais caras, usadas pelos rapazes de classes mais abastadas.

IV. C: o vocábulo "**florescente**" foi empregado, conotativamente, com sentido de "**crescente**".

> **FLORESCENTE - adjetivo de dois gêneros**
>
> **4** *fig.* que está em pleno desenvolvimento; próspero ‹*o f. cinema nacional*›

Questão 2

I. E: tem-se preposição acidental e conjunção subordinativa conformativa, respectivamente.

> **SEGUNDO – preposição**
>
> **1** de acordo ou em harmonia com; conforme, consoante ‹*s. o parecer dos juristas, o projeto é inconstitucional*›
>
> **2** expressa dependência, subordinação (a certas circunstâncias); consoante, conforme ‹*a graça divina age s. as disposições do fiel*›
>
> **CONFORME – conjunção**
>
> **10** *conj.confr.* de acordo com; como, segundo, consoante ‹*tudo não passou de um equívoco, c. se crê*›

11 *conj.temp.; B* no momento em que, precisamente quando; mal, nem bem, assim que ‹*c. ele entrou, a mãe chegou em casa*› ‹*c. ele ia saindo, o pai assomou à janela*›

II. C: como o termo que segue a pontuação funciona como aposto explicativo, o emprego de dois-pontos estaria correto, desde que se retirasse o travessão que isola o referido trecho.

III. C: com a substituição, haveria concordância atrativa com o termo "**dia**", no primeiro trecho, e "**visconde**", no segundo.

IV. C: tem-se a ideia de prolongamento da ação no tempo. A ação está em processo.

Questão 3

I. E: "**apareceram**" é intransitivo.

APARECER – verbo

1 *t.i.int. (prep.: a, em)* tornar-se visível, perceptível; revelar-se subitamente

‹*a figura do pai aparecera-lhe em sonho*› ‹*demorou, mas o Sol apareceu (no horizonte)*›

HAVER – verbo

6 *t.d.* [*impessoal*] estar ou encontrar-se concretamente em determinado lugar ou situação

‹*há alguém à porta, batendo*› ‹*havia três mulheres no aposento*› ‹*há árvores centenárias no parque*›

II. E: o termo "**do Rio de Janeiro**" deve ser classificado como adjunto adnominal do núcleo "**região**".

III. C: os termos "**em todo o seu território**" e "**durante quatro longos séculos**" são adjuntos adverbiais, respectivamente, de lugar e de tempo, coordenados entre si.

IV. E: tem-se adjunto adnominal, com valor de especificação, e complemento nominal, respectivamente.

Questão 4

I. C: a forma verbal "**entrelaçar**" rege tanto a preposição "**a**" quanto a preposição "**com**".

ENTRELAÇAR – verbo

> **1** *t.d.bit. e pron. (prep.: a, com)* juntar(-se), prender(-se) [algo], enlaçando (a outra coisa ou entre si); entretecer(-se), enastrar(-se), entrançar (-se) *‹e. cordões› ‹e. fitas azuis com brancas› ‹trepadeiras que se entrelaçam›*

II. E: na primeira ocorrência, a preposição é nocional, pois introduz adjunto adverbial de causa; na segunda ocorrência, a preposição é relacional, sem valor semântico, pois introduz agente da passiva.

III. E: o tempo verbal empregado no trecho original está de acordo com a norma, pois o futuro do pretérito foi empregado para indicar a falta de certeza em relação às informações sobre o nascimento do autor.

IV. E: tem-se marcador discursivo.

> **MESMO - advérbio**
>
> **advérbio de oração**; *marcador do discurso*
>
> **14** dentro da oração, denota:
>
> **14.1** de fato, de verdade; realmente *‹foi m. uma notícia que alegrou a todos›*

Questão 5

I. C: negro e de origem pobre, Lima Barreto produzia crônicas de costumes situadas no Rio de Janeiro e, em suas obras, tematizava o preconceito racial e as injustiças sociais do Brasil.

II. E: há, de fato, ironia no trecho; não se pode afirmar, no entanto, que haja paradoxo, já que a lucidez extra ocorre justamente em razão do sonambulismo. O trabalho de Madame Dadá é feito em um estado que transcende a lucidez.

III. E: a antítese está não entre o estado de espírito do protagonista e o do restante do mundo, mas entre o modo como ele sempre percebeu o mundo, "**mau e turvo**", e a forma como ele o estava percebendo, naquele momento, "**claro e doce**".

IV. C: essa interpretação sobre o brasileiro comum é presente no texto e está condizente com as perspectivas exploradas por Lima Barreto em muitos de seus contos, romances e crônicas.

Questão 6

I. E: trata-se de uma incoerência do personagem, não do texto.

II. E: a origem do vocábulo "**teósofos**" é apenas grega.

TEOSOFIA – substantivo feminino

grego tardio *theosophía*

conjunto de doutrinas religiosas de caráter sincrético, místico e iniciático, acrescidas eventualmente de reflexões filosóficas, que buscam o conhecimento da divindade e, assim, a elevação espiritual

III. C: no primeiro caso, há atribuição da ação humana de sorrir às coisas; no segundo trecho, a sinestesia consiste na mistura entre visão – "**claro**" – e paladar – "**doce**".

IV. E: não se pode afirmar que se trata de um mistério a ser desvendado, mas de uma surpresa para o próprio protagonista. Não era algo que se estava esperando, para ser desvendado.

Questão 7

I. E: o pronome relativo exerce função de objeto direto, já seu referente, "**com o primeiro conhecido**", tem função de adjunto adverbial de meio.

ARRANJAR – verbo

7 *t.d.bit. e pron. (prep.: para)* conseguir, obter, alcançar (para outrem ou para si) [algo que era almejado ou não]; arrumar(-se) *‹só arranjou problemas› ‹a. um bom emprego (para o irmão)› ‹a.-se bem na vida›*

ENCONTRAR – verbo

6 *t.d.,t.i. e pron. (prep.: com)*

ir ter com alguém *‹iam e. a moça› ‹encontrou com o rapaz na esquina› ‹foram e.-se com ela›*

II. C: os advérbios "**ali**" e "**repentinamente**" funcionam como fatores de próclise nos dois trechos, apesar de haver, também, oração subordinada, no primeiro.

III. E: o sentido da referida expressão no texto é "**às custas de**".

SOLDO – substantivo masculino

a soldo de ou a soldo de alguém

a serviço, às ordens de (alguém), mediante recompensa

IV. E: no primeiro caso, há exigência da preposição, devido à regência do verbo, combinada com o emprego do artigo feminino anteposto ao substantivo feminino "**mulher**"; no segundo caso, não deveria haver sinal indicativo de crase, visto que, conforme Celso Cunha (2016), na página 235, *quando não está particularizada por adjunto adnominal, a palavra "**casa**" vem de regra antecedida apenas por artigo*, sem crase, portanto.

Questão 8

I. C: conforme se pode depreender dos versos 11 e 12.
II. E: há, na afirmação, algumas extrapolações, como a de que o sono será reparador.
III. C: o vocábulo "**sortilégio**" foi empregado com sentido de "**azar**".

> **SORTILÉGIO – substantivo masculino**
>
> **1** ato de magia praticado por feiticeiro; feitiço, malefício, bruxaria ‹*socorreu-se dos s. da magia negra*›
>
> **SINA - substantivo feminino**
>
> **2** *(c1543)* fatalidade a que supostamente tudo no mundo está sujeito; destino, sorte, fado

IV. C: no referido verso, "**estrela**" e "**pântano**", assim como "**altura**" e "**baixar**" são opostos entre si.

Questão 9

I. C: "**estrela**" renomeia, de maneira mais genérica, o "**sol vermelho**".
II. E: no primeiro caso, "**só**" é palavra denotativa de exclusão, por modificar o pronome "**tu**"; no segundo caso, tem-se advérbio de exclusão, pois a palavra "**só**" modifica a locução verbal "**será aplicada**".
*A respeito da distinção entre advérbio e palavra denotativa, consulte Celso Cunha (2016), nas páginas 566 e 567.
III. E: "**tantas**" é pronome indefinido e exerce função de adjunto adnominal; "**Quem**" é pronome interrogativo e exerce função de sujeito simples.
IV. E: tem-se predicativo relacionado ao núcleo do vocativo anteposto.

Questão 10

I. C: a vírgula posposta à forma verbal "**depositar**" deveria ser retirada, já que se tem verbo transitivo direto e indireto, seguido por objeto indireto ("**nesta carne crispada**") e por objeto direto ("**o beijo**"), respectivamente.

DEPOSITAR - verbo

1 *bit. (prep.: em)*

colocar (algo valioso) [em depósito] para proteção, conservação ou acúmulo ‹*d. as joias em um cofre*› ‹*d. o dinheiro no banco*›

II. E: com a retirada do pronome "**o**", promove-se mudança na classificação sintática do termo "**do sonho**", que era adjunto adnominal do núcleo do predicativo e que passa a ser o próprio predicativo, promovendo alteração do sentido original.

III. C:

"**Se a altura da estrela não baixar o olhar ao pântano**" - oração subordinada adverbial condicional

"**maior será a sua impiedade**" - oração principal

"**que será o seu esplendor**" - oração subordinada adverbial comparativa.

IV. C: ambos são vocativos.

SIMULADO 27

Questão 1

I. E: de acordo com o texto, o passado é o que conta para os velhos, sendo, segundo o autor, "**penoso resistir-lhe**".

II. C: além de atribuir beleza e perfeição à obra de Machado de Assis, a frase demonstra que se pretendeu, também, reverter sua condição de mulato para a de branco, na sociedade racista do século XIX.

III. C: as referências de lugar e de pessoa ficam mais precisas com a reescritura, já que o termo "**do Ceará**" apresenta sentido inequívoco de lugar, não podendo ser compreendido como adjunto adnominal.

IV. E: não há personificação, mas somente a hipálage em "**machado bronco**", visto que o adjetivo "**bronco**", apesar de estar relacionado ao vocábulo "**machado**", diz respeito ao rapaz que maneja o machado.

> **HIPÁLAGE – substantivo feminino** RET
>
> figura sintática e semântica da transposição das relações naturais de dois elementos em uma proposição (a conexão que logicamente se faria com uma das palavras presentes é feita com outra: *o sapateiro meteu o sapato na fôrma*, em vez de *o sapateiro meteu a fôrma no sapato; poeira já morta de moscas antigas*, por *poeira antiga de moscas já mortas*)
>
> **CAIR – verbo**
>
> **1** *t.i.int. (prep.: a, de, em)* ir de cima para baixo, ir ao chão; tombar *‹caiu da janela› ‹escorregou e caiu (ao chão)›*
>
> **4** *int.* soltar-se de onde estava preso, fixado; desprender-se *‹os cabelos dele caíram precocemente› ‹a casca da ferida caiu›*

Questão 2

I. C: tem-se mesmo parte integrante do verbo com verbo pronominal transitivo indireto e, na segunda ocorrência, conjunção subordinativa condicional.

> **LEVANTAR – verbo**
>
> **1** *t.d. e pron.* pôr ou pôr-se em pé ou de pé; colocar(-se) em posição vertical *‹l. um poste› ‹l.-se da cama ainda de madrugada›*

1.1 *(sXIV) pron.; p.ext.* sair do sono; despertar, acordar ‹*sempre se levanta muito tarde*›

II. C: a primeira introduz adjunto adverbial de modo; a segunda, adjunto adnominal, com sentido de posse.

III. E: a primeira foi formada por derivação parassintética; a segunda, por derivação prefixal e sufixal.

ESTARRECER – verbo

do lat.vulg. **exterrescĕre,* freq. do lat. *exterrēre* no sentido de ‹espantar, atemorizar, aterrar›, de *terrēre no sentido de ‹fazer tremer›, cog. de terror,ōris no sentido de ‹tremor produzido pelo medo, terror, pavor›; ver terror-; f.hist. sXIII esterreçer, sXIII sterrecer, 1881 estarrecer*

DESCONCERTAR – verbo

des- + concertar;

IV. E: na página 360, Celso Cunha (2016) descreve a existência de certos pronomes relativos sem antecedente, os quais seriam chamados de "**relativos indefinidos**", o que não ocorre no trecho mencionado, cujo antecedente do vocábulo "**onde**" é "**Rio de Janeiro**".

Questão 3

I. E: como o verbo "**conversar**" é transitivo indireto na acepção em que foi empregado na frase, de modo que o termo "**sobre Augusto dos Anjos**" é objeto indireto, e os termos "**quase**" e "**sempre**" são adjuntos adverbiais de pequeno corpo. Assim sendo, a vírgula mencionada, se colocada, provocaria desvio do padrão formal do texto.

CONVERSAR – verbo

2 *t.i. (prep.: sobre)* discorrer, palestrar ‹*o professor visitante conversou sobre sua última publicação*›

II. E: as orações adjetivas restritivas estão ligadas por um "**e**" com sentido adversativo, o que torna obrigatória a presença da vírgula.

III. E: essa é, exatamente, a razão do emprego da referida vírgula, separar adjuntos adnominais coordenados entre si.

IV. C: faltou uma vírgula depois de "**século passado**", a fim de separar os adjuntos adverbiais "**na sociedade ornamental e rica do final do século passado**" e "**no Rio de Janeiro**" coordenados entre si.

Questão 4

I. E: tem-se predicado verbal apenas, já que "**nova**" e "**significativa**" são adjuntos adnominais do núcleo do objeto direto "**informação**".

> **ARRANCAR – verbo.**
>
> **8** *bit. (prep.: de)* obter, tomar (algo) com dificuldade *‹tanto fizeram que lhe arrancaram o segredo›*

II. E: o trecho estava correto originalmente, já que, no trecho, o verbo "**advir**" foi empregado no sentido de ***suceder***.

> **ADVIR – verbo**
>
> **1** *t.i.int. (prep.: de)*
>
> vir depois, surgir como efeito de; provir, resultar *‹da incompatibilidade entre o casal, adveio o divórcio› ‹consequências advirão›*

III. C: em ambos os períodos, as orações não estabelecem relações sintáticas entre si e, portanto, são coordenadas entre si e separadas apenas por vírgula.

IV. E: o verbo "**convidar**" admite as preposições "**a**" e "**para**".

> **CONVIDAR – verbo**
>
> **1** *t.d.bit. (prep.: para)* solicitar a presença ou participação de (alguém) em (algo); chamar, convocar
>
> *‹só convidou os íntimos (para o aniversário)› ‹convidaram o ministro para presidir a solenidade›*
>
> **2** *bit. (prep.: a)* pedir, requerer, demandar; ordenar cortesmente *‹convidou-a a dar seu parecer› ‹o delegado convidou-o a se explicar›*

Questão 5

I. E: a expressão sugere que aos domingos, genericamente, se comia galinha, tendo em vista que era o dia de a família reunir-se. Comer galinha seria um ato típico de domingo.

II. C: essa afirmativa pode ser encontrada no segundo parágrafo do texto, principalmente quando se contrapõe a imagem do galo à da galinha.

III. C: a temática do gênero e do papel feminino pode ser evidenciada no trecho "**Mas logo depois, nascida que fora para a maternidade, parecia uma velha mãe habituada.**" (4º parágrafo).

IV. C: a maternidade conferiu alguma humanidade à galinha, mas até essa característica, por fim, banalizou-a e não foi capaz de salvá-la.

Questão 6

I. C: a locução "**de domingo**" poderia, sem prejuízo de sentido, ser substituída por ***domingueira***. Inclusive, pelo fato de o termo continuar a desempenhar a mesma função sintática de adjunto adnominal.

> **DOMINGUEIRO – adjetivo**
>
> **1** referente ao domingo; dominical
>
> **2** característico ou próprio do domingo; dominical
>
> **II.** C: o coloquialismo é verificado, pontualmente, no fato de o sujeito, desempenhado pelo vocábulo "**cozinheira**", estar preposicionado.

III. C: tem-se, respectivamente, predicativo do sujeito, adjunto adverbial de intensidade e adjunto adnominal.

IV. E: na segunda ocorrência, a preposição é relacional e introduz objeto indireto.

> **NASCER – verbo**
>
> **10** *t.i. (prep.: para)* estar fadado, ser destinado para ‹*nasceu para amar, para mandar, para sofrer*›

Questão 7

I. C: as locuções adjetivas são adjuntos adnominais do núcleo "**capacidade**", retomado pelo pronome demonstrativo "**a**", e o termo "**a de apatia e a do sobressalto**" é aposto explicativo.

II. C: no trecho original, tem-se a oração principal "**É verdade**", seguida da oração subordinada substantiva subjetiva. Na versão reescrita, tem-se "**é**" verbo de ligação e "**que**" conjunção integrante, que introduz uma oração subordinada substantiva predicativa, o que altera tanto sintática quanto morfologicamente o trecho; além de o sentido também sofrer alteração.

III. C: a preposição "**De**" introduz o termo "**De pura afobação**", que foi empregado, de fato, com sentido de causa, equivalendo à locução prepositiva "**Em razão de**".

IV. E: de fato, há sentido de tempo, entretanto tem-se conjunção subordinativa temporal.

> **MAL – conjunção**
>
> **30** imediatamente após o instante em que; assim que, logo que, mal que ‹*m. se viu na rua, chamou um táxi e fugiu para bem longe*›

Questão 8

I. C: os três navegadores citados têm relatos de fracassos nas expedições rumo ao Japão.

II. E: o poema é sobre os desenganos da vida, sobre o malogro que é a felicidade, sobre o fato de a privação e, por vezes, o desconsolo fazerem parte da condição humana.

III. C: o eu lírico é representado, em "**Eis-me passeando como um grande verme**" (5º verso), como base em uma perspectiva de zoomorfização também.

IV. C: há, nessa caracterização, intertextualidade com Lázaro, personagem bíblico que sofria de hanseníase.

Questão 9

I. C: a referida forma verbal tem, como complemento direto, "**os olhos**" e, como objeto indireto, o termo "**para o céu divino**".

> **VOLVER – verbo**
>
> **4** *(sXIV) t.d.bit. e pron. (prep.: a, contra, para)*
>
> dirigir (algo) ou dirigir-se para (alguém ou algo), apontar para uma determinada direção; voltar(-se)
>
> *‹ao ouvir o ruído, volveu o rosto› ‹v. a arma contra o ladrão› ‹volveu os olhos para a janela› ‹seu olhar volveu-se para o filho›*

II. C: as alterações dos vocábulos não alteram o sentido do trecho original.

> **DE CHOFRE – advérbio**
>
> **1** de forma súbita; repentinamente
>
> **ENLEIO – substantivo masculino**
>
> **1** ato ou efeito de enlear(-se)
>
> **3** *fig.* tudo que prende, sujeita; envolvimento, enredamento *‹queria desmanchar o e. em que a indiscrição do amigo o pusera›*

III. C: o pronome "**me**" deve ser classificado como reflexivo, porque é, simultaneamente, agente e paciente da ação verbal de **observar**.

> **OBSERVAR – verbo**
>
> **1** *t.d. e pron.* fixar os olhos em (alguém, algo ou si mesmo); considerar(-se) com atenção, com aplicação; ver-se mutuamente; estudar(-se) *‹da janela, observava as crianças no jardim› ‹convém o.-se ao falar para não cometer erros› ‹observaram-se como se fossem dois estranhos›*

IV. E: a palavra "**que**" deve ser classificada como parte da expressão expressiva "**Foi que**", que se inicia no verso "**Foi nessa ilha encantada de Cipango,**" (37º verso).

Questão 10

I. E: a palavra "**quem**", no referido verso, é pronome indefinido. Sobre os pronomes relativos sem antecedentes (*"**Quem**"* e *"**onde**"*), consulte Celso Cunha (2016), página 360.

> **QUEM – pronome**
>
> **3** *pron.indef.* qualquer pessoa que; alguém que ‹*não havia q. pudesse aturá- lo*›

II. E: a influência que pode ser depreendida é a do Simbolismo, com sua profusão de imagens e de símbolos usados para retratar um eu lírico atormentado diante dos sentimentos que não consegue explicar, como a certeza da morte.

III. C: "**em cujo fundo**" – adjunto adverbial de lugar; "**a Via-Láctea**" – sujeito simples; "**existe**" – verbo intransitivo.

> **EXISTIR – verbo**
>
> **1** *int.* ter existência real, ter presença viva; viver, ser ‹*penso, logo existo*› ‹*outro como ele jamais existirá*›
>
> **1.1** *int.* estar presente como realidade subjetiva, particular ‹*isso só existe em sua imaginação*›

IV. C: no verso "**Que para todo o sempre me fez triste!**", a forma verbal destacada é transitiva direta e tem seu sentido completado pelo objeto direto ("**me**") e pelo predicativo desse objeto ("**triste**").

> **FAZER – verbo**
>
> **11.4** *t.d.pred. e t.i.pred. (prep.: de)* transformar (alguém ou algo) em ‹*queria fazê-la sua mulher*› ‹*f. de um capitão um comandante*› ‹*que fez você de seu filho?*› ‹*havia de f. do filho um herói*›

SIMULADO 28

Questão 1

I. C: conforme se verifica no 3º parágrafo, tem-se uma descrição dos usuários, a qual especifica frequentadores localistas.

II. E: segundo o autor, no referido 4º parágrafo, "**deliciosa e desfrutável**" não é a definição dada por ele, mas como os ingleses a percebem.

III. E: é possível ser classificado como crônica, porque se trata de um texto em linguagem distensa, sobre um episódio do cotidiano, que é a chegada da primavera.

IV. C: o trocadilho com a palavra "**plane**" (4º parágrafo) exemplifica e ratifica essa afirmação.

Questão 2

I. C: a palavra "**se**" classifica-se, realmente, como parte integrante do verbo pronominal intransitivo "**abrir-se**" e pronome apassivador, respectivamente.

> **ABRIR – verbo**
>
> **13** *int. e pron.* transformar-se o botão em flor; desabrochar ‹*abriram(-se) milhares de tulipas*›
>
> **OUVIR – verbo**
>
> **1** *t.d.* perceber (som, palavra) pelo sentido da audição; escutar ‹*o. música*› ‹*ouviu o que ele disse?*›

II. E: como modifica o adjetivo "**exclusivos**", a referida expressão tem valor adverbial de intensidade, mas é composta por artigo e por substantivo.

> **TANTO - substantivo masculino**
>
> **9** porção, quantidade, quantia indeterminada ‹*ganhamos t. pelas vendas e t. com os aluguéis*›
>
> **10** volume, extensão, tamanho (iguais ao de outro) ‹*uma cubagem com quatro tantos de outra*›

III. C: a expressão "**Aqui do meu lado esquerdo**" é composta pelo advérbio dêitico "**Aqui**" e pelo aposto que lhe é subsequente, "**do meu lado esquerdo**". Trata-se de estrutura metalinguística, pois se refere à situação em que o enunciado é produzido, extratextual portanto; além disso, o fato de referir-se, no texto, ao processo de criação, exemplifica o emprego da função metalinguística da linguagem.

IV. C: todas as palavras mencionadas são, de fato, advérbios de tempo.

Questão 3

I. C: as formas verbais são transitivas diretas apenas, e os termos "**nos jornais**" e "**no país**" funcionam como adjuntos adverbiais de lugar.

> **LER – verbo**
>
> **1** *t.d.int.* percorrer com a vista ou com os dedos (texto, sintagma, palavra), interpretando-o por uma relação estabelecida entre as sequências dos sinais gráficos escritos (alfabéticos, ideográficos) e os sinais linguísticos próprios de uma língua natural (fonemas, palavras, indicações gramaticais) ‹*l. alemão*› ‹*leu em braile um romance de Machado de Assis*› ‹*aprendeu a l. muito criança*›
>
> **ENCONTRAR – verbo**
>
> **1** *t.d.* deparar, ficar frente a frente com ‹*encontrou a bolsa que procurava*› ‹*a polícia encontrou os fugitivos*›

II. E: a locução pronominal "**cada um**" **é o núcleo do sujeito, no segundo trecho, e o termo** "**de nós**" funciona como seu adjunto adnominal.

III. C: "**desses parques**" é termo especificador de "**prazeres**; "**a todos**" complementa o sentido do adjetivo "**abertos**".

IV. E: tem-se período composto por subordinação, sendo "**Tudo parece**" oração principal e "**nascer**" oração subordinada substantiva predicativa reduzida de infinitivo.

Questão 4

I. E: a vírgula foi empregada corretamente, já que coordena orações aditivas de mesmo sujeito, mas ligadas pela locução conjuntiva "**mas também**".

II. E: os dois-pontos ressaltam, nas duas ocorrências, a parte final do enunciado, que constitui comentário em relação ao trecho anterior.

III. E: a palavra "**Mas**" deve ser classificada como conjunção coordenativa adversativa, já que se refere ao que foi dito em período anterior ao período em análise. Apenas o vocábulo "**E**" pode ser considerado marcador discursivo, visto que não estabelece relação de sentido com o período anterior, podendo, inclusive, ser retirado do trecho.

IV. C: o vocábulo "**cronista**" engloba todos dessa profissão, inclusive Nelson Rodrigues, sendo, por isso, considerado mais genérico, hiperonímico.

Questão 5

I. C: conforme o trecho "**Luís Borges, apesar de padre, fez-se político e acabou senador do Império...**" (1º parágrafo).

II. E: de acordo com o texto, Escobar não era sempre escorregadio, tendo em vista que "**Aqueles modos fugidios cessavam quando ele queria**" (5º parágrafo).

III. C: como ainda não se tinha tornado Casmurro, Bentinho, apesar de tímido, exemplifica como Escobar consegue "**acessar sua alma**", conforme se depreende do último parágrafo.

IV. E: não se pode afirmar que a palavra "**anjo**" seja polissêmica, mas que apresenta uma extensão em seu sentido metafórico que abrange tanto a beleza da personagem quanto sua bondade.

Questão 6

I. E: os referidos verbos pertencem a orações distintas, sendo o primeiro transitivo direto e o segundo transitivo indireto, com "**daquelas folhas**" como objeto indireto. O termo "**muitos perfis de seminaristas**" é o sujeito simples da segunda oração.

> **VER – verbo**
>
> **1** *t.d.int.* perceber pela visão; enxergar ‹*viu a luz acesa*› ‹*o cego não vê*›
>
> **SAIR – verbo**
>
> **1.5** *t.i. (prep.: de)* ir para fora de (falando de coisas); escapar ‹*das chaminés do navio saía densa fumaça*›
>
> **2.1** *t.i.int. (prep.: a, de, para, por)* deixar o lugar em que se está, com destino determinado ou não
>
> ‹*s. à rua*› ‹*o avião que saiu de Londres ainda não chegou*› ‹*se nos procurarem, diga que saímos pela noite*› ‹*saíram do trabalho direto para a festa*›

II. C: ambos são pronomes indefinidos, com função de adjunto adnominal; o primeiro indica quantidade imprecisa, e o segundo expressão indefinição em relação às caras.

III. E: no primeiro trecho, tem-se conjunção conformativa; no segundo, há, nas três ocorrências, conjunção comparativa.

IV. E: falta apenas uma vírgula depois da conjunção "**mas**", para isolar a oração subordinada adverbial causal "**como as portas não tinham chaves nem fechaduras**", a qual vem em seguida e está intercalada.

Questão 7

I. C: para se retomar algo já mencionado (relação anafórica), o pronome adequado seria, no caso, ***essa***.

II. C: além disso, o termo "**tais**" funciona como intensificador.

III. C: o termo em destaque substitui e explica um termo citado anteriormente, no caso, o advérbio "**assim**".

IV. E: tem-se, realmente, pronome indefinido, no sentido de guardar todas as memórias, sem especificá-las.

> **TODO – pronome**
>
> 3 *(sXIV) pron.indef.; ant.* todas as coisas; tudo aquilo, tudo ‹*deu t. o que lhe pediram*›

Questão 8

I. C: segundo o eu lírico, "**vida**" e "**amor**" são indivisíveis, conforme se verifica na primeira estrofe.

II. C: a ideia de reunir duas "**almas gêmeas**" e de transformá-las em uma única pessoa é, tipicamente, romântica, e o uso do soneto é influência do Simbolismo, bem como a reflexão sobre o depois da morte.

III. C: de acordo com o poema, o eu lírico aceitou a vontade de Deus e regrou-se por ela, o que representa a conformidade com a moralidade representativa da época.

IV. C: além da função fática da linguagem, exemplificada pelo emprego do vocativo "**amor**", que evidencia a tentativa de contato com o interlocutor, e da função emotiva, predominante no texto, há, também, a presença da função conativa, evidenciada no uso do verbo no imperativo ("**receies**").

Questão 9

I. E: na primeira ocorrência, tem-se conjunção integrante, e ela introduz oração subordinada substantiva objetiva direta; na segunda ocorrência, a palavra "**que**" é pronome relativo.

> **RECEAR – verbo**
>
> **1** *t.d.,t.i. e pron. (prep.: de, por)* ter receio ou medo de; ter apreensão quanto a; assustar(-se), preocupar(-se)
>
> *‹r. os perigos da poluição› ‹r. pelo futuro dos filhos› ‹de que se receia ele?›*
>
> **2** *t.d.* estar quase convencido de; achar, crer, acreditar *‹ele receia que estejas certo›*

II. E: "**em + charco + ar**" foi formada por derivação parassintética e "**in + dis + solv + er+ ida**" foi formada por derivação prefixal e sufixal.

III. E: o verbo "**ser**" tem concordância especial e pode concordar com o sujeito ou com o predicativo, quando ambos se referem a objetos, e não a pessoas.

IV. C: quando acompanhado de palavra negativa, o referido advérbio pode significar tempo.

> **MAIS – advérbio**
>
> **5** outra vez, nunca mais (em frases negativas) *‹caiu e não se levantou m.›*

Questão 10

I. C: o pronome exerce função de objeto direto, assim como seu referente, o pronome demonstrativo "**o**".

II. E: "**em nós**" é adjunto adverbial de situação, com sentido de *"em nosso caso"*; "**na vontade de Deus**" é objeto indireto da forma verbal "**molhamos**".

> **MOLHAR – verbo**
>
> **1** *t.d.bit. (prep.: em)*
>
> mergulhar ou banhar em qualquer líquido *‹molhou os pés (no mar)› ‹gosta de m. o biscoito no chá›*

III. E: "**um**" é, realmente, pronome indefinido, mas o vocábulo "**só**" é adjetivo, equivalendo a "**único**".

SÓ – adjetivo de dois gêneros

2 que é apenas um; único ‹*para os monoteístas existe um só Deus*›

IV. C: ambas têm valor de posse e introduzem adjuntos adnominais dos núcleos "**força**" e "**vontade**".

SIMULADO 29

Questão 1

I. C: no trecho original, "**— Vou fazer um forno, disse o preto, na sala de jantar.**" (2º parágrafo), existe, também, a possibilidade de ele ter falado enquanto estava na sala de jantar.

II. E: conforme se depreende dos parágrafos 11 e 12, o Capitão Pelino não admirava o novo morador da cidade.

III. E: não há hipálage no trecho, e o vocábulo "**melancolia**" é o núcleo do sintagma em que está inserido.

IV. E: com a reescritura, passou-se a dizer o oposto.

> **AVARO – adjetivo e substantivo masculino**
>
> **1** m.q. avarento - que ou aquele que é obcecado por adquirir e acumular dinheiro; sovina
>
> **PERDULÁRIO – substantivo masculino**
>
> **1** que ou aquele que gasta excessivamente; esbanjador, gastador

Questão 2

I. C: as vírgulas isolam termos que exercem função sintática de aposto explicativo.

> **APOSTO – substantivo masculino** GRAM
>
> substantivo ou locução substantiva que, colocados ao lado de outro ou de um pronome e sem auxílio de preposição, explicam, precisam ou qualificam o antecedente (*São Paulo, a capital econômica do país*; *Pedro I, o tsar de todas as Rússias*) [Na língua falada, é separado por uma pausa e, na escrita, ger. por uma vírgula; não tem função sintática por si mesmo e adquire o valor do termo a que se refere (aposto do sujeito, do predicativo, do objeto direto etc.).]

II. E: o emprego do verbo no pretérito mais-que-perfeito está de acordo com a norma culta da língua, pois evidencia subordinação de duas ações – **saber** e **vir** – realizadas no passado.

III. C: as locuções "**do sábio**" – com sentido de agente da ação de **chegar** –, "**de específicos**" e "**de valor**" exercem função de adjunto adnominal em relação ao núcleo a que se referem.

IV. C: em locuções com os verbos **ter** e **haver**, emprega-se a forma regular dos verbos com particípio abundante.

Questão 3

I. C: o referido vocábulo é, de fato, sinônimo de "**serenidade**" e é formado por derivação sufixal.

> **MANSUETUDE – substantivo feminino**
>
> m.q. mansidão
>
> lat. *mansuetūdo,ĭnis* no sentido de ‹mansidão (dos animais caseiros);
>
> brandura (de caráter, de costumes); bondade, afabilidade'; ver *mans-*

II. E: a expressão "**fez com que**", coloquial e em desacordo com a regência do verbo ***fazer***, torna o trecho original incorreto. Quanto ao emprego das preposições "**de**" e "**com**", as duas podem ser regidas pela forma verbal "**cercar**".

> **CERCAR – verbo**
>
> **1** *t.d.bit. (prep.: com, de)*
>
> fazer cerca a; circundar (terreno, área) com (muro, sebe); murar *‹era preciso c. o arrozal (de estacas) para protegê-lo do gado›*
>
> *‹altas grades cercavam as dependências da mansão›*

III. C: o pronome relativo exerce função de objeto direto, e seu referente, "**correspondência**", tem função de sujeito simples.

IV. C: tem-se, na reescritura, concordância atrativa, forma também abonada pela norma-padrão da língua.

Questão 4

I. E: a reescritura não provoca, de fato, mudança de sentido no trecho; além disso, a palavra "**como**" classifica-se como pronome relativo, quando equivale a "**por que**" ou a "**pelo qual**".

II. E: "**à casa**" é complemento nominal, com evidente valor de passividade em relação ao núcleo "**cerco**", "**daquele indivíduo**" e "**suspeito**" são adjuntos adnominais, apesar do terem referentes distintos.

III. C: deveria haver próclise em "**baseava-se**", já que orações coordenadas alternativas são, conforme Celso Cunha (2016), página 327, consideradas fatores de próclise.

IV. E: apesar de a expressão "**de toda uma**" poder equivaler ao adjetivo "**inteira**", no trecho, "**população**" **não substitui** "**cidade**" de maneira equivalente.

Questão 5

I. E: conforme o trecho "***Dom Casmurro* é um livro triste que nos faz rir de nossa própria fragilidade e nos encanta por sua qualidade literária. Se é verdade que toda a obra de Machado está marcada pelo ceticismo e pela ironia, neste romance, o desencanto parece atingir seu ápice. A traição de Capitu não é uma traição qualquer: ela trai o puro amor de sua vida, a que jurara fidelidade. Aqui, o ceticismo de Machado revela-se implacável e irremissível.**" (7º parágrafo), tem-se a opinião do autor do texto (Ferreira Gullar), e não do próprio Machado de Assis.

II. C: a função da linguagem predominante é a emotiva, já que há juízo de valor e descrição do impacto que a obra do escritor realista provoca em Ferreira Gullar.

III. E: não se pode afirmar, com base no texto II, que é Bentinho que define os olhos de Capitu como "**de cigana oblíqua e dissimulada**", inclusive porque quem define Capitu desse modo, na obra de Machado de Assis, é o agregado José Dias.

IV. E: não há contradição no referido trecho, já que, ao se deparar com a tristeza presente no livro, o leitor estabelece contraste com a própria realidade, frágil como a do personagem e que suscita o riso.

Questão 6

I. C: a oração, na ordem direta, poderia ser reescrita como ***essa crítica não poderia ter algum fundamento***, de modo a facilitar a classificação dos termos.

II. E: tem-se, na verdade, vocativo.

III. E: na primeira ocorrência, tem-se pronome relativo, com função de sujeito paciente, na segunda, a palavra "**que**" é conjunção integrante que introduz oração subordinada substantiva subjetiva, sem função sintática.

IV. E: no trecho "**quando alguém afirmou que o romance Dom Casmurro, de Machado de Assis, não era lá essa obra-prima que se diz que é.**" (1º parágrafo), embora o termo "**de Machado de Assis**" seja, de fato, predicativo, o termo "**Dom Casmurro**" exerce função de aposto nominativo.

Questão 7

I. E: ambos são pronomes reflexivos com valor de reciprocidade e com função sintática de objeto indireto.

> **APAIXONAR – verbo**
>
> **1** *t.d. e pron. (prep.: de, por)*
>
> despertar em (outrem) ou sentir paixão ou amor ardente ‹*sua beleza e suas maneiras logo o apaixonaram*› ‹*aos quinze anos nunca se apaixonara por ninguém*›
>
> **CASAR – verbo**
>
> **2** *t.d.bit.int. e pron. (prep.: com)* unir(-se) por matrimônio; formar uma família, com ou sem cerimônia religiosa ou civil
>
> ‹*foi esse o padre que os casou*› ‹*os pais pretendiam c. Pedro com Inês*› ‹*casei em pleno verão*› ‹*não vai mais c.-se (com o João)*›

II. E: na primeira ocorrência, mesmo diante de pronome possessivo, a retirada do sinal de crase promoveria alteração de sentido, o que inviabiliza sua retirada. Na segunda ocorrência, o sinal é, de fato, facultativo, já que a forma verbal "**agradar**" pode ser empregada como transitiva direta ou como transitiva indireta, regendo a preposição "**a**".

> **AGRADAR – verbo**
>
> **1** *t.d.,t.i.int. (prep.: a)*
>
> ser agradável, transmitir satisfação a; contentar, satisfazer, deleitar ‹*agradava os filhos*› ‹*o garçom agradou aos fregueses*› ‹*o espetáculo não agradou*›

III. C: a preposição, nas duas ocorrências, introduz adjuntos adnominais, com sentido de especificação.

IV. E: em razão de estar em uma oração subordinada adverbial temporal, fator de próclise, o pronome deve estar, como na versão original, proclítico ao verbo.

Questão 8

I. E: os travessões isolam um comentário de natureza particular; a vírgula é obrigatória para isolar a oração subordinada adverbial concessiva anteposta à sua principal, na qual o comentário de natureza particular está inserido.

II. E: o núcleo do sujeito da oração anterior já vem especificado pela locução adjetiva "**de crianças**", de modo que a oração iniciada pelo pronome "**que**" é adjetiva explicativa, o que torna obrigatório o emprego da vírgula.

III. C: o termo "**da praia**" classifica-se como objeto indireto da forma verbal "**retira**", não como adjunto adverbial, de modo que a vírgula é, realmente, facultativa.

> **RETIRAR – verbo**
>
> **2** *t.d.bit.int. e pron. (prep.: de)*
>
> fazer sair ou sair do lugar onde estava, pôr(-se) para fora de (determinado lugar); afastar(-se)
>
> *<pôs a mão no bolso e retirou a carteira> <foi preciso r. à força o cão lá de casa> <enfadados, retiraram(-se) mais cedo> <retirou-se irritado>*

IV. E: a conjunção "**e**" introduz oração subordinada adverbial com sentido de consequência, o que torna o emprego da vírgula obrigatório.

Questão 9

I. C: conforme se depreende da quarta estrofe.

II. C: como a beleza está associada à morte, sem esta, aquela torna-se oculta.

III. E: não se trata de religiosidade como um todo, mas apenas da comunhão da hóstia (metonimizada em "**pão e vinho**"), representando a crença na renovação.

IV. C: há, na terceira estrofe, referências a fatos, como a bomba e as consequências dela, o que torna essa estrofe o exemplo mais claro da função referencial.

Questão 10

I. C: como a palavra "**terra**" **não está especificada, a crase antes dela se torna proibida.** Não se deve empregar a crase com a palavra "**terra**" quando o termo se opõe a "mar", "bordo" e "chão", isto é, quando significa "terra firme".

II. C: a referida preposição introduz, nas duas ocorrências, complemento nominal.

III. E: trata-se de pronome reflexivo, com função de objeto direto no primeiro caso, e de pronome apassivador, no segundo caso, em que o verso poderia ser reescrito na voz passiva analítica como ***O pão e o vinho são levantados.***

> **OCULTAR – verbo**
>
> **1** *t.d.bit. e pron. (prep.: a, de)* não (se) deixar ver; encobrir(-se), esconder(-se) ‹*quando os pais passaram, ocultou o cigarro*›
>
> ‹*conseguiu o. do ladrão o relógio e algum dinheiro*› ‹*as crianças brincavam de o.-se no armário*›

IV. C: as duas primeiras locuções adjetivas são adjuntos adnominais e têm sentido de posse em relação a seus núcleos; as duas últimas são complementos nominais, por apresentarem sentido de passividade em relação aos seus núcleos.

SIMULADO 30

Questão 1

I. C: conforme se depreende do primeiro e do último parágrafos.

II. C: essa separação permite pensar que a literatura escrita por mulheres deve ser isolada, separada do restante da literatura, como se esta fosse exclusividade dos homens, conforme a expressão irônica "**latifúndio patriarcal e falocêntrico**".

III. C: os comentários de natureza particular e as perguntas retóricas aproximam o texto do discurso oral, permeado pela informalidade e pela tentativa de estabelecer contato com o interlocutor; além disso, expressões como "**pano pra manga**" (2º e 4º parágrafos) e "**blablablá**" (5º parágrafo) são exemplos de coloquialismo.

IV. C: a ação de enterrar a categoria chamada "**literatura feminina**" deve-se à classificação desse tipo de literatura como "**subgênero**".

Questão 2

I. C: os pontos de interrogação são empregados em perguntas retóricas, usadas, no texto, como uma estratégia argumentativa da autora.

II. C: o termo "**rasteiro**" foi empregado, de fato, como sinônimo de *ordinário, comum, vulgar.*

> **RASTEIRO – adjetivo**
>
> 3 *fig.* sem expressão, sem valor; inferior, ordinário, vulgar *<estilo r.> <versos r.>*

III. E: o acento deve-se ao fato de haver, nos dois trechos, locução prepositiva de base feminina ("**em meio a**" e "**em frente a**"; não estaria correta, no entanto, a retirada do acento grave, no primeiro caso, a menos que se substituísse "**às autoras**" por "**a autoras**", com a retirada do artigo no plural.

IV. E: embora, na primeira ocorrência, os dois-pontos introduzam aposto explicativo, na segunda ocorrência, o referido sinal introduz oração subordinada substantiva objetiva direta.

Questão 3

I. C: o referido termo modifica a forma verbal "**pecam**".

> **PECAR – verbo**
>
> **1** *t.i.int. (prep.: contra)* cometer pecado, transgredir lei religiosa *‹foram punidos porque pecaram (contra as leis de Deus)›*
>
> **2** *t.i.int. (prep.: contra); p.ext.* cometer qualquer falta *‹pecou contra os bons costumes› ‹em matéria de ortografia, peca muito›*

II. E: "**nomes**", nesse caso, comporta-se como agente da ação subentendida em *contribuição*; a expressão em destaque, portanto, exerce a função sintática de adjunto adnominal.

III. C: o adjetivo desempenha função de adjunto adnominal do núcleo do predicativo "**Amélias**".

IV. E: a referida oração, presente em "**o fato de serem mulheres escrevendo em diversos lugares do Brasil contemporâneo**" (2º parágrafo), deve ser classificada como subordinada adjetiva restritiva.

Questão 4

I. E: trata-se de parte integrante do verbo.

> **SAIR – verbo**
>
> **9** *pron. (prep.: em)* alcançar determinado resultado (favorável ou não); desempenhar-se
>
> *‹infelizmente, ela saiu-se mal na entrevista› ‹nossa equipe não se saiu mal no campeonato›*

II. E: apesar de exercerem função de adjunto adnominal, a palavra "**uns**" é artigo indefinido, empregado antes do numeral cardinal para indicar uma aproximação numérica, conforme Celso Cunha (2016), na página 252.

III. C: tanto "**seguiremos**" quanto "**sendo**" indicam que a ação verbal está em desenvolvimento, em continuidade.

IV. C: como foi empregada a voz passiva sintética sem agente expresso claramente, há, de fato, uma ideia de indeterminação ou de desconhecimento dos agentes que fundamentariam o debate.

> **FUNDAMENTAR – verbo**
>
> **3** *t.d.bit. e pron. (prep.: com, em)* apoiar(-se) em fundamentos; basear(-se), fundar(-se); documentar(-se), justificar(-se) *‹a promotoria*

fundamentou muito bem suas acusações (com provas irrefutáveis)›
‹argumentos que se fundamentam em premissas falsas›

Questão 5

I. C: conforme o último parágrafo, em que se verifica um sentimento melancólico de baixa autoestima.

II. E: além de não se mencionar a liberdade ou a falta dela, não se trata de não ter fartura, mas de não ter até mesmo o essencial, conforme o primeiro parágrafo do texto.

III. C: verifica-se o emprego da antítese na contraposição entre "**Ri criança. A vida é bela**" e "**chora criança. A vida é amarga**".

IV. E: não se pode afirmar que há discurso indireto livre, em razão de o narrador do texto ser a própria personagem, de modo que não há possibilidade de confusão entre as perspectivas.

Questão 6

I. E: a retirada da preposição deixaria o trecho em desacordo com o padrão formal da língua no que concerne à regência.

IMPRESSÃO – substantivo feminino

6 *fig.* noção ou opinião vaga, sem grande fundamento; palpite *‹tenho a i. de que isso não vai dar certo›*

II. E: há, também, a palavra denotativa de exclusão "**quase**", que determina, de modo impreciso, o núcleo do sujeito "**todos**".

III. C: na primeira ocorrência, "**só**" é palavra denotativa e, na segunda, é advérbio, ambos de exclusão realmente.

IV. E: tem-se pronome relativo com função de sujeito do verbo "**sobra**".

Questão 7

I. E: trata-se de conjunção subordinativa causal, de modo que o período poderia ser reescrito como ***Visto que estou esperando a visita de um deputado, lavei o assoalho***.

II. C:

APROVEITÁVEL – adjetivo

a- + *proveito* + *-ar* + vel

AGRADÁVEL – adjetivo

agradar + *—́vel*; ver *grat-* antepositivo, do lat. *gratus,a,um*,

a cognação lat. inclui o lat.tar. *gratifĭcus,a,um* ‹benévolo, bondoso, benigno›, o v.dep. *gratifĭcor,āris,ātus sum,āri* ‹ser agradável a alguém

III. E: o trecho é constituído por duas orações: "**o guarda mandou**" (principal) e "**que eu esperasse**" (subordinada substantiva objetiva direta). O "**me**" é um pronome oblíquo que funciona como sujeito do verbo no infinitivo "**esperar**".

IV. C: o antecedente "**o olhar mais terno**" exerce função de predicativo do sujeito, e o pronome relativo tem função de objeto direto.

Questão 8

I. E: não se pode afirmar que há denúncia em relação ao descaso com a fome.

II. C: em "**rumores de bronze**", tem-se a substituição do sol pela cor que ele traria para a paisagem, ao final da tarde.

III. C: nos dois primeiros casos, no verso original e na primeira reescritura, "**toda a vida**" e "**a vida toda**" significam a vida inteira; no terceiro caso, a segunda reescritura, "**toda vida**", significa apenas muito tempo.

IV. E: há prosopopeia apenas no primeiro trecho, com a atribuição de características de seres animados às "**palavras**".

CAMINHAR – verbo

1 *t.i.int. (prep.: a, até, para, por, sobre)* seguir por um caminho ou percorrê-lo andando a pé

‹caminhou até o cinema› ‹devemos c. pela calçada› ‹caminhou longa estrada›

2 *int.; p.ext.* deslocar-se colocando alternadamente um pé na frente do outro; locomover-se a pé; andar

‹dispensa o carro, pois prefere c.›

Questão 9

I. C: "**verde e mole**", "**de selva**" e "**de lodo**" são adjuntos adnominais de seus núcleos.

II. E: tem-se verbo transitivo direto, e o termo "**do céu**" é adjunto adnominal de "**chuva**".

> **BEBER – verbo**
>
> **1** *t.d.int.* ingerir (líquido)
>
> **1.1** *t.d.* ingerir o líquido contido em ‹*b. um copo de vinho*›
>
> **2** *int.* ingerir bebida alcoólica ‹*atletas não devem b. nem fumar*›

III. E: a vírgula posterior à palavra "**campo**" é opcional, por poder separar oração subordinada adverbial consecutiva desenvolvida e posposta à sua principal.

IV. E: o termo "**descalças**" deve ser classificado como adjunto adnominal, já que o adjetivo representa uma condição ou uma característica imanente, significando ***as mães pobres***.

Questão 10

I. E: o fato de o título anunciar que se trata de uma lembrança e de o espaço rural ser descrito nas três primeiras estrofes leva-nos a concluir que o referido pronome é anafórico e que o referido pronome deveria, portanto, ser substituído por "**esse**".

II. C: na primeira ocorrência, trata-se de conjunção subordinativa consecutiva e, na segunda, tem-se conjunção integrante, a qual introduz oração subordinada substantiva objetiva direta.

III. E: tem-se, respectivamente, adjunto adverbial de modo, predicativo do sujeito e adjunto adverbial de lugar.

IV. C: nas duas ocorrências, ela introduz complemento nominal, que se relaciona com o adjetivo "**bom**".

REFERÊNCIAS

Referências textuais

ALENCAR, José de. *Ao Correr da Pena*. São Paulo: Martins Fontes, 2004.

ALVES, Rubem. *A música da alma*. *In:* Folha de São Paulo. Coluna Sabor do Saber. São Paulo, 22/02/2005.

ALVES, Rubem. *Se eu pudesse viver minha vida novamente*. São Paulo: Verus Editora Ltda, 2004.

AMADO, Jorge. *Mar Morto*. São Paulo: Companhia das Letras, 2008.

ANDRADE, Carlos Drummond de. *Caminhos de João Brandão*. Rio de Janeiro: José Olympio Editora, 1970.

ANDRADE, Carlos Drummond. *A paixão medida*. São Paulo: Companhia das Letras, 2014.

ANDRADE, Carlos Drummond. *Fala, amendoeira*. São Paulo: Companhia das Letras, 2012.

ANDRADE, Mário de. *O melhor de Mário de Andrade: contos e crônicas*. Rio de Janeiro: Editora Nova Fronteira, 2015.

ANJOS, Augusto dos. *Obra completa*. Rio de Janeiro: Nova Aguilar, 1994.

ASSIS, Machado de. *O alienista*. São Paulo: Ática, 2000.

ASSIS, Machado de. *Obra Completa*, vol. II, Rio de Janeiro: Nova Aguilar, 1994.

ASSIS, Machado de. *Obras Completas de Machado de Assis*, vol. I. Rio de Janeiro: Nova Aguilar, 1994.

AZEVEDO, Álvares de. *Lira dos Vinte Anos*. Porto Alegre: L&PM editores, 1998.

BARRETO, Lima. *Triste fim de Policarpo Quaresma*. São Paulo: Penguin & Companhia das Letras, 2011.

BILAC, Olavo. *Antologia*: Poesias. São Paulo: Martin Claret, 2002.

BILAC, Olavo. *Poesias*. Rio de Janeiro: Ediouro, 1978.

BILAC, Olavo; LAJOLO, Marisa. *Olavo Bilac: melhores poemas.* 1ª ed. São Paulo: Global Editora, 2012.

CAMPOS, Humberto de. *Antologia de Humorismo e Sátira.* Rio de Janeiro: Ed. Civilização Brasileira, 1957.

CAMPOS, Paulo Mendes. *O Amor Acaba.* Rio de Janeiro: Editora Civilização Brasileira, 1999.

CARDOSO, Lúcio. *Novas Poesias.* Rio de Janeiro: José Olympio, 1944.

CARPINEJAR, Fabrício. *Terceira sede:* Elegias. Rio de Janeiro: Bertrand Brasil, 2001.

CASTRO, Josué de. *Ensaios de biologia social.* São Paulo: Brasiliense, 1957.

CONY, Carlos Heitor. *Carta de navegação de um caso que acaba. In:* Folha de São Paulo, 11/10/2002.

CORALINA, Cora. *Mascarados. In: Folha de São Paulo.* Caderno Folha Ilustrada, 04/07/2001.

COSTA E SILVA, Alberto. *As linhas da mão.* Rio de Janeiro: Difel, 1978.

DOS ANJOS, Augusto. *Eu.* Rio de Janeiro, 1912.

ESPANCA, Florbela. *Poemas.* São Paulo: Martins Fontes, 1996.

EVARISTO, Conceição. *Poemas da recordação e outros movimentos.* Belo Horizonte: Nandyala, 2008.

FERNANDES, Millôr. *PAPÁVERUM MILLÔR.* Rio de Janeiro: Editorial Nórdica, 1974.

FILHO, Odylo Costa. *Cantigas incompletas.* Rio de Janeiro: José Olympio, 1971.

FONSECA, Rubem. *Contos Reunidos.* São Paulo: Companhia das Letras, 1994.

FORTUNA, Felipe. *Parques, Praças e Jardins. In:* Jornal do Brasil. Rio de Janeiro, 06/05/2006.

GULLAR, Ferreira. *O feitiço do Bruxo. In:* Folha de São Paulo, 30/04/2006.

JESUS, Maria Carolina de. *Quarto de despejo: diário de uma favelada.* 10 ed. São Paulo: Editora Ática, 1992.

KOCH, Ingedore Villaça. ELIAS, Vanda Maria. *In: Ler e escrever:* estratégias de produção textual. São Paulo: Editora Contexto, 2009.

LIMA, Jorge de. Humor e Humorismo. São Paulo: Editora Brasiliense, 1961.

LINS, Letícia. *A redenção de Suassuna. In:* Jornal O Globo, Prosa & Verso, p. 1-2. Rio de Janeiro, 11/06/2005.

LISBOA, Adriana. Literatura feminina: modos de enterrar. Jornal O Globo, Rio de Janeiro (RJ), p. 6 - 6, 05/03/2005.

LISPECTOR, Clarice. *A descoberta do mundo*. Rio de Janeiro: Rocco, 1998.

LISPECTOR, Clarice. *A legião estrangeira*. Rio de Janeiro: Editora do Autor, 1964.

LISPECTOR, Clarice. *Aprendendo a viver*. Rio de Janeiro: Editora Rocco, 2004.

LISPECTOR, Clarice. *Clarice Lispector entrevistas*. Rio de Janeiro: Rocco, 2007.

LISPECTOR, Clarice. *Laços de família*. Rio de Janeiro: Ed. Francisco Alves, 1991.

LUFT, Lia. *Perdas & Ganhos*. Rio de Janeiro: Editora Record, 2003.

MACHADO, Gilka. *Poesias completas*. Rio de Janeiro: L. Christiano: FUNARJ, 1991.

MEIRELES, Cecília. *Obra poética*. Rio de Janeiro, Ed. Nova Aguilar. 1983. p. 161.

MEIRELES, Cecília. *Obra poética*. Rio de Janeiro: Nova Aguilar, 1977.

MEIRELES, Cecília. *Quatro Vozes*. Rio de Janeiro: Editora Record, 1998.

MENDES, Murilo. *O homem, a luta e a eternidade*. Revista Letras e Artes, Rio de Janeiro, 07/11/1948.

MENDES, Murilo. *Poesias, 1925/1955*. Rio de Janeiro: J. Olympio, 1959.

MONTELLO, Josué. *A coroa de areia*. Rio de Janeiro: Editora Nova Fronteira, 1984.

MORAES, Vinicius de. Arte e síntese. *In: Jornal do Brasil*. Rio de Janeiro, 31/12/1969.

MORAES, Vinicius de. *Novos poemas II*. Rio de Janeiro: São José, 1959.

MORAES, Vinicius de. *Vinicius de Moraes: Poesia completa e prosa*. Rio de Janeiro: Editora Nova Aguilar, 1998.

MORAES, Vinicius de. *Vinicius Menino*. São Paulo: Companhia das Letras, 2009.

MORAES, Vinicius. *Novos Poemas*. Rio de Janeiro: José Olympio, 1938.

MORICONI, Ítalo. *Os Cem Melhores Contos Brasileiros do Século*. Rio de Janeiro: Editora Objetiva, 2001.

NERUDA, Pablo. *Confesso que Vivi:* Memórias. Rio de Janeiro: Difusão Editorial, 1978.

OLIVEIRA, Flávio B. *As ideias sãs: guerra, neutralidade, relações internacionais e política externa brasileira no pensamento de Rui Barbosa. In:* Caderno de Ensaios / Instituto Rio Branco. Brasília: Instituto Rio Branco, 2015.

PESSOA, Fernando. *Fernando Pessoa:* Obra Poética. Rio de Janeiro: Editora Cia. José Aguilar, 1972.

PESSOA, Fernando. *Poesias de Álvaro de Campos*. Lisboa: Ática, 1944.

PÓLVORA, Hélio. *Augusto e a árvore*. Jornal de Poesia. Disponível em: http://www.jornaldepoesia.jor.br/augusto19.html

PORTO, Sérgio. *A casa demolida*. Rio de Janeiro: Editora do Autor, 1963.

PRADO, Adélia. *O coração disparado*. Rio de Janeiro: Record, 2013.

QUEIROZ, Rachel de. *Aparência do Rio de Janeiro. In:* O cruzeiro: revista semanal de distribuição nacional. Rio de Janeiro: Ed. O Cruzeiro, 17 set., 1949.

QUEIROZ, Rachel de. *Quatro Vozes*. Rio de Janeiro: Record, 1998.

REGO, José Lins do. *O Melhor da Crônica Brasileira*. Rio de Janeiro: José Olympio Editora, 1997.

RESENDE, Otto Lara. *Vista cansada. In:* Folha de São Paulo, 23/02/1992.

RIBEIRO, João Ubaldo. *Ele Conseguiu. In:* Jornal O Globo. Rio de Janeiro, 12/11/2000.

RIBEIRO, João Ubaldo. *Mesa farta para todos*. Veja Paulista. Editora Abril: São Paulo, 21/10/1992.

RIBEIRO, João Ubaldo. *Um Brasileiro em Berlim*. Rio de Janeiro: Editora Nova Fronteira, 1995.

RICARDO, Cassiano. *Um Dia Depois do Outro*. São Paulo: Companhia Editora Nacional, 1947.

ROSA, João Guimarães. *Grande Sertão: Veredas*. São Paulo: Companhia das Letras, 2019.

RUFFATO, Luiz. *Mais de 30 mulheres que estão fazendo a nova literatura brasileira*. Rio de Janeiro: Record, 2005.

SANTOS, Joaquim F. (org.). *As cem melhores crônicas brasileiras*. Rio de Janeiro: Editora Objetiva, 2007.

SCHWARCZ, Lilia Moritz (Org.). *Contos completos de Lima Barreto*. São Paulo: Companhia das Letras, 2010.

SCHWARCZ, Lilia Moritz. *Lima Barreto:* Triste Visionário. São Paulo: Companhia das Letras, 2017.

SCLIAR, Moacyr. *Literatura faz bem para a saúde*. *In:* Revista Prosa Verso e Arte, 2017.

SOUZA, Roberto. A. (org.). *Cantos do Rio*. Rio de Janeiro: Ponteio, 2016.

SUASSUNA, Ariano. *Uma quase-despedida*. *In:* Folha de São Paulo, 04/07/2000.

TELLES, Lygia Fagundes. *Antes do baile verde*. São Paulo: Companhia das Letras, 2009.

TELLES, Lygia Fagundes. *Invenção e Memória*. Rio de Janeiro: Editora Rocco, 2000.

TELLES, Lygia Fagundes. *Os contos*. São Paulo: Companhia das Letras, 2018.

VARGAS LLOSA, Mario. Parceiros de viagem (depoimento). *In: Cadernos de Literatura Brasileira: Jorge Amado*. Rio de Janeiro: Instituto Moreira Salles, 1997.

VASQUEZ, Pedro Karp (Org.). *Todas as crônicas de Clarice Lispector*. Rio de Janeiro: Editora Rocco, 2018.

VERÍSSIMO, Érico. *Contos*. Porto Alegre: Globo, 1980.

Referências gramaticais

ACADEMIA BRASILEIRA DE LETRAS. *Vocabulário Ortográfico da Língua Portuguesa*. 5ª ed. São Paulo: Global, 2009.

AZEREDO, José. C. *Gramática Houaiss da língua portuguesa*. 2º ed. São Paulo: Publifolha, 2008.

BAGNO, Marcos. *Gramática pedagógica do português brasileiro*. São Paulo: Parábola, 2012.

BECHARA, Evanildo. *Lições de português pela análise sintática*. 17º ed. Rio de Janeiro: Lucerna, 2005.

BECHARA, Evanildo. *Moderna gramática da língua portuguesa*. 37º ed. Rio de Janeiro: Lucerna, 2003.

BECHARA. Evanildo. *O que muda com o Novo Acordo Ortográfico*. Rio de Janeiro: Nova Fronteira, 2009.

CUNHA, Celso; CINTRA, Lindley. *Nova Gramática do Português Contemporâneo*. 6º ed. Rio de Janeiro: Lexikon, 2016.

FERNANDES, Francisco. *Dicionário de regimes de substantivos e adjetivos*. 25ª ed. São Paulo: Globo, 2000.

GARCIA, Othon M. *Comunicação em prosa moderna*: aprenda a escrever, aprendendo a pensar. 21. ed. Rio de Janeiro: FGV, 2002.

HENRIQUES, Claudio. C. *Sintaxe portuguesa para a linguagem culta contemporânea*: teoria e prática. Rio de Janeiro: Oficina do Autor, 1997.

HOUAISS, Antônio. *Dicionário eletrônico Houaiss da língua portuguesa*. Rio de Janeiro: Objetiva, 2024. Disponível em: https://houaiss.uol.com.br/corporativo/apps/uol_www/v6-2/html/index.php#2 Acesso em: 05/06/2024.

HOUAISS, Antônio. *Dicionário Houaiss da língua portuguesa*. São Paulo: Editora Objetiva, 2001.

INFANTE, Ulisses. *Curso de gramática aplicada aos textos*. São Paulo: Scipione, 2001.

KURY, Adriano da Gama. *Novas lições de análise sintática*. 7º ed. São Paulo: Ática, 1997.

KURY, Adriano da Gama. *Ortografia, pontuação e crase*. 3ª ed. Rio de Janeiro: Nova Fronteira, 1999.

LUFT, Celso P. *A vírgula*. 2º ed. São Paulo: Ática, 1998.

LUFT, Celso P. *Dicionário de regência nominal*. 4º ed. São Paulo: Ática, 2010.

LUFT, Celso P. *Dicionário de regência verbal*. 3º ed. São Paulo: Ática, 2001.

PERINI, Mário. A. *Gramática* ***descritiva do*** *português*. São Paulo: Parábola, 2010.

REIS, Otelo. *Breviário da conjugação de verbos*. 38º ed. Rio de Janeiro: Francisco Alves, 1978.

SAVIOLI, Francisco; FIORIN, José Luiz. *Manual do Candidato* – português. 2ª ed. Brasília: FUNAG, 2001.